U0921382

上海社联年鉴

上海社联年鉴

2019

上海市社会科学界联合会　编

上海人民出版社

3月2日，上海市社联举行2018年度学术团体负责人暨党建工作会议

4月21日，“马克思、马克思主义与习近平新时代中国特色社会主义思想
——纪念马克思诞辰200周年”学术研讨会在沪召开

5 月 21 日，上海市社联在上海地铁 9 号线开出了“礼赞上海社科大师”主题地铁专列

5 月 25 日至 31 日，上海市社联以“普及社会科学，创造美好生活”为主题
举办了第 17 届上海市社会科学普及活动周

6 月 14 日，中华创世神话社科规划委托课题“古籍中的中华创世神话摘编”研讨会在上海政法学院举行

7 月 20 日，“中国哲学社会科学话语体系建设·浦东论坛　政治经济学学术话语体系建设·2018”在沪举行

10月19日，上海市社联举行第十二届学会学术活动月开幕式暨首届会长论坛

11月1日，上海市纪念改革开放40年研究丛书出版座谈会在沪举行，
市委常委、宣传部部长周慧琳出席并讲话

11月14日，上海市第十四届哲学社会科学优秀成果颁奖大会暨上海市社会科学界第十六届(2018)学术年会隆重举行

11月14日，市委常委、宣传部部长周慧琳为学术贡献奖获得者代表王邦佐先生、郑克鲁先生颁奖

11 月 20 日晚，由上海市社联主办的“纪念改革开放四十周年暨第四届上海社会科学界合唱音乐会”在东方艺术中心音乐厅举行

11 月 29 日，“江南文化与新时代发展”主题论坛在上海国际会议中心举行

12月29日，上海市社联举行第十次哲学社会科学学术团体工作会议

12月29日至30日，“中国政治经济学四十人论坛·2018”在沪举行

目 录

年度工作要览

NIAN DU GONG ZUO YAO LAN

2018 年，上海市社联以习近平新时代中国特色社会主义思想为指导，在市委、市委宣传部的领导下，进一步完善“五大公共平台”，团结凝聚社科界“五路大军”，认真贯彻落实中央群团改革工作座谈会精神和上海市群团改革试点工作的基本要求，为加快构建中国特色哲学社会科学作出了新的贡献。

一、 在上海市社联成立 60 年之际推出系列学术活动

2018 年是上海市社联成立 60 周年。通过系统回顾成立 60 年来的光辉历程，市社联组织社科研究五路大军积极展望新时代社科事业，以习近平总书记在哲学社会科学工作座谈会上的讲话精神为指导，策划系列学术活动，与 2018 年市社联各项重点工作统筹谋划、协同推进，推出拍摄社联 60 周年专题电视片《学界津梁》、编写市社联 60 年大事记、举办 60 周年纪念图文展、推出“学会老会长十日谈”与“社科专家专版笔谈”、召开系列高端学术论坛、礼赞上海社科大师等一系列学术活动，在上海社科界产生广泛影响。

5 月 14 日，市社联隆重举行“纪念习近平总书记‘5・17’重要讲话两周年暨上海市社联成立 60 周年”会议，将市社联成立 60 周年系列活动推向高潮。市委常委、宣传部部长周慧琳出席会议并讲话，市社联主席王战致辞，市委宣传部副部长、市社联党组书记燕爽回顾社联历史和主要成绩，市社联所属学会代表作交流发言。本市 200 多位社科理论工作者代表出席会议。会议宣读了《市社联关于开展礼赞上海社科大师活动的决定》，向 68 位已故的上海社科名家大师致敬。“礼赞上海社科大师”地铁科普专列 5 月下旬起在 9 号线上运行，集中展示了 68 位社科大师的事迹，宣传推广社科大师们的治学精神、学术传统和人格品质，产生了广泛的社会影响。

10 月 15 日，李强书记莅临我会调研，参观了市社联成立 60 周年图片展，详细听取市社联发展历程以及近年来为上海建设“五个中心”、打响“四大品牌”等提供智力支持、决策服务等情况，对新时代社联工作提出了更高的要求。

二、 围绕上海市委、市委宣传部中心工作，全面助力打响上海文化品牌

1. 以庆祝改革开放 40 周年为契机，深入推进哲学社会科学话语体系建设工作

以构建中国特色哲学社会科学为统领，聚焦“改革开放 40 周年”“新中国成立 70 周年”“建党 100 周年”，开展三大系列研究项目征集评审工作，共收到 33 个项目结项申请。在此基础上，委托开展 3 项课题研究。举行“庆祝改革开放 40 周年”主题征文活动，积极发动社联所属学会参与，共收到相关论文 600 余篇，经评审，135 篇优秀论文脱颖而出。动员专家学者积极参加上海市“改革开放 40 周年”主题征文活动，共收到应征论文 40 篇。与解放日报・上观新闻等媒体合作，开设纪念改革开放 40 周年宣传专栏，择优刊发 20 篇文章。出版“上海市纪念改革开放 40 年研究丛书”共 23 种 43 册，编发《上海市哲学社会科学学术话语体系创新通讯》40 期。成立上海市哲学社会科学研究基地“复旦大学中国特色社会主义政治经济学研究中心”；与中国浦东干部学院、中国社科院、复旦大学经济学院合作，成功举办“中国哲学社会科学话语体系建设・浦东论坛”，全国 200 余位专家学者齐聚一堂，共同谋划构建中国特色社会主义政治经济学这一时代性重任。与复旦大学经

济学院共同创办“中国政治经济学 40 人论坛”。该论坛于 2018 年 12 月在复旦大学举行，为进一步推动中国特色社会主义政治经济学话语体系构建提供平台。

2. 积极推进中华创世神话研究工程

市社联根据市委宣传部统一部署，积极推进中华创世神话学术研究高地建设，现已取得阶段性成果。一是集全国之力，组建学术团队。以上海学者为中坚，遴选华东、华北、华中、华南和西部地区学界代表，既反映当前国内神话学研究力量的分布，也满足了对项目组工作效率的需求。同时，组建由青年学者组成的学术执行团队，负责学术研究落地推进，成员由有关高校从事神话学研究的青年学者组成。二是集学者之力，形成“中华创世神话学术研究大系”内容框架。目前，大系分“中华创世纪系列”“田野调查系列”“古籍系列”和“多学科交叉研究系列”4 个系列 30 余个专题，志在打造“学理上能贯通，学术上集大成”的国内系统展开中华创世神话研究的首套专题丛书。三是集学界之力，全面推进高地建设各项工作。推动上海社科规划立项、成立研究基地、召开全国研讨会、筹备主题征文，充分发挥上海在创世神话研究上取得的先发优势。

3. 协同推进江南文化研究项目

为贯彻落实市委、市政府关于全力打响上海“四大品牌”的决策部署，在市委宣传部的统一部署和领导下，市社联积极发挥资源优势，协同推进全市江南文化研究。市委宣传部、市社联前期面向全市高校、学术团体、研究机构做了大量的调查研究工作，制定了以创设一批江南文化研究机构、建立一个江南文化研究联盟、打造一个江南文化研究高端论坛、形成一批江南文化研究成果、培养一支江南文化研究队伍、举办一批江南文化系列讲座为主要内容的工作方案，协同推进上海成为江南文化研究的组织高地、交流高地、研究高地、文献高地、传播高地。

4. 深入开展大调研，努力推动学术走出去

2018 年 3 月正式启动大调研以来，市社联按照市委和市委宣传部大调研工作部署，以“加快构建中国特色哲学社会科学、努力打造理论研究传播国际品牌”为总目标，由党组领导牵头，采取走访、座谈、问卷调查等多种方式，聚焦提高国际学术论坛质量、推动学术期刊走出去、加强海外学术中心建设、调研理论人才队伍等主题，努力提出有建设性、针对性、可操作性的意见建议。

三、认真履行业务主管职责，积极培育学术团体功能

1. 严格依法管理，加强学术团体建设

上海市社联学会管理处多年来坚持通过制度化的管理措施，持续推动学术团体规范化建设，以年初负责人大会的工作部署为指引，推动学术团体围绕中心，服务大局；以年报、达标、年检初审为基础，统计分析学术团体发展状况；以换届为抓手，加强学术团体建设。本年度市社联评定 2017 年度达标学会共 122 家，以达标学会评定为基础，开展学会走访调研活动，查找薄弱环节，推广优秀经验。截至 10 月底，共批准学会换届 33 家，批准延期换届 6 家，批准学会调整领导班子成员 3 家，批准变更业务主管单位 1 家，批准注销申请 2 家，批准设立新学术团体 2 家。坚持抓好财务监管，对学会工作人员开展财务培

训，并依据有关法规对 30 多家学术团体进行审计。配合市社团局，做好相关学会的专项财务审计，市社联所属社团均顺利通过该审计。

2. 以评奖评优为导向，发挥模范带头作用

开展 2015—2017 年度“优秀学会”“优秀民办社科研究机构”“优秀学会工作者”“学会特色活动奖”和“学会品牌活动奖”的评选工作，经学会申报、学会处初审、学会互评、专家评审、社联党组批准等，38 家学会获得优秀学会称号，4 家民非获得优秀民办社科研究机构称号，43 家学会获得学会特色活动奖荣誉，10 家学会活动学会品牌活动奖荣誉。推荐上海市语文学会等 3 家社团参评并荣获第三届上海市先进社会组织荣誉称号。推荐上海市中共党史学会等 3 家社团参评并荣获第十九次全国社科联先进社会组织荣誉称号，王东荣等 3 人荣获全国先进社会组织工作者荣誉称号。筹备第十次哲学社会科学学术团体工作会议，对获得“三优一特一品牌”荣誉称号的团体和个人进行表彰。

3. 积极培育功能，推动社科事业发展

积极搭建平台，对所属学术团体开展的学术活动给予了相应的支持，推动学术团体聚焦学术，开展研究。组织所属学术团体开展合作项目申报，包含社科热点“一月一会”、基础学科学会学术活动、青年学者论坛、跨学会学术活动、学会重大学术活动和课题研究等，对 83 个学会申报的 143 个项目进行立项，促进学术团体开展学术研究、学术评价与学术传播，发挥学术研究和决策咨询功能。举办第十二届学会学术活动月，组织 100 多家学术团体围绕改革开放 40 年来的重大理论和实践问题以及学科领域重要学术问题，举办 133 场各类型的学术交流活动。举办首届会长论坛，聚焦改革开放 40 周年主题，充分发挥市社联各学会的名家资源，交流学术观点，相互启迪，碰撞思想。组织各学会积极参与市委宣传部的重大学术项目，围绕“改革开放 40 周年”“新中国成立 70 周年”“建党 100 周年”等主题开展系列研究工作，从实践和历史中把握规律，咨政建言。相关学会还围绕“马克思诞辰 200 周年”“《共产党宣言》发表 170 周年”等重大纪念活动开展活动，推出了一批高质量的理论成果。

4. 坚持党建引领，确保正确政治方向

通过年度学术团体负责人暨党建工作会议、学术团体党工组负责人会议、社团党建专题研讨会等，及时传达学习中央、市委有关工作的重要精神，实现上情下达；通过举办党工组负责人专题学习班，抓实党建，要求党工组负责人站位要高，立场要坚，要把社团党建作为学术社团功能发挥和内部治理的一个重要抓手，加强党对社团工作的领导，确保社团发展的正确方向。2018 年共批准 34 个学会党的工作小组的调整，依托党工组开展社团党建，充分发挥党工组“领导合一，参与决策，把握方向，按章办事”的功能。召开所属学术团体党工组负责人会议，传达、学习上海市宣传思想工作会议精神，加强党对社团和民非工作的领导。召开部分所属学术团体党组织负责人专题研讨会，解读当前重大理论问题，传达重要会议精神，总结社团党组织的工作机制和方法，创新社团管理体制，保证社团健康发展。

5. 围绕中心工作，发挥平台集聚功能

以学术团体为基础平台和重要支撑，团结、引领广大专家学者，有效提升社联影响。

举办东京审判70周年系列活动，向国内外展示反法西斯斗争的正义力量和中国在反法西斯战争中的突出贡献，把握世界反法西斯斗争研究的国际话语权，积极组织相关学会参与系列纪念活动，开展纪念展、组织研讨会等。与各地社联开展广泛的学会管理和社团党建交流活动，参与"全国学会工作会议"等各项活动，认真完成全国哲学社会科学工作办公室社团管理处要求的调研报告等。高度重视学会青年人才培育，推动青年学者与社联领导交流常态化，已组织50多人次青年学者与社联领导座谈。

四、深入开展社科研究、成果评价与决策咨询工作

1. 组织开展上海市第十四届哲学社会科学优秀成果评奖工作

本届评奖工作在上海市哲学社会科学优秀成果评奖委员会的领导下，由市哲社评奖办公室(设在市社联)具体组织实施。先后经过组织成果申报、多轮评审、社会公示等多个环节，共收到参评成果3 100多项，最终评选出607项优秀成果，包括学术贡献奖4项，中国特色社会主义理论奖125项，学科学术奖438项，决策咨询和社会服务奖40项。11月14日，上海市第十四届哲学社会科学优秀成果颁奖大会暨上海市社会科学界第十六届学术年会大会在上海展览中心召开。市委常委、市委宣传部部长周慧琳出席开幕式并讲话。

2. 办好学术年会学术交流平台

2018年年会的主题是"中国特色社会主义:实践探索与理论创新"，隆重庆祝改革开放40周年。上半年集合本市高校、研究机构、学会、实务部门等各方面力量，举办"推进新时代上海改革发展"系列高端论坛8场，围绕新时代中国金融开放与上海国际金融中心建设、创新能力结构与上海科创中心建设、高质量发展与推进上海国际经济中心建设等主题，为上海改革开放再出发献计献策。下半年，10场"改革开放40周年"系列主题论坛在复旦大学、上海社会科学院、华东政法大学、上海大学、上海师范大学等社科单位同时举办，邀请知名专家分别从各学科的角度聚焦改革开放40年，回顾哲学社会科学与伟大时代同行的光辉发展历程。全年继续举办上海市马克思主义研究年度论坛、法律实务专场、思政专场等常设论坛。组织年会征文活动收到应征论文560篇，评出优秀论文41篇，出版优秀论文集1卷。开展十大推介论文评选活动。11月14日，上海市第十四届哲学社会科学优秀成果颁奖大会暨上海市社会科学界第十六届学术年会大会在上海展览中心隆重举行。中共上海市委常委、宣传部长周慧琳出席开幕式并讲话。本届哲学社会科学优秀成果获奖代表、学术年会获奖代表、本市主要社科研究机构代表近300人出席会议。

3. 巩固马克思主义研究论坛阵地，坚持马克思主义指导地位

2018年是马克思诞辰200周年、《共产党宣言》发表170周年。社联联合上海市中国特色社会主义理论体系研究中心、华东政法大学共同主办"马克思、马克思主义与习近平新时代中国特色社会主义思想——纪念马克思诞辰200周年"学术研讨会。与上海师范大学合作举办"第三届劳动人权马克思主义论坛——2018关于劳动的哲学、伦理学及跨学科研究高端学术论坛"。与上海政法学院合作举办"庆祝改革开放40周年与马克思主义中国化的新飞跃"理论研讨会以及"改革开放40年与大学生思想政治教育"学术论坛。与市委党校合作举办"改革开放新指南:习近平新时代中国特色社会主义思想"研讨会，

"改革开放精神研究——马克思主义中国化理论品格"研讨会。与上海大学合作举办"中国改革开放40年价值论和价值问题研究"高层研讨会暨《价值论研究》创刊首发仪式等学术研讨活动。

4. 搭建形式多样的学术研讨平台

合作举办东北振兴与东北亚区域合作学术论坛。为进一步深入学习领会习近平总书记在东北三省考察及深入推进东北振兴座谈会上重要讲话精神，落实国家关于上海市与大连市对口合作部署，与辽宁社科联联合召开此次论坛，汇聚两地知名专家学者深入交流自贸区建设、东北振兴战略、东北亚合作等重要议题。继续为理论界、实务界提供小型学术研讨平台。支持召开ECF国际页岩气论坛第8届亚太页岩气峰会、"新时代加强基层组织建设的理论与实践"学术研讨会等学术研讨活动。

五、 探索社科普及新路径，推出公共文化新产品

1. 成功举办第17届上海市社会科学普及活动周

2018年5月25日至31日，市社联以"普及社会科学，创造美好生活"为主题举办了第17届上海市社会科学普及活动周。本届活动周包括开幕式、主题论坛、科技与人文的对话、大型义务咨询服务、科普讲座、专项科普活动、社科普及进地铁、场馆开放日、新媒体社科普及等245项活动，吸引了来自各区委宣传部、社联所属学会、沪上高校及科研院所、企事业单位、街道镇、公共文化场馆等215家单位参与，受众超过10万人次。"融通遐迩，惠己及人"——迎接中国国际进口博览会主题论坛拉开了第17届上海市社会科学普及活动周的序幕，聚焦首届进口博览会，探讨中国在建设开放型世界经济中的重大行动和构建人类命运共同体的中国方案。

2. 推出多类别高端系列讲座

举办"思想点亮未来——带你走进高深可测的社会科学世界"系列讲座第三季、第四季，继续邀请著名专家学者走进全市数十所中学，开展内容包括哲学、历史学、政治学、教育学、文学等领域的51场讲座，再度带领广大中学生领略人文社会科学的风采，深刻感受思想的魅力。推出"能不忆江南"东方讲坛·文化江南系列讲座，充分挖掘和普及推广上海江南文化资源，帮助广大市民群众理解江南文化的深刻内涵和精神实质，潜移默化地引导他们共同参与上海文化品牌的建设。"东方讲坛·科技与人文的对话"系列讲座之"大数据与我们的生活"主题论坛在上海市北高新商务中心举行，回应大数据信息安全与个人隐私保护等社会关切，展望大数据环境下未来经济社会发展的趋势，呼唤在国家立法层面为保障公民信息安全提供必要的制度支撑。出版科普读物《风从海上来》和《思想点亮未来》，收录同名讲座精选内容。继续做好对口贵州遵义的文化帮扶工作，选送专家赴遵义讲课并商讨深化协作事宜。

3. 继续开展"社科普及进地铁"活动，打造标志性"文化长廊"

"礼赞上海社科大师"地铁科普专列5月下旬起在9号线上运行，集中展示了在"纪念习近平总书记'5.17'重要讲话两周年暨上海社联成立60周年会议"上发布的68位社科大师的事迹，宣传推广社科大师们的治学精神、学术传统和人格品质，为上海社科大师树

碑立传，发挥社科名家效应，为进一步打响“上海文化品牌”提供良好的社会土壤和人文环境。其中，央媒及沪媒共计发布新闻报道 8 篇。5 月 23 日，在上海地铁 10 号线开通运行“迎接中国国际进口博览会”科普专列，向广大市民乘客宣传进口博览会的相关知识和信息，为下半年盛会的召开营造良好的舆论环境和社会氛围。

4. 精心制作社科普及短视频

6 月 29 日至 7 月 4 日，由上海市社会科学界联合会、解放日报·上观新闻联合制作的 6 集短视频“为什么是上海——探寻上海红色基因”在上观新闻(App)“思想汇”栏目播出，深刻揭示出中国共产党诞生在上海的历史必然性。视频播出后，各界听众反响热烈，多家媒体竞相转载，市委组织部党建服务中心还将视频资料上传至党员干部远程教育平台，作为全市党员教育的学习资料。汇报短视频成效的专报得到周慧琳部长批示。为纪念上海改革开放 40 周年，制作《40 年，上海的变迁故事》系列动画短片，展现上海人民敢闯敢干的勇气和自我革新的担当，弘扬改革开放逢山开路、遇水架桥的开拓精神。

六、 打造学术名刊，把好办刊导向

1. 《学术月刊》坚持以马克思主义及中国化最新理论成果为指导，扎根学术，弘扬学术，引领学术，繁荣学术

2018 年，该刊前 10 期刊发论文 170 余篇，其中国家社科规划项目的阶段性成果论文 57 篇，覆盖文史哲经等主要哲学社会科学学科，约占全部刊文篇数的 33.5%；扶持青年学者，刊发博士研究生和青年讲师论文 42 篇，约占全部刊文篇数的 24.7%。

根据中国人民大学书报资料中心发布的 2017 年度“复印报刊资料”转载学术论文指数排名，该刊列同类人文社科综合性期刊全文转载量第一、转载率第二、综合指数第一；在中南财大发布的 2017 年度学术期刊信息检索报告中，该刊以合计转载转摘文章 171 篇，名列全国综合性社会科学类期刊第一位，实现 2006 年以来的十二连冠。2017—2018 年度，该刊获“中国政府出版奖期刊提名奖”和“2017 全国百强社科期刊”等荣誉称号。

2018 年，该刊一方面增强中国特色社会主义哲学社会科学学科体系、学术体系和话语体系构建的主动性，通过板块调整，加强政治学和法学两个学科的学术研究，助推当代中国国家治理体系和治理能力现代化建设以及全面依法治国战略布局的顺利实施；另一方面重点探索数字化出版和社科学术期刊国际化的具体路径，加强与“中国知网”及“北京仁和汇智信息技术有限公司”等单位的合作，全面改造在线排版系统、投审稿系统、网刊发布系统和微信公众号推送系统。“《学术月刊》的数字化与国际化发展”获得了上海市新闻出版专项资金 20 万元资助。

其他重要办刊举措有：按照国家社科工作办公室的要求，认真组织刊发“研究阐释党的十九大精神”和“构建中国特色哲学社会科学”两个专题的重头文章。以学科论坛促进学术发展，带动刊物板块建设，通过前沿研讨，加强刊物与学界的联系，充实和优化作者队伍，并在一定程度上提高了刊物的学术声誉。继续做好年度“中国十大学术热点”的评选工作，并与中国人民大学书报资料中心合作编纂出版《中国学术热点趋势报告(2017—2018)》。继续充实“学术月刊丛书”，推出《实践美学与后实践美学——中国第三次美学论争论文集》。

2.《探索与争鸣》进一步加强选题策划、组织高端论坛、创新传播方式、支持青年发展，形成了刊物、论坛、新媒体、丛书与青年共同发展的五位一体的良好格局

一是坚持正确方向，坚守党媒姓党，以期刊为阵地，深入研究阐释党的十九大精神，积极探讨构建中国特色哲学社会科学，通过开设“马克思与当代世界：纪念马克思诞辰200周年”专栏等举措，刊发了一批精品力作。

二是追踪前沿问题，引领学术发展。与有关单位联合举办“中国社会心态新动向”研讨会、“西方左翼文论与空间理论”学术研讨会、“一流大学内部治理结构创新研究”高层论坛、“中国经济动能重塑与地方创新激活”的研讨会等。开设“人工智能与未来社会”专栏，就人工智能问题组织持续深入讨论。

三是坚持问题导向，加强选题策划，形成“重识中国与世界”“圆桌会议”“学术争鸣”等特色栏目，并针对中国传统文化的发展及其如何适应于现代社会、智慧城市与精细化治理、乡村振兴与城镇化发展、民粹主义、“中国”概念的形成等问题组织学术争鸣，推动了对相关问题的研究进展。

四是支持青年学者，建设人才梯队。举办主题为“从新时期到新时代：中国改革再出发”的“第三届(2018)全国青年理论创新奖征文”，推出“优秀青年学人支持计划”与“青年学人优秀论文支持计划”，为加快青年学人成长搭建舞台。

五是促进新老媒体融合，扩大社会影响。该刊微信公众号累积关注人数现已达10.1万，呈波动上升趋势。官方网站今年上线以来，浏览量已达6万余次，文章下载量3万余次，收到自由来稿近900篇。

3.《上海思想界》舆情工作再创先进

2018年1—10月，《上海思想界(专报)》共报中宣部分析报告87篇，其中41篇为中宣部委托课题。《上海思想界》月刊继续聚焦意识形态领域，遴选国内舆情热点和学术研究重点难点，举行专题研讨会，激发深层次的探讨和思考，在思想理论界颇有反响。

2018年是《上海思想界》创刊五周年，为了总结经验、展示成果、再接再厉、突破创新，该刊精选五年来十五篇思想沙龙，汇编《上海思想界》精粹并正式出版。

七、抓好机关内部建设，提高自身管理水平

一是通过初心教育、使命教育、党性教育，引导广大党员自觉联系思想实际，不断坚定理想信念。以“不忘初心、牢记使命，贯彻落实党的十九大精神”为主题，开展学习实践系列活动。开展“铭记建党历程，时刻不忘初心”主题党日活动，组织社联干部参观中共一大会址纪念馆和南湖革命纪念馆，面对党旗，重温入党誓词。开展“追本溯源重温经典，砥砺前行再创佳绩”七一主题党日系列活动，组织干部赴地处社联老主席陈望道旧居的《共产党宣言》展示馆参观学习。组织干部参观“从石库门到天安门”美术作品展、历史博物馆，并以电影党课形式接受党性教育。

二是进一步提升信息编报与存史修志工作。2018年，市社联门户网站和网上办事大厅充分发挥新闻宣传和服务社联核心工作两大职能，在社科评奖、学会年报、学术年会等

活动中发挥重要作用。门户网站严控内容质量和时效性，全年编发稿件 655 篇，访问量首次突破 1 000 万人次，再创历史新高。进一步完善信息报送机制，党组分管领导亲自召集信息员，主持评稿会，社联专报、简报质量、数量进一步提高。扎实推进《上海市志・人文社会科学卷》与《社联年鉴》编纂工作。

三是有效利用新媒体。市社联官方微信"淮海中路 622 弄"推文转载率稳步增长。"社科视窗"官方微博今年已发送微博 1 000 余条，日均发布 5 至 8 条，内容紧密结合科普工作处日常工作，增强了原创性和科普性，粉丝数突破 3 万。"东方讲坛"微信订阅号已推送信息 250 余条，充分发挥自媒体在信息发布、观点分享、讲座推介、音视频分享等功能优势的基础上，进一步强化了讲座的"听众预约"功能，最大程度便利听众参与，接受粉丝询问，进一步优化社科普及资源配置。

四是扎实有序推动社科之家建设。上海社会科学会堂修缮工程以承担全市社科类学术团体活动和科普活动为主要目标，经市委宣传部批复同意实施，获市财政下拨专项经费 1 384.40 万元，修缮面积 3 516 平方米。为确保修缮工程依法依规推进，成立项目领导小组，探索建立请示上报制度、公开招标制度、合同审读会商制度、工程资金支付制度等，并与市财政局等有关部门保持密切沟通，保证资金使用与报废资产处置合规有效。同时，前期协调上海图书馆东馆社联项目，与上海图书馆、上海通志馆加强沟通，确保社联功能需求充分满足。

重要活动

ZHONG YAO HUO DONG

领导调研

上海市委书记李强赴市社联、社科院调研并主持召开智库专家代表座谈会

10月15日上午，上海市委书记李强在上海市社会科学界联合会、上海社会科学院调研并主持召开智库专家代表座谈会。李强强调，智库建设事关国家大局、事关上海发展，要坚持以习近平新时代中国特色社会主义思想为指导，紧密结合上海实际，进一步发挥各类智库的重要作用，服务决策谋高见，着眼未来谋先见，针对问题提出建设性意见，努力为开创新时代上海工作新局面提供更加有力的理论支撑和智力支持。

市委常委、宣传部部长周慧琳参加调研及座谈。座谈会上，市委宣传部汇报了上海新型智库建设情况。上海WTO事务咨询中心理事长王新奎、市社联主席王战、上海社科院院长张道根、上海全球城市研究院院长周振华、上海福卡经济预测研究所所长王德培、上海交通大学中国城市治理研究院特聘研究员陈宪、复旦大学美国研究中心副主任宋国友、华东政法大学人工智能与大数据指数研究院院长高奇琦等分别发言，结合国际国内形势分析，建言上海经济社会发展需要关注的问题及应对举措；围绕改革开放40周年实践，畅谈推动上海改革开放再出发的思考，并就市委、市政府当前工作提出了意见与建议。

李强认真听取记录，不时就共同关心的问题同与会专家交流讨论，对大家为全市经济社会发展提供真知灼见表示感谢，对各类智库为上海改革开放和现代化建设所发挥的积极作用表示充分肯定。

“做好决策咨询，最重要的是坚持问题导向、需求导向，需要信息对称、供需对接。”李强在同与会智库专家交流时着重介绍了对上海下一步发展的思考和想法。他说，智库资政建言是科学决策的重要一环，随着形势发展，智库作用越来越凸显。当前，上海正处于加快建设“五个中心”、卓越的全球城市和具有世界影响力的社会主义现代化国际大都市的关键阶段，更加需要高质量的智力支持。各类智库既要立足当前、又要着眼长远，既要放眼全球、又要深耕本地，聚焦上海的发展环境、发展动力、发展优势、发展空间等重大问题开展系统深入研究，提出有带动力、影响力的改革举措和发展实招，为上海构筑未来发展的战略优势建言献策。

李强说，智库的使命在于服务决策，要紧扣中心，围绕大局，谋划重大举措，提供科学分析、精准研判的高质量研究成果。既要加强对策性研究，更要开展前瞻性研究，预测发

展趋势，揭示发展规律，为抢占先机、掌握主动提供战略预案、应对举措。要围绕改革创新、城市治理等方面存在的主要矛盾、瓶颈制约，深入调研，找准症结，提出建设性、创新性意见，为市委、市政府科学决策提供更好服务。市委、市政府将一如既往支持智库建设和发展，进一步促进上海智库影响力提升。

座谈会前，李强等参观了上海市社联成立 60 周年图片展、上海社科院成果图片展(2013—2018 年)，详细听取市社联、上海社科院的发展历程以及近年来为上海建设“五个中心”、打响“四大品牌”等提供智力支持、决策服务等情况，并就哲学社会科学发展、人才培养引进、国际合作交流等同负责同志进行了深入探讨，希望市社联、上海社科院更好发挥优势特色，聚焦国家发展、上海发展的重大课题，做好前瞻研究、预测分析、资政建言，更好地为市委、市政府科学决策提供智力支持。要立足上海，加强国际合作交流，讲好中国故事、传递上海声音，为增强我国哲学社会科学的国际影响力发挥积极作用。

学习贯彻中央和上海市委重要会议精神

上海市社联召开全体干部大会传达学习全国与上海市宣传思想工作会议精神

10 月 8 日，上海市社联召开全体干部大会，传达学习全国、上海市宣传思想工作会议精神。市社联机关、下属事业单位全体工作人员，社联离退休老领导、离退休支部支委参加会议。会上，市委宣传部副部长、市社联党组书记、专职副主席燕爽传达了全国宣传思想工作会议上习近平总书记重要讲话精神，并对贯彻落实市宣传思想工作会议精神作了部署。市社联党组成员、专职副主席、秘书长解超传达了上海市宣传思想工作会议上市委书记李强同志，市委常委、宣传部部长周慧琳同志的讲话精神。会议由市社联党组成员、专职副主席任小文主持，市社联党组成员、副巡视员莫剑平出席会议。

燕爽同志在传达学习大会上要求，市社联全体干部要深入学习全国与全市宣传思想工作会议精神，从社联主业出发，重点落实三大任务：一是紧密结合上海经济社会文化发展实际，进一步深化习近平新时代中国特色社会主义思想的学习，在学懂、弄通、做实上下功夫；二是在市委宣传部领导下，围绕构建中国哲学社会科学话语体系的任务，为全力打响"上海文化"品牌，发展红色文化、海派文化、江南文化贡献社科界的力量；三是面向社科类学术团体不断加强党建工作，切实担当起加强意识形态领导的政治责任，将意识形态主体责任进一步落到实处。

上海市社联召开所属学术团体党工组负责人会议传达学习上海市宣传思想工作会议精神

10 月 16 日，上海市社联召开所属学术团体党工组负责人会议，传达、学习上海市宣传思想工作会议精神。社联所属学术团体党工组负责人 100 多人参加会议，市社联党组成员、专职副主席任小文出席会议并讲话。

会上，市社联学会处处长王克梅传达了市委常委、宣传部部长周慧琳在上海市宣传思想工作会议上的总结讲话。市社联党组成员、专职副主席任小文传达市委书记李强在上海市宣传思想工作会议上的讲话精神。任小文还向与会的党工组负责人介绍了近期学会工作的主要内容。

市社联高度重视所属学术团体的党建工作，本次会议既是传达、学习上海市宣传思想工作会议精神；也要求各党工组负责人要及时地把会议精神传达到学会领导班子和会员，要在学会活动中落实会议精神，充分发挥党工组的政治引领作用；希望各党工组负责人站位要高，立场要坚，要把社团党建作为学术社团功能发挥和内部治理的一个重要抓手，加强党对社团和民非工作的领导，确保社团发展的正确方向。

上海市社联党组中心组学习扩大会议传达学习习近平总书记在上海重要讲话精神

11月12日，上海市社联召开党组中心组学习扩大会议，传达学习习近平总书记在首届中国国际进口博览会上的主旨演讲和在上海考察时的重要讲话精神。市委宣传部副部长、市社联党组书记燕爽主持传达学习，市社联主席王战，党组成员解超、任小文、莫剑平，老领导秦绍德、林炳秋、施岳群、武克全、沈国明、桑玉成出席。

会议首先传达了习近平主席在首届进口博览会开幕式上发表的主旨演讲主要精神，重温习近平总书记在进博会提出的各国开放合作的三个坚持：坚持开放融通，拓展互利合作空间；坚持创新引领，加快新旧动能转换；坚持包容普惠，推动各国共同发展。我国五个方面的更大力度的开放举措：激发进口潜力、持续放宽市场准入、营造国际一流营商环境、打造对外开放新高地，以及推动多边和双边合作深入发展。

会议传达了习近平总书记在上海考察时对上海提出的五个方面的工作要求。一是上海更好为全国改革发展大局服务。要把增设上海自由贸易试验区新片区、在上海证券交易所设立科创板并试点注册制、实施长江三角洲区域一体化发展国家战略这三项新的重大任务完成好。二是推动经济高质量发展。要主动推动质量变革、效率变革、动力变革。要瞄准世界科技前沿，要把高质量发展着力点放在实体经济上。三是推动改革开放向纵深发展。要进一步解放思想，深入推进重要领域和关键环节改革，深入推进放大改革综合效应。推进全方位高水平开放。四是深化社会治理创新。要提高社会治理社会化、法治化、智能化、专业化水平，更加注重在细微处下功夫、见成效，让群众有更多获得感、幸福感、安全感。五是提高党的建设的质量和水平。要认真贯彻新时代党的建设总要求，严格落实管党治党责任。

会议还传达了李强书记在全市党政负责干部会议上的讲话精神。强调紧紧围绕“更好为全国改革发展大局服务”，切实担负好上海的特殊使命。紧紧围绕“三项新的重大任务”，在落实中央决策部署中抢占发展先机。紧紧围绕“推动经济高质量发展”率先构建现代化经济体系。紧紧围绕“推动改革开放向纵深发展”，勇当新时代改革开放排头兵。紧紧围绕“深化社会治理创新”走出超大城市治理新路子。紧紧围绕“提高党的建设质量和水平”，创造无愧于党的诞生地的党建工作成果。

燕爽同志指出，市社联要认真学习习近平总书记在上海讲话精神，按照市委、市委宣传部的要求，紧紧围绕中心工作，紧密联系上海社科界工作者聚焦国家战略，服务大局、服务实践，为上海全力打造“四大品牌”、加快建设“五个中心”、加快建设卓越的全球城市和具有世界影响力的社会主义现代化国际大都市作出应有的贡献。

上海市社联举行“上海社科界学习习近平总书记在庆祝改革开放 40 周年大会上的重要讲话精神座谈会”

12 月 18 日下午，上海社科界学习习近平总书记在庆祝改革开放 40 周年大会上的重要讲话精神座谈会在上海市社联召开。上海市社联专职副主席解超主持会议，来自本市社科界的专家学者围绕习总书记的讲话精神，畅谈感想，分享体会。

解超教授认为，习近平总书记的讲话对 40 年改革开放的历程做了全面的回顾与总结，一方面让我们对既往走过的路有了更深刻的理解，另一方面就是对未来前行的路有了更清醒的把握。40 年经验给我们的启示是多方面的，而坚持和创新则是两个最突出的体会。所谓坚持，就是改革开放一定要坚持马克思主义指导，一定要坚持科学社会主义的基本原则和社会主义道路。所谓创新，就是要因时因事因势不断实现思想、理论、实践的创新和突破。世界社会主义运动上正反两方面的经验教训都给我们提供了有益的借鉴。

东华大学秦德君教授认为，习近平总书记的讲话一个鲜明特征是把思想解放放在重要位置，改革开放每一步如果没有思想解放，是走不到今天这一步的，现在经济发展中出现了一些问题，需要进一步解放思想，习近平总书记的讲话给我们指明了破题的方向。

华东师范大学范军教授认为，习近平总书记的讲话从历史的深度，从理论的高度总结了改革开放 40 年。历史的深度就是通过中国史、中国近代史、党史和共和国史，讲改革开放 40 年的历史地位，还从世界史和时代的变化，来定位改革开放 40 年在世界历史中的位置。从理论高度来看，习近平总书记指出方向决定前途，道路决定命运，新时代还有新的更高的使命，那就是创新。

上海市社会学学会副会长文军教授认为，如果从社会学角度看中国改革开放 40 年，会发现有双重的转型过渡，比如说早期强调以经济建设、物质层面为主，慢慢进入到制度和技术层面，到了党的十八大以后特别强调以人民为中心，一直到党的十九大提出美好生活，这个过程从原来物本的发展思路，到人本的发展思路，原来是更加强调外在外形的发展，现在越来越回归到满足人的更高生活质量的发展。

中共上海市委党校副校长曾峻教授认为，改革开放铸就了伟大改革开放精神，其中内涵，一是勇于进取持续奋斗的革命精神；二是解放思想与时俱进的求实精神；三是开放包容独立自主的创造精神；四是系统谋划辩证决策的科研精神；五是坚韧不拔、善作善成的实干精神。改革开放精神是我们的宝贵财富，值得深入总结。

国防大学政治学院张云教授认为，习近平总书记的报告中强调了辩证唯物主义和历史唯物主义的世界观和方法论，证明他对辩证思维的高度重视。这里涉及对过去40年和未来40年的关系。改革开放再出发，用什么办法？习近平总书记已经为我们指出来了。认真研究习近平总书记关于改革开放的辩证思维的表述，非常有现实意义。

复旦大学张晖明教授认为，改革开放所形成的话语体系，是经验的结晶，在话语能力基础上发现话语范畴的内在逻辑，并形成话语能力基础上的理论体系，在理论体系能力建构的基础上，进一步指导各个学科，特别是经济学自身的一系列问题，如国际环境、分工体系、交易规则等。文化软实力的标志之一，是教科书的出口能力，我们在这方面应该好好总结改革开放的成功经验并上升为自己的话语体系和话语能力，讲好中国故事，有力提升中国的文化软实力。

上海社会科学院文学研究所副所长朱鸿召研究员认为，对外开放带来了我们自己对自身传统文化的传承转化、创造性转化和创新性发展，也非常明显地带来了社会的文化自省自觉自信，不合适的东西要调整，该继承的东西要继承。文化自信是怎么来的？是改革开放带来的。

上海国际问题研究院院长陈东晓认为，对于习近平总书记的报告，要系统、整体和全面地加以理解。习近平总书记特别强调中国与世界现在的关系是相互依存、共生共融的。中国与世界的关系，是改变自己、影响世界，发展自己、回馈世界，这是一体两面的，习近平总书记的讲话再次向国人、向世界宣誓了中国共产党对对外开放基本国策不动摇的政治意志和政治决心，这一点非常显著。

中共上海市委党校教授程竹汝认为，习近平总书记在讲话中不仅指出改革开放是决定当代中国命运的关键一招，还进一步指出改革开放是实现中华民族伟大复兴的关键一招，把改革开放的道路选择和发展目标与新时代在精神上、在历史的连续性上统一起来，意义非凡，值得深入解读。

华东政法大学副校长张明军教授认为，习近平总书记讲话最突出的特点是实事求是，实事求是体现在两个方面，第一个是讲话内容实事求是。第二个是通篇讲话高度评价了实事求是在40年改革开放中的价值和地位。也就是说，40年的改革开放的过程，是在实事求是的基础上开启的；指导改革开放的理论和思想的形成和发展是实事求是的；40年的改革开放伟大实践以及取得的成就，是在实事求是的指导下获得的；40年改革开放进程中，我们遇到的重大困境和难题也是在实事求是的指导下破解的。

“学习贯彻习近平总书记在庆祝改革开放 40 周年大会上的重要讲话精神”理论研讨会在沪召开

12 月 29 日，由上海市社会科学界联合会、国防大学政治学院、上海市马克思主义研究会、上海市习近平新时代中国特色社会主义思想研究中心联合举办的“学习贯彻习近平总书记在庆祝改革开放 40 周年大会上的重要讲话精神暨新时代中国马克思主义研究”理论研讨会在国防大学政治学院召开。来自国防大学政治学院、上海市委宣传部、上海市马克思主义研究会、上海交通大学、上海市委党校、复旦大学等单位，以及《毛泽东邓小平理论研究》《社会科学》《人民日报》《解放日报》《文汇报》《中国社会科学报》等杂志社、报社的 60 多位专家学者和媒体代表，围绕学习贯彻习近平总书记庆祝改革开放 40 周年重要讲话精神进行了广泛交流和深入研讨。

在开幕式上，中共上海市委宣传部副部长徐炯作了讲话，国防大学政治学院贾维山部长代表会议承办方致欢迎辞，上海市政协常委、上海市马克思主义研究会会长王国平作了题为“改革开放与马克思主义中国化”的发言，国防大学政治学院马克思主义理论系教授何怀远作了题为“深化改革开放必须坚持历史思维”的主旨发言。会议由国防大学政治学院科研学术处处长项修阳主持。

会上，上海交通大学马克思主义学院特聘教授陈锡喜，《毛泽东邓小平理论研究》杂志社常务副主编、研究员曹泳鑫，《社会科学》杂志社社长、总编辑胡键，上海市委党校马克思主义学院执行院长、教授王公龙，国防大学政治学院教授赵耀辉、姜延军、古琳晖、韩刚教授先后以“社会基本矛盾学说：邓小平改革思想的理论基础”“改革开放必须坚持辩证思维——兼论深化改革必须加强党的领导”“改革的资源、动力和前景”“推动经济全球化转型的中国方案”“把学习贯彻习近平强军思想引向深入”“改革开放与理论自觉”“改革开放 40 年演进逻辑的双重意蕴”“‘四个自信’是改革开放的标志性成果”等为题作了交流发言，就深刻学习理解习近平总书记重要讲话、推进新时代马克思主义研究，提出了很多富有创建性、启迪性的建议。上海市第十三届人大法工委委员，上海市马克思主义研究会专家委员会副主任、高级编辑周锦尉对研讨交流活动作了总结。

上海市委宣传部副部长徐炯指出，习近平总书记在庆祝改革开放 40 周年大会上的讲话，是一篇闪耀着马克思主义真理光芒的纲领性文献，我们要不断深化新时代中国马克思主义研究，就必须深入学习领会习近平总书记关于改革开放的重要论述，真正学深悟透、融会贯通、真信笃行，把学习研究习近平总书记重要讲话精神不断引向深入。要通过学习研究，深刻认识到改革开放的深刻理论和深厚实践丰富和发展了马克思主义，深刻认识到改革开放的深刻理论和深厚实践推动和加快了马克思主义中国化的进程，深刻认识到改革开放的深刻理论和深厚实践是习近平新时代中国特色社会主义思想和党的基本方略的重要组成。要开展全面研究、贯通研究、深入研究，在新时代改革开放的伟大征程中，在新时代中国特色社会主义的伟大实践中，把学习研究宣传习近平新时代中国特色社会主义思想上不断引向深入、取得新的更大进展。要以创新创造精神服务新时代改革开放再出发，以改革开放精神加快构建中国特色哲学社会科学，为更好地发展21世纪马克思主义、当代中国马克思主义作出无愧于上海社科理论界的贡献。

与会者认为，习近平总书记的重要讲话，深刻总结了改革开放40年来党和国家事业取得的伟大成就和宝贵经验，高度赞扬了中国人民为改革开放事业作出的杰出贡献，郑重宣示了改革开放只有进行时没有完成时、改革开放永远在路上、坚定不移将改革进行到底的信心和决心，明确提出了坚定不移全面深化改革、扩大对外开放、不断把新时代改革开放继续推向前进的目标要求。作为理论工作者，必须坚持发扬理论联系实际的优良学风，坚持问题导向，聚焦国家和上海改革开放及社会主义现代化，国防和军队改革及现代化进程中面临的重大现实问题、全局性战略问题、人民群众关心关注的热点难点问题，把学习贯彻习近平总书记关于改革开放的重要论述同新时代中国改革开放伟大实践贯通起来，用理论和实践相结合的方法准确把握讲话中的新理念、新论断、新任务、新举措，进一步深化对高举改革开放旗帜、把新时代改革开放引向深入的认识，为实现“两个一百年”奋斗目标、实现中华民族伟大复兴的中国梦提供高质量的决策咨询研究成果；把学习贯彻习近平总书记讲话精神同新时代理论工作者的历史责任贯通起来，通过研讨交流不断增加学习研究宣传的理论深度、实践力度和感情温度，增进政治认同、思想认同、情感认同，坚定道路自信、理论自信、制度自信、文化自信；把学习贯彻习近平总书记讲话精神与新时代中国马克思主义研究贯通起来，在学习研究宣传习近平新时代中国特色社会主义思想上取得新进展，在加快构建中国特色哲学社会科学上取得新进展，在以理论创新的新成果推动改革开放事业上实现新发展，不断彰显中国道路、中国智慧的时代感召力和影响力。

科研组织与决策咨询平台

KE YAN ZU ZHI YU JUE CE ZI XUN PING TAI

学术年会

上海市社会科学界第十六届(2018年)学术年会“面向新时代的国际航运中心”高端论坛召开

4月20日,由上海市社会科学界联合会、上海国际航运研究中心、上海市生产力学会联合举办“面向新时代的国际航运中心”高端论坛。本次会议是上海市社会科学界第十六届(2018年)学术年会首场高端论坛,是上海市社联成立60周年系列学术纪念活动之一。会议围绕国际航运中心的区位优势、建设现状、机遇挑战、发展趋势等问题展开了深入研讨。来自香港理工大学、中国海洋运输情报网、《航运评论》杂志、上海海事大学、上海国际航运中心等社科单位的专家,来自新加坡、香港、武汉、重庆、大连、广州等地港务管理部门的主要负责人近20人做了专题发言和评论。本市相关研究领域的专家学者80余人参加会议。

上海市社会科学界第十六届(2018年)学术年会“新时代上海国际贸易发展实践”高端论坛召开

4月21日，由上海市社会科学界联合会、上海对外经贸大学联合主办，上海对外经贸大学贸易谈判学院承办的“新时代上海国际贸易发展实践”高端论坛，在上海对外经贸大学古北校区博观楼举行。本次会议是为纪念上海市社联成立60周年，组织举办的上海市社会科学界第十六届(2018年)学术年会系列高端论坛之一。会议集中聚焦2018中国国际进口博览会、首届虹桥国际贸易论坛，从上海营商环境改善、跨境电子商务发展、国际投资便利化、上海自由贸易港规划等方面展开了深入研讨。来自上海社会科学院、上海国际问题研究院、上海大学、上海师范大学、上海市商务委员会、上海对外经贸大学等社科单位的10余位专家做了专题发言和评论。本市相关研究领域的专家学者50余人参加会议。

上海市社会科学界第十六届(2018年)学术年会“文化差异与城市主体性”高端论坛召开

5月13日,由上海市社会科学界联合会、上海财经大学人文学院联合主办的“文化差异与城市主体性”高端论坛,在上海财经大学同新楼举办。本次会议是为纪念上海社联成立60周年,组织举办的上海市社会科学界第十六届(2018年)学术年会系列高端论坛之一。会议聚焦中国特色的城市发展之路、城市文化的历史差异、城市区域的本土特性等问题展开了深入研讨。来自中国社会科学院、清华大学、北京师范大学、北京建筑大学、首都师范大学、《学术研究》杂志、广东惠州学院、复旦大学、上海社会科学院、上海财经大学、上海师范大学等社科单位的近20位专家做了专题发言和评论,相关研究领域的专家学者近50人参加会议。

上海市社会科学界第十六届(2018 年)学术年会“高质量发展与推进上海国际经济中心建设”高端论坛召开

5 月 16 日,由上海市社会科学界联合会、上海市改革发展研究院等单位联合主办的“高质量发展与推进上海国际经济中心建设”高端论坛,在上海金融开放研究院举办。本次会议是为纪念上海市社联成立 60 周年,组织举办的上海市社会科学界第十六届(2018年)学术年会系列高端论坛之一。会议聚焦上海国际经济中心建设高质量发展的实践内涵、上海构建现代化经济体系面临的问题挑战、打响上海品牌与建设经济中心的经济学联系等问题展开了深入研讨。来自上海社会科学院、上海市经济学会、上海市改革发展研究院、致公党上海市委参政议政委、上海羿策智库、上海市质量检测行业协会等社科单位的近 10 位专家做了专题发言和评论,相关研究领域的专家学者近 50 人参加会议。

上海市社会科学界第十六届(2018年)学术年会“创新能力结构与上海科创中心建设”高端论坛召开

6月16日,由上海市社会科学界联合会、上海交通大学科学史与科学文化研究院联合主办的“创新能力结构与上海科创中心建设”高端论坛,在上海交通大学闵行校区密西根楼举办。本次会议是为纪念上海市社联成立60周年,组织举办的上海市社会科学界第十六届(2018年)学术年会系列高端论坛之一。会议聚焦中国科技创新中心城市的建设实践、区域创新与文化的关系分析、城市品格与创新能力选择、提升科技创新能力的动力机制等问题展开了深入研讨。来自诺丁汉大学、北京大学、清华大学、中国科学院、东北大学、东南大学、浙江大学、南京大学、复旦大学、上海社会科学院等社科单位的近20位专家做了专题发言和评论,相关研究领域的专家学者50余人参加会议。

上海市社会科学界第十六届(2018年)学术年会“新时代上海建设卓越全球城市的空间战略”高端论坛召开

6月22日，由上海市社会科学界联合会、上海复旦规划建筑设计研究院联合主办的“新时代上海建设卓越全球城市的空间战略”高端论坛，在复旦大学逸夫科技楼召开。本次会议是为纪念上海市社联成立60周年，组织举办的上海市社会科学界第十六届(2018年)学术年会系列高端论坛之一。会议聚焦卓越全球城市的创新空间、人文空间、生态空间构建，新时代长三角一体化高质量发展的空间规划等问题展开了深入研讨。来自上海、浙江、安徽等省市规划设计研究院，杭州市规划局，上海市发展改革研究院，上海社会科学院，复旦大学等社科单位的10余位专家做了专题发言和评论，相关研究领域的专家学者50余人参加会议。

上海市社会科学界第十六届(2018年)学术年会“新时代中国金融开放与上海国际金融中心建设”高端论坛召开

9月15日,由上海市社会科学界联合会、上海社会科学院世界经济研究所联合主办的“新时代中国金融开放与上海国际金融中心建设”高端论坛在上海社科院总部召开。本次会议是纪念上海市社联成立60周年高端论坛最后一场,也是上海市社会科学界第十六届(2018年)学术年会系列活动之一。会议由上海社会科学院副院长、世界经济研究所所长权衡研究员主持,上海社会科学院院长张道根研究员,上海市社联党组成员、专职副主席解超出席会议并致辞。

会议聚焦金融开放与实体经济建设、金融中心与长三角一体化发展、新时代金融开放的挑战与对策等问题展开了深入研讨。来自交通银行的首席经济学家、上海市经济学会副会长连平教授、中国人民银行上海总部国际部主任冯润祥、上海市发展和改革委员会副主任阮青,以及上海财经大学商学院副院长戴国强教授分别作了主旨演讲。上海世界经济学会会长张幼文研究员作了大会总结。来自本市相关研究领域的专家学者90余人参加研讨交流。

上海市社科界第十六届(2018 年)学术年会“深入推进司法体制综合配套改革若干疑难问题”法律实务专场召开

9 月 26 日,由上海市社会科学界联合会、上海市法学会联合主办的“深入推进司法体制综合配套改革若干疑难问题”研讨会在上海市第一中级人民法院召开。本次会议是上海市社会科学界第十六届(2018 年)学术年会法律实务专场活动。上海市第一中级人民法院院长黄祥青做主旨发言,上海市社会科学界联合会副主席,上海市法官、检察官遴选(惩戒)委员会主任沈国明出席会议并做专题发言。来自华东政法大学,上海市高级人民法院,上海市第一、二、三中级人民法院,上海市人民检察院,上海金融法院等单位的 10 余位专家做了专题发言和评论。与会专家围绕深化审判权运行机制改革、建立新型办案团队的实践探索与完善路径等专题进行了深入研讨。来自本市法院和检察院系统、律师事务所、高校等 90 余位专家学者和法律实务工作者参加研讨交流。

上海作为司法体制改革的先行者,已积累了可复制可推广的经验。此次研讨会为本市法律界专家和实务工作者交流改革中的新情况新问题,继续全面深化司法体制综合配套改革提供了重要平台。

第十六届学术年会之改革开放40周年主题论坛①|政治学研究与中国政治

11月15日,由上海市社联、上海市政治学会、中共上海市委党校政治学部联合主办的"改革开放40周年:政治学研究与中国政治"主题论坛在中共上海市委党校海兴大厦召开。中共上海市委宣传部副部长、市社科联党组书记燕爽出席会议并致辞。本次会议是上海市社会科学界第十六届(2018年)学术年会"改革开放40周年"系列主题论坛中的政治学科分论坛。与会专家围绕改革开放以来的中国政治学,40年行政体制改革的进程、成就与挑战,人民代表大会制度40年的进步与发展等问题展开了深入研讨。本市政治学科领域专家学者50余人出席会议。

燕爽在致辞中指出,习近平总书记在首届中国国际进口博览会开幕式上发表主旨演讲并对上海进行考察,围绕改革开放再出发作出重大战略部署,其中很重要的一点是把长三角区域一体化发展上升为国家战略。这是党的十九大后,中央提出的首个国家战略。长三角一体化建设就是要在不改变既有行政区划的情况下,探索跨区域经济社会协同发展的新模式,这给政治学研究提出了很多新的课题。

北京大学国家治理研究院院长王浦劬教授围绕"以人民性政治思维推进新时代中国特色社会主义政治发展"作了发言。他指出,党的十八大以来,"人民"是习近平总书记讲话和党的文件中使用频次最高的词汇之一。在党的十九大报告中,"人民性"思维得到突出体现。"人民性"思维是一种政治思维,它已经成为习近平新时代中国特色社会主义思想的基本逻辑起点和思维主线。"人民性"思维的首要表现,就是国家发展以人民中心,并以这个中心来思考和把握国家在新的历史时期的目标、方略和任务。此外,"人民性"思维还包括"人民政治属性"思维、以"人民为主体"的思维、"人民立场"的思维、"人民民主"思维以及"人民的获得感"思维等多个维度。

吉林大学行政学院政治学系教授周光辉认为,当代中国发生了极其广泛且深刻的社会变革,令人惊叹的是,世界上最大人口规模的中国在经历市场化、工业化、城镇化历史性变迁的同时,又保持了总体上的社会稳定。社会变迁与社会稳定双重目标是如何实现的?他认为,不能简单用"维稳体制"来解释。中国政府积极推进行政体制改革、服务型政府建设和建立社会保障体系,对于缓解工业化、市场化、城镇化变迁带来的社会矛盾起到了重要作用。他回顾了40年来我国行政体制改革经历的四个阶段:1978—1992年,破除高度集中的管理体制,主要体现为简政放权;1992—2002年,计划经济向市场经济转变,核心是转变政府职能;2002—2012 年,强化公共服务,推动治理创新;2012 年以来,则是以行政审批制度改革为重点的行政体制改革。40 年来,中国行政体制改革始终坚持党的领导,从中国实际出发,坚持三条基本经验,即改革的主体性,在确保改革过程稳定可控的同时突出问题导向,进行渐进式改革,从而不断破解体制机制难题和障碍来推进发展。

中国政治学会副会长兼秘书长、中国社会科学院政治学研究所研究员杨海蛟表示,中国的政治学研究必须坚持正确的指导思想,即习近平新时代中国特色社会主义思想。中国政治学研究的出发点和落脚点是服务中国的政治建设和政治发展,其价值取向是一切为了人民。为此,中国的政治学研究既要大胆吸收人类优秀文明成果,又必须进行批判性借鉴,绝对不能照抄照搬西方概念和范式。

清华大学教授任剑涛表示,在他看来,改革开放 40 年的基本经验归纳起来就是宏观避险、中观着力、微观搞活。宏观避险保证了基本意识形态和基本制度的稳定性,这是改革开放取得成功最重要的政治保障条件。中观着力,则是对国家运行的基本体制机制下大决心进行改革,从而为微观搞活创造空间。

上海市政治学会会长、复旦大学教授桑玉成表示,党的十九大作出了两个重要政治判断,一个是新时代,一个是新矛盾。在新时代、新矛盾的背景下,政治学面临的问题不是少了而是更多了。比如,通过国家建设与政治发展,不断满足人民对美好生活的需要,特别是在民主、法治、公平、正义、安全、环境等方面提出的需求。为此,必须提高制度供给能力,才能够解决新时代的矛盾,满足新时代的需求。

上海市人大常委会研究室主任毛放、复旦大学教授陈明明也在会上作了发言。

第十六届学术年会之改革开放40周年主题论坛②|经济发展与对外开放的经验、理论和展望

11月15日，上海市社会科学界第十六届(2018年)学术年会“改革开放40周年”系列主题论坛经济学科分论坛在上海社会科学院召开。分论坛主题为“改革开放40周年:经济发展与对外开放的经验、理论和展望”，由上海市社联、上海社会科学院世界经济研究所联合主办。中共上海市委宣传部副部长、市社联党组书记燕爽出席会议并致辞，来自中央党校、江苏省社科院、浙江大学以及本市相关高校和上海社科院的专家学者分别做主旨讲演，与会专家围绕改革开放以来建立和完善社会主义市场经济体制的基本经验、中国金融开放40年、中国对外贸易40年发展等问题展开了深入研讨。本市经济学科领域专家学者90余人出席会议。

燕爽在致辞中指出，习近平总书记在首届中国国际进口博览会上发表的主旨演讲和在视察上海时的重要讲话，对进一步扩大对外开放、推动改革开放再出发做出一系列重大部署，为新时代上海发展指明了前进方向、提供了根本遵循。经济学界，特别是从事国际经济贸易方面的专家学者，尤其应当齐心协力，深入研究中国如何在更高起点、更高层次、更高目标上推进改革开放这篇大文章。长三角区域一体化发展已上升为国家战略，是中央交给上海新的重大任务之一，上海理论界、社科界、智库界的专家学者应着力加强研究，与政府部门密切配合，进一步强化决策咨询服务，为长三角区域一体化发展全力提供新的智力支持和智慧成果。

中央党校经济学部丁文锋教授聚焦当代中国的现代化发展道路，从经济发展、历程、经验以及展望等四个角度分享了观点。他认为，中国改革开放40年来的发展，实现了弯道超车，发挥了后发优势。在党的坚强领导下，中国把社会主义与市场经济有机结合起来，遵循商品经济市场经济发展阶段不可逾越和市场化、现代化的规律性，取得了辉煌的成就。展望未来，中国将继续“在历史前进的逻辑中前进，在时代发展的潮流中发展”，全面改革开放得到坚持、深化和发展，社会主义现代化建设目标就会逐步实现。

江苏省社会科学院副院长章寿荣研究员提出了中国现代化的空间策略与经济平衡问题，从什么是现代化、现代化理论支撑与依据以及如何实现现代化三个方面分享了观点。章寿荣教授认为国家现代化可以从空间维度、时间维度和内容维度“三维推进”。从时间维度看，我国全面小康不会出现在一个时间点上，而一定是出现在某一个时间段上；从内

容维度看，科学技术是第一生产力，创新是经济化的动力，是现代化推进的主轴，没有创新就难以达到发达国家的技术水平，难以突破发达国家的知识产权的比例。

浙江大学国际经济研究所所长赵伟教授从外贸成就、贸易的发展效应、贸易政策和面临的问题四个方面分享了对中国对外贸易 40 年的总结和思考。他提出，中国对外贸易已经取得巨大发展，目前中国已处于全球价值链的核心位置。外贸发展对中国产生了巨大的效应，包括经济增长效应、制度改革效应和重要行业的激发效应（如制造业），但现在已经到了发展的转折点。展望未来，赵伟教授同时认为双向贸易体系与政策体制的构建要并行，而且中美贸易关系不能脱钩。

上海社会科学院副院长、世界经济研究所所长权衡研究员作了题为“加快制造业从速度奇迹向高质量发展”的主旨演讲，他从 40 年来中国工业化和制造业崛起角度，阐述了中国经济走向成功的秘诀，并提出了制造业之后，中国是走去制造业化之路还是走继续制造业化之路，以及今天的中国需要一个什么样的制造业与工业化之路的重要命题。他认为，中国作为发展中国家，初级阶段的国情没有变，发展中大国的地位没有变；要建设现代化的经济体系，就不能过早地去制造业化。当前，中国制造业发展和工业化还面临新的机遇，即正处在第三次工业革命与产业结构转型升级的重大历史交汇期；还面临数字化、网络化、智能化、个性化、本地化、绿色化、平台化等发展趋势，中国的工业化尤其是制造业需要继续发挥引领作用。

复旦大学经济学院院长张军教授聚焦改革开放 40 年经济高速增长，提出了独到的学术见解。他指出：20 世纪 90 年代至今，中国经历的“超长增长阶段”至今仍是一个待解之谜。在自上而下推进的改革进程中，中国创造了以增长绩效指标来考核基层政府的激励机制，并以此来帮助实现国家的经济增长目标，这样的制度机制给予地方政府很大的灵活性，使得经济实现了快速增长。

交通银行首席经济专家连平教授提出了银行业进一步改革的方向和路径问题。连平教授认为，中国银行业自改革开放以来有了很大的发展，为中国经济的平稳运行、增长保持高速度以及对抗金融风险给予了很大的支持。但目前而言，整个金融体系和实体经济的融资需求之间仍然存在明显的不匹配现象，银行国有比重较高，民营企业和小微企业的融资难、融资贵问题频繁出现，尤其要注意防止金融“脱实向虚”。

上海市世界经济学会会长张幼文研究员在论坛总结发言中指出，对改革开放 40 年的总结应该考虑六个方面的关系，即改革与开放的关系、市场与政府的关系、特殊与一般的关系、政策与体制的关系、开放与稳定的关系、目标与进程的关系。这六个方面的关系体现了改革开放 40 年发展的经验，也是改革开放的内在逻辑。改革开放所有的理论都来自实践，中国这 40 年取得了人类历史上的伟大成就，一定会为理论的创新提供最丰富的实践素材。

第十六届学术年会之改革开放40周年主题论坛③|当代中国史学40年

11月15日，上海市社会科学界第十六届(2018年)学术年会“改革开放40周年”系列主题论坛历史学科分论坛在上海师范大学光启国际学者中心召开。分论坛主题为“改革开放40周年：当代中国史学40年”，由上海市社联、上海师范大学光启国际学者中心联合主办。来自中国社会科学院、北京师范大学、南京大学、浙江大学，以及本市相关高校的专家学者分别做主旨讲演。与会专家围绕40年来史学研究的本土化路径、跨学科趋向，以及专门史研究的40年趋势特征等问题展开了深入研讨。本市历史学科领域专家学者60余人出席会议。

中国社会科学院考古系许宏教授以“探索与思考‘夏王朝’考古40年”为题，主要梳理了40年来先秦考古，特别是对“夏王朝”考古的探索与反思。他指出，当前学界流行的三种话语系统，一是文献本位，即重视文献学研究；二是二重证据法，自王国维提出后成为学界研究范式，并直接影响了日后殷墟的发掘；三是考古本位。他认为自己是坚守此种话语系统的学者。最后，他指出，考古学作为舶来品，在中国考古学研究无法与欧美比肩，只有扬长避短，博采众长，才能促成转型。

北京师范大学历史学院严耀中教授发表题为“40年来史学研究的跨学科趋向”的演讲。他认为，近半个世纪以来历史学研究的跨学科倾向，并非传统研究中包含其他学科内容的跨学科，而是用其他学科的研究方法与思考角度，来复原历史的原貌。严耀中教授以学界对于玻璃器皿的研究、对曹操墓墓主人身份界定以及对四面塔的研究为例，简要介绍了当前跨学科研究历史的成果。

南京大学政府管理学院暨历史学院孙江教授做了题为“社会史与概念史：中国历史学‘全球本土化’的两条路径”的报告。他直陈现代史学研究造成的弊端，提出回到生活世界的新史学。他简要分析了社会史与概念史的发展源流，认为二者是解决“史学危机”的良方。社会史反对僵化，是研究种族的历史，提供了理解国家历史、群体历史、当下历史的切入点。概念史关注文本，从而对文本出现的历史背景进行考察。把握历史的基础概念有助于人们更好地了解自己民族的历史。他指出，概念史研究有四个标准：标准化、通俗化、政治化和延伸化。

浙江大学历史系沈坚教授介绍了中国法国史研究40年。他提出了中国人的“法兰西情结”，从而引出中国法国史研究者的身份认同问题。由于组建了国内最早的国别史研究会，法国史研究者有一种极强的身份认同，进一步致使法国史研究进入专门化阶段。对于法国史的研究，法国现代化道路与巴黎公社都是绕不开的话题。最后，沈坚教授反思了法国史研究的一些问题，即如何形成法国史研究的中国学派，如何引入法国史学流派，如何把握法国的历史人物。

华东师范大学思勉人文高等研究所杨国强教授介绍了他所经历的 20 世纪 80 年代以来的近代史研究。他认为，80 年代学界的研究，既对过往十年深刻反思，又立足于变革的时代背景，将研究重心落在传统和现代两极之间。90 年代以来的近代史研究较为多元，很难具体抽脱出时代主题。且 90 年代以来推崇史料与理论的研究之风，致使历史研究过于碎片化而缺乏共性。最后，杨教授指出，学术要有思想，跨学科研究要有限度，理论方法与史学史才要相结合。

复旦大学历史系李剑鸣教授回顾交流了美国史研究 40 年研究心得。他提出大陆美国史研究的历史脉络。初始阶段，主要是依据二手文献做研究，由于当时国内的外文书非常少，因此当时所做的工作是在前人研究基础之上加以重新编排，然后来填补空白和纠正错误。初始阶段之后，研究者比较注意美国史学的动向，并用中国人的视角看问题。这个时候要开始重视史料的意义，开始找原始材料。李剑鸣教授认为，大数据的引入使美国史研究进入新的阶段，原始材料的涌入，促使这一时期比较强调从材料出发做研究，着重从材料和文献，以及以往别人的研究这三者的碰撞当中来形成问题意识。

第十六届学术年会之改革开放40周年主题论坛④|改革开放40周年与中国法治发展

11月15日，上海市社会科学界第十六届(2018年)学术年会“改革开放40周年”系列主题论坛法学学科分论坛在华东政法大学交谊楼召开。分论坛主题为“改革开放40周年与中国法治发展”，由上海市社联、华东政法大学联合主办。来自北京大学、中国人民大学以及本市相关高校的专家学者分别做主旨讲演，与会专家围绕改革开放40年来，中国刑事立法、中国民事立法、专业领域法治等问题展开了深入研讨。本市法律学科领域专家学者50余人出席会议。

北京大学法学院教授陈兴良对中国刑事立法40年发展历程做了精彩总结。他认为，1979年《刑法》标志着我国完成了认定犯罪从无法可依到有法可依的转变；而1997年《刑法》的颁布标志着我国刑事立法的日趋完善。他进一步指出，罪刑法定原则的确立与完善、刑法修正案修法方式的不断成熟是过去40年刑事法学发展极其重要的两个方面。我国的刑法立法是随着改革开放的发展而不断发展的，并且在制止犯罪、保障人权方面发挥了重要作用。

中国人民大学教授、法学院院长王轶回顾了改革开放以来我国民事立法的发展历程。他认为从1978年到2018年的这40年，是民法典的起草和编纂一直在路上的40年。王轶教授通过从《民法通则》《合同法》《物权法》《侵权责任法》的制定，一直到《民法典》编纂的整个历史脉络的把握，指出我国民事立法在体系、制度、概念和理念等方面都有重大创新。王轶教授还根据民事立法的基本经验，提出新时代我国要制定出一部立足中国国情、面向21世纪的科学的民法典。

北京大学法学院张守文教授报告的题目是“中国经济法治40年”。他认为，首先经济法治一定是跟改革开放紧密结合在一起的，没有中国的改革开放，就没有中国经济方面的法治制度的生成。其次，我国经济改革带来了从“分配—产权型”转为“产权—分配型”的制度变革；其所调整的涉外经济管理关系转变为涉外经济调整关系。最后，我国经济法治长期存在刚性不足的问题，因此在未来的法治发展过程中，如何增强法治的刚性是需要进一步考虑的问题。

华东政法大学何勤华教授回顾了中国的外国法制史研究40年。他首先对外国法制史在过去40年的发展与演变进行了全面的梳理。何勤华教授认为，党的十一届三中全会以来，一批教材、专著、论文开始出版与发表深化了外法史的学术研究；通过外国专著的译介和探究，彰显了外法史研究的魅力与价值。此外，何教授强调，外国法制史高端人才的培养依旧任务艰巨、外法史学科地位亟需被重视。总之，法律的成长不但需要联系本国的实践，而且吸收其他国家优秀的法律成果也是重中之重。

华东政法大学张栋教授作了“中国刑事诉讼法学研究 40 年”的报告，他在报告中提到，过去的 40 年，学者们出版和发表了大量的专著和论文，使我国刑事诉讼法学的研究上升到了新的高度，而刑事诉讼相关教材的出版满足了法学教育的基本需求。众多外文著作和论文的翻译、引介，拓宽了刑事诉讼的研究领域。同时，伴随着中国特色社会主义诉讼制度的构建，刑事诉讼法学研究的薄弱环节亟需深入研究和探索。

上海财经大学校长助理郑少华教授对中国经济法的发展进行了回顾总结。郑少华教授首先对环境立法文本进行了历史的考察，认为环境危机、政治决断和国际影响推动了环境法立法的变化。此外，在司法的程序和共建方面，环境诉讼涉案范围更加多元，并且逐渐涉及损害赔偿问题；大数据背景下的环境决策机制和公民科学家的出现会导致一些新的挑战和问题。最后，郑少华教授指出，公民无权提起环境公益诉讼会对未来环境法治的发展有较大影响。

第十六届学术年会之改革开放40周年主题论坛⑤|改革开放40周年与新时代中国特色社会主义

11月15日,上海市社会科学界第十六届(2018年)学术年会“改革开放40周年”系列主题论坛马克思主义学科分论坛在上海交通大学浩然科技大厦召开。分论坛主题为“改革开放40周年与新时代中国特色社会主义”,由上海市社联、上海交通大学马克思主义学院联合主办。来自中国社会科学院、中国人民大学、《光明日报》社、西安交通大学以及本市相关高校的专家学者分别做主旨讲演,与会专家围绕改革开放40周年以来马克思主义研究领域的新发展、马克思主义研究与时代发展的关系,以及社会主义市场经济等专题领域的理论与实践等问题展开了深入研讨。本市马克思主义研究学科领域专家学者160余人出席会议。

中国社会科学院孙麾研究员以“哲学中国的认知图景”为题,提出三个值得关注的问题。第一,要回归历史的具体,重新发现中国。面对变革中的中国,西方各种理论都试图充满激情地开出求解时代之谜的“药方”,而我们能够开始真正实现自我理解的前提,是必须超越那些“药方”背后顽固地以固有思路规定中国的强制阐释,研究者们必须真正面向实体性的中国本身及其历史展开过程的现实性。第二,全面深化改革是理解中国的一把钥匙,坚定不移全面深化改革,将改革进行到底,就是中国这一代人承担的使命。第三,必须聚焦当代中国哲学研究的主题和研究路径。他强调人类命运共同体是在迎接全球治理挑战中提出的中国方案,它包括价值倡导、现实建构、理想实现三个层次。

中国人民大学马克思主义学院张雷声教授着重谈了“三个逻辑”相统一的研究方法和对人类命运共同体的理解和研究。她认为,对马克思主义理论问题的研究应当体现理论逻辑、历史逻辑、实践逻辑这三者的统一,通过这一科学方法的运用,既可阐明支撑问题研究的各要素之间的内在规定性及其内在关联,又能讲清问题研究呈现出的复杂逻辑关系,也能够梳理各个要素之间的逻辑进程、逻辑脉络和逻辑发展,还能够从历史进程的逻辑进入正在进行的实践活动的逻辑进而深刻反映出理论逻辑。当前,对人类命运共同体的研究尤其需要强调“三个逻辑”相统一的方法论,她站在这一学术视角进一步指出,人类命运共同体的价值取向首先是世界各国互利共赢,其次是维护和平、促进发展,再次是世界文明包容互建,最后是共享全球成果。

《光明日报》江苏记者站站长、高级记者郑晋鸣立足马克思主义的学术立场,从新闻学视角解读了英雄人物感人肺腑、无私奉献的故事。他指出，一个不崇尚英雄的民族是没有希望的民族，人民有信仰，民族有希望，国家才有力量；而现代社会存在着的抹黑英雄人物事迹的现象应当引起足够重视。回顾现代中国的新闻工作，可以总结出三个观点：第一是马克思主义新闻观需要与中国实际相结合；第二是世界上没有绝对的新闻自由，新闻工作者手中的笔应当为本阶级服务；第三是相形之下"英雄造时势"比"时势造英雄"更为重要，这个时代更要崇尚英雄。

西安交通大学人文社会科学学院卢黎歌教授深情回顾了上海交通大学西迁的历史，高度赞扬了老一辈西迁人"胸怀大局、爱国奉献、无怨无悔、弘扬传统、艰苦创业"的西迁精神。他聚焦"西迁精神"这一学人精神的典型案例，提出其核心就是爱国奉献，传承弘扬西迁精神就是要在高校师生中间继续坚持爱国奉献、无怨无悔教育，强化以民族精神为核心的爱国主义教育，强调社会主义核心价值观与爱国价值观教育的密切结合。他进一步强调，在新时代把"西迁精神"的追求卓越教育，与实现中国梦有机结合，更加具有时代现实意义。

复旦大学哲学学院邹诗鹏教授的演讲题目是"改革开放与实践哲学"。他认为，当代中国改革开放 40 年的实践道路，以及还将继续呈现的未来道路，如果用一种哲学命名的话，可以称为实践主义。整个马克思主义中国化一代又一代的杰出人物前赴后继所秉承的也都是实践哲学。中国改革开放的历史是融入世界历史、融入经济全球化的过程，改革开放越往前推进，难度越大，所以应当进一步推进实践哲学，强化经济全球化意识，继续在实践中攻坚克难。要善于在新时代运用中国的实践智慧，化解改革开放中出现的各种问题。

上海市马克思主义研究会副会长周锦尉围绕"社会主义市场经济孕育和实践 40 年"展开发言。他指出，改革开放 40 年来市场经济的改革创新主要有六大要点，一是把握改革发展的总目标，二是注重处理市场与政府的关系，三是注重理论创新，四是探索和完善负面清单的管理模式，五是促进市场机制有效调节经济活动，六是推行地方各级政府及其工作部门权力清单制度。同时，他也强调，市场经济是"双刃剑"，尽管市场经济赋予经济主体相当大的权威性，但在改革发展进程中，仍应充分关注经济发展过程中的畸形膨胀的物质欲望问题，以及经济发展对核心价值观冲击问题。

国防大学政治学院孙力教授从三个角度论述了改革开放塑造科学社会主义新形态的问题。首先，是从制度创新的意义上去理解"改革"。中国共产党通过社会主义的制度创新，重塑了社会主义制度，塑造了科学社会主义的新形态。其次，是聚焦"开放"如何塑造社会主义新形态？开放使社会主义第一次从真正意义上面对世界市场，从而塑造了科学社会主义的崭新形态。再次，是从民族性成长角度理解科学社会主义新形态的塑造。中国特色社会主义是对当代社会主义发展道路的继续深入规划，塑造了科学社会主义在新时代的条件下，具有民族性成长并进而不断壮大的新形态。

第十六届学术年会之改革开放40周年主题论坛⑥|文学与时代

11月15日，上海市社会科学界第十六届(2018年)学术年会“改革开放40周年”系列主题论坛文学学科分论坛在复旦大学光华楼召开。分论坛主题为“改革开放40周年:文学与时代”，由上海市社联、复旦大学中国当代文学创作与研究中心、上海戏剧学院联合主办。来自中国人民大学、中国作家协会、中国报告文学研究会、《文艺报》社以及本市相关高校的专家学者分别做主旨讲演，与会专家围绕改革开放40年来文学与时代的关系、理论与创作的实践互动，小说、散文、报告文学等文学作品的发展历程等问题展开了深入研讨。本市文学学科领域专家学者50余人出席会议。

中国作家协会副主席、上海市作家协会主席王安忆从文学创作者的角度就改革开放以来的文学创作阐发了自己的观点。她认为，自新文学发端以来，过去的40年是一个稳定的时代，职业作家是这个时代的产物，“持续性写作”则成为一种文学写作方式。时至今日，反思过往，类型小说的缺失成为改革开放以来文学创作的问题所在。在过去40年的新时期文学中，自我经验支撑着作者创作小说。当生活走向平稳之后，自我经验的缺失使得小说从社会走向学院，除此之外，市场的作用或多或少对创作产生消极影响;而从西方获得对于现代化的崇敬与想象依旧是当下的问题所在。她指出，文学创作者和接受者需要以警惕与批判的眼光来对待“国际奖项”与其评选机制，不要“迷信”，避免随波逐流。

中国人民大学文学院程光炜教授从现代文学与当代文学的互动关系角度切入，重返新时期文学初期的历史现场，就现代文学对改革开放后作家创作产生的影响进行了一番深入的探讨。他认为，新时期初期的青年作家以“创作纯文学、优美的新时期文学作品”为己任，怎样创作贴近中国人文化心理和审美趣味的小说成为他们思考的问题。师法前人小说创作手法，从非主流作家身上汲取营养似乎成为一条路径。在上述原因的作用下，中国现代文学对新时期文学的发展产生了不可忽视的影响。程光炜教授以贾平凹师法沈从文，王安忆师法汪曾祺，铁凝师法孙犁等为例，以丰富的史料佐证了现代文学对改革开放后新时期文学的影响。

中国报告文学学会副会长、常熟理工学院丁晓原教授则结合自身的经历与体验，以报告文学为考察对象，从非虚构的角度切入，对改革开放以来的文学进行了一定的梳理。在丁教授看来，过去40年的报告文学可以划分为三个阶段:20世纪80年代的报告文学是诗与思的结合;90年代的报告文学在时代的影响下逐渐走向内敛;而到了21世纪，随着新闻媒体的转型，报告文学不再依赖原有的载体，转而关注非虚构叙事本身。他认为报告文学以自己独特的方式，参与到改革开放的进程当中。与此同时报告文学也承担着记录历史、存储记忆的功能。或许没有绝对的真实，但历史的蛛丝马迹在文学中得到了保留。与知识分子化的小说创作相似，报告文学也积极地介入、批判、反思时代，对此，丁教授提出，发掘报告文学背后的意义与价值是文学批评者在研究时着力的方向。

《文艺报》理论部主任周玉宁编审的报告聚焦“理论与创作的互动”。她认为改革开放以来，经过40年的积累，思想界启蒙的不断发展、写作界作品从内容到形式的层级进步，使得当下的文学写作俨然呈现出枝繁叶茂、形态各异的局面。但全新的阅读方式——“智性阅读”为当下的文学创作构成了极大的挑战。在周玉宁编审看来，“智性阅读”一方面体现在随着受教育程度的普遍提高，读者的阅读行为愈发理性；另一方面，写作空间的扩大化提高了写作难度；外加现代社会的快节奏生活造成阅读时间严重缩水，如此种种使得当代文学创作者面临着严峻的考验。她提出，这是一个开启“智性阅读”的时代，这个时代也孕育着新型的写作人才，适应着新型社会的到来，所以“智性阅读”的开启意味着全新的写作和阅读，也许对社会进步会有进一步的影响。

作为新时期文学初期的亲历者，复旦大学图书馆馆长陈思和教授带领与会者回到彼时的历史语境中去体悟改革开放与文学的相互作用。从卢新华《伤痕》的发表到刘心武《班主任》成为“伤痕文学”的代表作，陈思和教授还原了新时期初期文学产生的历史样貌，以打破人们对于文学史的单一想象。紧接着，他以寻根文学代表作家的创作为线索，阐述了20世纪八九十年代，乃至21世纪文学的样貌与其所处的生态环境。他指出，过去的40年是中国文学健康成长的40年，但对新时期文学深刻研究的缺少是我们不可忽视的问题所在。随着媒体的发展与转型，我们必须意识到文学需要与同时代的齿轮相吻合。历史给予我们的启示是有限的，文学研究者需要研究当下、研究同时代文学，把这个时代人们最需要的东西揭示出来。

华东师范大学中文系副主任文贵良教授主要从翻译文学的角度对改革开放40年的文学进行研究。晚清以来，翻译文学得到了蓬勃发展，尽管战争年代以及“文革”时期，翻译作品相对较少，但整体来看，翻译文学的数量呈现递增趋势。改革开放后，翻译文学可谓占据了文学市场的半壁江山。翻译者的身份，也从晚清、民国时期的“兼职型”（兼具作家、翻译家双重身份）转而为改革开放后的“专职型”翻译家。在文贵良教授看来，“作家”“翻译家”双重身份的分离对于作家创作而言有一定的积极影响，作家或许能更加关注创作本身，并不断追随创作手法的更新。与外国文学“走进来”同步，改革开放后，中国文学也加快了走出国门的步伐。对当代文学的持续跟踪翻译、外籍华裔作家在文坛上的活跃等现象对中国文学被世界所接受起着十分重要的作用。在文贵良教授看来，中外文学的交流与互动或许会碰撞出新的火花，而这一新元素将会为中国文学未来的发展带来积极影响。

第十六届学术年会之改革开放40周年主题论坛⑦|哲学社会科学创新

11月15日,上海市社会科学界第十六届(2018年)学术年会“改革开放40周年”系列主题论坛哲学学科分论坛在复旦大学光华楼召开。分论坛主题为“改革开放40周年:哲学社会科学创新”,由上海市社联、上海市哲学学会联合主办。来自北京大学、南京大学、苏州大学以及本市相关高校的专家学者分别做主旨讲演,与会专家围绕改革开放40年来哲学社会科学的建设,哲学史的研究趋势,以及哲学伦理转向等专题领域的理论实践问题展开了深入研讨。本市哲学研究学科领域专家学者60余人出席会议。

北京大学哲学系主任仰海峰教授做了题为“实践标准讨论与中国的哲学研究”的报告。他认为,“实践是检验真理的唯一标准”的讨论,一是延展了学术讨论的思想和眼界,二是推动当代中国哲学研究进入更为纵深的学术空间,三是促使中国哲学研究者们认识到,必须进一步认清自身。改革开放40年来,哲学社会科学研究逐步建立起了“自身意识”,哲学社会科学要继续深化研究,要对自己的民族具有清晰的洞察和了解,要对自身存在的问题进行自觉的学术表达。

南京大学马克思主义学院院长胡大平教授的报告题为“作为哲学主题的人类命运共同体”。他强调,要从哲学学科概念上去解读“共同体”,在这个个体组成的世界上,“共同体”只可能是而且必须是用相互的共同的关心编织起来的。同时,“共同体”只可能是由人们之间的平等权利和对这一权利行动的平等能力的关注编织起来的。而这与我们当前面对的国家概念中的、全球化视野中的“共同体”是意蕴相通的。“人类命运共同体”正在书写中国21世纪的历史,它是中国文明的基本情怀。“人类命运共同体”无疑将继续成为中国哲学社会科学持续研究的视野和关注的主题。

苏州大学哲学系车玉玲教授探讨了启蒙与新文明类型的关系,在车玉玲教授看来,以欧洲为中心的文明鼎盛时代正在过去,全球文明多元发展是新文明萌芽的现实表征。她认为,新文明类型的萌芽基于以全球化为背景的后现代社会,当代马克思主义哲学应当基于此,深入研究蕴含其中的新文明内容。西方世界文明的崛起以启蒙运动作为先导,受此启发从启蒙的角度推动新文明的发展,第一是要继续坚持对理性的探索,第二是坚持人类本性的信仰,第三是要通过理性来实现文明的目标。通过扬弃和秉承启蒙的传统,在全球化的时代,人类文明将必然以多元化状态存在和发展,新的文明类型将得以孕育成长。新文明的发展将逐步摆脱西方文明对自然的宰治等桎梏,成为丰富多元发展的文明“森林”。

上海市哲学学会会长吴晓明教授在“改革开放与中国特色哲学社会科学建设”的报告中表示，改革开放的历史性实践被称为中国特色社会主义，这不仅意味着中华民族从站起来富起来到强起来的伟大飞跃，还具有 21 世纪科学社会主义的重要意义。从哲学社会科学的发展上讲，改革开放以来的 40 年取得了三个方面成绩：一是改革开放所要求的思想解放扫除了思想上的教条与壁垒，解放了哲学社会科学；二是哲学社会科学在 40 年内取得了专业化与学术化水平的高度提升；三是改革开放所引领的对外学习进程，不仅让中国逐渐与世界同步，更让中国的学术研究与我们现时代取得了更加紧密的联系。

华东师范大学陈卫平教授从中国哲学与中国哲学史的 40 年发展，展望了未来中国哲学的发展趋势。他认为，20 世纪 80 年代的哲学研究主潮就是唯物主义和唯心主义的历史。进入 90 年代，哲学研究呈现出两个趋向，一是从认识史到形式智慧，哲学从知识层面的狭义认识进入到智慧层面，研究的中心深入到了民族智慧；二是从认识史到哲学思想，研究者不仅把中国哲学史看成思想观念自身发展的历史，而是力图找出思想观念和生活世界之间双向互动的联系。展望未来，研究中国的哲学和哲学史，存在着如何深入研究本民族的问题，研究者们都要经常叩问这样的问题，即我们正在书写的是“中国的哲学史”，而不是“在中国的哲学史”，更不是西方哲学史的翻版。

上海社会科学院哲学所何锡蓉研究员关注了当代哲学的伦理转向问题。她指出，传统伦理学由于人类中心主义的主导，只关心人与人的关系，而未加关注人类与生物界、自然界的关系，当代伦理学正在转向全面关注这些过去被忽视的方面。由此，“要从他者的角度出发寻找自己的意义”这一伦理学转向，也引发了整个哲学研究的转向，当代哲学研究也更加强调了伦理方面的新维度。

上海财经大学人文学院张雄教授尤其重视改革开放 40 年来的中国社会现代性问题。他认为，过去 40 年中国从传统社会到现代社会的转型变化深刻，转型集中体现在了工业化、货币化、市场化这三个主要方面。对此，专业领域的学术研究尚有待深化，哲学社会科学研究者们有必要潜心钻研，深入学理层面展开反思。

第十六届学术年会之改革开放40周年主题论坛⑧|中国与世界关系

11月15日,上海市社会科学界第十六届(2018年)学术年会"改革开放40周年"系列主题论坛国际关系学科分论坛在复旦大学美国研究中心召开。分论坛主题为"改革开放40周年:中国与世界关系",由上海市社联、复旦大学联合主办。来自北京大学、南京大学以及本市相关高校的专家学者分别做主旨讲演,与会专家围绕改革开放40年来中国与世界的关系轨迹,中国的外交战略、中美关系发展等问题进行了深入研讨。本市国际关系学科领域专家学者60余人出席会议。

复旦大学副校长陈志敏教授出席论坛并致辞。陈教授指出,中国与世界的关系问题既是历史命题,也是现实命题。新中国的成立解决了站起来的问题,成为现代中国与世界关系重构的开始。改革开放以来中国逐渐富起来,进一步强起来,就更需要重新思考如何看待当下中国与世界的关系。中国一向反对单一国家主导的自由霸权模式或榨取式的、完全支配的霸权模式,我们寻求的国际体系新模式必须遵循三个原则:主权国家平等原则、开放原则和共赢原则。而在这样一个体系中,中国要作为负责任的大国在不干涉他国内政、不违背主权平等原则的基础上积极发挥引导作用。当下在国际重大问题上,中国的发言权仍有待提升,这需要学者们积极思考、归纳、总结、贡献中国经验和中国声音。

北京大学国际关系学院王正毅教授以"世界体系下的中国与世界关系"为题作报告。王正毅教授指出,当前的世界体系仍处在美国主导下的世界体系阶段,主要具有四个特征:体系涵盖范围更加广泛、国家制度选择更加多样、国家间竞争更加激烈、体系转折点更加不确定。当下最重要的是确立中国国家战略目标,并应对四大挑战:国家生存与发展空间维持和拓展的挑战、中美之间竞争世界话语权的挑战、经济全球化和地区合作何以延续的挑战、提出全球治理方案的挑战。

南京大学国际关系研究院院长朱锋教授围绕"40年的中国外交战略:变革与转型"展开讨论。朱锋教授认为,中国与世界的关系问题之所以如此复杂、如此艰难,主要出于三个因素:一是中国的历史因素造成的中国身份认知与世界定位的复杂性;二是发展因素造成的认知定位与实际发展的不匹配性;三是将独特的中国道路和多样性的世界经济实践相联系的困难性。这种困难的本质还是在于要确定中国未来发展道路。中国与世界关系的问题不断探索的过程,恰恰是中国不断发展的过程;当未来的发展道路得以厘清,中国在国际体系中的地位也必然大大提高。要解决这一困难,既要对中国与世界关系有动态定义,也要对外交战略选择和对威胁有认知与认定。为了与当下前所未有的国际环境和中国外交实践更好匹配,学者必须在理论研究和实践上下更多功夫。

上海市国际关系学会会长杨洁勉教授作题为"改革开放 40 年中国同世界关系轨迹的初探"的报告。杨教授结合过去半个世纪历次党代会的政治报告总结了中国与世界互动关系的主要发展阶段。40 年前,中国做出了"改革开放"这一历史性抉择,开始集中精力解决同世界各国的经济技术合作和贸易交流的问题。当前,中国与世界关系开始向纵向发展,强调维护我国海外权益、推动全球治理体系变革、推动世界和平与发展。与此相应的是,中国也开始注重认识世界与改造世界,更加积极地提出中国理念与中国方案,以"一带一路"建设为主要抓手推动新型国际关系和人类命运共同体的建设。在回顾历史的基础上,杨洁勉会长提出,在当下的国际环境下,研究中国与世界的关系正当其时。广大国际关系学者不仅仅要有批判性思维,同时也要积极总结中国外交的成功经验,增强解读中国实践、构建中国理论的发言权。

复旦大学"一带一路"及全球治理研究院常务副院长黄仁伟教授以"中国融入世界体系的能力与目标"为题展开分析。他指出,就中美关系而言,两者之间的认知矛盾能否调和,直接关乎未来中国乃至世界的命运。当前国际关系的认识重点有三。首先,美国的霸权体系自身在走向衰落、不能适应的状态,美国债务和经济空心化、国内经济不平衡性造成其支撑霸权的能力下降。其次,世界事务更趋复杂。公共产品的数量、质量、种类已经难以满足当下的需求,为此美国开始减少公共产品供应,不承认霸权义务,并将霸权和美国能力之间在责任和威胁上的矛盾转移到中国。再次,我们必须明确中国自身的战略目标,以避免中美两国关系出现能力和目标的错配,加剧矛盾冲突。另外,就联合国体系问题而言,黄仁伟教授概括称,相较于联合国创始之时,当下的和平环境下要实现联合国体系向着有效全球治理方向的变革更为艰难。联合国制度改革关乎全球治理,进而关系到人类命运共同体目标的达成,理论界、政策界对此问题必须深入思考。

复旦大学国务学院执行院长苏长和教授注重探讨的问题是"世界政治转型期的中国与世界关系"。苏长和教授着重分析了当前世界政治转型期所面临的四大主要矛盾。一是人财物智国际流动的增加与国家治理准备不足之间的矛盾。二是国内制度现实中的多样性、多变性同全球治理所需的国内制度的稳定性、支撑性之间的矛盾。三是主权制度体系内在的排他性同各国之间日益增加的关联议题、关联权利所需要的合作性之间的矛盾。四是排他性集团的二元对立思维同新型国际关系建设所需要的包容思维之间的矛盾。他进一步提出了中国在世界政治转型期处理中外关系、构建新型国际关系的原则问题。在他看来,需要遵循的原则有三:一是体系性原则,即尊重联合国主权体系、共同价值体系,推动跨地区对话和联系;二是结构性原则,即避免大国间结构性对抗,推动大国之间的内外联系;三是行为性原则,即倡导并践行增量、包容、结伴、兼容等新的行为规范,推动新型国际关系建设。

第十六届学术年会之改革开放40周年主题论坛⑨|改革开放40周年与中国社会变迁

11月15日,上海市社会科学界第十六届(2018年)学术年会"改革开放40周年"系列主题论坛社会学科分论坛在上海大学宝山校区新乐乎楼召开。分论坛主题为"改革开放40周年与中国社会变迁",由上海市社联、上海大学社会学院联合主办。来自中国社会科学院、中国人民大学、吉林大学以及本市相关高校的专家学者分别做主旨讲演,与会专家围绕改革开放40年来中国社会治理转型的经验、社会工作发展、社会人口变迁、网络社会崛起等问题进行了深入研讨。本市社会学科领域专家学者50余人出席会议。

中国人民大学社会与人口学院刘少杰教授聚焦改革开放以来中国网络社会的发展历程展开演讲。刘少杰教授向大家介绍了中国网络社会的发展历程、网络社会崛起引起的深刻变迁。中国网络社会以1987年首封电子邮件为标志,经历了学习入网、信息浏览、短信博客互动和微博微信四个阶段。当前,网络社会发展已进入第五阶段,即开始渗透到社会的各个层面,网络社会已然无处不在。他概括了当今中国网络社会的八大特征:一是中国社会空间呈现线上线下双重面相;二是不在场的社会交往迅速发展;三是社会生活形成了围绕经验而不是围绕事实展开的社会关系新基础;四是基于网络的新的社会认同正在成长;五是信息权力与实体权力出现并存局面;六是存在无限丰富的网络群体;七是基于网络时空的复杂性,社会组织密度成倍增加;八是海量信息供应呈现出丰富性与不确定性双重特性。

中国社会科学院社会发展战略研究院院长张翼教授做了题为"改革开放40年来中国人口的历史变化与未来政策改革"的报告。张翼教授以大量数据展现了自公元前200年至今中国人口的变化,把改革开放以来40年中国人口变迁分为不同阶段,详细地介绍了每一个阶段的特征与人口变化规律。他通过数据模型展示了当代中国的人口特征,并尝试以现有数据推演出2050年中国人口结构特征,提出未来调整人口规律的方法与策略。他以翔实的数据证明,当下中国人口结构正面临着女性平均初婚年龄推迟、未婚率上升、离婚率上升、婚后初育时间进一步推迟、城镇化水平提升、大龄人口非婚同居这六大因素的抑制,建议社会管理部门努力把握"十三五"应对人口老龄化的机会窗口期。

吉林大学哲学社会学院院长田毅鹏教授在论坛上回顾了"单位制"研究的40年进程。田毅鹏教授首先论述了单位研究对理解中国的可能价值,详细介绍了"单位制"研究起源的两条线索及其交汇与低谷。他认为,"单位制"基于 20 世纪八九十年代海外中国学研究和本土对计划经济的反思与批判。90 年代以后,"单位制"研究的内外两条线索走向交汇,随后进入低谷。回顾改革开放以来的社会学经典研究,"单位制"是一个无法绕开、值得深究的重要课题。21 世纪以来,仍产生了一批"单位制"研究的后续成果。然而至今,社会学研究者对于"单位制"的深层结构、社会功能及其具有的特殊社会意义,仍然缺乏深刻的理解。他建议学者们重回和深化"单位制"研究领域,为当代中国社会的治理、组织提供更加深刻的学理经验。

中国社会学会会长、中国社会科学院—上海市人民政府上海研究院第一副院长李友梅教授的报告聚焦中国社会治理转型及其经验逻辑。李友梅教授指出,改革开放以来中国社会管理先后遭遇到三大挑战。一是"单位制"、人民公社的解体;二是 20 世纪 90 年代中后期出现的改革共识问题;三是当前中国社会主要矛盾的历史性转化。当前中国社会治理面临的挑战是综合性的,甚至是具有总体性的,但与以往的挑战一样,机遇和挑战仍同时并存。中国的社会管理改革和社会治理创新正迎来同时转型发展的局面。她认为,社会治理仍需从创新基层社区治理体制着手,这仍然是当前中国社会治理的重要策略和主要手段。同时,党建需要引领社会治理的创新实践,如何在党建引领下,于共治中优化社会治理,成为当前社区治理创新的重要课题。

华东理工大学社会与公共管理学院徐永祥教授的报告题为"改革开放以来中国社会工作的发展轨迹"。徐永祥教授以亲身经历回顾了社会工作学科萌芽、重建、新发展的历史,并梳理了我国社会工作科研队伍及制度建设状况。他对现阶段我国社会工作服务对象及社会认同进行了理论思考,提出其中存在的三个主要问题:一是传统社会工作的服务对象出现了"次穷人服务穷人"的尴尬难题;二是非营利社会工作与营利性社会工作的关系有待协调;三是社会工作的职业地位、专业地位的政府认同和市场认同问题。

上海大学社会学院院长张文宏教授围绕中国社会分层与社会流动机制的变迁展开报告。张文宏教授指出,改革开放 40 年以来,中国社会分层呈现出的主要变化,一是教育以及培训的经历、从业的经验、专业资格证书等人力资本在社会分层中的重要性上升,成为评价社会成员地位高低的重要因素;二是职业成为判断社会成员相对分层位置的基本条件之一;三是以品位、生活方式为核心的文化资本成为社会分层的重要标准;四是以资源共享为标志,社会网络和社会资本在社会分层中的作用得以回归。他提出,当前中国社会流动模式的四个特点:一是社会结构的复杂化,社会分层标准多元化;二是社会流动空间的不断扩大;三是社会流动渠道不断增加,新社会阶层开始出现并成为新中国阶层的重要组成部分;四是社会流动率不断提高,其中,社会向上流动是社会流动的主流。

第十六届学术年会之改革开放40周年主题论坛⑩|上海改革开放——新时代新征程

11月17日，上海市社会科学界第十六届(2018年)学术年会“改革开放40周年”系列主题论坛上海改革开放分论坛在上海师范大学徐汇校区文科实验楼召开。分论坛主题为“改革开放40周年:上海改革开放——新时代新征程”，由上海市社联、上海市经济学会联合主办。来自中央党校、中国社会科学院、中国人民大学以及本市相关高校、社科院的专家学者分别做主旨讲演，与会专家围绕改革开放40年来中国工业化进程、全方位改革开放中的上海经验、新时代长三角一体化发展等问题进行了深入研讨。本市经济学科领域专家学者80余人出席会议。

中国社会科学院工业经济研究所所长黄群慧研究员做了题为“改革开放40年中国工业化进程”的主旨发言。黄群慧研究员从中国工业化的水平、特征与经验三个方面对中国的工业化进程进行了全面梳理。他着重提出，中国工业化进程的主要经验体现在注重处理六个方面的关系:一是改革发展稳定关系；二是政府与市场关系；三是协调经济实体的关系；四是市场化与工业化的关系；五是城市化与工业化的关系；六是全球化与工业化的关系。他进一步指出，在新工业革命背景下，中国应加快推进高质量工业化战略。

中国人民大学校务委员会副主任杨瑞龙教授做了题为“亟待提振民营经济的投资信心——从国企混改中寻找突破口”的主旨演讲。杨瑞龙教授指出，当下民营经济信心不足问题应引起重视，需要着力解决好成本偏高、融资困难、利润低迷以及民营企业经营中面临的玻璃门、旋转门、弹簧门等问题。他提出的主要政策建议是，要以“国企混改”为抓手，进一步推动垄断性行业向民营资本开放，竞争性行业让民营企业有控制权，推动民营经济健康发展。

中共中央党校当代世界社会主义教研室主任郭强教授做了题为“全面深化改革的几个基本理论”的主旨演讲。郭强教授从科学社会主义的本质与内涵出发，围绕全面改革开放，改革的“优先序”和“牛鼻子”等问题，系统阐述了他对中国改革开放的理解与认识。他指出，进一步深化改革包含对内搞活和对外开放两项任务，进一步深化改革不仅要继续开放，更要加强对内搞活，比如当下社会改革有待深入就是改革的难点所在。全面深化改革，就是要统筹推进各领域改革，既要有管总的目标，也要回答推进各领域改革最终为了什么，要取得什么样的整体效果的问题。正所谓“立治有体，施治有序”。牵住改革“牛鼻子”，就是既要抓住重要领域、重要任务、重要试点，又要抓紧关键主体、关键环节、关键节点。

上海全球城市研究院院长、上海市经济学会会长周振华研究员做了主题为“改革开放再出发”的主旨演讲。周振华研究员指出，在世界经济再平衡和中国经济下行压力背景下，改革开放已到了关键时刻。他提出中美贸易摩擦具有长期性、多变性、胶着性的特征，会引起一系列连锁反应。中国改革开放再出发需要重点突破三个方面：一是有策略地面对中美贸易战；二是继续推进“一带一路”建设；三是进一步释放中国经济增长的潜力。最后，他指出改革开放再出发需要新的思维、新的模式。研究者和实践者们应该做出反思，不能忘记改革开放的初心。要充分发掘改革再出发的着力点，发现新的比较优势，尤其要充分挖掘动态的比较优势。

上海市社会科学院副院长、世界经济研究所所长权衡研究员做了题为“新时代长三角高质量一体化发展”的主旨演讲。权衡研究员指出，当下中国经济发展的新议题是推动经济从高速增长向高质量发展转变，长三角高质量一体化发展是区域经济发展的新引擎。他进一步从国内、国际两个维度分析了长三角城市群发展的优势与短板。他着重指出，与其他世界级城市群区域，如伦敦城市群、北美五大湖城市群以及日本太平洋沿岸城市群等相比，长三角区域无论是在劳动生产率、人均 GDP，还是在创新水平、核心城市竞争力等方面都有较大差距。长三角一体化发展，既要借鉴国外区域一体化经验，也要总结以长三角区域为代表的我国区域经济发展现状，要从促进各区域形成一体化的现代产业体系、市场体系、空间规划体系等方面入手，打造长三角区域高质量的一体化。

上海社会科学院副院长、应用经济研究所所长干春晖教授围绕“在全方位改革开放中形成上海经验”的主题展开演讲。干春晖教授通过大量数据梳理了中国改革发展的实践历程。他指出，改革的核心目的是要不断促进经济要素流动，提高经济效率。他强调，继续在改革开放中形成上海经验，需要进一步研究城乡劳动力流动、城市劳动力的激励、资本市场的资源错配等问题，要重点研究如何解决土地资源的合理分配与利用，如何解决商品和服务的市场化定价等问题。同时，在进一步深化改革的过程中，还要努力应对经济增速的下行压力，避免进入中等收入陷阱。

学术研讨

上海市社联主办“多学科视野:蔡元培与中华民族伟大复兴”学术研讨会

为纪念民主革命家、思想家、教育家蔡元培先生诞辰150周年,1月7日下午,“多学科视野:蔡元培与中华民族伟大复兴”学术研讨会在蔡元培故居旁举行。研讨会由上海市社会科学界联合会和中共上海市静安区委宣传部主办,由静安区文化局、上海炎黄文化研究会、上海市历史学会、上海市哲学学会、上海市伦理学会、上海蔡元培故居陈列馆承办。市社联党组成员、专职副主席解超出席会议并致辞。上海炎黄文化研究会会长杨益萍主持会议。

研讨会议程分为两阶段。第一阶段为9位专家的学术论文发布,分别为蔡建国的《文化自信与民族复兴——蔡元培文化思想的现实意义》、夏乃儒的《蔡元培:探索民族复兴新文化的先驱者》、戴鞍钢的《蔡元培与民族复兴——以清末新式教育为中心》、冯绍霆的《关于蔡元培的随想》、蔡志栋的《蔡元培:探寻走向民族复兴之路》、张腾宇的《蔡元培的哲学活动与上海》、张自慧的《蔡元培的儒学情结与教育卓见——基于〈中学修身教科书〉的体悟》、徐锋华的《蔡元培民权思想的演进与实践》、叶舟的《从日语学习班开始的故事:蔡元培与晚清常州人》。第二阶段为嘉宾对话,中国社科院近代史所研究员崔志海、华东师范大学教授高瑞泉、复旦大学教授章清、上海社会科学院研究员熊月之四位嘉宾结合撰写的论文与会学者和嘉宾就相关学术问题展开对话互动。与会者高度评价蔡元培为中国近代教育、文化、科学事业作出的开创性贡献。称颂其作为近代先进中国人的杰出代表,身处民族危亡深重的时代,以民族复兴为己任,为之不懈奋斗。上海市哲学学会副会长陈卫平作研讨会点评、总结。

就同一历史课题作多学科视野研究,这一研究模式已经由上海炎黄文化研究会和上海市历史学会、哲学学会、伦理学会、民俗文化学会等学术团体坚持数年不辍。在本次研讨会中,由几家学术团体推荐的专家学者从各自的专业角度,阐述蔡元培推动民族复兴的历史功绩。历史学家阐述蔡元培在清季民国时期思想界的影响、与清末新式教育的关系、上海城市对于蔡元培的意义,哲学家关注其哲学活动、平等观念与实践,伦理学家研究其儒学情结与教育卓见,包括撰著《中学修身教科书》,等等。会间议论纷纭,生动活泼,新见迭出,与人启迪。

与会者一致认为，蔡元培一生最大的贡献，乃是探索创建中华民族伟大复兴的新文化。令人振奋的是，先生毕生为之奋斗、但由于国家贫弱而难以实现的梦想，如今正在中国共产党领导下变成现实。今天，在学习贯彻党的十九大精神，万众一心，为实现中华民族伟大复兴而奋斗的时代背景下，我们缅怀蔡元培先生作出的杰出贡献，学习他不朽的精神，无疑具有特殊的意义。

上海市社联等单位共同举办上海市马克思主义研究季度论坛

3月17日，由上海市社会科学界联合会、中共上海市委党校和上海市马克思主义研究会共同举办的上海市马克思主义研究季度论坛——“改革开放新指南：习近平新时代中国特色社会主义思想”研讨会召开。中共上海市委宣传部副部长、上海市社会科学界联合会党组书记燕爽出席会议并致辞。马克思主义研究会会长、市政协学习委员会常务副主任王国平教授出席并做总结，学会副会长、上海社科院研究员徐觉哉主持研讨会。市社联专职副主席任小文、中共上海市委党校副校长郭庆松、马研会顾问严家栋、名誉会长吕贵，研究会理事、会员代表以及来自高校、科研院所和党校系统的专家学者共160余人与会。与会的领导和专家的主要观点如下：

一、在新时代开创繁荣发展马克思主义的新辉煌；

二、发展创新马克思主义应注重马克思主义的整体性研究；

三、依据习近平新时代中国特色社会主义思想发展创新马克思主义；

四、习近平新时代中国特色社会主义思想书写了政党政治的新篇章；

五、习近平新时代中国特色社会主义思想的创新点是以人民为中心；

六、在深化研究中准确理解习近平新时代中国特色社会主义思想；

七、学习贯彻习近平新时代中国特色社会主义思想需要加强基本范畴和重大论断研究；

八、创新发展马克思主义应注重时空条件变化。

“迈向卓越的全球城市：全球城市理论前沿与上海实践”高端研讨会在沪举行

上海建设卓越的全球城市，承载国家使命，对标国际最高标准、最好水平，正引起广泛关注。这一全新定位和战略部署背后的学术支撑，则是新时代体现中国特色、源于上海实践从而不断得到发展的全球城市理论。4 月 1 日，由上海市社会科学界联合会、上海世纪出版（集团）有限公司等单位提供指导，由上海人民出版社、格致出版社主办的“迈向卓越的全球城市：全球城市理论前沿与上海实践”高端研讨会，在上海中心成功举行。中共上海市委宣传部副部长、市社联党组书记燕爽，上海市新闻出版局局长徐炯，上海世纪出版（集团）有限公司总裁王岚，上海人民出版社社长王为松等出席。上海市社会科学界联合会专职副主席解超主持开幕式。

“全球城市”概念的提出者、美国哥伦比亚大学社会学系终身教授萨斯基娅·沙森女士，北京大学国家发展研究院周其仁教授，中国工程院院士、同济大学副校长吴志强教授，《全球城市：演化原理与上海 2050》一书作者、上海市经济学会会长周振华教授，上海财经大学校长蒋传海教授等出席并做主题演讲。

上海人民出版社、格致出版社近年来出版了以周振华教授《崛起中的全球城市：理论框架及中国模式研究》《全球城市：演化原理与上海 2050》等为代表的一系列相关专著，为全球城市理论提供了重要的学术积累和传播平台，并在本次研讨会上进行了发布。此次研讨会汇聚了来自各智库、高校科研机构的专家学者，以及企业界、媒体代表，就全球城市与长三角、全球城市的品牌、全球城市的产业等议题开展了热烈讨论。

“第三届劳动人权马克思主义论坛”学术研讨会召开

在纪念马克思诞辰200周年和《共产党宣言》发表170周年之际，为推动马克思主义劳动话语研究的深入开展，4月14日，以“保障劳动幸福，彰显社会主义精神”为主题的“第三届劳动人权马克思主义论坛——2018关于劳动的哲学、伦理学及跨学科研究高端学术论坛”召开，本次论坛由上海师范大学知识与价值科学研究所等单位共同主办。上海市社联专职副主席解超教授、《解放日报》社党委副书记周智强、上海师范大学副校长柯勤飞教授出席论坛开幕式并致辞，上海师范大学马克思主义学院院长周书俊教授主持论坛开幕式。

解超副主席在致辞中指出，在马克思主义理论体系中，劳动是话语的基础。劳动权、劳动幸福权以及幸福劳动权都是马克思主义话语体系的高频词。在马克思主义话语体系中，对劳动等基础性理论问题的深入研究，体现了劳动话语的地位和声音，形成了独树一帜的马克思主义劳动话语体系。

柯勤飞副校长肯定了劳动问题研究的意义，认为以上海师范大学何云峰教授为代表的研究团队，近年来对这个问题的研究以及连续的论坛举办引起了学界的广泛关注。劳动人权问题既是一个马克思主义理论的基础性话题，又是一个新时代的新课题，值得学者们认真地进行深入研究。

复旦大学陈学明教授、中国社会科学院孙春晨研究员、上海财经大学鲁品越教授、上海师范大学何云峰教授围绕本次论坛主题作主旨报告，上海师范大学高慧珠教授主持报告会。专家学者认为，劳动人权的核心问题是保障劳动幸福权。劳动幸福权不同于劳动幸福感和劳动幸福观，它是每个人都应该予以保障的初始权利。马克思的劳动幸福理论既具有重要的学术价值，也很有现实意义。在论坛交流中，与会专家学者从多元化、多视角、跨学科角度，共同探讨相关的劳动问题，如劳动幸福与美好生活的关系、劳动人权与劳动本体论问题、马克思主义劳动思想研究问题、劳动解放与构建人类命运共同体问题、互联网与现代科技发展与劳动价值反思问题、劳动精神与劳动文化问题，等等。来自全国各省市的130多名专家学者和研究生代表参加本次研讨会。会议主办单位对论坛的开幕式和大会主旨发言进行现场视频网络直播，吸引数千人远程观看。

“马克思、马克思主义与习近平新时代中国特色社会主义思想”研讨会在沪举行

4月21日，上海市中国特色社会主义理论体系研究中心、上海市社会科学界联合会、华东政法大学主办，上海科学社会主义学会、华东政法大学马克思主义学院承办的“马克思、马克思主义与习近平新时代中国特色社会主义思想——纪念马克思诞辰200周年”学术研讨会，在华东政法大学长宁校区召开。

中共上海市委宣传部副部长、上海市社联党组书记燕爽在开幕致辞中指出，马克思是人类历史上的伟大人物，马克思主义具有巨大的真理威力和强大的生命力。习近平新时代中国特色社会主义思想是马克思主义中国化的最新成果，是新时期中国共产党人的伟大创造，为解决人类问题贡献了中国智慧和中国方案。广大理论工作者研究马克思主义理论与实践，要立足时代特点，深刻把握世界历史的脉络和走向。要深刻领会习近平新时代中国特色社会主义思想的精神实质和丰富内涵，深刻阐释习近平新时代中国特色社会主义思想对世界社会主义的发展进程、人类文明的发展进程的重大意义。要对马克思主义进行整体性、一体化研究，积极推动中国化马克思主义“走出去”。

华东政法大学校长叶青代表主办方致辞时表示，马克思主义诞生后的一百多年来，历史发展和社会现实始终证明它是科学的理论，是“伟大的认识工具”，是人们观察世界、分析问题的有力思想武器。马克思主义之所以经久不衰，至今仍是人类社会前进的指路明灯，究其根源就在于它是一门为绝大多数人谋幸福的学问。正如马克思所言，如果我们选择最能为人类福利而劳动的职业，那么我们的幸福将属于千百万人。为绝大多数人谋利益，这正是人民立场和以人民为中心理念的源头所在。

市社联专职副主席解超主持会议开幕式。他指出，在纪念马克思诞辰200周年和《共产党宣言》发表170周年之际，上海社科理论界举办这个专题研讨会，是贯彻落实习近平总书记“5·17”重要讲话，向马克思致敬的实际举措。相信通过我们的努力，一定会推动形成更多的以马克思主义为指导的学科体系、话语体系建设的高质量学术成果，把上海社科理论界对马克思主义、习近平新时代中国特色社会主义思想研究推向新的水平，进一步坚持和巩固马克思主义在意识形态领域的指导地位。

中共中央党史研究室原副主任李忠杰，教育部社会科学委员会副主任、中央马克思主义理论研究和建设工程咨询委员、首席专家顾海良，中联部原副部长兼当代世界研究中心主任、察哈尔学会首席研究员于洪君，复旦大学政治学系教授、上海市政治学会会长桑玉

成，华东师范大学政治学系教授齐卫平，华东政法大学副校长、上海科学社会主义学会副会长张明军教授作主旨演讲。解放日报社党委副书记、上海科学社会主义学会副会长周智强主持主旨演讲。

李忠杰在演讲中指出，我们纪念马克思，本意是探讨在新的时代条件下如何正确地对待、坚持与发展马克思主义。我们应当像马克思一样对待马克思主义。马克思主义是科学，就要用科学的态度来对待它；马克思主义是发展的过程，就要不断把马克思主义推向前进；马克思主义是理论与实践的辩证统一，所以我们要结合实践运用马克思主义。

顾海良在演讲中认为，真理性和科学性是马克思主义诞生一百多年来能够传播于世的基础，而真理性和科学性必须转化为一系列术语和范畴。马克思经济学“术语的革命”为中国马克思主义政治经济学“术语的革命”和中国特色社会主义政治经济学体系的发展，提供了理论上的和方法上的基本遵行和重要启迪。

于洪君在发言中指出，继承马克思，绝不意味着简单铭记和复述马克思理论学说中的某些论述、概念和判断，不限于大张旗鼓地举办各种学术研讨或者出版多少学术著作，而是要始终坚持完整准确地理解马克思主义思想体系和理论精髓，始终坚持用马克思主义立场、观点和方法认识世界、改造世界，始终坚持马克思主义中国化时代化和大众化的正确前进方向；在于真正实现马克思主义研究、教育和传播的有机结合，即坚持把马克思主义及其中国化、时代化、大众化的理论研究，贯穿于我们党意识形态工作全过程。

“习近平新时代中国特色社会主义思想”理论内涵与逻辑建构研讨会召开

4 月 28 日，上海市习近平新时代中国特色社会主义思想研究中心和上海社会科学院主办的“习近平新时代中国特色社会主义思想”理论内涵与逻辑构建研讨会在上海社科院举行。本次会议由上海社科院中国马克思主义研究所承办，《学术月刊》杂志社、《毛泽东邓小平理论研究》杂志社、《社会科学报》社协办。

中共上海市委宣传部副部长、市社联党组书记燕爽在致辞中表示，2018 年是理论界的大年，《共产党宣言》发表 170 周年、马克思诞辰 200 周年，下半年还将迎来中国改革开放 40 周年，我们要抓住机遇，推动理论研究上一个新台阶。主要是做好四个“聚焦”：一要聚焦马克思主义强大的生命力；二要聚焦中国共产党巨大的创造力；三要聚焦习近平新时代中国特色社会主义思想这一马克思主义中国化的最新成果；四要聚焦加快构建以马克思主义为指导的中国特色哲学社会科学学科体系、学术体系、话语体系。

上海社科院党委书记于信汇在致辞中表示，党的十九大提出了习近平新时代中国特色社会主义思想，这是自党的十八大以来，以习近平同志为核心的党中央深刻分析研判社情、国情、党情新变化，以坚持和发展什么样的中国特色社会主义、怎样坚持和发展中国特色社会主义为重大时代课题进行艰辛理论探索取得的重大理论创新成果。习近平总书记指出，坚持以马克思主义为指导是当代中国哲学社会科学区别于其他哲学社会科学的根本标志，必须旗帜鲜明地加以坚持。今年是上海社科院建院 60 周年，作为国家高端智库，上海社科院要在繁荣马克思主义、发展主流意识形态等方面作出新的贡献。

复旦大学马克思主义研究院院长吴晓明教授指出，探讨习近平新时代中国特色社会主义思想的理论内涵与逻辑建构，有三个要点必须弄清楚。一是明确习近平新时代中国特色社会主义思想的历史定位。对此，党的十九大报告已经非常明确地指出来了，那就是三个“意味着”。其中第二个意味着，即“意味着科学社会主义在二十一世纪的中国焕发出强大生机活力，在世界上高高举起了中国特色社会主义伟大旗帜”，具有极为重大的意义。二是中华民族的伟大复兴不仅仅在于建设成为一个社会主义现代化强国，更重要的意义是，它开启了一种新的文明类型。三是习近平新时代中国特色社会主义思想的理论内涵和逻辑建构，它的立足点是当代中国的历史性实践。

复旦大学国外马克思主义研究中心副主任陈学明教授指出，4 月 23 日中共中央政治局就《共产党宣言》及其时代意义举行第五次集体学习，习近平总书记讲了这么一句话：中国共产党是《共产党宣言》精神的忠实传人。对此,可以从三个层面进行理解。第一,《共产党宣言》是一部科学洞见人类社会发展规律的经典著作。党的十九大报告反复强调要坚持共产主义理想,这个理想的提出就建立在科学洞见人类发展规律的基础之上。而习近平新时代中国特色社会主义思想也是建立对人类发展规律的认识和总结的基础之上的。第二,《共产党宣言》是一部充满斗争精神、批判精神、革命精神的经典著作。现在有些人认为《共产党宣言》过时了,一个主要理由就是反对它的革命精神。但是,无论是十九大报告提到的"伟大斗争",还是习近平总书记提出的伟大社会革命、共产党的自我革命,都充满了革命的情怀。第三,《共产党宣言》是一部秉持人民立场、为人民大众谋利益、为全人类谋解放的经典著作。强调人民性,站在无产阶级和人民群众立场,为他们谋利益,这一点在《共产党宣言》中让人感受非常深。而习近平新时代中国特色社会主义思想强调始终坚持以人民为中心的发展思想,就是对这一精神的忠实传承。

上海社科院中国马克思主义研究所所长方松华研究员提出,习近平新时代中国特色社会主义思想是不断发展的。这也是习近平新时代中国特色社会主义思想本身所具有的魅力和应当具有的理论深度。这一过程关乎中国未来的发展前景和根本方向,特别需要凝聚中国共产党、全国各族人民以及各领域专家学者等的智慧和力量共同完成。

《上海思想界》主编、上海社会科学院研究员许明从理解执政党的宗旨、理解执政党的实践、理解执政党的道路底线思维、理解执政党推进工作的战略思维四个维度,华东师范大学宋进教授从问题导向、问题意识、问题逻辑角度,上海交通大学马克思主义学院院长王岩教授从习近平新时代中国特色社会主义思想的五个鲜明特点,上海财经大学马克思主义学院院长章忠民教授从时代之问、历史之问、理论之问等角度,分别对习近平新时代中国特色社会主义思想的理论内涵和逻辑建构进行了阐释。黄力之、孙力、胡涵锦、李冉、王公龙、何云峰、赵勇、姜佑福等也作了交流发言。

与会专家一致认为,作为当代中国马克思主义、21 世纪马克思主义的最重要成果,习近平新时代中国特色社会主义思想对马克思主义的原创性贡献,从根本上说来自时代的呼唤、来自实践的要求。因此,对这一重要思想的理论内涵与逻辑构建加强学理性研究,深入挖掘其原创性贡献,有着重要理论和现实意义。

在总结发言中,上海市社联专职副主席解超教授指出,改革开放以来,中国走出了一条非常成功、独特的发展道路,经历了宏大深刻的变革。对此,我们应构建自己的学术话语体系。习近平新时代中国特色社会主义思想正是有关新时代中国社会发展的思想理论,应通过深化学理性研究构建好这一思想理论体系,更好地反映中国快速变化的现实实践。

“庆祝改革开放 40 周年与马克思主义中国化的新飞跃”理论研讨会召开

改革开放是当代中国的第二次革命，它不仅深刻改变中国，也深刻影响世界。2018年是改革开放40周年，为深入研究改革开放的辉煌成就、历史地位、经验启示及世界意义，深入探讨马克思主义中国化的最新成果，5月5日上午，“庆祝改革开放40周年与马克思主义中国化的新飞跃”理论研讨会在上海政法学院召开。上海政法学院党委副书记吴强、上海市教委德育处处长耿绍宁出席并致辞，来自上海交通大学、华东理工大学、上海大学、上海财经大学、上海师范大学、上海理工大学、上海海洋大学等高校的30余位专家学者参加研讨会。

上海交通大学特聘教授陈锡喜做题为“习近平新时代中国特色社会主义思想的理论体系建构问题”的专题发言。他以《毛泽东思想和中国特色社会主义理论体系概论》教材编写为视角，认为习近平新时代中国特色社会主义思想的理论体系包括：核心要义、十七大领域、八个明确、十四个坚持等内容，指出习近平新时代中国特色社会主义思想是马列主义、毛泽东思想的丰富和发展，是中国特色社会主义理论体系的重要组成部分，是党的集体智慧的结晶，是指导中国特色社会主义建设的行动纲领。

华东理工大学马克思主义学院院长杜仕菊教授认为，习近平新时代中国特色社会主义思想丰富与发展了现代化理论，在内涵上把富强、民主、文明、和谐、美丽与“五位一体”对应；从战略安排来看，“新三步”把新时代、社会主义现代化、中华民族伟大复兴三者有机统一；从价值取向上，强调现代化的社会主义性质，必须坚持以人民为中心的发展思想；从我国现代化的世界意义来看，拓展了发展中国家走向现代化的途径，给世界上希望加快发展，又希望保持自身独立性的国家和民族，提供了新选择。

上海政法学院科研处处长张远新教授认为，改革开放40年，我国发生了天翻地覆的变化，取得举世瞩目的成就，中国的道路、理论、制度、文化更加成熟、自信，赋予了社会主义新的生机和活力。我们党把马克思主义基本原理与中国具体实际相结合，不断推进马克思主义中国化，开拓了马克思主义发展新境界。

上海财经大学汪青松教授认为，改革开放是新时期也是新时代的特征，并且是中华民族实现“三个起来”最根本的因素。他从改革对象、体制革命、自我革命和生产力革命等，认为全面建设小康社会、基本实现现代化和全面建成现代化强国，根本途径还是要依靠全面改革开放，新时代改革开放永远在路上。

上海大学马克思主义学院院长欧阳光明教授认为,“冷战”虽然已经结束,和平与发展成为世界的主题,但指向中国的冷战思维还存在。在网络社会,出现了反意识形态化的问题,对中国特色社会主义的意识形态提出了严峻的挑战。习近平网络安全意识形态思想具有巨大的创新,有利于继续保持我国马克思主义意识形态理论,占据意识形态领域的研究制高点;有利于当下践行社会主义核心价值体系或者核心价值观;有利于促进我国的国际互联网治理体系一体化。

上海市社联 60 周年系列|“面向 2050 年的中国哲学社会科学高峰论坛”在沪召开

作为纪念习近平总书记“5.17”重要讲话两周年和上海社联成立 60 周年系列活动之一。5 月 16 日，“面向 2050 年的中国哲学社会科学高峰论坛”在沪召开。本次会议由上海市社会科学界联合会主办，《学术月刊》编辑部、《探索与争鸣》编辑部、上海社会科学院中国马克思主义研究所共同承办。市委宣传部副部长、上海社联党组书记燕爽出席会议并致开幕辞，市社联专职副主席任小文主持会议。来自全国各地的 80 余位专家学者参与了本次研讨。

燕爽在致辞中指出，本次会议意义重大。按照党的十九大规划，到 2050 年我们将全面建成社会主义现代化强国，是要为人类文明作出重大贡献的时代。这样一个主题，体现了中国学者敢于展望未来、构建中国特色哲学社会科学的志气和抱负。基于此，应当从更广阔的视野、更高的战略层面，来理解中国特色哲学社会科学的重要作用。这不仅是政治家、领导部门、干部的责任和任务，实际上也是中国当代哲学社会科学工作者的历史责任和历史使命。回顾历史，能够信心满满地展望未来是我们当代中国人的幸运。参与构建中国特色哲学社会科学，是当代中国知识分子的幸运、使命和担当。我们现在由单纯的学术“输入”到能够站在世界学术话语舞台上平等交流，固然是靠广大哲学社会科学工作者的努力，更重要的是我们站在伟大祖国振兴发展的大平台、大台阶上。同时，我们要在当前时代实现学术上的根本创新，不是好大喜功，而是时代的确发生了重大变化。当今世界大部分人口已经生活在工业社会，更重要的是，信息化、互联网时代的技术条件，改变了整个世界沟通和交流的方式与方法。西方当前的逆全球化潮流，背后是世界观、价值观的缺失。而以中国为代表的发展中国家崛起，已经从可能变为现实，中国学者应当重点关注，应当从时代出发，运用中国话语，总结中国实践，提出基于社会历史实际的建设性方案。与会专家应争当学术界先行者，成为构建新时代中国学术话语的第一批学人。

随后大会进入研讨环节，与会专家围绕“当代中国马克思主义与中国特色哲学社会科学建设”“中华文明复兴与中国哲学社会科学的学术主张”“社会主义现代化与中国哲学社会科学的时代回应”“自律与他律：中国哲学社会科学学术评价与学术共同体建设”等主题共同展望了未来中国哲学社会科学的发展。

研讨会由全国社科规划办成果处处长张献锋与市社联专职副主席任小文进行总结。张献锋指出，今天论坛的主题具有特别重要的意义。中国哲学社会科学的任务，就是应该回归现实和问题导向，为国家现代化、民族复兴、人民幸福安康服务。本次会议内容充实，选题宏大，30多位专家的发言，体现了有深度的学术思想。针对本次研讨主题，可以继续具体深化，分学科、跨学科举办学术研讨活动。构建中国特色哲学社会科学是一个系统工程，需要几代人的努力，是一个非常艰巨的任务，不能急于求成，要一步一个脚印，脚踏实地。

任小文首先对与会专家表示感谢。他介绍了会议筹备过程，并且指出，本次会议探讨范围广泛，与会专家达成了一定共识。面向2050构建中国特色的哲学社会科学，要历史地看，既要从中华文化的特征入手分析，也需要从中西文化比较的角度，还要从哲学社会科学本身发展规律上看。任小文表示，本次会议只是一个起点，相关工作还需要继续深化，在学术平台等方面全力以赴，为学者做好服务，为研究创造更好的条件，期待中国哲学社会科学能有一个光明的未来。

“高质量发展与推进上海国际经济中心建设”高端论坛在沪举行

6 月 27 日，由上海市社联、上海市发展改革研究院、上海市经济学会和中国致公党上海市委参政议政委员会联合举办的“高质量发展与推进上海国际经济中心建设”高端论坛在上海金融开放研究院成功举办。此次高端论坛是上海市社联成立 60 周年系列学术活动和上海市社会科学界第十六届(2018 年)学术年会之一。在本次高端论坛上，上海知名经济学者周振华、邵志清、权衡、魏陆、傅尔基和中国检测信息中心网、云检(上海)科技发展有限公司总经理张浩从理论和实践上探讨了什么是高质量发展，如何高质量发展，我国及上海高质量发展、上海国际经济中心高质量发展面临问题、选择途径和衡量指标等问题，具有高质量学术价值和指导意义。

“改革开放精神研究——马克思主义中国化理论品格研讨会”在沪召开

6月30日，由上海市习近平新时代中国特色社会主义思想研究中心、上海市社会科学界联合会和中共上海市委党校共同主办，上海市马克思主义研究会和中共上海市委党校马克思主义学院承办的“改革开放精神研究——马克思主义中国化理论品格研讨会”召开。上海市社科理论界有关高校、党校系统、科研机构和部队院校的专家学者120余人参加会议。

中共上海市委宣传部副部长、上海市社联党组书记燕爽，中共上海市委党校常务副校长沈炜，上海市政协学习委员会常务副主任、上海市马克思主义研究会会长王国平出席会议开幕式并致辞，中共上海市委党校副校长郭庆松主持开幕式并作会议总结。

燕爽同志在讲话中指出，我们回顾与审视改革开放40年历史，以建构中国的改革逻辑，进一步推进党的理论创新。规律在回顾实践之中，自然而然，理论就在其中。尊重学术规律，总结回顾历史，坚持“史论结合”“论从史出”，加快构建中国特色哲学社会科学学术话语体系。改革开放最大的精神是善于学习，学习的最大成果是不断推进马克思主义中国化。要把改革开放40年来这种善于学习的精神，内化为一种品质，作为一种品格和精神追求，对自身不足保持敏感和认知，理性认知外部世界的长处和优点，积极吸纳人类文明优秀成果，对新生事物保持敏感、热爱甚至拥抱，强烈向往和追求美好生活并努力实现现代化，以谦逊的姿态尊重人类文明多样性，“见善恐不得与焉，见不善恐及己也”。习近平总书记在党的十九大报告中提出“人民群众对美好生活的向往”的重大命题，这构成我们追求发展和进步的不竭动力。

沈炜同志指出，实践证明，40年来我国经济和社会生活各方面快速发展，依靠的是改革开放；全面建成小康社会，建设社会主义现代化强国，必须坚定不移依靠改革开放。当今世界发生了深刻而广泛的变化，中国也发生了深刻而广泛的变化，其中蕴含着理论创新的巨大动力、潜力和活力，中国共产党人要始终保持与时俱进的马克思主义品质，不断推进理论创新、实践创新、制度创新、文化创新以及其他各方面的创新，不断开创马克思中国化的新境界。

王国平同志指出，建党97年来的历史表明，马克思主义中国化是中国革命和建设最根本的理论成果。马克思主义的理论品质，中国革命建设的丰富实践经验，加上中国共产党人高度的理论自觉，这三者结合使马克思主义中国化成为可能。马克思主义中国化的理论品格,体现为理论的普遍性、包容性和创新性。我们总结改革开放精神,需要牢牢把握马克思主义这一鲜明理论品格。

《求是》杂志社政治编辑部副主任杨绍华在主旨演讲中指出,理论源于实践,反过来又指导实践。40 年来改革开放使中国实现了从赶上时代到引领时代的伟大飞跃。在改革开放的伟大实践中,中国走出了一条自己的现代化的道路,中华民族迎来了从站起来、富起来到强起来的历史飞跃。其“奥秘”在于我们党始终在改革开放的伟大实践中坚持以马克思主义为指导,始终以与时俱进的科学态度对待马克思主义,不断开辟马克思主义中国化的新境界。

“中国改革开放40年价值论和价值问题研究”高层研讨会暨《价值论研究》首发仪式在沪举行

7月20日，为进一步促进中国价值论研究和对中国价值问题的研究，助力构建与价值论研究相关的哲学社会科学学术话语体系，由上海市社会科学界联合会资助，上海大学社会科学学部、上海大学哲学系、上海大学价值与社会研究中心主办的“中国改革开放40年价值论和价值问题研究”高层研讨会暨《价值论研究》首发仪式在上海大学举行。今年适逢改革开放40周年，中国的改革开放及期间涌现的价值问题为中国价值论研究提供了契机。中国价值论研究从无到有，现在已经成为中国哲学中的显学。来自中国人民大学、北京师范大学、复旦大学、上海大学、中国政法大学等国内十几所高校和上海社科院、中共上海市委党校、光明日报社、《哲学动态》杂志社、《上海思想界》杂志社、社会科学文献出版社的近30位专家、学者，以及上海大学哲学系的研究生、2018年上海大学马克思主义学院夏令营的优秀本科生参加了此次研讨会和《价值论研究》首发仪式。

上海大学社会科学学部党委书记余洋出席会议并作开幕致辞。他说，召开的中国改革开放40年价值论和价值问题研究高层研讨会和《价值论研究》的首发仪式，是一个标志性的起点，是为把上海大学哲学系、社会科学学部价值论方向建设成为价值论研究重阵的一个努力方向。非常期望价值论研究能够为上海大学社会科学部、哲学系的发展，为中国价值哲学研究会的发展，为马克思主义理论学科的发展作出新的更大的贡献。在这个过程中，特别恳请专家学者为上海大学的价值论发展多提建议、贡献力量。

《价值论研究》主编、上海大学特聘教授孙伟平介绍了《价值论研究》的创办过程及办刊宗旨。他指出，这一刊物将紧密结合当代中国实际，为构建具有当代中国气派、中国特色的马克思主义哲学形态、推动中国的价值论研究走向社会搭建公共学术平台。

社会科学文献出版社政法分社副社长周琼代表《价值论研究》的出版单位到会祝贺并致辞。她说，《价值论研究》是上海大学价值与社会研究中心和中国辩证唯物主义研究会价值哲学专业委员会组织编撰的专业学术集刊，是价值论研究领域的重要学术平台，这本集刊既有严肃的深度学理探讨，又有理论联系实际的应用研究，有望推动中国的价值哲学研究和社会价值观重建，推动中国价值哲学与海内外学者的交流与合作。

中国价值哲学研究会会长、中国政法大学终身教授、《价值论研究》编委会主任李德顺教授作主旨报告。李德顺教授回顾了中国价值论的发展历程，总结了改革开放40年来中国价值论和价值问题研究取得的成就与不足，充分肯定了刘奔、李连科等前辈学者为当代中国价值论发展作出的重要贡献。他指出，新时期的价值哲学理论研究是同改革开放和中华民族的命运，以及思想崛起相联系的一种学术理论上的表现；价值论研究 40 年赶上了国内、国际重大的历史契机，当前正是研究价值思维、价值观的时代，上海可以成为中国价值论研究的一个重阵；《价值论研究》集刊作为中国价值哲学研究会会刊，相信可以在国际上发出自己的声音的。他对会刊的创办表示祝贺，希望大家对刊物给予支持，希望以上海为基地的中国价值论研究能开启新的局面。

多学会联合举办“从主权平等到合作共赢——国际秩序的演进与变革”学术研讨会

9月19日，上海市世界史学会、上海市俄罗斯东欧中亚学会、上海欧洲学会、上海宗教学会、上海社会科学院联合举办“从主权平等到合作共赢——国际秩序的演进与变革”学术研讨会。研讨会是2018年上海市社联跨学会学术活动项目之一，由市世界史学会会长潘光和市俄罗斯东欧中亚学会会长范军教授先后主持，与会学者就如何构建合作共赢的新型国际关系，推动国际秩序朝更加公正合理的方向变革发展；如何更好地发挥中国的作用，贡献中国的智慧、方案与力量等议题展开讨论。

上海市俄罗斯东欧中亚学会副会长、上海外国语大学教授汪宁阐述了中俄在推动国际秩序演变中的合作。他谈到，当前公正合理的国际秩序远没有建立。中俄两国坚定维护联合国地位，提出对公正合理的国际秩序的追求，并在区域合作中做出较大的努力。今后，中俄两国要加强国际事务的参与，更大程度地参与国际规则的制定，通过国际组织增强话语权，并加强地区规则制定的主导权。

上海欧洲学会副会长、上海国际问题研究院研究员叶江从英国脱欧问题切入，揭示当今国际体系的“再国家化”特征。他认为，目前英国脱欧进程是肯定无疑、难以逆转的，问题在于是“硬脱欧”还是“软脱欧”，这取决于约翰逊与特蕾莎·梅之间的较量。英国脱欧、特朗普上台和欧洲民粹党团的兴起代表了一股逆全球化力量，它的最大特质是“再国家化”。从短期看，“再国家化”、逆全球化似乎成为主流。但从长期看，资本、市场和社会力量仍是世界的主流，当今国际秩序、国际体系中的全球化趋势不会逆转。

上海国际问题研究院副研究员张耀对当今国际体系中的俄美关系进行了评估，他指出，美国的战略定位就是维护全球霸权，俄罗斯的战略定位是通过地缘、军事、能源手段来维持地区主导权，美国和俄罗斯的战略定位是冲突的，决定这两个大国前景的是结构性矛盾和历史逻辑。

华东师范大学国际关系与地区事务研究院副研究员万青松则探讨了当今国际秩序中的美欧俄三边关系。他认为，美国在特朗普上台后，政治上以新的政治逻辑对欧盟和俄罗斯进行打压；经济上以制裁或威胁制裁对付欧俄；外交上使俄欧成为美国国内政治斗争的工具；军事上发起军备竞赛；舆论上通过垄断国内话语权，颠倒黑白，营造施压的舆论环境。这使欧盟对美国保持距离，也使美俄关系的前景不容乐观。美欧俄三方内部的社会和政治变革转型决定了三边关系的未来。

上海对外经贸大学教授石士钧的发言侧重于当下国际秩序中的国际经贸规则问题。他指出，美国特朗普政府针对中国的贸易政策是违反世界贸易组织规则的。但中国作为世界贸易组织成员，遵守基本规则是基本义务。中国不仅对于推进全球经贸规则完善要担负起重大责任，还要不断占领国际经贸规则的制高点。当前最为紧迫的是，中国要深入推进国内经济体制的改革，解决一些突出问题。这需要犹如 1978 年中国改革开放时的魄力、勇气和决心。

上海市教学会会长、上海社科院宗教研究所所长晏可佳指出，跨学科的学术讨论在历史大框架下提升了对现实问题的关心，为每一个学科的研究提供了启示。2018 年 2 月，国务院新修订的《宗教事务条例》正式实施；4 月，国新办发表《中国保障宗教信仰自由的政策和实践》白皮书，这些变化为研究中国的宗教政策带来了机遇。当前的问题是我们如何将党和国家宗教政策的经验加以深化，并进行归纳，这是宗教学研究的新课题。上海社科院宗教所田艺琼博士分析了宗教极端主义的发展，她认为恐怖主义不是“9・11”事件以后才出现的，宗教极端主义也不是当前才有。当今，宗教极端主义的范围、内涵和外延比较广泛，并且有和暴力恐怖主义合流的趋势。在“一带一路”建设中，中国—中亚—西亚经济走廊在非传统安全领域风险最大，其中包含沿线地区恐怖主义、极端主义的挑战作恶威胁。中国需要在区域层面进一步提供一些观念性的公共产品，推进文化交流、倡导文明对话、在文明包容共存中建设和谐世界。

中国非洲史研究会副会长、市世界史学会副秘书长、上海师范大学教授张忠祥的发言联系日前举行的北京中非峰会分析中非命运共同体的构建。他认为，人类命运共同体是世界秩序的中国方案，但理想目标的实现不是一朝一夕能够做成的事。中非命运共同体是其中的一块重要基石，它的现实基础在于中非之间相互需要、相互支持、相互倚重。当前构建中非命运共同体面临多重挑战，包括各方面对中非合作的舆论偏差、大国的竞争与博弈，等等。

上海社科院国际问题研究所吴泽林博士认为，共建“一带一路”正在三个方面重塑欧亚版图，第一阶段以基础设施合作为重点，塑造强连通的地理版图；第二阶段以产能合作为重点，塑造平衡发展的贸易版图；第三阶段以机制协调为重点，塑造和谐共生的制度版图，通过沿线各国彼此协调、同舟共济，致力于在欧亚大陆最终形成一个互联互通的关系网络，其目标完全符合开放包容、合作共赢、共同繁荣的国际秩序和世界体系的建设。

上海市世界史学会副会长兼秘书长、上海社科院国际问题研究所副所长余建华在总结中指出，当今世界处在大发展大变革大调整时期，中国则处于民族复兴的战略机遇期和历史转换期。在这一宏观背景下，国际和国内两个大局的关联互动影响与意义不容低估，一系列现实问题的解决越来越需要世界的眼光、跨学科的视野、通古今的维度和能力。作为现行国际体系日益重要的参与者和维护者的中国，同时也是推动国际秩序朝着合作共赢、更趋合理公正的方向演变的积极建设者和贡献者。而本次研讨会的价值就是为跨学科交流提供平台，为问题的解决提供多学科方案。

上海生产力学会举办“中国经济高质量发展的路径与对策”研讨会

9月21日，上海生产力学会和上海大学管理学院举办的“中国经济高质量发展的路径与对策”研讨会于2018年在上海大学举行。会议由上海生产力学会秘书长顾其南主持，上海大学管理学院副院长镇璐教授致辞欢迎。

东华大学戴昌钧教授做了题为“我国高质量发展阶段对生产力增长的作用研究”的发言。戴昌钧从当前我国经济发展实际出发，介绍高质量发展的内涵，并指明高质量发展最终应体现在全要素生产率的增长的评价准则。戴昌钧提出一套评价指标，从而使高质量发展的成果和绩效得以客观度量和观察，最后概括了高质量发展对生产力增长作用的逻辑关系。

上海虹铂环保科技有限公司总经理郭四均针对“如何提高能源利用效率”进行发言，指出全球变暖、环境污染的主要原因之一是能源利用率低下，在当前能源结构框架下，天然气能源排放虽然低于煤电排放，但实际利用率只有30%。他提出了天然气的阶梯利用概念，并且组织了团队进行了研究。目前实践表明，天然气使用效率能够提升至70%，环境也得到充分改善。

上海大学赵炎教授做了题为“精致式创新与朴素式创新”的报告。赵炎以特斯拉汽车为例，形象具体地介绍了何为精致式创新。随后以Nano汽车、山寨手机为例，介绍了伴随新兴市场经济体中出现的朴素式创新及其发展状态，并对朴素式创新和精致式进行对比。赵炎指出，朴素式创新并不是毫无意义的，它有助于中国等新兴市场经济体积累经验、获取技术能力。而随着新兴市场经济体的经济增长和社会发展，面向BoP市场的朴素式创新终将向精致式创新转变。

上海市政府研究室的罗海波处长做了题为“上海推动经济高质量发展的实践与任务”的报告。报告首先介绍上海产业转型历程、上海产业转型实践的具体做法及其目标，随后罗海波对上海未来的政策任务进行详细介绍，包括整合上海深化两大国家战略、优化三个层次布局、把握三个关键、守住四条底线等。

各位参会学者就中国经济和上海经济如何高质量发展进行了热烈讨论，对高质量发展的基础和有利条件进行了分析，对当前国际经济形势的不确定性也进行了充分的研讨。

上海市社联与上海政法学院联合举办“改革开放40周年与大学生思想政治教育”学术论坛

10月20日，为了深入探讨改革开放以来我国思想政治教育中的若干问题，推动当代大学生树立正确的价值观，上海市社联与上海政法学院联合举办的“改革开放40周年与大学生思想政治教育”学术论坛在上海政法学院召开。本次论坛聚焦于“改革开放40周年与大学生价值观的嬗变和引领”这一重要问题。上海政法学院党委副书记、副校长刘刚出席论坛并致辞。来自上海交通大学、同济大学、华东师范大学、上海财经大学、上海大学等沪上多所高校及上海社会科学院、湖北社会科学院等科研机构的30余位专家学者参加了此次论坛。

与会专家站在国家繁荣、民族复兴、中国特色社会主义事业发展的高度，以高度的责任感、使命感，以敏锐的政治意识、深厚的理论功底围绕会议主题进行了深入的研讨和交流，提出了非常深刻和富有卓见的观点。

上海财经大学马克思主义学院张桂芳教授对改革开放以来大学生价值观的嬗变过程进行了深入的梳理和研究。她认为，改革开放40年来，大学生价值观的嬗变，大致分为这样四个时期。第一个时期也就是20世纪70年代末到80年代中期，这个时期大学生的价值观主要体现为个人价值观的自我反思和觉醒的阶段。第二个时期是20世纪的80年代中期到90年代初，大学生个人价值观和社会价值观发生很大的冲突。第三个时期是从20世纪的90年代初到90年代末，这段时间大学生价值观趋向理性务实和多样化，表现在备受温情感染，以及大学生家国情怀意识和归家的意识。第四个时期是20世纪末到现在，大学生形成了以物质主义的多元价值观为新内涵的新价值观。21世纪全球化成为一种不可逆转的历史潮流，对青年价值观的影响非常大，他们多元化的价值观，表现得非常明显。

张桂芳教授还认为，大学生价值观变迁呈现出四个重要特点，一是价值主体偏向于价值个体，二是价值目标转向了实用化，三是价值判断趋向于多元化，四是价值评价标准趋向于功利化。结合40年的改革开放，大学生价值观经历的四个阶段，以及它们呈现的特点进行研究，对今天进行大学生价值观的引领是非常有意义的。

同济大学马克思主义学院徐蓉教授认为，当代大学生价值观变化变迁的原因是：改革开放以来，整个国际国内形势的变化之大、之迅速，对当代大学生价值观的形成有较大影响。大的社会性的事件发生，国际社会的风吹草动，都会在大学生思想观念当中打下一些烙印。大学生身心成长的规律也对大学生的价值观有一定影响。

上海交通大学马克思主义学院胡涵锦教授围绕“关于社会主义核心价值观宣传教学的再思考”强调，从宣传和教学的口径上来说，社会主义核心价值观不仅仅是24个字。社会主义核心价值观要求我们把思想统一到党的十九大精神上来。它是科学严谨、内涵丰富且与时俱进的价值观体系，我们要正确地宣传教学，展现其丰富内涵，用它来指导大学生价值观教育，使之落实在教育的全过程和各个环节，帮助大学生树立起积极健康的价值观。

华东政法大学马克思主义学院何益忠教授从情、理结合的角度探讨大学生社会主义核心价值观培育机制问题。何教授结合自身课堂体验，提出采用古今对比、中外对比的方法让当代大学生理解关于社会主义民主政治、民主建设的问题。

上海财经大学马克思主义学院汪青松教授指出，改革开放以来，社会价值观是一与多的统一，是社会主义核心价值观引领下多元发展。高校应以社会主义核心价值体系引领大学生，既要进行价值体系教育，又要进行价值观教育。

上海第二工业大学马克思主义学院刘文教授提出用优秀典型培育大学生社会主义核心价值观的践行路径。刘教授指出，伴随着时代的发展，社会现象和内在机制不断变化，价值观和思想也出现多样性。社会的现实、利益的驱动与高尚的精神会发生碰撞，造就出优秀的典型。一个社会越是走向多元化，越是需要主旋律的弘扬，需要一元的导向，需要承载着时代精神和主要价值观的优秀典型的引领。个体和群体的优秀典型精神是社会主义核心价值观的深刻体现，是社会主义核心价值观的鲜活载体。运用优秀典型精神，培育大学生社会主义核心价值观，努力做到“品德润身、公德善心，大德铸魂”。运用德育和思想的引领，落实到理论课堂、行走课堂，空中课堂和网络课堂等实处。

上海对外经贸大学马克思主义学院冯国芳教授强调，中国优秀传统文化同我们社会主义核心价值观有内在的统一性。中国优秀传统文化是社会主义核心价值观的基础，社会主义核心价值观是中华优秀传统文化的创造性转化，是中华优秀传统文化的创新性发展。中华优秀文化在几千年的凝练过程中，凝聚了以下三个特点：注重构筑人的理想观，注重构筑人的责任观，注重构筑人的行为观。弘扬优秀文化，落实到实践中应构筑良好平台，将优秀文化渗透进大学生价值观中来，提升大学生的文化自信。

上海市庆祝改革开放40周年理论研讨会在市委党校举行

为深入学习贯彻习近平总书记在庆祝改革开放40周年大会上的重要讲话精神，上海市庆祝改革开放40周年理论研讨会于12月26日下午举行。市委常委、宣传部部长周慧琳出席并讲话。市社联专职副主席解超、任小文，市社联党组成员、副巡视员莫剑平出席会议。

周慧琳指出，习近平总书记在庆祝改革开放40周年大会上的重要讲话，是指引新时代改革开放事业的纲领性文献，是新时代改革开放再出发的新的宣言书和新的动员令。上海社科理论界要深入研究阐释习近平总书记关于改革开放的重要论述精神，把学习习近平总书记重要讲话精神不断引向深入。要在习近平新时代中国特色社会主义思想指引下，系统总结改革开放的成功经验，为改革开放再出发提供更加有力的理论支撑和实践引导。要以创新创造精神服务新时代改革开放再出发，在更高层次、更高水平上服务理论创新，服务改革开放最新实践。要以改革开放精神加快构建中国特色哲学社会科学，加强人才培养、开展国际传播，在坚持以马克思主义指导上有新的更大作为、在坚持扎根中国实践上有新的更大作为、在坚持开放融通上有新的更大作为。

会上宣读了上海市庆祝改革开放40周年理论征文活动优秀论文和优秀组织奖获奖名单，市社联科研处被评为优秀组织奖。本次征文活动，各系统评选后报到征文办公室的论文共424篇，经评审共有55篇入选论文集，其中11篇被评为优秀论文。入选论文集的55篇论文中有29篇为市社联组织报送，被评为优秀论文的11篇中有6篇为市社联组织报送。

此次研讨会由市委宣传部、市委党校、市委党史研究室、市教卫工作党委、市社联、上海社科院、国防大学政治学院、上海市习近平新时代中国特色社会主义思想研究中心、上海市中国特色社会主义理论体系研究中心共同主办。本市社科理论界的专家学者、区委办宣传部门负责人、高校党委宣传部和科研管理部门负责人等300余人参加会议。

学术话语体系建设

上海市社联纪念改革开放40周年理论研究成果显著

2018年是改革开放40周年，上海市社联积极组织上海社科界开展研究总结改革开放40年重大成就和经验的“五个一”工作，从经济、政治、社会、文化、教育、法律、科技、国际关系等各个方面，对改革开放40年来的发展历程进行深入研究，形成了学术研究和理论宣传新成果，为上海当好改革开放的排头兵、创新发展的先行者提供了有力的学理支撑。

推动完成一批重大研究课题。实施“改革开放40周年”系列研究项目，各社科研究单位共推荐申报研究项目100余个。经层层评审筛选，40个研究课题最终通过市哲社规划重大课题的形式立项。这批课题的研究领域包括中国发展道路的政治经济学、中国特色法学理论体系、教育现代化的中国之路、浦东开发开放与国家战略推进的关系、上海科技创新发展与改革开放、上海文化领域改革开放40年等，涉及国家及上海改革开放事业的各个方面，具有较强的理论性和现实性。各课题牵头人均为相关领域的知名专家，在各自领域有长期积累，为课题研究奠定了坚实基础。目前，这批项目均已完成课题研究，形成了数十部厚重扎实的理论研究成果。

遴选出版一系列研究丛书。为进一步推动研究课题的宣传转化，在改革开放40年的研究中率先发出上海声音，市社联从相关项目中遴选出优秀成果20余种，集中出版了“上海市纪念改革开放40年研究丛书”，丛书对改革开放进行了全面梳理解读，对一些重大理论和现实问题进行了系统研究，为改革开放再出发提供了智力支持。如率先出版的“教育现代化的中国之路”丛书十卷本，从40年教育改革开放主要领域和关键环节提炼出中国教育改革的经验和规律，为世界教育改革研究提供了中国样本。

支持开辟一个宣传专栏。为进一步扩大理论研究的社会影响，市社联利用解放日报、上海观察APP新媒体平台和社联网站，开辟“上海市纪念改革开放40周年研究系列”专栏，每周一篇，约请有关专家撰写对改革开放40年进行理论总结的专栏文章，兼具理论性和通俗性。专栏现已连续刊发10期，将持续到年底，内容涉及中国特色社会主义政治经济学构建、国家制度体系建设、浦东开发开放、上海文化发展的基本经验等方方面面，部分重点文章被媒体广泛转发，取得良好反响。

“改革开放 40 周年”系列研究成果的宣传工作。上海市社联动员专家学者积极参加上海市“改革开放 40 周年”主题征文活动，共收到应征论文 40 篇，理论宣传文章近 10 篇。2018 年 7 月开始，上海市哲社话语办、上海市哲社规划办与解放日报、上观新闻等媒体合作，以系列专栏形式，在应征论文中择优予以刊发，现已刊发 9 期。专栏推出之后，收到良好的舆论反响和评价。

组织开展一次征文活动。组织开展社科界“庆祝改革开放 40 周年”理论研讨主题征文活动，积极发动全市 100 多个社科学会广泛参与，要求广大社科工作者立足中国国情、结合上海实践，宣传阐释改革开放 40 年的伟大成就和宝贵经验。活动得到各学会和社科工作者的积极响应，形成论文 600 余篇。经评审，135 篇优秀论文脱颖而出，推荐参加全国主题征文活动。

筹划举办一系列研讨活动。依托上海社科界学术年会平台，围绕新时代中国金融开放与上海国际金融中心建设、创新能力结构与上海科创中心建设、高质量发展与推进上海国际经济中心建设等主题，上半年召开高端论坛 8 场，集合本市高校、研究机构、学会、实务部门等各方面力量，为上海改革开放再出发献计献策。上海社科界一年一度的学术盛会——学术年会大会将于近期召开，隆重庆祝改革开放 40 周年，同时还将召开十余场分学科的学术论坛，出版学术年会论文集，营造浓厚理论宣传氛围。

纪念改革开放40年研究丛书出版 推进学术话语体系构建

2017年,上海市启动实施“改革开放40周年”系列研究专项。上海多所高校和社科研究机构的专家学者历时一年形成“纪念改革开放40年”系列研究成果,部分研究成果汇编成23种43本上海市纪念改革开放40年研究丛书于2018年出版。

一、品牌简介

在上海市委宣传部的指导下,上海市社会科学界联合会、上海市哲学社会科学学术话语体系建设办公室、上海市哲学社会科学规划办公室联合开展“三大系列”研究专项(改革开放40周年、新中国成立70周年、建党100周年)。“上海市纪念改革开放40年研究丛书”是“三大系列”研究专项推出的首批标志性成果,是上海社科界纪念改革开放40周年的献礼之作,体现了上海学者强烈的使命感责任感紧迫感,反映了上海学术界的思考深度、政治高度、现实向度,具有较强的史料性、学术性、思想性、原创性。

丛书的出版,对于引领凝聚上海哲学社会科学界专家学者,进一步推进学术话语体系构建,更好地为国家和上海发展大局服务,加快构建中国特色哲学社会科学,发挥积极的促进作用。

二、创新做法

1. 广泛选题。“改革开放40周年”系列研究专项共40个项目最终获得立项,各项目领衔专家围绕课题研究任务,组织精锐研究团队,开展深入科研攻关,取得一系列原创性研究成果,从多学科角度,为全国和上海纪念40年改革开放历程,撰写上海学者的出色答卷。

聚焦一个共同主题,展现宽广的理论视野,是一套优质丛书的必备要素。从学科分布看,本套丛书选题包括哲学、历史、经济、政治、法律、社会、新闻、文化、科技、教育、国际关系等,覆盖主要人文社会科学学科领域。从研究视角看,既有对全国改革开放历程的回顾梳理,又有立足上海40年发展史的回顾思考。

2. 充实内容。经过严格的评审程序,最终遴选出一批具有较强理论说服力、与实践需要契合度较高,兼具决策参考价值的研究成果,首批公开出版23种43本“上海市纪念改革开放40年研究丛书”。

着眼于历史事实的耙梳和厘清，着眼于现实提出的重大问题和挑战，着眼于引领和服务实践，在深入理论思考的同时不忘立足实践，在学理框架内提出具有学者特点，符合学术规律的对策思考，谋划应对举措，形成资政意见，具有较高的决策咨询价值。

3. 深度思考。从最初研究路径设计，到研究工作推进直至最终成果面世，强调按照“史论结合，论从史出”的研究路径，注重发掘深藏基本史实之中的理论性思考和规律性总结，为当下推进改革开放实践提供指导和借鉴。上海专家学者的思考和探索，对于更好应对未来15年甚至30年改革发展的艰巨任务和使命挑战，具有较强的探索性、创新性、前瞻性意义，彰显丛书的思想意蕴和学术价值。

4. 站位高远。丛书作者以回顾总结改革开放40年历程为路径，着眼于为更好地树立中国特色社会主义制度和道路自信，提供学理支撑和思想依凭。各项目组尊重学术规律，凝练理论思考，在打造标识概念，构建话语体，围绕中国声音表达中国话语，讲述中国故事，展示中国形象的使命方面，开展积极有效的探索和尝试。

5. 坚持质量。著作的质量已经得到业内专家的充分肯定。在已经取得较高质量的初期成果基础上，各领衔专家和写作参与者按照出版要求，进一步精心打磨，修改完善。有的项目组专门成立写作团队，有的系统查找补充资料，有的对写作思路框架作较大调整，有的对文字体例按照出版要求重新规范。以丛书出版座谈会召开为契机，联系媒体对丛书出版座谈会会议精神和丛书内容进行集中宣传报道，推动丛书成为纪念改革开放四十周年的热点主题出版物和优质学习读本，及时满足党员干部群众的学习需求，并在读者中引起关注和讨论。

三、品牌影响

以纪念改革开放40年为契机，借助中华学术外译项目平台，推动丛书成果成为体现海派学人国家站位和理论素养的力作。2018年10月，丛书之一，华东师大出版社出版的《教育现代化的中国之路：纪念教育改革开放40年丛书(英文)》(共10册)获得2018年国家社科基金中华学术外译项目立项。2018年北京国际图书博览会上，华东师大出版社与瑞士兰培德国际学术出版集团举办教育类图书战略合作签约仪式，本丛书的版权输出是该战略合作中第一个项目，标志着中国教育现代化40年的经验走向西方，中西教育出版强强联手，再写新页。

四、未来设想

发挥丛书存史鉴今，咨政育人，服务社会的重要作用。一是推动上海社科理论界专家学者以纪念改革开放40年为契机，继续围绕党和国家的中心任务，经济发展面临的紧迫课题，改革开放实践的现实需要，积极进取，开拓创新，持续深入开展相关研究和探索工作，源源不断推出具有更高思想含量、学术价值、文化意义、引领作用的优秀成果。二是上海市哲学社会科学学术话语体系建设办公室会同上海人民出版社等出版单位，借助多种传播平台，运用有效宣传载体，扩大丛书发行范围，推动重点受众充分使用好丛书。举办系列发行推广活动，为丛书作者与读者受众对接搭建平台。继续与相关出版单位携手，聚焦科研院所、高等院校、研究机构等对象，着力推动丛书进机关、进院所、进校园，推动丛书更好服务读者受众；借助“学习读书会”、上海世纪出版集团“行知读书会”等平台，约请丛书作者，围绕市民关注的热点问题，举办系列读书讲座活动，制作小视频，推动丛书成果为社会公众知晓和认可。

“改革开放40周年”系列研究专项43个课题评审结项

2017年3月，上海市社联会同上海市哲社规划办启动实施“三大系列”（“改革开放40周年”“新中国成立70周年”“建党100周年”）研究专项，上海社科界各高校、党校、军校、社科院和党政部门所属研究机构等五路大军踊跃参与，提交了255项研究申请，最终共有98项研究项目获得批准正式立项。其中，“改革开放40周年”研究系列40项。课题招标结果发布以后，在本市社科界得到广泛认可。

2018年3月，市话办启动“改革开放40周年”系列研究课题首批成果结项工作，共收到33个项目的结项申请，其中重点项目4个，一般项目29个。组织专家成立评审组，阅评各项目成果材料，听取课题责任人答辩，提出评审意见，明确结项建议等级。经上海市哲学社会科学学术话语体系建设办公室、市哲学社会科学规划办公室审核，报请市哲社规划领导小组同意，进入结项程序的33个项目均获准结项。

2018年12月，召开“改革开放40周年”系列研究课题成果结项评审会，7个研究项目及3个委托项目参加本次结项评审答辩会。经专家组评审，进入本批次结项评审流程的10个项目均通过。报请市哲社规划领导小组同意，最终获准结项。

这43个“改革开放40周年”专题研究成果，能够代表上海社科界思想高度、学术水准，对于引领和推动上海社科理论界围绕“改革开放40周年”专题理论研究和宣传工作，把阐释宣传改革开放的伟大意义，梳理总结改革开放的光辉历程和成功经验，以及发掘把握学术话语体系建设基本规律和理论内涵工作不断引向深入，发挥重要的引领和支撑作用。

“改革开放40周年”系列研究专项结项成果汇总表

序号	项目名称	责任人	单位
1	中国收入分配改革发展40年：经验、理论与展望	权　衡	上海社会科学院
2	教育现代化的中国之路——纪念教育改革开放40周年	袁振国	华东师范大学
3	改革开放40年我国城市社区治理实践与体制创新研究	郭圣莉	华东理工大学
4	改革开放40年与中国青年发展	杨　雄	上海社会科学院

（续表）

序号	项　目　名　称	责任人	单　　位
5	中国发展道路的政治经济学——改革开放40年实践	殷德生	华东师范大学
6	园区改革开放40年:演进规律与发展模式	任　浩	同济大学
7	上海社会保障史	汪　泓	上海工程技术大学
8	上海城市历史文脉保护与传承机制研究	高福进	上海交通大学
9	改革开放四十年中国哲学的建构	夏金华	上海社会科学院
10	改革开放40周年社会变革与舆情治理研究	李良荣	复旦大学
11	法治化进程中信访工作机制创新研究	王剑华	上海市信访学会
12	现代性发育的13个观念——中国改革开放40周年经济哲学反思	张　雄	上海财经大学
13	中国引进外资与对外投资演变40年	赵蓓文	上海社会科学院
14	“一国两制”的理论与实践研究	林　冈	上海交通大学
15	改革开放中的中国价值论及价值问题研究	陈新汉	上海大学
16	改革开放四十年上海科技创新制度环境之变迁	陈　强	同济大学
17	建构超大型城市新型社会治理体系与创新分层战略研究	秦德君	东华大学
18	改革开放后上海社会组织创新发展研究	徐家良	上海交通大学
19	上海科技创新发展与改革40年历程和启示	骆大进	上海市科学学研究所
20	改革开放40年与上海居民消费生活变迁	陆晓文	上海社会科学院
21	40年来中国基础教育改革的“上海经验”与“上海话语”研究	李政涛	华东师范大学
22	浦东开发开放与国家战略推进的关系研究	沈开艳	上海社会科学院
23	当代中国马克思主义理论传播的哲学思考——以《解放日报》(1978—2017)为样本	黄凯锋	上海社会科学院
24	上海文化领域改革开放40年研究	荣跃明	上海社会科学院
25	一带一路和双一流建设视野下的我国专门用途教育研究:40年回顾、反思与对策	蔡基刚	复旦大学
26	上海开放发展中的率先突破和战略转型——从引进外资到自贸区建设的理论和实践探索	孙福庆	上海社会科学院
27	改革开放四十年上海城市社区治理的制度变迁研究	孙　荣	同济大学
28	上海住房制度变迁及未来供应体系完善研究	赵义怀	上海市发展改革研究院
29	制度成就中国——中国特色社会主义制度的形成与发展	石文龙	上海师范大学

（续表）

序号	项　目　名　称	责任人	单　　位
30	终身教育发展的中国经验——改革开放40年终身教育的历史回顾与展望	吴遵民	华东师范大学
31	中国特色社会主义关于市场与社会主义关系的探索研究	金瑶梅	同济大学
32	改革开放以来党的道路自觉、道路自信及深层逻辑研究	张远新	上海政法学院
33	改革开放以来中国特色社会主义政治经济理论创新研究	顾钰民	复旦大学
34	我们为什么必须走中国特色的社会主义道路	陈学明	复旦大学
35	中国特色法学理论体系研究	曹文泽	华东政法大学
36	习近平治国理政新理念新思想新战略基本范畴及相互关系研究	胡涵锦	上海交通大学
37	中国的国家治理现代化何以发生？——一种新结构政治学的分析	高奇琦	华东政法大学
38	“历史唯物论的重构与当代中国社会主义政治经济学研究”	孟　捷	复旦大学
39	对外开放与中国大战略的展开	门洪华	同济大学
40	上海国有企业改革(1978—2018)——从实践到理论，从探索到模式	李建伟	上海社会科学院
41	“改革开放40年来政治文化变迁研究”	郝宇青	华东师范大学
42	真理检验过程中的逻辑力量——上海逻辑与改革开放40周年	邵强进	复旦大学
43	“思想是行动的先声——以改革开放40年进程中的文汇报理论学术文章为案例”	季桂保	上海社会科学院

朱志荣主编《中国审美意识通史》八卷本新书发布会在华东师范大学举行

1月13日，华东师范大学朱志荣教授主编的《中国审美意识通史》八卷本新书发布会在华东师范大学闵行校区举行，来自中国社会科学院、中国艺术研究院、北京大学、复旦大学、北京师范大学、浙江大学、南京大学等科研院所和高等院校的朱立元、高建平、王一川、张法、陈伯海、袁济喜、李心峰、刘成纪等50多位知名学者出席了会议。

与会专家认为，中国美学史研究起初是在参照西方美学史研究的基础上开始的。多年来，学者们从审美意识史、美学思想史、美学理论史的角度研究，已经有了一定的相关成果。但是，中国美学史的进一步研究，需要倡导审美意识史、美学思想史与美学理论史互补统一的研究方法。由于审美意识是美学思想和美学理论的基础，因此中国古代的艺术品、生活用品遗存，包括非物质文化遗产，如通过口头传播的神话、传说、民歌、民谣等，一些社会风俗习惯等方面的遗存等，都为我们提供了极为丰富的审美意识的物化形态和相关信息，对它们进行解读、分析和概括，对中国美学史研究显得尤其重要。

构建中国学术话语体系少不了“活的审美语言”，《中国审美意识通史》扎根生活世界和文化传统，着眼新时代增强中国美学的原创能力，是构建中国学术话语体系的重要尝试。本书研究角度和研究方法因此不同于以往美学思想史的研究，学者认为，审美意识史研究是中国美学史研究的基础性工作，对从审美意识到美学理论的逐渐上升过程进行了清晰的梳理，对中国美学史研究具有正本清源的作用，对传统美学史研究忽略的问题借助于这一视角得以彰显，对中国美学史基本理论研究起到一种互补作用。该书以器物、艺术作品和日常生活作为基本的研究对象，有力地深化和拓展了中国美学史的研究边界。在方法论方面，该书尤其重视古籍文献和出土文物的相互参证。

与会专家还对《中国审美意识通史》的进一步完善和深化研究提出了建设性的意见和建议。

据介绍，人民出版社出版的《中国审美意识通史》八卷本，是在朱志荣教授前期十几年积累的基础上，带领团队历时六年编纂而成。该书从中国艺术的审美实际出发，系统梳理了从史前到清代的审美意识的起源、演化和变迁的历程，总结了审美意识形成、发展的规律和特点。

上海市哲学社会科学研究基地“复旦大学中国特色社会主义政治经济学研究中心”成立

2018 年恰逢我国著名马克思主义经济学家、复旦大学教授蒋学模诞辰 100 周年。为纪念蒋学模对中国政治经济学发展作出的贡献、推动新时代中国特色社会主义政治经济学发展，3 月 24 日，复旦大学举行了“新时代中国特色社会主义政治经济学理论创新论坛暨我国著名马克思主义经济学家蒋学模先生百岁诞辰纪念研讨会”。中共上海市委宣传部副部长、市社联党组书记燕爽，南京大学原党委书记、全国综合性大学《资本论》研究会会长洪银兴，复旦大学党委副书记刘承功，上海市社联专职副主席任小文，上海市经济学会会长周振华，复旦大学经济学院教授张晖明以及来自国内政治经济学领域的专家学者等共 50 余人与会。与会者围绕“传承与创新：蒋学模先生的学术风格与当代启迪”“传承与创新：政治经济学四大体系（话语、学术、学科、教材）创新研讨”等展开深入研讨。

与会者深切缅怀了蒋学模教授，指出蒋学模一生致力于马克思主义政治经济学的中国化、时代化和大众化，其主编的《政治经济学教材》对中国经济学的学科和教材建设作出了突出贡献，对中国的改革开放和现代化事业产生了重要影响。“贴近实践阐释理论、通俗表述传播理论”是蒋学模的治学风格，这一特点集中体现了马克思主义历史唯物主义方法论的品质。与会者提出，纪念的最好方式是继承其治学精神和风格，尤其是结合当前国内外的社会实践推动政治经济学的创新与发展。

研讨会上，与会专家还就当前我国政治经济学创新和发展进程中的若干重大和理论前沿问题展开研讨，并对如何发展中国特色社会主义政治经济学提出建议，例如，新时代中国特色社会主义政治经济学的提出背景，中国特色社会主义政治经济学的制度逻辑，社会主要矛盾转化的政治经济学分析等，特别是政治经济学话语体系、学术体系、学科体系和教材体系的内在关系，并提出话语体系以学术、学科和教材的创新与发展为基础，而学术和学科体系建设最终应体现在具有逻辑性、系统性和扩散性的政治经济学教材建设成果之中。

会上，举行了上海市哲学社会科学研究基地“复旦大学中国特色社会主义政治经济学研究中心”授牌仪式，以及上海市经济学会“政治经济学研究专业委员会”成立仪式。基地和专委会将致力于整合上海市政治经济学教学和科研人员力量，搭建相关学者开展政治经济学思想和学术交流的平台，为上海市政治经济学创新与发展提供有力学术支撑。

《华东师大教育评论》英文刊出版，推动中国教育学话语体系建设

4月15日，ECNU Review of Education(《华东师大教育评论》英文刊)在美国纽约隆重举办新刊全球发布会。这也是国内高校第一次为主办的英文学术期刊选择国际通行的形式在国际的舞台上亮相。

此次发布会吸引了来自美国哥伦比亚大学、斯坦福大学、联合国教育事务部门和微软教育等国际机构的一百多位学者、官员和有影响力的社会人士，并有来自世界各国的万余名教育研究学者也参加了此次全美教育研究学会年会。

创刊缘由和办刊宗旨

ECNU Review of Education 是国内第一份由国家正式批准、完全由国内高校主办的教育研究的英文国际学术期刊。

华东师范大学创办 ECNU Review of Education 主要有以下三方面考虑。

第一，国际教育研究进一步发展需要这样的刊物。中国教育发展对整个世界及其共同未来都有重大影响。中国教育所处的文化、经济、政治和历史背景与西方主流教育大不相同。这样一份新型国际学术期刊将为推动世界教育的发展提供了来自中国的视角、途径、策略和智慧。

第二，这是加强中国教育学话语体系建设、向国外推介高水平研究成果、推动国际学者关心和研究中国教育问题的需要。

第三，华东师范大学要建设世界一流大学，华东师范大学教育学科要建设世界一流学科，需要一本具有世界影响力的学术期刊。

ECNU Review of Education 的办刊宗旨与使命是为全球学者就中国教育的重要话题进行持续和动态的对话提供一个独特的平台；致力于推动国内外学者全方位透视中国教育的复杂性、多样性和细微性；通过教育研究为世界的未来和人类命运共同体提供产生新知识、新创见、并促进深刻教育的变革。

刊物特点

相比其他已有学术刊物，它有三方面的显著特征。

首先是中国特色，它聚焦中国教育问题，提供中国教育经验，推动中国教育改革。

其次是国际一流,它遵循国际一流的学术标准和规范,邀请国际一流学者担任编委,发表相关领域国际一流的学术成果。

第三是立足新型的学术交流,除了传统纸介版刊物,ECNU Review of Education 还有在线网络平台;除了国内官网,还同时开通国际平台;除了论文交流,还可以通过视频、博客以及其他新媒体方式及时互动。

ECNU Review of Education 创刊号充分体现了这一使命与特征。

首先,本期所有的八篇文章都是讨论中国教育问题。

创刊号共分为四个部分。第一部分介绍了国内学者对中国教育变革与发展道路的理论化研究,第二部分是关于通过教育走向未来的可能路径的对话,第三部分着重对上海和北京的教育成功案例进行基于新视角的分析。第四部分分析了"双一流"背景下高等教育政策的最新发展。

其次,所有作者都是本领域权威名家和国际一流学者。如 OECD 的教育部部长 Andreas Schleicher、堪萨斯大学讲座教授赵勇、威斯康星大学(麦迪逊分校)的 Thomas S. Popkewitz、香港教育大学的教育学院院长 Allan Walker 以及哈佛大学教育学院讲座教授 Richard Elmore 等。

引发国际学术界广泛关注和高度评价

ECNU Review of Education 一创刊就引起了国际学术界的广泛关注和高度评价。美国北卡一教堂山分校的前任教育学院院长、美国总统奖获得者 Williamson McDiarmid 教授专程来纽约参加新刊发布会。他在致辞中说:"华东师范大学在从事一项雄心勃勃的伟大事业,ECNU Review of Education 的创刊为这项事业开启了一个梦幻般的开始,我为能有机会参与其中而感到骄傲。"

全球著名课程专家威斯康星大学—麦迪逊分校的 Thomas Popkewitz 教授也专程来参加此次新刊发布会。他说:"能在如此短的时间内,刊物就能约邀这么多国际知名专家真的很难想象。我给刊物投的这篇文章能被 ECNU Review of Education 在创刊号上发表,我感到非常荣幸。"

美国比较教育学会前主席、香港大学著名比较教育学专家、UNESCO 讲席教授 Mark Bray 看过创刊号的文章与作者信息之后,感叹道,"真的很难想象这是一本创刊号,华东师范大学教育学科发展太快了!"

著名国际期刊 Journal of Educational Change 主编、波士顿学院的 Dennis Shirley 教授,在看到首刊号的印刷版后评论道:"ECNU Review of Education 竟然能组织如此强大的国际编委会,第一期的文章质量这么高,实在有点不可思议。"

新刊发布会由华东师范大学首位全球讲席教授、现任堪萨斯大学讲座教授赵勇主持。汪荣明副校长代表华东师范大学在发布会上做了热情洋溢的致辞。在发布会上,ECNU Review of Education 主编、华东师范大学教育学部主任袁振国教授点击开通了期刊的官方网站(www.roe.ecnu.edu.cn)和全球平台,执行副主编、华东师范大学课程与教学研究所副所长陈霜叶教授对刊物的创刊背景和愿景做了说明。

此次新刊发布会特意选择在纽约华美协进社举行。华美协进社是1926年由胡适、杜威和中国第一位留学美国的教育学博士郭秉文联合发起创立的、最早介绍中国的美国非营利性文化机构。

华美协进社从成立之初一直致力于通过教育、文化、艺术等活动，推动国际社会对中国的深入理解。92年后，华东师范大学又将通过 ECNU Review of Education 这个学术期刊与平台，推动世界对中国教育的深度理解，具有特别的意义。

在发布会结束后，ECNU Review of Education 主编、华东师范大学教育学部主任袁振国教授为百余位国际学者做了题为“十九大之后的中国教育发展”的专题报告，对中国教育在改革开放以后特别是十八大以后的发展成就、当前中国教育在质量与公平等方面所面临的主要挑战、十九大提出的战略布局以及未来中国教育的发展方向做出了简短而又深刻的阐述。

在新刊发布的第二天，ECNU Review of Education 受邀在美国教育研究协会(AERA)的年会主会场举行了“与期刊见面”活动。这个活动被 AERA 列入正式会议议程，几十万会员都可通过系统查阅到这项活动安排。

至此，ECNU Review of Education 正式加入国际学术平台，它将成为中国教育研究国际化，以及在国际视野下的中国教育学话语体系建设的重要平台和推手。

中国哲学社会科学话语体系建设浦东论坛在沪举行，聚焦政治经济学

7月20日上午，由全国哲学社会科学话语体系建设协调办公室与上海市委宣传部指导，中国浦东干部学院、中国社会科学院—上海市人民政府研究院、上海市社会科学界联合会共同主办，中国社科院当代中国马克思主义政治经济学创新智库、复旦大学经济学院协办的"中国哲学社会科学话语体系建设·浦东论坛"——"政治经济学学术话语体系建设·2018"在中国浦东干部学院召开。中国社会科学院副院长、党组成员高培勇，上海市委宣传部副部长、上海市社会科学界联合会党组书记、专职副主席燕爽，中国浦东干部学院副院长王金定出席论坛并致辞。上海市社会科学界联合会党组成员、专职副主席解超主持论坛主旨发言。

"浦东论坛"作为与全国哲学社会科学话语体系建设理论研讨会相配套的常设论坛，旨在贯彻落实习近平总书记关于哲学社会科学话语体系建设重要论述，推动哲学社会科学各个学科中国特色话语体系建设，打造一个具有中国特色、海派风格的一流话语体系建设品牌论坛，为加快构建中国特色哲学社会科学体系服务。本届论坛吸引了来自中国社会科学院、复旦大学、中国人民大学、南开大学、南京大学、北京师范大学、武汉大学、上海财经大学、中央财经大学、吉林大学、中山大学、山东大学、浙江大学、上海社会科学院、上海大学、中央党校、中国浦东干部学院等科研机构、高校和党校的200余位专家学者齐聚一堂，围绕政治经济学学术话语体系建设，交流思想、切磋学术，共同谋划构建中国特色社会主义政治经济学这一时代性重任。

高培勇指出，中国哲学社会科学话语体系浦东论坛旨在贯彻落实习近平总书记关于哲学社会科学话语体系建设的重要论述精神，推进中国特色哲学社会科学建设，繁荣发展中国特色哲学社会科学事业。他就中国特色哲学社会科学话语体系建设和政治经济学学术话语体系建设谈了三点体会：第一，中国特色哲学社会科学话语体系建设和中国特色哲学社会科学建设是一个统一体；第二，中国经济学界面临的最重要的任务是，以习近平新时代中国特色社会主义经济思想为主线索构建中国特色社会主义政治经济学；第三，中国特色社会主义政治经济学话语体系建设最好用比较的方法来加以阐释。他强调，中国特色哲学社会科学建设至少涉及学术体系、学科体系和话语体系，"特色"二字的灵魂是以马克思主义为指导，立足中国实践，解决中国问题。

燕爽强调，习近平总书记在哲学社会科学工作座谈会上的重要讲话，是繁荣发展中国

哲学社会科学的纲领性文献。他指出，2018 年是改革开放 40 周年，在 40 年的历程中，中国政治经济学在不断总结改革开放和现代化建设实践经验的基础上，形成了社会主义初级阶段理论、社会主义本质理论、社会主义基本经济制度和分配制度理论等一系列重要理论。他指出，党的十八大以来，习近平总书记提出坚持以人民为中心的发展思想、树立新发展理念、使市场在资源配置中起决定性作用和更好地发挥政府作用、适应和引领新常态、加强供给侧结构性改革等战略思想和理论观点，书写了当代中国马克思主义政治经济学的新篇章。

王金定表示，中国特色社会主义政治经济学必须以马克思主义政治经济学为指导，在实践中丰富和发展，必须能够经受住实践的检验，进而指导实践。他指出，以习近平同志为核心的党中央成功驾驭了我国经济发展大局，在实践中形成了新时代中国特色社会主义经济思想，开拓了党中央治国理政的“经济篇”，推动了中国政治经济学学术话语体系的丰富和发展。他表示，中国浦东干部学院已经将中国特色社会主义政治经济学列为重点建设的三大学科之一，在课程体系、教材编写、学术研究、人才培养和国际交流方面做出了有益探索。

南京大学原党委书记、人文社会科学资深教授洪银兴认为，政治经济学从马克思创立开始就有所处时代的特征。中国改革开放 40 年，政治经济学作出了很大理论贡献。在某种程度上说，改革开放所有重大进展都是中国特色社会主义政治经济学的理论成果在实践中的产物。因此，马克思主义政治经济学并没有像有些人所说的被边缘化，而是一直在中心。中国特色社会主义进入新时代，政治经济学也进入新时代。中国特色社会主义政治经济学的基本范式属于马克思主义政治经济学，但中国特色社会主义政治经济学不是政治经济学社会主义部分的翻版。当前，中国特色社会主义政治经济学研究进入体系构建阶段，其新时代特征表现在社会主义的本质规定上，表现在社会主要矛盾的转化上，表现在社会主义现代化和中华民族伟大复兴的发展目标上。

南开大学原党委副书记、副校长逄锦聚教授指出，改革开放最根本的成就之一就是创立了中国特色社会主义政治经济学，这就以事实回答了中国人不仅可以创造经济奇迹，而且可以创造理论成果，同时也回应了有些人主张的世界上只有西方经济学这一种经济学的主张。我们完全可以理直气壮地告诉全世界，中国人有自己的经济学，这就是中国特色社会主义政治经济学。改革开放最宝贵的经验之一就是坚持以中国特色社会主义政治经济学指导实践。有人把中国改革开放的成就归功于西方经济学，好像我们只会摸着石头过河，而没有自己的理论指导。这完全不符合事实。中国改革开放没有按照西方的理论走，而是以创新理论来指导实践。他指出，在全面深化改革开放和社会主义现代化强国的建设进程中，要不断完善和发展中国特色社会主义政治经济学。要坚持马克思主义为指导，在今天就是坚持当代中国马克思主义的最新成果——习近平新时代中国特色社会主义思想，坚持继承和创新马克思主义基本原理，把民族性和实践性统一起来。

北京师范大学经济与工商管理学院白暴力教授指出，中国特色社会主义政治经济学具有鲜明的“人民性”，人民中心论是中国特色社会主义政治经济学的逻辑起点。

中国社会科学院经济研究所党委书记王立胜指出，社会主义的生产目的是“人民对美好生活的向往”，明确这一生产目的是习近平新时代中国特色社会主义经济思想的理论红线。习近平总书记将社会主义生产目的作为供给侧结构性改革的三个基本要求之首，而以人民为中心的发展思想和社会主要矛盾转化的思想，都与社会主义生产目的有关。其实，以社会主义生产目的为理论红线的理论建构思想，我国理论界曾在20世纪80年代提出过。当时这场讨论中主要涉及这样一些争论：生产目的的范围，即“人民物质文化需要的范围”问题；“追求利润”能否成为“社会主义生产目的”，等等。这场关于社会主义生产目的的大讨论曾被视为与“真理标准”相并列的思想解放大讨论，在当时影响深远。

复旦大学经济学院张晖明教授从马克思主义理论体系的完整性出发，指出刷新历史唯物主义方法论、厘清马克思主义政治经济学方法的内在本质和发展脉络，对于中国政治经济学理论的创新具有先导意义。

为什么要构建中国特色社会主义经济学话语体系？上海社会科学院世界经济研究所所长权衡研究员认为，这与其价值功能定位有关，主要表现为五点：经济理论建构的价值功能；指导新时代经济发展和实践要求的价值功能；政治经济学以人为本的价值引领功能；社会舆论引导的价值功能；国际传播的价值功能。而中国特色社会主义政治经济学最有基础构建中国特色经济学话语体系，这主要基于中国经济发展的奇迹与实践来源、马克思主义政治经济学的理论指导、现有西方主流经济学无法有效解释中国经济现象和问题以及构建中国特色社会主义政治经济学的迫切需要。为此，需要处理好几大关系，包括处理好政治经济学话语体系、西方主流经济学话语体系、当代中国特色社会主义政治经济学话语体系三大话语体系之间的关系；处理好中国特色与国际化的关系；处理好内容创新与形式手段的关系，等等。

中国浦东干部学院教务部主任何立胜教授从政府与市场的边界及其功能调整的视角探讨了中国经济转型的本质。

下午，论坛分为专题讨论和闭幕式两个环节。闭幕式由中国浦东干部学院院务委员、上海市社会科学界联合会副主席刘靖北主持。

上海社会科学院研究员沈开艳、四川大学教授张衔、中国社会科学院研究员郭冠清、上海大学教授刘铮分别代表四个组作大会交流。复旦大学教授孟捷作会议总结发言。

提炼中国教育改革发展规律　构建中国教育学术话语体系　《教育现代化的中国之路》丛书首发式举行

7月29日，纪念教育改革开放40年研讨会暨《教育现代化的中国之路》丛书首发式在华东师范大学举行。本次会议以“教育改革：从哪里来，到哪里去”为主题，由华东师范大学与上海市社会科学界联合会共同举办。上海市委宣传部副部长、社联党组书记燕爽，华东师范大学党委书记童世骏，上海市新闻出版局副局长彭卫国，华东师大教育学部主任、《教育现代化的中国之路》丛书总主编袁振国，上海市新闻出版局出版管理处处长王莳骏，华东师大党委常委、宣传部部长、马克思主义学院院长顾红亮，华东师大人文与社会科学研究院院长吴瑞君，兰培德国际学术出版集团策划编辑、中国事务代表李娜，华东师范大学出版社董事长、社长王焰，以及《教育现代化的中国之路》丛书10卷分册作者、华东师范大学出版社相关负责人、部分学术刊物和媒体负责人及全国各地专家等共计80余人参加了会议。

开幕式上，童世骏和燕爽代表主办方致辞。童世骏在致辞中回顾梳理了教育改革开放与国家总体改革开放的紧密关系。他说，教育学是华东师大最重要的优势学科，在过去40年改革历程中，华东师大教育学科为中国教育改革开放作出了很多贡献。袁振国课题组经过一年多的研究，今天正式出版《教育现代化的中国之路》丛书，对40年教育改革开放经验和规律进行了很好的分析总结。进入新时代，教育改革和教育研究会在国家软实力提升中起着越来越关键的作用，我们会以此为契机，进一步加强和支持教育学科的建设，更好地为国家和上海教育事业持续发展作出更多的贡献。

燕爽在致辞中表示，改革开放是决定当代中国命运的关键一招。纪念改革开放是全国的大事，是我们知识界的大事。为更好地研究总结改革开放的伟大成就，上海市哲学社会科学学术话语体系建设办公室、上海市哲学社会科学规划办公室设立了改革开放40周年系列研究课题。袁振国申报的“教育现代化的中国之路——纪念教育改革开放40周年”被列为重点课题。课题组经过一年多的努力，取得了非常可喜、扎实的研究成果，成果被评定为优秀等第。这套书的出版为树立我国教育自信、推进教育强国建设作出了贡献，也拉开了上海市社科界纪念改革开放40年系列活动的序幕。同时，他对教育研究的未来发展提出了期望，强调教育研究的理念、成果要更多地向社会广泛传播，进一步加强教育成果的社会化。他认为，教育改革开放40年的历史要进一步研究下去，并推进分类、分层的专门史研究。

在《教育现代化的中国之路》丛书首发式上，袁振国首先对丛书进行了介绍。他说，改革开放在中国，但我们不能让“改革开放研究在外国”这种局面出现。丛书一共10卷，以史为经，以论为纬，史论结合，以教育现代化为主线，从40年教育改革的主要领域和关键环节提炼出中国教育改革历史发展的规律，进一步明确培养什么人、怎样培养人，办什么教育、怎么办教育的根本问题，从而为未来中国教育发展作出理论指引，为世界教育改革发展，讲述中国故事，形成中国话语，提供中国经验。丛书为上海市哲学社会科学“改革开放40周年系列研究专项研究重点项目”，被评为上海市哲学社会话语体系建设“改革开放40周年项目”优秀成果，获批为“教育部全国高校出版社主题出版”。丛书还将通过瑞士兰培德国际学术出版集团发行全系列英文版，面向全球英语图书市场同步推出纸书和电子书。

燕爽和童世骏共同为《教育现代化的中国之路》丛书发行剪彩。新书发布会上还进行了丛书英文版签约仪式，王焰、李娜分别代表华东师范大学出版社、兰培德国际学术出版集团签署了合作协议。

在学术研讨环节，《教育现代化的中国之路》丛书各分册作者分别从不同的角度围绕着“从哪里来，到哪里去”主题，就“40年教育改革开放最大的成就是什么，有哪些基本经验，下一步应该怎么做”等问题进行了交流讨论。

2017年，上海市哲学社会科学学术话语体系建设办公室、上海市哲学社会科学规划办公室启动实施“改革开放40周年、建国70周年、建党100周年”三大系列研究工作，共有98个项目获得正式立项。其中，“改革开放40周年”系列研究共有40个项目获准立项。2018年5月，市哲社话语办、市哲社规划办正式启动“改革开放40周年”系列研究专项结项评审工作，40个获得正式立项项目中，共有33个项目提出结项评审申请，并且全部通过结项评审。为推进“改革开放40周年”系列研究工作和成果传播，市话语办、市哲社办在已经通过结项评审的成果中，选取具有学术原创价值、思想引领价值、话语传播价值、决策咨询价值的研究成果，以“上海市纪念改革开放40年研究丛书”的形式公开出版。袁振国教授主编的10卷本《教育现代化的中国之路》，是先期推出的本系列丛书的一种。接下来，市话语办、市哲社办将继续与上海人民出版社等出版单位合作，推进本专题系列研究成果的出版工作，更好地凝聚本市主要高校和科研单位专家学者力量，为加强上海改革开放史的学术话语体系建设，营造庆祝改革开放40年的浓厚思想舆论氛围，做出上海社科理论界的积极贡献。

华东师范大学举办第二届国家话语生态研究高峰论坛

10月21日，华东师范大学国家话语生态研究中心、《华东师范大学学报(哲社版)》编辑部、《社会科学》杂志社、《当代修辞学》编辑部、《中国修辞》编辑部、《社会科学报》、上海市语文学会和中国修辞学会联合举办的“第二届国家话语生态研究高峰论坛”在上海召开。

论坛由华师大国家话语生态中心首席专家胡范铸主持，日本大阪大学教授古川裕、韩国外国语大学教授孟柱亿、上海市社联专职副主席解超、广西民大党委书记卞成林、上海市外办新闻处长刘伟东、中国修辞学会会长陈光磊、《当代修辞学》主编祝克懿等近百位语言学、政治学、传播学、国际关系学者参加了论坛。

本届论坛聚焦“语言传播·国际理解·周边国家命运共同体”，分别就“获得感：汉语国际教育必须回应的迫切问题”“从公示语的语体特征看中国和日本的语言景观”“汉语教科书话语实践与中国形象的传播”“语言与国际政治：南亚形势与话语权的争夺”“一带一路价值观研究”“新媒体时代对外话语全球传播的突出问题与对策”等展开了讨论。

我国汉语国际教育的高速发展有目共睹，但对于这一发展的目标和价值的理解似乎还并没有达成普遍的社会共识。国外常常会出现“中国为什么要如此费力推广汉语和中国文化”的“文化侵略”猜忌；国内则有“为何不把如此巨大的经费投向自己的教育”的疑惑。即使在汉语国际教育界本身对于“何为汉语国际教育”“汉语国际教育何为”也尚未形成自觉地共同理念。这无疑制约了我们未来更好的发展。

针对这些问题，华东师范大学国家话语生态研究中心主任胡范铸的认识是：汉语国际教育是基于全球治理的视域，孔子学院的建设、汉语国际教育的根本任务就是作为“全球治理”的重要路径，不断推进“人类命运共同体”的建设。构建命运共同体的具体目标中，普遍安全是第一位、基础的目标。而安全最根本靠的不是武器，而是互相理解、互相接纳。而达成这一目标必须以“民心相通”为基础，“民心相通”离不开“国际理解教育”，汉语国际教育正是国际理解教育的组成部分。胡范铸教授建议从以下两点展开汉语国际教育：从以教育者为中心转向以教育者与受教育者的共同意愿为中心；从以语言教学为中心转向以语言教学与语言服务结合为中心。

我们一直鼓励跨文化交流合作，这里涉及了语言因素、文化因素等等，但能支撑交流合作的关键在于价值，“一带一路”建设也是如此。《社会科学》总编胡键研究员深入挖掘“一带一路”的共同价值，认为首先要从内部解决互联互通问题，促进内部经济发展。同时，外部也要互联互通，发展起来的中国也要为世界做贡献。“一带一路”是中国反哺世界，尤其是反哺周边国家对我们发展的支持。所以共同的价值包括：1.人类对和平与安全的渴望超越了任何一种其他价值的需求；2.诚信合作是“一带一路”沿线国家和地区共同的价值需求；3.平等协商的价值贯穿“一带一路”项目合作的始终；4.“一带一路”穿越的国家和地区都是社会经济发展相对落后的国家和地区，都有经济发展和现代化的强烈愿望。共同发展和共赢发展是共同的目标；5.“一带一路”的民心相通需要在包容互鉴中进行跨文化交流。

中国积极推动“一带一路”建设的同时，也遭遇了质疑，“一带一路”刚刚提出，西方就提出了“新殖民主义论”。上海外贸大学南亚中心主任郭学堂教授指出：由于国际媒体以英文为主、西方媒体的历史影响、中国的被动应付、中国学者争取国际话语权面临的自身制度困境等一系列原因，导致我们“一带一路”上国际话语权的缺失，并直接影响了一些项目的建设。目前，我们迫切需要摆脱西方话语体系，学术界需要对西方语言、语言体系、语言和政治的关系、文化和历史、理论困境进行再思考。

新媒体时代，信息从未如此频繁地交流，话语也从未如此受到重视。新的传播媒介改变了以往话语传播方式，我们也需要重新审视话语生态的构建方式。

21 世纪是网络时代，全球传播的最重要的途径就是网络，以至于有“网上检索不到，那就不曾存在”之说。华东师范大学国家话语生态研究中心研究员张虹倩以“中国国际进口博览会”（简称“进博会”）为例分析新媒体时代对外话语全球传播的突出问题与对策。她提出解决建议：应邀请传播学、翻译学、修辞学、国际贸易专家，定期评估并研讨传播问题；改进全球网络传播的方式；改进全球网络传播的内容确立“全球受众”意识、问题意识和大局意识。

当网络传播已经成为最重要的传播方式时，西方的媒体与网民已经构成相当充分的互动。这会对话语生态产生什么样的影响？华东师范大学国家话语生态研究中心研究员周萍通过网络上的“超语篇”分析来考察德国传媒与公众在对中国形象接受方面的互动与差异性。在新闻网站中，新闻文本和后面的评论组成了一个特定的“超语篇”，这是“众声喧哗”的多个语篇，又是一个相对封闭而独立的结构。通过分析“超语篇”的叙述方式与结构，打破了对西方媒体的刻板印象：媒体对受众的影响很大，媒体的观点容易引起网民相似的情感回应。在一个成熟的对话性社会中，基于相同的讨论规则（摆事实讲道理），提出观点，相互论辩，并能通过讨论获得新的共识，可以说这是对话社会的基本规范。从大量的语料来看，媒体的影响力依然存在，但是在网络社区中，网民常会在相互讨论、对话中形成新的共识，这些观点往往比媒体更为客观。

国家话语生态研究高峰论坛已经召开两届。正如日本明海大学名誉教授、日本现代中国语研究会会长史有为先生在给论坛的信中所言：话语生态是胡范铸先生提出的原创性课题，是一门新学问，也是关系生命家国的重要话题。话语生态是由一个个生态圈形成，人的一生至少包括家庭圈、学校圈、社会圈，此外还有国际圈等。这是由小到大的套圈，而每个圈又各有特点，不会完全重复或涵盖，由此圈走向彼圈必然会遇见话语冲突。也就是说在交流、融合的过程中，冲突是不可避免的，但是交流更是大势所趋。

专家们在探讨中一致认为，话语生态是个语用问题，更是个实践问题。如果在每个话语生态圈里都一步步地开始实践，那么健康的中国话语生态就是可期待的。

上海市社联与复旦大学联合主办“迈向中国社会科学新范式暨《东方学刊》创刊座谈会”

10月30日，由上海市社联与复旦大学联合主办，复旦大学中国研究院承办的“迈向中国社会科学新范式暨《东方学刊》创刊座谈会”在复旦大学举行。会议围绕中国社会科学新范式、中国学术话语建构以及《东方学刊》办刊方向和业务指导等问题进行了深入研讨。市委宣传部副部长、市社联党组书记燕爽，市社联党组成员、专职副主席解超，复旦大学党委副书记刘承功，复旦大学中国研究院院长张维为，以及来自全国的学术出版专家、上海市新闻出版局有关领导和中国研究院的专家学者出席座谈会。

《东方学刊》创刊于2018年9月，由上海市社会科学界联合会主管，上海市社会科学界联合会与复旦大学主办，复旦大学中国研究院《东方学刊》编辑部负责编辑出品。

“《东方学刊》旨在探索中国崛起的原因和规律，推进中国道路、中国模式和中国话语的原创性学术研究。”张维为在座谈时说，期望《东方学刊》通过扎扎实实的努力，成为一个不断产生原创性中国思想、中国学术的平台，一个确立中国学术自主、中国学术自信的平台。

与会领导祝贺《东方学刊》的诞生，并提出希望。燕爽说，《东方学刊》要以中国话语研究为特色，要立足中国做研究，要回应新的历史问题，要做一个建立在牢固学术基础上的话语平台。他期望与会各方与《东方学刊》一起，以构建中国特色社会科学话语体系为目标，立足中国实践，从回望、研究历史开始，做中国学术新思想的“促进派”。刘承功感谢为创刊做出不懈努力的各位专家领导。他说，社会科学范式转型是时代发展的需要，正如2016年5月17日习近平总书记在哲学社会科学座谈会上的重要讲话中提到的，“这是一个需要理论而且一定能够产生理论的时代，这是一个需要思想而且一定能够产生思想的时代”，我们应该把《东方学刊》作为一个突破口，带动社会科学革命和理论体系的创新。

来自期刊界的专家同行为办好《东方学刊》出谋划策。《新华文摘》副总编辑王善超指出，《东方学刊》作为一份大学智库期刊，要集战略性、思想性、前瞻性和现实性为一体，牢牢把握社会热点、国内外文化冲突热点、各学科重大理论推进点以及各理论交汇点，更好地体现新时代中国思想、研究中国道路。中国人民大学书报资料中心人文编辑部主任张安民指出，要办好一本学术期刊，最根本的是有创见的原创性学术文章，《东方学刊》应该创立属于自己的话语体系。同时，他也指出文章的创新、作者队伍建设也非常重要。南京大学中国社会科学研究评价中心期刊部主任袁翀介绍了CSSCI自成立以来的发展历程以及正在探索的完全创新性的 SPQ 观测体系。她指出，对学术期刊的评价方法正在不断创新，现已开发系统利用移动终端和个人 PC 终端来组织专家学者对论文内容评价，而不仅仅只是对期刊进行评价。上海财经大学出版社总编辑金福林建议，《东方学刊》要敢于做文体创新，发表的文章不要限于"学报体"，可为书评、资料整理、札记、笔谈、对话等文体留下发表空间。《学术月刊》杂志社常务副总编辑姜佑福提出，《东方学刊》要解决好三对矛盾或者三组张力：一是中学和西学的张力，不仅要讲好中国故事，还要做好中西对话工作；二是社科研究范式和人文研究范式的张力；三是学术研究和资政研究的张力。处理好矛盾，利用好张力，是办刊的挑战和机遇。

中国研究院的专家学者也参与了深入的讨论。研究员、《东方学刊》编委陈平教授提出，《东方学刊》如果要改变潮流，就要不怕争议，敢于做学术性的公开对话。《东方学刊》的创立，要给年轻一代学者创造自由的学术空间，敢于创新、敢于提出新的观点，造就真正的"中国学派"。研究员寒竹提出《东方学刊》应以把马克思主义真正融入中国哲学社会科学学术体系为目标，将内容和体系统一起来。《东方学刊》要办出特色，即以中国道路为研究对象，以中国社会结构、中国经济基础、中国基本制度等内容为研究核心，以政治、经济为研究纲领。研究员吴新文指出，现代学术由于学科分化变得支离破碎，失去了整体感；他强调办《东方学刊》要有跨学科思维、立足实践，通过学者对当代中国的理解将"中国学"的内核呈现出来。

上海市纪念改革开放40年研究丛书出版座谈会召开

11月1日，上海市纪念改革开放40年研究丛书出版座谈会在上海市社联举行。会议由中共上海市委宣传部指导，上海市社会科学界联合会、上海市新闻出版局、上海世纪出版集团主办，上海人民出版社、上海市哲学社会科学学术话语体系建设办公室，上海市哲学社会科学规划办公室承办。市委常委、宣传部长周慧琳出席会议并讲话。

周慧琳指出，上海市纪念改革开放40年研究丛书既对改革开放40年的发展进程和历史经验进行了全方位的梳理总结，也对如何在更高起点、更高层次、更高目标上进一步深化改革开放进行了深入研究，充分体现了上海理论界和出版界服务改革开放、繁荣哲学社会科学、推动理论创新的高度使命感和责任感。上海理论界和出版界要在习近平新时代中国特色社会主义思想的指引下，以此次纪念改革开放40年研究丛书的出版为新起点，强化理论引领，助推全面深化改革；要跨界协同联动，推出更多献礼成果；要狠抓推广发行，强化成果普及应用，为开辟当代中国马克思主义、21世纪马克思主义新境界，为全力助推深化改革、扩大开放，为更好服务国家战略、上海发展作出新的更大贡献。

市委宣传部副部长、市社联党组书记燕爽出席会议并致辞。燕爽同志说，上海市纪念改革开放40年研究丛书是上海市哲学社会科学学术话语体系建设办公室、上海市哲学社会科学规划办公室“改革开放40周年”研究专项取得的原创性研究成果，从多学科角度，对全国和上海40年改革开放的成就和经验进行了深入的梳理总结和阐述分析，交出了上海学者的出色答卷，体现了上海社科理论界的政治高度、思考深度和现实向度，体现了上海学者强烈的使命感、责任感、紧迫感，是上海社科理论界为纪念改革开放40年开展的一项重要的基础性工作，要把这套丛书传播好、推广好、使用好，发挥其存史鉴今，咨政育人，服务社会的重要作用。

会议由市社联专职副主席、秘书长解超主持。市新闻出版局局长徐炯、上海世纪出版集团总裁王岚为有关单位赠书，上海人民出版社社长王为松介绍丛书出版情况。市委宣传部、市社联相关职能部门负责同志，丛书作者代表，丛书出版单位负责同志等60余人出席会议。

会上，上海市经济学会会长周振华研究员，上海市信访办主任王剑华，上海社科院经济研究所所长沈开艳研究员，华东师范大学经济学院院长殷德生教授，上海财经大学人文学院张雄教授，上海交通大学国际与公共事务学院徐家良教授代表丛书作者做交流发言。

2017 年，在中共上海市委宣传部指导下，上海市哲学社会科学学术话语体系建设办公室、上海市哲学社会科学规划办公室启动实施“改革开放 40 周年”“新中国成立 70 周年”“建党 100 周年”三大系列专项研究。历经一年，“改革开放 40 周年”专项率先完成课题研究，部分研究成果汇编成 23 种 43 本“上海市纪念改革开放 40 周年研究丛书”。丛书覆盖人文社会科学主要学科领域，对中国改革开放 40 年的发展历程，进行全方位阐释和理论解读，对当下我国改革开放进程中面临的重大问题进行深入剖析，为改革开放再出发提供学术性探索和学者版建议。

"中国政治经济学40人论坛·2018"在沪举行

为推动中国特色社会主义政治经济学的建设，加快构建中国特色哲学社会科学，由上海市社会科学界联合会、上海市哲学社会科学学术话语体系建设办公室指导，复旦大学经济学院主办，上海市经济学会政治经济学专业委员会、复旦大学中国特色社会主义政治经济学研究中心、《政治经济学报》编辑部协办的"中国政治经济学40人论坛·2018"于2018年12月29日至30日在复旦大学召开。上海市委副秘书长燕爽出席会议，上海市社会科学界联合会专职副主席解超、复旦大学党委副书记刘承功，以及复旦大学经济学院院长张军教授出席会议并发表开幕致辞。

解超副主席在致辞中表示，上海高度重视构建中国特色哲学社会科学工作，把加快推动当代中国哲学社会科学学术话语体系建设作为打造思想理论创新高地，打响上海文化品牌的重点任务，在扎实推进。政治经济学是马克思主义理论体系的重要组成部分，是构建中国特色哲学社会科学的题中应有之义。非凡的实践迫切需要我们哲学社会科学工作者，把其中的脉络理清、经验阐明、道理论透，在解读中国实践中，推动学术成长，构建中国理论，加快形成中国特色的哲学社会科学和知识体系。

本次论坛为期一天半，共有六个单元的学术讲演，并举办了复旦大学《纪念改革开放四十周年丛书》、《上海政治经济学年鉴·2018》等新书发布会。论坛期间，南京大学洪银兴教授、东南大学华生教授、复旦大学史正富教授、北京大学姚洋教授等来自国内多所高校的专家学者从40年改革开放与政治经济学发展、构建中国特色社会主义政治经济学、供给侧结构性改革、国有企业改革、政府与市场的实践逻辑等多个角度展开深入交流和讨论。

为顺应新时代发展，积极响应习近平总书记提出的"创新发展中国特色社会主义政治经济学，开拓马克思主义新境界"的要求，2018年3月，上海市哲学社会科学学术话语体系建设办公室在复旦大学揭牌设立全市首家学术话语创新研究基地——"中国特色社会主义政治经济学研究中心"，该中心旨在聚焦马克思主义中国化、时代化和大众化，推进对中国改革开放发展经验的总结提炼，努力形成新的有影响力的研究成果，弘扬复旦大学在政治经济学学科建设方面的传统优势、提升本学科的社会辐射影响力。

创世神话

中华创世神话文献整理研讨会在沪举行

6 月 14 日，中华创世神话社科规划委托课题“古籍中的中华创世神话摘编”在上海政法学院举行研讨会。上海政法学院副校长姚建龙、上海市哲社规划办主任李安方、上海市社联专职副主席任小文出席研讨会并致辞。

会议围绕“创世神话之分类与文献整理所面临的问题”这一主题展开研讨。课题承担者、上海文艺出版社徐华龙编审在主题发言中，介绍了二十四史中创世神话梳理、摘录的进展情况，分析了史籍中蕴含的创世神话历史、文化与现实价值，认为创世神话是非虚构的、真实的、历史的重现，是一种口口相传的、超越文字的、用夸张变形的手法记载的真实历史。课题承担者、上海政法学院教授沈海波从范围、版本、内容等方面介绍了文献整理的现状，也提出了课题进展中所面临的分类、文献内容序列、创世神话与原始神话的关系等一系列问题及他的思考。与会专家学者围绕文献整理的范围、创世神话的真假辨析、神话观等方面进行了深入的探讨。

市规划办主任李安方在发言中指出，希望课题组对照立项要求，不忘初心，忠于文献，整理出权威的资料集成；既要立足中国发展，明确中国的神话观，确立中国立场；更要服务当下，传承文明。

市社联专职副主席任小文在研讨总结中肯定了课题组所取得的成绩，希望课题组对创世神话文献的收集要齐全，体例上要便于检索，更要充分认识到中华创世神话研究所蕴含的重大实践价值和理论意义，聚焦课题对创作和传播支撑、服务功能，又要从理论上探究中华文明源头，确立中国自己的神话观，建立与西方平等对话的中国神话话语体系。

中国创世神话产业开发学术研讨会在沪举行

6月21日,中国创世神话产业开发学术研讨会在上海大学举行,上海市社联党组成员、专职副主席任小文出席会议并讲话。来自中国社会科学院、北京大学、复旦大学、华东师范大学、上海社会科学院、上海大学等20余所高校和科研机构的学者济济一堂,围绕论坛主题展开深入的学术探讨。

任小文在致辞中介绍了上海市委宣传部组织实施的"开天辟地"中华创世神话文艺创作与文化传播工程的相关情况,并着重介绍了学术高地建设推进一年以来的取得的阶段性成果。他指出,此次研讨会的主题"创世神话产业开发"也是学术高地建设重要组成部分,课题承担者上海大学中文系主任黄景春教授组织举办的此次研讨会非常及时也非常必要,他同时呼吁在座专家学者积极参与到学术高地建设中来,共同为中华创世神话的研究工作贡献力量。

随后会议进入主题发言阶段。北京大学陈泳超教授首先做题为《从感生到帝系:中国古史神话的轴心转折——兼谈古典神话的层累生产》的发言。陈泳超认为:从自为的各部族感生神话发展到建构的华夏民族共同的帝系神话,代表了分散的原生神话向体系化次生神话的转变,是原始思维向理性思维的转变,是上古神话史的轴心转折。华东师范大学王晓葵教授在《神话与记忆政治》的发言中,阐述了交际记忆向文化记忆的转变,中国近代的困境和文化记忆的建构等几个问题。他认为:神话曾经是王朝统治正当性的来源,也是近代民族国家自我认同建构的重要资源,神话叙事与政治合法性有着密切关联。中国社科院民族文学研究所毛巧晖研究员以嫘祖传说为中心,讨论了民间传说与文化景观的叙事互构,阐释了信仰在两种情节构筑中的功能与意义,说明了通过"文化展示"打造"文化记忆"对神话产业化的影响。王宪昭研究员依据自己多年做神话母题分类研究的经验,提出创世神话研究的基本方法问题。辽宁大学江帆教授以辽河口古渔雁神话调查为例,探讨了文化原型的续码重构,对始祖想象中的实践理性做了深度解析,揭示了古渔雁神话叙事对中原经典神话原型的加工和重构,渔雁文明对自身渊源和传统的建构展现了清晰的文化身份定位。上海交通大学高有鹏教授主持本阶段研讨,复旦大学郑土有教授做学术评议。

下午,各位学者在上善厅和海纳厅分两场分别进行研讨。第一分场(上善厅)学者就盘古神话、女娲神话、大禹神话、阿昌族神话、彝族神话,以及这些神话的产业化开发问题,展开深入探讨。第二分场(海纳厅)则主要围绕创世神话的基本特征、少数民族神话、中原伏羲女娲的活态传承进行论述。与会学者针对创世神话产业化这一主题进行全面、系统讨论，在国内学界还是第一次。各位学者深入分析了创世神话研究中存在的需要关注和解决的一些问题，如创世神话世俗化、传说化问题，创世神话与儒家价值观的交织问题，创世神话与印度神话关系问题。对创世神话在游戏开发过程中出现的形象变质、主题扭曲问题，有学者提出批评的同时，也认为产业化是创世神话传承的重要渠道。黄景春教授指出：借鉴欧美各国开发古希腊罗马神话的经验，在艺术创作、旅游观光、娱乐休闲中传承中华创世神话，弘扬其中的民族精神，是当前我国文化产业开发面临的一项重要任务，也是创世神话保护的必由之路。

最后，陈泳超做学术总结。他认为，神话学家的任务是弄清楚本学科的基本问题，学术研究应排除外在的利益诱惑，因为它会对学科发展起到不良的干扰作用。神话学家只有立足于本学科，然后才能贡献于其他社科。本次学术会议在讨论创世神话的基础上，再进一步探索创世神话产业化的可能性和未来走向，这是一个正确的思路。

本次学术会议在一些关键问题上达成了基本共识：中国创世神话内涵丰富，其中包含了珍贵的民族精神和文化记忆，深入研究创世神话对于加强中华民族文化认同感和凝聚力具有不可替代的作用。创世神话的产业化能够助推经济发展，也能够促进优秀传统文化的创造性转化，因此，对创世神话的产业化研究，具有重要的现实和学术意义，值得有关部门和相关学者持续推进。

中华创世神话课题组举办“中华创世神话的传播、传承及其谱系”研讨会

7月3日，中华创世神话课题组举办了“中华创世神话的传播、传承及其谱系”研讨会暨“神龙创世神话田野编、鲧禹创世神话田野编、中华创世神话图系”课题中期汇报会。上海市社联党组成员、专职副主席任小文出席会议并讲话。

首先是神龙创世课题组报告了课题进展情况，课题组负责人、华东师范大学教授田兆元以故宫龙调查为例，阐明课题从著作、论文、报纸、解说词、影视作品以及龙形象图片收集等方面对材料筛选、整理情况；课题参与者楚雄师范学院中文系教授陈永香从仪式、信仰、地理分布以及影像资料等方面介绍了西南地区白族和彝族的田野调查成果；苏娟博士和钱梦琦博士分别介绍了在上海三林和闾巷地区的调查情况。

其次是鲧禹创世课题组的汇报。课题组负责人、上海社会科学院副研究员毕旭玲从四个方面说明的课题当前的进展情况。一是课题进度；二是理论准备，重点从鲧禹文化研究的整体观、联系和发展观角度探索多中心、交叉传播的特征，从而揭示鲧禹多重文化身份，开阔了调查的思路；三是主要田野调查区域；四是对调研的思考。毕旭玲认为，鲧禹神话资源及其文化被其他文化所侵蚀的现象严重，当代鲧禹神话的地方影响相当的薄弱，地方民众的认同度相当底下，鲧禹神话及其文化资源被垄断的情况比较严重，地方政府的传播行为短视。上海社科院助理研究员程鹏从语言、图像、仪式等方面介绍了绍兴大禹祭奠活动情况。

再次是创世图系课题组介绍课题进展状况。课题组负责人、上海交通大学教授高有鹏首先陈述了课题组的指导思想，课题一是从文献钩沉与辨析来理清创世神话的发展过程；二是从学理上探究创世神话的民族谱系与民族精神；三是从田野中国探讨各族创世神话。因此，高有鹏将课题分为四个部分展开研究，即创世神话与民族精神、创世神话的世代谱系、创世神话的地理图像、创世神话的田野调查。他着重指出，通过研究以构建中华创世神话背后的中国古典文学理论体系，以创世神话为基点来重新认知古典文化，探索民族的本源。

与会的专家学者围绕创世神话的形态、西方神话话语体系的形成、创世神话研究的跨领域问题等展开深入的互动研讨。

任小文在总结中肯定了各课题组所取得的成绩，希望课题承担者能够按时保质的完成课题，对课题的进一步展开提出了定性、定位、定制、定准的要求，市社联也将继续做好平台服务、传播服务、保障服务和青年服务工作，希望各位专家共同努力，用高质量的研究成果进一步巩固上海中华创世神话研究的学术高地，助推上海学派的形成。

“中华创世神话与玉文化”重大委托课题中期研讨会成功举办

7 月 14 日，上海交通大学神话学院举行市哲社规划重大委托课题“中华创世神话与玉文化”中期研讨会，会议由上海交通大学文学院院长杨庆存教授主持，上海交通大学党委副书记、上海交通大学神话学院院长顾锋和上海市社联党组成员、专职副主席任小文出席会议并讲话。

“中华创世神话与玉文化”课题组负责人叶舒宪教授从三个方面报告了课题的进展情况。一是人才引进，为了进一步推动中华创世神话的深入和可持续发展，课题组不仅给年轻学者提供参与课题的机会，也拓展国际视野，着力引进国际化人才加入课题，提升课题研究的品质和影响力。二是项目进展，叶舒宪介绍了当前课题的具体分工和进度，特别是一些新材料、新理论的运用将为课题的后续研究提供扎实的理论支撑，也很好的服务于“探究中华文明源头，为中华文化培根固源”这一整体工程的主题。三是传播渠道，课题组从课题立项伊始就思考理论研究如何为文艺创作与文化传播服务的问题，并始终贯彻于整个课题的研究进程之中，部分研究成果不仅及时的为文艺创作提供有力的素材，而且还将在更国际化的层面探索课题成果的传播工作，同时也积极推动神话版手游等新业态的合作开发工作。课题组成员、上海交通大学文学院唐启翠副教授介绍了所承担的《禹赐玄圭：玉圭的中国故事》目前的进展情况，课题综合运用神话、传说、历史、考古等方法，从多纬度阐述玄圭与创世神话、禹赐玄圭的历史演义、玄圭与礼器、天文与人文、玄圭与君子风范等内涵，通过玄圭研究的个案，超越汉字记载的历史界限，重新讲述中华文明创世纪的故事，梳理中华文明的脉络，建构华夏文明起源的道统。

上海交通大学人文学院党委书记齐红教授在发言中表示学院将全力支持课题研究的开展。上海交通大学出版社总编辑李广良介绍了和课题相关的传播出版情况，也希望能够和课题组就成果出版、宣传、对外推介方面开展进一步合作。新任的神话研究院副院长陈亚民教授也介绍了自己对古代文明史演进的最新研究心得，特别是就中华创世神话与考古材料的关联度提出自己的看法。与会的专家学者围绕中华创世神话的相关问题展开深入研讨，一致认为创世神话是一个世界性的、事关全人类文明起源的问题，中国创世神话理应在其中占有应有之地位，课题组的研究具有重大的理论意义和实践价值。

顾锋在发言中指出，要进一步推动课题研究，首先，要培养人才，人才是研究深入、持续的根本，交大将在人才培养方面给团队更大的支持。其次，要挖掘潜力，筑巢引凤，吸引人文学院、交大校内人才加入研究队伍，更要营造环境，吸纳全国乃至世界人才推动研究。再次，要合理利用资源，既要利用好上海的优势资源，也要利用好全国各地的特色资源，不求所有，但求所用，只有这样才能凝心聚气，推动研究深入。

任小文在总结中肯定了该项目进展情况，认为课题研究材料扎实，理论创新，社会影响力提升。他介绍了目前学术研究高地建设的总体进展情况，各项计划按期推进，希望各课题组既要埋头研究，也要多开展一些学术活动，促进各项目组间的交流合作，同时，他向与会专家介绍了学术研究高地建设下半年的一些规划，工程将加快推动、协调成果出版工作，进一步加大对中华创世神话研究基地的支持力度，继续筹办今年的中华创世神话上海论坛等情况。

上海市社联召开中华创世神话近期主要工作推进会，共商中华创世神话文艺创作与文化传播工程

10 月 17 日，上海市社联召开中华创世神话近期主要工作推进会，市社联党组成员、专职副主席任小文主持会议。来自“开天辟地——中华创世神话文艺创作与文化传播工程”市哲社规划重大委托课题单位的专家学者和课题出版单位的负责同志与会。

会上，专家首先讨论了《中华创世神话·原创经典》系列丛书的书目遴选。大家认为，通过对 20 世纪以来上海出版的创世神话著作进行整理，挑选部分经典重新出版，能够更清楚地梳理从民间文学到神话研究再到中华创世神话学术研究的发展脉络，勾勒出中华创世神话研究的学术史，有助于推动研究的进一步深入。

2017 年召开的首届中华创世神话上海论坛，不但扩大了社会影响，还推动了研究不断深入，因此，与会专家一致提议 2018 年继续举办第二届中华创世神话上海论坛。专家就论坛主题和形式进行了探讨，努力打造一个机制化、品牌化的学术论坛，进一步提升上海在该领域的学术引领和社会影响，从而实现研究、传播、创作的深度对接，促进海派文化与国内文化的深度交流，展现出海纳百川的海派文化精神和创造活力。

此外，与会专家还就基地建设、平台功能、课题研究的进度和质量要求及成果的宣传、推介、评审和出版等展开了讨论。

上海市社联一行赴山西开展“中国创世神话在山西的文化体验之旅调研”

11月16日，应山西省社科联，省文化旅游厅的邀请，上海市社联主席王战，专职副主席任小文组织有关专家赴山西开展“中国创世神话在山西——文化体验之旅专项课题调研”。在晋调研期间，山西省副省长张复明会见了调研组一行，并同市社联主席王战，专职副主席任小文等调研组专家，就开展“中国创世神话在山西——文化体验之旅专项课题调研”进行了探讨交流。张副省长认为上海社科界正在推进的“中华创世神话研究工程”对做好新时代中华文化传承工作具有重要意义。他特别对上海社科界积极运用理论研究的成果，为当下经济社会发展服务，组织有关专家远赴山西，为山西经济转型，文化旅游产业的发展贡献智慧的创新举措给予高度评价和充分的肯定。

在山西省社科联组织的“中国创世神话文旅资源调研座谈会”上，沪晋两地的社科专家进行了充满学术氛围的研讨。王战强调，充分挖掘中国创世神话在山西的文化旅游资源利用价值，着力对中国神话传说中女娲补天、后羿射日、精卫填海、愚公移山等源于山西的故事，中华民族的始祖黄帝、炎帝在山西活动的遗迹，民谚“问我家乡在何处，山西洪洞大槐树”的汉姓源头探究，以及有鲜明的艺术特色的山西古建筑和大院文化等开展深入调研，围绕文化旅游产业发展特点，针对文化旅游消费新动态，聚焦以上海文化旅游市场为主体的长三角文化旅游大市场的新变化，争取形成具有市场推广价值的可操作、可运营的文化旅游体验项目专线。

上海市社联专职副主席、课题调研组组长任小文在座谈会上向与会者介绍了上海开展“中华创世神话研究工程”推进情况。他表示，探寻中华之根、厘清中华文脉，是中华神创理论研究工作的重任。上海的中华神创的理论研究工作还只是起步阶段，殷切希望能得到各地的理论研究工作者热心参与和支持，山西是这方面的研究重镇，通过这次调研工作，我们期待以文化旅游产业为载体，能将神创理论研究成果，转化成旅游产品，为经济社会发展服务，为人民群众文化生活服务的同时，也期待与山西的同行有更多的理论研究合作，共同推进中华神创的理论研究。座谈会上，山西的同行发言热烈。他们各自介绍了在中华神创理论研究工作上的体会，并为调研组工作提出了很好的指导意见。

山西省社科联党组书记、专职副主席张云泽，省文化旅游厅厅长盛佃清，省社科联党组副书记王纪山分别参加了相关的调研活动。

上海调研组部分同志还冒着风雪实地踏勘了在山西的中国神话传说女娲补天、后羿射日、精卫填海遗迹点。

江南文化

“能不忆江南”东方讲坛·文化江南系列讲座在青浦博物馆拉开帷幕

9月5日，由上海市社会科学界联合会主办的“能不忆江南”东方讲坛·文化江南系列讲座在青浦博物馆开讲。上海市社联党组成员、专职副主席解超，中共青浦区委常委、宣传部部长姜道荣出席并讲话。上海市社联科普处处长应毓超主持启动仪式。上海交通大学城市科学研究院院长刘士林教授作了题为《江南城市群的前世今生》的首场演讲。

刘士林教授的演讲忆江南旧时景，看江南新意象，为长三角城市群的文化品牌建设出谋划策。他认为，解决现代城市病，需要研究古代城市群；明清的江南城市，无疑就是古代的城市群。古代江南城市群，和我们今天讲的长三角城市群在空间上基本吻合。长三角城市群在中国城市群中独树一帜，它的一体化始于 1982 年，至今已经走过了 36 年的历程。要从诗性文化中寻找长三角城市群发展模式

文化江南|冯贤亮:明代官绅的生活:威风、奢侈、快活

9月11日,在由上海市社会科学界联合会主办的"能不忆江南"东方讲坛·文化江南系列讲座中,复旦大学历史系教授冯贤亮讲述了"明代江南官绅家庭的生活",全景式展现了明代江南的生活图。

文化江南|陈江:江南文人的日常:雅集、宴饮、清赏

9 月 19 日,在由上海市社会科学界联合会主办的“能不忆江南”东方讲坛·文化江南系列讲座中,华东师范大学历史系教授陈江讲述了“明代江南文人画家笔下的日常生活与精神世界”,全景式展现了明代江南的生活图。

陈江认为,江南文人创造了一种新的生存方式,也就是以一种特殊的生活方式,来维持内心的自尊、自信和自傲。在他们看来,唯一能够让自己感到自豪的东西,既不是金钱,也不是政治权力,而是他们所拥有的文化。他们试图以一种悠闲、隐逸的生活态度消解心中的块垒,暂时地或者仅仅在精神上摆脱尘世的喧嚣,躲避官场的凶险,并且把自己所拥有的文化素养转化成为日常生活的组成部分。于是,他们的整个生活方式不断趋向艺术化、精致化、高雅化,其中一个重要目的就是与被他们视为“粗俗”的富商巨贾相区别。

文化江南|胡晓明:江南文化,不只是风花雪月

9月21日,在由上海市社会科学界联合会主办的“能不忆江南”东方讲坛·文化江南系列讲座中,华东师范大学中文系教授、江南文化与文学研究中心主任胡晓明以“重新发现江南——略谈江南文化精神”为题,阐释了刚健、深厚、温馨、灵秀的江南文化精神。

上海市社联召开江南文化研究选题策划会

9 月 21 日，上海市社联举行江南文化研究选题策划会。会议由市社联党组成员、专职副主席任小文主持，市委宣传部副部长、市社联党组书记燕爽，解放日报社党委副书记周智强等出席会议并讲话。

上海师范大学人文学院唐力行教授、上海交通大学城市科学研究院院长刘士林教授、华东师范大学历史系陈江教授、上海社科院历史所周武研究员、上海理工大学出版印刷与艺术设计学院党委书记吴建安等江南文化研究的专家学者，紧密围绕江南文化的内涵定义，当代江南文化的地理区域和范围，江南文化与中华传统文化的关系，江南文化与海派文化、红色文化三者关系，江南文化在区域乃至全国经济社会发展中的重要作用等问题进行了深入交流和研讨。会议讨论决定近期在上海主流媒体上集中推出一批江南文化研究的系列重要理论文章，为接下来的江南文化研究宣传奠定基础。

与会专家学者认为，江南文化是中华文化体系的重要组成部分，江南文化研究包括地域江南、经济江南、文化江南等多个层次，是一个多学科、多领域的综合性系统工程，当前推进江南文化研究是为了更好地传承、发展和弘扬中华文化，也是打响上海文化品牌建设的重要基础，对长三角协同发展具有极其重要的现实意义和文化价值。

燕爽在讲话中指出，当前推进江南文化的研究、传播，具有鲜明的时代内涵和时代特点。要立足当下、展望未来，使江南文化成为凝聚人心、推进社会进步和发展的重要力量。要对江南文化进行创新诠释和阐述，创造江南文化研究的上海学派。江南文化应成为新时代的重要载体，要充分把握江南文化研究的时代感，赋予江南文化以新的生命和活力，为上海的发展、长三角的发展以及江南区域的协作发展提供精神力量和精神动力。

文化江南|周培元:江南园林 诗意的栖居

9月30日,在由上海市社会科学界联合会主办的"能不忆江南"东方讲坛·文化江南系列讲座中,上海城建职业学院建筑装饰专业主任周培元教授与大家分享了江南园林之美:江南园林的艺术美学,核心是诗情画意,原则是因地制宜。

文化江南|唐力行：徽州到底算不算江南

10 月 12 日，在由上海市社会科学界联合会主办的“能不忆江南”东方讲坛·文化江南系列讲座中，上海师范大学人文学院教授唐力行讲述了明清以来苏州和徽州之间的区域互动。

唐力行认为，从古代行政区划来讲，徽州和苏州都属于一个大江南。在传统社会里，徽州人一直自认为是江南人。随着苏州与徽州的整合，传统时期的江南实际上就在不断扩大之中。到了近代以后又出现了一个新的模式，当近代中国的资本主义工商业发展起来以后，南通（地处江北）也成了“江南”，因为实业家张謇在南通建轮船公司，搞纺织业，与上海在经济文化上建立了密切的联系。在近代也有很多像南通这样的地方，既不是行政意义上的江南，也不是自然地理意义上的江南，但是它们都因为自身经济社会发展的需要，成了江南的一部分。江南的边界一直在变动。今天我们已经有了高铁，现在 3 小时高铁路程所形成的一个城市圈，我们都可以称之为“江南”。

文化江南|周武:历史视域中的上海与江南

10月16日,在由上海市社会科学界联合会主办的"能不忆江南"东方讲坛·文化江南系列讲座中,上海社会科学院研究员、近代上海史创新型学科首席专家周武讲述了历史视域中上海与江南的关系。

周武认为,正是江南文化、海派文化的两大精髓——融汇能力和市场化能力,使上海成为江南的新文化中心,它重构了整个江南文化版图,甚至整个中国文化版图。以上海为中心的江南,是中国现代化运动的肇始者和推进器,而且是现代中国诸多变化的制造者,这在中国近现代变迁中,可以说是最亮眼、也是最重要的。

上海市江南文化研究工作推进会在上海市社联举行，正式发布《关于推进本市江南文化研究工作的实施意见》

10月18日，上海市江南文化研究工作推进会在上海市社联召开。市委宣传部副部长胡劲军，市委宣传部副部长、市社联党组书记燕爽出席会议并讲话。会议下发《关于推进本市江南文化研究工作的实施意见》，市社联专职副主席任小文对《实施意见》的主要内容进行了说明。本市相关高校分管领导、各区宣传部理论工作负责人、相关学会负责人、专家学者代表近百人出席会议。

胡劲军在讲话中指出，打响"上海文化"品牌是市委站在服务国家战略、着眼城市未来发展的全局高度作出的重大部署，是新时代上海实现高质量发展、创造高品质生活的必然要求。研究好、传播好江南文化作为市委、市政府提出的一项重要任务，具备鲜明的时代内涵和时代特点。胡劲军强调，要立足当下、展望未来，对江南文化进行创新诠释和阐述，使江南文化成为凝聚人心、推进社会进步和发展的重要力量。要充分认识文化品牌建设的重要意义，结合资源禀赋、突出优势特色，把握好"凸显标识度"这条主线，全面打响"上海文化"品牌。

燕爽在讲话中强调，推进江南文化研究是打响"上海文化"品牌建设的重要基础，对长三角区域协同发展具有非常重要的现实意义和文化价值。燕爽指出，江南文化是海派文化的母体，海派文化赋予江南文化"现代性"，红色文化是海派文化的灵魂，中国共产党诞生后赋予了江南文化以灵魂，赋予海派文化以方向。研究好江南文化就是为了更好地传承、发展、弘扬中华文化，江南文化是构筑中华民族"精神家园"的重要组成部分。燕爽强调，全市理论界各路大军、各有关部门要积极发挥优势，协同推进上海的江南文化研究，为打响"上海文化"品牌奠定扎实的基础。

下一阶段，在市委宣传部的统一部署下，本市将在推进江南文化研究工作方面有系列动作。在市委宣传部统一领导下，成立江南文化研究联盟，支持建立一批江南文化研究专业机构，形成上海江南文化研究群；打造江南文化研究高端论坛，发布江南文化研究的最新观点和成果；将江南文化研究纳入市级哲社规划选题，启动江南文化研究系列课题招标申报工作，推出一批具有影响力的研究成果；培养江南文化研究队伍，为上海从事江南文化研究的专家学者提供成长空间和发展机遇；推进江南文化研究成果的传播转化，支持举办江南文化系列讲座，鼓励通过多媒体发布江南文化研究最新成果。

会上，华东师范大学、上海师范大学、上海社会科学院、青浦区委宣传部、嘉定区委宣传部、市档案学会等单位代表围绕江南文化研究工作的前期开展情况作了交流发言。

上海市哲学社会科学规划“江南文化研究”系列课题启动招标

为了贯彻落实上海市委、市政府关于全力打响上海文化品牌的决策部署，深入开展江南文化研究，总结提炼江南文化的精神标识和具有当代价值、世界意义的文化精髓，上海市哲学社会科学规划办公室和上海市社会科学界联合会于2018年10月18日联合启动开展2018年度上海市哲学社会科学规划“江南文化研究”系列课题招标工作。

该系列课题面向全市公开招标，旨在贯彻落实上海市委、市政府关于全力打响上海文化品牌的决策部署，集中上海市社会科学界学术力量，深入开展江南文化研究，努力推出一批高水平、标志性研究成果，努力打造江南文化研究高地，为打响上海文化品牌，推动江南文化研究在长三角协同一体发展发挥重要作用。

首届长三角国际文化产业博览会“江南文化与新时代发展”论坛在沪圆满举行

11 月 29 日，“江南文化与新时代发展”主题论坛在上海国际会议中心举行。论坛由光明日报社和中共上海市委宣传部共同主办，上海社会科学院、上海市社会科学界联合会、光明网承办，来自长三角地区高校、社科院、学会等相关领域百余名专家学者参加会议。开幕式上，光明日报社总编辑张政、上海市委副秘书长燕爽先后致辞。文化部原部长、著名作家王蒙作特邀演讲。论坛由上海社会科学院院长张道根主持。

江南文化是海派文化的母体，是构筑中华民族“精神家园”的重要组成部分。研究好、传播好江南文化，使江南文化成为凝聚人心、推进社会进步和发展的重要力量，将为更好打响“上海文化”品牌奠定扎实的基础，也对长三角区域协同发展具有非常重要的现实意义和文化价值。

张政指出，当今世界，城市群已经成为世界城市发展的主流，也是我国新型城镇化的主体形态。文化品牌则是城市群最闪亮、最有魅力的金字招牌，承载着城市的精神品格和文化追求。进入新时代，我们要以习近平新时代中国特色社会主义思想为指导，以建设社会主义文化强国为追求，自觉把江南文化提升到战略资源的高度，全力打响“江南文化”品牌，用好江南文化资源，充分激发长三角文化创新创造活力，将长三角真正建成国际知名、有影响力的文化都市群。他认为，打响江南文化品牌，重点在于要注重提升文化原创力，注重发扬开放、包容、创新、合作的精神，注重创新表达方式、拓宽传播路径。今天的江南文化品牌塑造，需要有效借助高新科技手段和新型传播渠道，把江南文化的故事告诉世界，提升其国际影响力，使长三角地区真正成为中国乃至世界的文化“引力源”。

燕爽在致辞中表示，举办“江南文化与新时代发展”主题论坛，是深入学习贯彻落实习近平总书记重要讲话精神，进一步推进长三角区域一体化发展的重要举措。长三角三省一市地缘相近，人员相亲，文化一脉，创造和形成了独具魅力的江南文化。当前上海正在全力打响上海品牌，江南文化的传播是上海品牌建设的重要组成部分。上海将加强协调，整合资源，提升合力，进一步推进江南文化研究传播工程，更好地实施上海文化品牌建设。

王蒙以“文化资源与文化魅力”为题作特邀演讲。谈起江南文化，王蒙表示，江南文化不仅仅是一种文化，更表征着我们民族的历史。随着近现代工业、商业、服务业的发展，特别是改革开放以后的快速发展，江南文化又包含了劳动效率、科学技术、匠人精神等概念。“江南文化”这四个字，让人感到非常鼓舞。

主旨演讲环节，四位专家以“江南文化与上海文化品牌”“江南文化的新时代价值”“江南非物质文化遗产的发展定位”“江南文化开新与长三角地区文化市场一体化”为题作精彩演讲。

上海市社联主席王战教授认为，江南文化是先秦文化、中原文化之外，中国文化第三个高地。江南文化本身具有五个特点：受到皇城南移北上的双重影响、移民文化、宗教文化、信义仁智礼以及崇尚经商。江南文化、海派文化一脉相承，江南文化是根，海派文化是一个大平台，江南文化与海派文化相互影响，这是上海文化的特色。“上海今天在建设卓越的全球城市。习近平总书记也给上海提了三大任务，其中一个就是把长三角一体化提升为国家战略。在区域一体化中，长三角，苏浙沪皖，最有条件，因为我们曾经有过一个共同的精神家园。”

江南大学党委书记朱庆葆教授指出，应当以三个维度透视江南文化核心内涵。一是开放包容，敢为人先。江南人的敢为人先，是善于谋划在先，敢于革故鼎新，志在引领潮流。二是崇文重教，精益求精。江南自古就有崇文重教的浓郁风气，崇尚“诗礼传家”“耕读传家”。三是尚德务实，义利并举。江南文化自古便有尚德务实的优良传统，体现了以民为本的家国情怀。

浙江省长三角非物质文化遗产研究院院长黄大同着重关注了江南传统文化中的非物质文化遗产问题。他表示，非物质文化遗产是具有民族和区域代表性、以项目形式进行保护的传统文化，是一种对生存发展条件和环境有着特定要求的传统文化。随着长三角一体化上升为国家战略，应及时建立长三角区域非遗传承保护的理论研究平台，以研究带动整个区域非遗工作机制的建设。

文化市场一体化是长三角地区一体化的基础和关键。安徽省社会科学院所长邢军研究员认为，加快长三角文化产业高质量发展，就要加大江南文化挖掘整合力度，构建长三角文化产品生产、文化产品流通、文化产品营销三个市场网络体系，实现长三角地区文化市场一体化。

圆桌会议 1 以“江南文化与中华文化”为主题，围绕江南文化和中华文化演进的起源、定位、影响和作用进行梳理和交流。光明日报社副总编辑李春林主持会议。

北京大学中文系教授张颐武认为，针对江南文化进行研讨恰逢其时，因为江南文化是中华文化中非常柔性、非常多样、非常优雅的组成部分，具有可堪鉴阅的历史价值和现实价值，应当让全国乃至全球认识它、理解它。“创新将会让海派文化在长三角一体化中发挥带动作用，进而把各地的文化更好地整合起来。江南文化不是一棵老朽的枯树，而是一条与时代同步、汹涌澎湃的大河。”

上海社科院文化产业研究中心主任、研究员花建在展望长三角文化产业的未来时表示，要把江南文化中尊重工商、求新善变的基因发展成为我国在经济全球化竞争背景下锐意进取、不断探索新的市场空间的勇气和敏锐度。其中，尤其要注重凸显坚持信用为本、尊重市场规律、善于专业分工等优秀特质。

江南大学中文系主任、教授庄若江回顾历史并指出，唐宋以来，江南对中国经济发展的贡献非常明显，宋代就已经超出了 30%，所以有了“苏湖熟，天下足”的民谚。经济繁荣、人文荟萃，从审美来说这是诗性的文化，是一种“水文化”。我们要学会及时调整自我，敢为人先，善于包容。

华东师范大学历史系教授陈江表示，历史上多次文化中心南移，使江南地区保存和延续了中华传统文化的主干和精髓，其前瞻性、开创性和超越性必须发扬。在中国传统文化中，江南文化特别重视契约精神、法治意识。在未来长三角地区更高质量一体化发展中，从江南文化的传统中汲取营养非常有意义。

复旦大学历史系教授冯贤亮从物质性和精神性角度分析江南文化。明清时期由于人口过度密集、土地有限，江南创造了很多新的生产手段和方式，比如生态农业，充分利用土地。江南人民由此养成了善于适应、善于创造的特性。在未来，江南文化依旧会给地区发展带来持续不断的推动。

圆桌会议 2 以“江南文化与长三角一体化”为主题，业界专家就如何以江南文化凝聚区域发展共识、促进长三角一体化展开交流对话。上海市社联专职副主席任小文主持会议。

上海社科院副院长、研究员王振指出，要以江南文化凝聚长三角一体化发展的地方共识。面向更高质量的一体化发展，江南文化是纽带、是动力，它将凝聚起更加积极的地方共识，集聚起源源不断的强大动力。

上海交通大学城市科学研究院院长、教授刘士林认为，要以江南文化品牌引领长三角更高质量一体化。重建江南文化不仅有利于解决长三角内部的文化冲突和矛盾，也有利于在中国和世界建设一个传统文化复兴的样板。

江苏长江经济带研究院院长、研究员成长春认为，要拓宽投融资渠道，健全完善文化产业投融资服务体系，破除行政壁垒对长三角区域文化产业合作的障碍，为长三角文化产业的协同和融合建立强有力的组织协调机制和制度保障；要推动文化产业的智能化、科技化和高端化，建立文化产业和科技融合发展平台。

浙江省社科院区域经济研究所所长、研究员徐剑锋指出，江南文化产业要与时俱进，满足人们对“高品质”的追求，实现“高品质”的发展，创新产品、拓展内容、提升品牌，推进商业模式创新与生产方式创新。

安徽省社科院经济研究所所长、研究员孔令刚认为，协同推进长三角一体化发展要重视安徽所扮演的角色。不管是流域关系，还是文化关系，安徽都是长三角的腹地。安徽一方面增加了整个长三角的面积，同时也贡献了大量经济、科技因素。

与会者一致认同，厘清江南文化的递嬗演变，擦亮“江南文化”品牌，以江南文化打造社会向心力，将有力推动长三角地区更高质量一体化发展。

上海代表团一行出席江南文脉论坛

12月3日，首届江南文脉论坛在无锡举行。本次论坛由光明日报社、江苏省委宣传部、无锡市委主办，以“文脉传承与精神家园”为主题，旨在从中华文化的大背景下，深入探讨江南文脉的传承与发展，揭示其所蕴含的人文底蕴、哲学智慧及其所构建的精神家园，展示其历史价值与当代意义。

中国文联荣誉主席、文化部原部长孙家正，江苏省委常委、无锡市委书记李小敏，江苏省委常委、宣传部长王燕文，光明日报社副总编辑李春林等出席开幕式。西北大学名誉校长、著名历史学家、教育家张岂之，国际中国哲学学会荣誉会长成中英，耶鲁大学全球正义中心主任博格，复旦大学教授、著名历史地理学家葛剑雄，中国美术馆馆长吴为山，南京大学教授莫砺锋等嘉宾作主题演讲。

江南文化是上海、江苏、浙江、安徽三省一市共同的文化标识、共有的精神家园，推进长三角更高质量一体化发展，迫切需要加强江南文化研究阐发、推进江南文化传承发展，也迫切需要三省一市的宣传部门和社科单位加强协同合作，共同承担起使命责任。论坛专设长三角三省一市江南文化研究圆桌会，来自上海、江苏、浙江、安徽的政府部门负责人、专家学者就如何加强江南文化研究、如何开展学术研究交流合作进行了座谈讨论。

上海市委宣传部副部长徐炯在发言中介绍了上海正在推进的江南文化研究工作情况，并表示上海正在全力打造城市文化品牌并制定了三年行动计划，红色文化、海派文化、江南文化是其中的重要内容。他指出，在新的历史时期，长三角发展面临着新的更大空间，也为江南文化研究带来了新的更大的空间，希望长三角各省市携手，共同推进江南文化研究优势互补、资源共享、成果互鉴，共同推进江南文化研究建立新机制、搭建新平台、取得新突破，共同推进江南文化研究在实现中华传统文化创造性转化、创新性发展中走在前列，共同推进江南文化研究在长三角一体化发展各领域工作中走在前列，共同推进江南文化研究在构建中国特色哲学社会科学知识体系的工作中取得重要成果。

其间，共举办一场主论坛、九场分论坛和一场圆桌会，围绕主题开展广泛而深入的文化对话和交流。近300位国内外相关研究领域知名学者、参与江苏文脉整理与研究工程的专家学者汇聚一堂。上海市社联专职副主席任小文、上海博物馆前馆长陈燮君、复旦大学教授郑利华、华东师范大学教授李舜华、上海师范大学教授徐茂明、上海交通大学教授朱丽霞、上海戏剧学院教授刘水云、上海美术学院教授林木等多位上海专家出席论坛。

此外，在本次论坛上，《江苏文库》首批 86 册成果亮相，包括《文献编》38 册、《精华编》11 册、《史料编》5 册、《方志编》27 册、《研究编》5 册。2016 年，江苏启动了“江苏文脉整理与研究工程”，系统梳理江苏文脉。这是江苏有史以来最为浩大的文化工程，计划用 10 年时间完成《江苏文库》的编辑出版工作，纸本规模约 3 000 册。

学术茶座

上海市社联举办“习近平新时代中国特色社会主义思想与当代中国领导科学的发展”学术茶座

3月23日，上海市社联举办“习近平新时代中国特色社会主义思想与当代中国领导科学的发展”星期五学术茶座。来自上海市领导科学学会、东华大学、中国浦东干部学院、国防大学政治学院、中共上海市委党校、中交三航院、中共上海市浦东新区区委党校等单位的十余位专家学者参与研讨交流。与会者结合深入学习习近平新时代中国特色社会主义思想的体会，阐述了习近平新时代中国特色社会主义思想所蕴含的丰富的领导思想与治国理政的经验智慧，以及对当代中国领导科学发展的重要指导意义。

与会专家强调，习近平新时代中国特色社会主义思想为当代中国领导科学学科的新发展开辟了新境界，要深入领会习近平新时代中国特色社会主义思想的时代背景、历史地位、科学体系、精神实质、实践要求，深入领会贯穿其中的坚定信仰信念、鲜明人民立场、强烈历史担当、求真务实作风、勇于创新精神和科学方法论，更好地用党的创新理论指导中国领导科学的学科建设。

与会专家指出，习近平新时代中国特色社会主义思想包含了丰富的领导思想：一是领导理念，以人民为中心的发展思想既是传统民本思想的飞跃，又透露出当代中国领导科学发展的趋势；二是领导理论，习近平新时代中国特色社会主义思想蕴含丰富的治国理政经验和智慧，包含着解决中国问题的根本方法；三是领导方略，打铁必须自身硬，要坚持和完善党的领导，以伟大工程进行伟大斗争，推进伟大事业，实现伟大梦想；四是领导风格，习近平总书记在改革发展稳定、内政外交国防、治党治国治军等方面，表现出高超的领导才干和领导艺术，亲民乐民的形象，刚柔并济的风格，豁达开放的胸襟和勇于担当的精神；五是领导艺术，包括继承与创新相结合，原则与灵活相结合，理论与实践相结合等。

与会专家认为，中国共产党领导是中国特色社会主义最本质的特征，要加强对中国共产党领导力的研究：一是政治领导，这是党发挥领导作用的最重要方面。党的政治领导就是将马克思主义普遍原理和中国实际结合起来，在革命和建设的各个阶段，提出明确的政治任务、政治目标和政治方向，实现党的政治领导。二是思想领导，这是党领导人民群众完成政治任务的重要保证。要科学分析改革开放和现代化建设中出现的一系列实际问题，进一步发扬党的优良传统，掌握思想认识规律，有针对性地做好党的思想领导工作。三是组织领导，这是党通过组织系统和组织工作实现领导的方式。要求党的各级组织和党员发扬党的民主传统，实行党的群众路线工作方法，使党对人民群众的组织领导成为组织人民群众自己管理自己事务的过程。

上海市社联等举办“科举考试制度的历史实践与经验教训”学术茶座

2018年3月30日，上海市社联、上海炎黄文化研究会举办主题为“科举考试制度的历史实践与经验教训”的星期五学术茶座。与会者有上海炎黄文化研究会会长杨益萍、上海炎黄文化研究会副会长洪纽一、上海师范大学夏乃儒教授、上海师范大学邵雍教授、复旦大学刘平教授、《学术月刊》杂志编审谢宝耿、上海档案馆馆员冯绍霆、上海《炎黄子孙》杂志主编甘建华、《炎黄子孙》杂志副主编司徒伟智、上海市委党校三分校刘惠恕教授、上海师范大学蔡志栋副教授等。

刘惠恕做有关“科举考试制度的历史实践与经验教训”的主题发言。关于中国古代科举考试制度的基本特点与成功经验，他归纳为：(1)考试内容的伦理本位化，即以四书五经为考试内容，强调士人以德为本；(2)考试形式的平民化，排斥了门第(阶级)因素对官吏进入仕途的影响；(3)选官标准的开放性，即通过科举考试的平等形式，排斥民族因素和国籍因素对于官吏进入仕途的影响；(4)官有定员的量出为入制度，即每隔三年通过科举考试，递补国家所缺官员数额；(5)官员任用的监察制度。

在研讨交流中，谢宝耿认为：科举制度是中国历史上平民官制对贵族官制(魏晋九品中正制)的胜利，曾有效降低了中国古代吏制的腐败。它也是西方近代文官制度的起源，被誉为古代中国的第五大发明，其积极意义应该得到充分肯定。夏乃儒认为：中国古代科举考试制度发端于隋唐，发展于宋代，完善于明清，但也开始暴露出“八股取仕”的弊端。就这一制度的积极意义而言，它有利于维护古代中华民族的统一信仰与传统，维护中央集权国家制度的统一，功不可没。冯绍霆认为：科举制的产生，具有特定的政治与历史背景，即为了维护中央集权的国家政体，如唐太宗所说：“天下英雄尽入我吾彀中矣！”这一制度与历史上中国以小农立国的经济体制相适应。它最初是有生命力的东西，但后来由正面走向反面，导致中国知识分子思想的僵化。邵雍认为：中国科举制度在中国实行了约1300年，其消亡有客观因素，即与时俱退，科举愚民。晚清随着新办学校的兴起，导致1906年科举考试制度的最终被废除。从另一方面看，科举制之废，导致当时连结国家统一的政治纽带断裂，这与晚清政府的败亡有着直接关系，因为它把知识分子队伍推向了政府的对立面，因此1898年清政府又曾颁发恢复科举制诏令，但为时已晚。刘平认为，科举考试以四书五经经义为标准，其实质是封建时代的以德治国。而从历史发展实践来看，旧时代所谓的“以德治国”的道路都是失败的，因为其导致任人唯亲。在大力提高公民的道德水准的同时，更要厉行法治，要重视依法治国。洪纽一认为，中国古代科举考试的成功经验，不只是在于强调取士的以德为本，同时还在于确立了相对规范的国家官吏考核制度。一种制度的确立总是有利有弊，判断标准还是看其是否公开公正，是否具有民主精神。可否借鉴中国古代科举考试的一些合理形式，注入新时代的政治内容，值得研究。杨益萍认为：科举制的确立在历史上有进步意义，主要是考试平等、平民的性质，促进了儒学的发展和向民间的传播。科举制的缺陷在于后来的程式化，使有生命力的东西变得僵化。中国历史上科举制度的成功经验对于当今干部人事制度的任免监察机制的借鉴意义，需认真研究。

上海市社联举办“新时代习近平中国特色社会主义经济思想”学术茶座

2018 年 4 月 13 日，上海市社联举办主题为“习近平新时代中国特色社会主义经济思想”星期五学术茶座。会议由华东师范大学陈承明教授主持，来自上海社科院、市委党校、复旦大学、华东师范大学、上海商学院等十余位专家参加会议。

华东师范大学陈伯庚教授、上海社科院沈开艳研究员以及上海市委党校鞠立新教授作主题发言。陈伯庚认为，习近平新时代中国特色社会主义经济思想是中国特色社会主义政治经济学发展的又一个重要里程碑，是马克思主义政治经济学中国化的光辉典范，开创了中国特色社会主义经济理论发展的新境界。他从八个方面探讨了习近平中国特色社会主义经济思想的精华：(1)坚持以人民为中心的立场；(2)明晰中国特色社会主义进入新时代的历史方位；(3)明确现阶段的基本经济规律与主要矛盾；(4)五大发展新理念是中国特色社会主义政治经济学的核心；(5)正确处理政府与市场的关系，市场在资源配置中起决定性作用，是完善市场经济的核心问题；(6)推进经济高质量发展，构建现代经济体系，为社会主义经济发展指明方向；(7)实施乡村振兴战略，推进中国特色的城乡融合发展；(8)形成全面开放的新格局，构建人类命运共同体。

沈开艳认为，习近平经济思想是一个体系，其基本框架和脉络主要包括党对经济工作的集中统一领导、以新发展理念为指导的经济政策体系、以供给侧结构性的改革为主线等。习近平经济思想的逻辑体系包括实践逻辑、理论逻辑、价值逻辑以及思维逻辑等。她认为习近平经济思想的实质内涵在于七个坚持：坚持党对经济工作的集中统一领导；坚持以人民为中心；坚持适应、把握、引领经济发展新常态；坚持市场在资源配置中的决定性作用；坚持适应我国经济主要矛盾的变化，完善政府宏观调控；坚持问题导向，布置经济发展新战略；坚持正确的工作策略与方法，稳中求进。

鞠立新认为，如何进一步深入领会习近平经济思想，还有很大空间值得探索扩展。在中国这样的后发国家建设社会主义如何走出自己的路，应研究其具有的客观规律和必然趋势。

上海社科院陶友之研究员认为，习近平政治经济学的思想包括以人民为中心、新时代、党领导一切、新时代主要矛盾、市场资源配置起决定性作用、全面建设小康社会、创新是第一发展动力，以及全面开放、“一带一路”建设等核心内容。复旦大学王克忠教授主要就政治经济学教材修订提出看法：一是丰富历史资料与注解，使教材有一定的理论深度；

二是在教材中展现各种对立面的观点，引导学生思考；三是修订过程应有充分的时间，最好每一章都要举办小型研讨会进行深入探讨；四是建议将地租问题纳入新教材体系。上海商学院朱国栋教授首先探讨了马克思主义政治经济学的历史发展，以及中国特色社会主义政治经济学的形成过程，认为中国特色社会主义政治经济学是马克思主义政治经济学发展的新阶段。就教材修订，他提出中国特色社会主义政治经济学可从研究生产方式出发，重点研究市场主体、流通和交换以及市场等方面内容的建议。上海社科院陈建华研究员认为，目前研究中国特色社会主义政治经济学具有非常重要的意义，许多社会实践对西方经济学有所突破，新时代为研究政治经济学提供了很好的历史背景与素材。华东师范大学孟星副教授认为，应根据新时代的主要矛盾、生产目的以及经济发展形势变化等，提升宏观调控的理念。新时代宏观调控应聚焦于解决不平衡不充分问题、注重发展的质量、重视供给管理以及进行制度变革等方面。陈承明教授认为，习近平新时代中国特色社会主义经济思想是对邓小平理论的发展。新时代背景下，精准扶贫、重经济发展质量、顶层设计、不忘初心以及构建人类命运共同体等思想，都是对邓小平理论的创新、发展和完善。

上海市社联举办“乡村振兴与农业转移人口市民化”学术茶座

6 月 29 日下午，上海市社联举办“乡村振兴与农业转移人口市民化”学术茶座，来自华东师范大学社会发展学院、城市发展研究院、国家教育宏观政策研究院，华东理工大学、巴黎—萨克雷大学以及上海社科院等单位的青年学者十余人参与交流。与会学者围绕乡村振兴、城乡融合发展及农业人口的最终出路等问题进行了深入交流与探讨。

华东师范大学社会发展学院院长文军教授认为，党的十九大报告提出的“实施乡村振兴战略”是农村发展的转折点，以往我们对待乡村发展的问题很大程度上是站在城市中心主义的视角来思考。他认为，“乡村振兴战略”的提出是实现城乡融合发展的根本途径，乡村振兴的核心在人，即农业人口的最终出路与转移问题。就农民本身的转变而言，主要有两种路径：一是全面建立职业农民制度，大力加快新型职业农民队伍建设，促进传统农民向现代职业农民的转型；二是加快城乡融合发展进程，有序推进农业转移人口的市民化，促进部分传统农民向现代市民的转型。

华东理工大学社会工作系黄锐副教授认为，市民化呈现出三重幻象，分别是立场上的城市主义、运作机制上的管理主义、实施策略上的个体主义。这不仅可能限制我们对西方市民化理论的反思，在实践层面也不利于我国进一步推进新型城镇化综合试点。

华东师范大学城市发展研究院张海娜博士认为市民化是一个过程，是农业转移人口在人力资本、工作生活、社会交往和市民权等各方面与市民的距离不断缩小、最终形成身份认同的过程。她选取长三角地区进行实证分析，通过因子分析和建立结构方程模型，测算出长三角地区农业转移人口的市民化指数，发现不同类型农业转移人口的市民化程度存在明显差异。又通过回归分析发现，人力资本、社会网络和制度安排对市民化的影响都是最为显著的、且具有全局意义，农业转移人口市民化的过程可以视为这三者的多重建构。

华东师范大学城市发展研究院罗峰博士依据一项针对全国范围的农业转移人口市民化问题的调查数据，分析了不同类型的农业转移人口的主观感受对市民化意愿的影响。研究发现：对农业政策的满意程度会降低市民化意愿，而身处一线城市的农业转移人口市民化意愿更高；周边城市市民的友好程度能有效提升市民化意愿；对生活现状满意度和对收入合理认同度越高的群体则越不愿意改变其当前身份。

来自巴黎—萨克雷大学邓晓翔博士通过引入退出威胁和博弈地位两个理论概念，在退出威胁的理论前提下，通过博弈地位模型的实证分析来探讨农民集居工程中地方政府与农民博弈的过程，以及农民退出类型的差异对博弈地位所产生的影响。他认为，这种博弈地位经过行动者的实践会使得制度模式、政策策略发生变化，地方政府需要提供更多的公共服务来动员农民参与其发起的农民集居工程，中央政府也需要通过对土地政策的不断调整来应对。

华东师范大学社会发展学院吴晓凯老师反思了市民身份的选择性开放问题，认为在农民市民化的过程中，国家基于总体利益最大化的考虑，在消解“城—乡”传统身份区隔的同时，又重新制造新的身份和边界，即“部分市民化”“市民化”“超市民化”等。由此，在制度层面重构了“权利”的异质性和社会的不平等性。国家治理的市场化取向不仅推动了政治社会的扩张，而且限制了治理结构的转型和升级。

华东师范大学国家教育宏观政策研究院的张帆博士分享了她关于新生代农民工城市融入问题的研究，她按照有无流动经历，划分为留守经历的新生代农民工、流动经历的新生代农民工、“两无”经历的新生代农民工，通过深入的田野调查，探讨农民工教育代际的传递如何影响其内部的变化；这种传递又是如何影响他们整个家庭在城市之中的融入。

华东师范大学城市发展研究院易臻真老师认为，伴随着我国社会转型的不断深化，农民这一群体无论是在其进城务工的机会和地域选择上，还是个体对自身及子女的未来生活的期许上，都发生了显著的变化。他提出一系列问题引发我们思考：农民市民化的问题是否就演变为阶层流动的问题？这一改变将带来一系列怎样的变化？社会政策又应该如何顺应时代发展？

华东师范大学社会学系吴越菲博士对“市民化”的概念进行了反思，认为随着市民化研究的深入，“市民化”的概念已经开始限制理论的想象和经验发现。要从多空间尺度下的农民乡—城流动去重新理解农业转移人口市民化的复杂性，反对对市民化作简单的阶段划分、指标测定、二分的分界，一旦进入到生活经验，就会看到市民化的连续性和复杂性，而不是非此即彼的选择。

上海市社联等举办“教育强国”领导干部实践创新学术茶座

5月19日上午,中国浦东干部学院与上海市社会科学界联合会举办“教育强国”领导干部实践创新学术茶座,来自全国各地的厅局级教育行政领导与教育专家学者近50人参加研讨交流。领导干部实践创新学术茶座是中国浦东干部学院与上海市社会科学界联合会共同打造的沟通党政实践界与学术研究界的对话交流平台。

中国浦东干部学院副院长郑金洲在主旨发言中指出,教育强国是12个“强国”中的重要组成、重要标志,也是实现其他“强国”的重要支撑,因此教育强国是中华民族伟大复兴之基础。

年近九旬的教育家于漪老师带着对今天中国教育深深的忧思,强调要“以教育自信办中国自信的教育”。她谈到,在国内外多元价值冲击和影响之下,中国教育面临着建国以来最严峻的挑战。因此,必须要树立教育自信。自信绝对不是故步自封、妄自尊大,自信就是源于自觉,是我们对自己的文化、历史、国情的来龙去脉一清二楚。有了自信,才会有定力,才会有聪明才智把问题看透,才不会随风飘扬、浮游无根。她还谈到了教师的生命价值,指出教师的价值体现在学生身上。上课就是教师的生命在歌唱。如果教师只是像机器一样传授知识,那随着声波的消失,教师就销声匿迹。教室的课要教到学生身上,教到学生心中,成为他良好素质的一个部分。教师最难的任务就是“育人”。立德树人绝对不是标语,要贴到心里,化为行动,在所有的学科里,在所有的课堂要落地生根。新时代的教师,要有中国立场、世界视野、忧患意识,要敢于担当,因为教师的一个肩膀挑着学生的现在,一个挑着国家的未来。

关于上海教育经费投入机制改革实践,上海市教委副主任郭为禄谈了他的思考。他指出,教育“优先发展”,首先离不开教育经费投入的增长。近年来,上海在推进教育综合改革的过程中,不断加大财政对教育投入的力度,深入推进教育投入机制改革,持续强化教育经费规范管理,切实保障各项教育任务的顺利实施。一是强化规划引领,构建基于规划的市级投入机制。二是完善投入机制,不断提升教育内涵发展质量。建立义务教育生均基本标准体系。完善基础教育经费统筹机制,加大市对区财政教育转移支付力度。三是重视制度建设,加强教育经费规范使用管理。他建议,要通过完善财政教育投入机制,合理划分事权和支出责任。强化区级政府履行财政事权的责任。在保障和增加投入的同时,全面加强经费监管,提高教育经费实用化效益,确保教育优先发展的地位得到巩固和发展。

教育部基础教育司副巡视员王岱谈到了大家普遍关心的减负问题。他指出，中小学减负由来已久，也是世界难题。针对目前减负出现的新情况，教育部接下来考虑几方面的做法。一是规范校外培训机构。规范超纲、超前、超强化训练，对无证、超范围经营的社会培训机构进行整顿、规范。二是规范教育教学行为。要制定义务教育教学的意见，包括高中育人模式改革，要对老师教育教学提出规范性的意见。三是深化考试招生评价改革。在中考和高考评价特别是招生录用方面做一些有利于减负的规定。四是引导社会树立正确的教育观念。不要纠结在优质小学一年级入学这个起跑线，也不要将起跑线前移到学前三年教育，要治理学前教育小学化的倾向。

国家教育发展研究中心副主任杨银付在谈及如何构建充满活力的现代化教育体系时强调，教师是我们办学的第一力量，要想办法提升教师的主体意识，使教师在办学模式、育人方式、资源配置、人事管理、评估评价等方面享有充分的知情权、参与权、表达权、监督权。中国教育科学研究院副院长、《教育研究》总编辑高宝立与大家交流了新时代教育研究的十个热点问题。

民盟中央参政议政部部长范芳的发言题目是“增强教育自信，促进教育国际化”。她指出，办好中国自信的教育，最终是要走向世界。在经济全球化、信息网络化的今天，教育国际化理所当然，而且势在必行，没有一个国家可以躲得过去。作为有着世界上最大教育规模的中国，增强教育自信、在世界上树立中国教育形象，对我们整个现代化强国建设有着重要意义。

最后，上海中医药大学校长徐建光教授介绍了地方院校推进“双一流”建设的探索与实践；与之形成对话，陕西省教育厅副厅长刘建林介绍了陕西实施高校“四个一流”建设、推进高等教育追赶超越的务实举措。

上海市社联举办“长三角文化创意产业创造力培育机制”学术茶座

12月7日，上海市社联举办“长三角文化创意产业创造力培育机制”学术茶座，来自上海工程技术大学、东华大学、上海浦东改革与发展研究院、上海电机学院、上海政法学院、上海商学院和上海生产力学会的十余位专家学者参加了交流讨论，与会专家学者回顾了全球化背景下文化创意产业的推广实践及发展现状，分析了长三角一体化战略下上海、浙江、江苏等文化创意产业发展的现实情况，并提出了推进长三角文化创意产业融合和协同发展的对策建议。

与会专家认为，文化创意产业是知识经济时代以人的创造力为驱动力和以文化为核心元素的智慧产业。由于创意的独特性和不可复制性，具有市场潜力和能够实现商业价值，通过借助现代高科技手段和知识产权开发，将无形的创意理念转化为有形的创意产品，从而释放出潜在的经济价值。然而，由于产业资源挖掘不够、产业整合手段相对欠缺、产业联动机制不合理、产业发展同质化等原因，导致长三角文化创意产业近年来的发展势头有所下降，产业创造力未能得到应有的释放，不仅造成了长三角文化创意产业自身发展后劲不足，也难以为关联产业的可持续发展注入长期活力。未来长三角必须切实做好文化创意产业创造力培育工作，推动文化创意产业跨区域跨产业融合发展。一是打造统一开放的大市场，形成产业发展所需的市场机制，将产业发展从外源推动转向内源驱动；二是增强政府和市场的协同效应，进一步释放文化创意产业活力；三是避免集聚区建设中的同质化现象，促成产业园区由简单叠加的开发模式向市场化运营模式转变；四是进一步激发创意人才潜能，着力培养各种创新创业人才；五是强化知识产权激励手段，提高原创产品开发的积极性；六是加大财政资金扶持力度，提升产业风险抵抗能力；七是建立区域协同发展机制，从单一产业振兴转身多产业跨界融合发展。

有学者认为，长三角不仅文化资源丰富，而且种类各异，海派文化、江南文化、浙商文化等各不相同，但由于前瞻性的缺失，导致长三角文化创意产业出现了停滞，在后期长三角文化创意产业发展过程中必须注重政府间的合作、产业之间的协同、资金的扶持、工艺人才的培养等系列问题。

有学者认为，文化是一个国家或一个民族凝聚力和创造力的重要源泉，是综合衡量一个国家或特定地区发展水平和竞争优势的重要标准。未来我国促进文化创意产业可持续发展，必须着力构建文化创意产业创造力培育机制，必须重新调整文化创意产业结构与布局，积极利用市场整合各种创意资源，重视开发文化创意产业内在外在的各种产业要素，营造创意产业发展所需要的营商环境，统筹文化创意产业与其他行业的跨界融合，实现文化创意产业与关联行业的协同发展。

有学者指出，近年来文化的分解越来越细化，文化创意产业本身和分类非常大，未来在推动长三角文化创意产业发展过程中必须更加具体化，避免流于泛泛而谈或过于笼统。创意的核心是文化，许多地方政府在推动文化创意产业发展过程中，没有突出具体的行业和地方特色，没有注意到观念的改变、文化的更替、传统与现代的区别等，导致产业发展过程中存在严重的同质化现象。此外，在人才的培养上思路也没有放开，教育中的创新性思维培养不够，课堂的互动也不足，导致创意人才的培养滞后。

有学者认为，未来长三角文化创意产业创造力的培育必须做好以下几个方面的工作。一是构建城市集聚机制：进一步完善城市功能，促进创意资源有效集聚；二是强化政府管理机制：进一步转变政府职能，由管理型政府转向服务型政府；三是健全人才培育机制：进一步孕育创意阶层，促进创意产业迅速成长；四是完善产业管理机制：进一步深化改革，培育产业发展软环境；五是建立文化提升机制：进一步增强文化自信，确立民族文化品牌；六是加强科技创新机制：进一步提升科技创新能力，促进产业跨界融合；七是强化品牌运营机制：进一步创新营销推广渠道，提高文创产品艺术制作水平；八是构建组织协同机制：进一步强化市场运作手段，加速从多部门分业管理转向机构协同。

国内协作

海南省社科联到访上海市社联调研交流

2月7日，海南省社科联党组书记、主席钟业昌，副主席祁亚辉等一行5人到上海市社联进行调研交流。上海市委宣传部副部长、市社联党组书记燕爽会见了来访同志并进行座谈。上海市社联党组成员、专职副主席任小文，相关处室负责同志、市社联主管学术期刊负责人参加座谈。琼沪两地社科界同志主要围绕社科规划、课题及经费管理，新型智库建设与研究，科学普及与学会管理工作，学术期刊编辑出版等议题进行了深入研讨。

中国社会科学院科研局调研组一行到访上海市社联

3 月 27 日，中国社科院科研局副局长王子豪率调研组一行 5 人到访上海市社联，并围绕“繁荣发展新时代中国特色哲学社会科学”这一主题召开座谈会。市社联党组成员、专职副主席、秘书长解超主持会议。市社联副主席、市政治学会会长、复旦大学桑玉成教授，市社联副主席、市历史学会会长、上海社科院原副院长熊月之教授，上海师范大学副校长、市社联副主席陈恒教授，市社科规划办主任李安方教授，市社联委员、《学术月刊》原总编辑金福林编审，复旦大学张晖明教授，上海师范大学知识与价值科学研究所所长何云峰教授等出席会议。

与会专家学者围绕调研主题，结合社会科学研究工作实际，就贯彻落实习近平总书记“5.17”重要讲话和党中央《关于加快构建中国特色哲学社会科学的意见》的主要措施进行讨论。专家学者还就党的十八大以来本市本单位哲学社会科学事业发展的特色和成绩，当前我国及本市、本单位哲学社会科学发展存在的主要问题和体制机制障碍，以及当下如何进一步加快构建中国特色哲学社会科学等，发表了各自的观点和建议。

辽宁省社科联一行到访上海市社联调研交流

6月14日，辽宁省社科联党组书记、主席石坚一行7人到上海市社联进行调研交流。中共上海市委宣传部副部长、市社联党组书记、专职副主席燕爽会见了来访同志并进行座谈。市社联专职副主席、秘书长解超，市社联党组成员、副巡视员莫剑平，相关处室负责同志参加座谈交流。在交流中，双方重点围绕社科学术团体管理、学术论坛、学术年会组织、社会科学普及工作的开展等议题进行了深入研讨。座谈前，辽宁社科联同志还前往上海部分特色文化设施进行了考察调研。

王战主席应邀做客湖湘大学堂，主讲中国改革开放 40 年的 10 个“窍门”

9 月 26 日，由湖南省委宣传部、省社科联共同主办的“湖湘大学堂 · 名家讲坛”活动在长沙九所宾馆开讲。上海市社联主席王战应邀作“中国改革开放 40 年：回顾与展望”主题报告。湖南省社科联党组书记、副主席宋智富主持报告会，来自省直有关部门和社会各界的 300 多名听众聆听演讲。

改革开放 40 年，中国取得了令世界瞩目的历史性成就。中国为什么可以保持 40 年的经济高速增长？这背后有着哪些秘诀？王战教授做了一番梳理，总结出 10 个“窍门”，并将其与“一带一路”建设结合起来，谈到开放发展带来的机遇。同时，对当前中美贸易战等热点话题，他也表达了自己的观点。

王战围绕“中国改革开放是从自己的‘一带一路’做起的”、“国家要发展，必须要使老百姓富起来”、“中国是通过开放来促进改革的”等角度来梳理中国改革 40 年历程。他从理论创新、人口红利、中国农村特有的家庭承包制、开放和改革、园区模式、土地批租、非均衡发展模式、财政政策、加入世界贸易组织（WTO）和渐进式改革这 10 个改革发展“窍门”。他总结道，中国的改革开放正好是在世界经济开始走上坡路、处在相对繁荣的长周期里面，我们利用了其中的 20 年时间，取得了快速发展。现在国际形势已经发生了很大变化，世界经济处于相对衰退期，在这个过程当中的发展，特别是“一带一路”沿线国家怎么发展，每个国家都要结合自己的情况做分析和研究。

湖湘大学堂是湖南人文学术交流和社科知识普及的高层次平台，旨在通过“领导、名家、企业家、大学生、女性、百姓”等讲坛，为提升干部群众的人文社科素养服务，为建设学习型社会服务。自 2011 年创办以来，邀请了一批著名学者和知名企业家，深入机关、高校、军营、图书馆、社区举办了 200 多场精彩演讲，演讲现场听众已突破 12 万人次，多次传播受众已逾 1 亿人次。

广州市社科联主席曾伟玉一行到访上海市社联调研交流

10 月 16 日，广州市委宣传部副部长、市社科联党组书记、主席曾伟玉等一行到访上海市社联调研交流，市委宣传部副部长、市社联党组书记燕爽会见曾伟玉一行并表示热烈欢迎，市社联党组成员、专职副主席解超、任小文，党组成员、副巡视员莫剑平参与会见。

座谈会上，沪穗双方围绕组织社科界开展习近平新时代中国特色社会主义思想学习宣传、宣讲、研究，加强社科界意识形态教育和培训，社科类社会组织党建，当下社科类学术社团建设和管理的热点、难点等社联工作展开研讨和交流。市社联组织人事处、学会处、科研处、《上海思想界》编辑部相关同志参加调研交流。会前，广州市社科联调研组同志参观了社联 60 年成果展。

全国社科联社会科学年鉴工作研讨会在乌鲁木齐举行，上海市社联代表团出席会议并作交流发言

10月22日，第五届全国部分省、区、市社科联社会科学年鉴工作交流研讨会在乌鲁木齐市举行。来自全国22个省、区、市社科联的80余名代表参加了会议。上海市社联代表团一行在党组成员、副巡视员莫剑平带领下出席会议并作交流发言。

与会代表围绕“创新学术话语体系，推动社会科学年鉴工作健康发展”这一主题，从社会科学年鉴编纂工作的做法与经验、体例与框架、规范与创新以及社科援疆路径等方面进行了深入交流。

会议认为，社会科学年鉴作为构建中国特色哲学社会科学的重要组成部分，是各级党委、政府和社会各界了解社会科学基本情况的重要载体，是各地社科联全面系统准确记述本地社会科学事业发展轨迹、研究状况和学术动态的重要资料性工具书，具有为党修史、为党立言、以史鉴今、资政育人的重要作用。社会科学年鉴编纂工作应坚持为人民服务、为社会主义服务方向和百花齐放、百家争鸣方针，努力构建中国学术话语体系，增强文化自信，为繁荣发展哲学社会科学事业服务，为决胜全面建成小康社会、实现中华民族伟大复兴的中国梦服务。

会议强调，要以此次会议为契机，充分发挥全国各省区市社科界高校云集、英才荟萃的优势，聚焦新疆社会稳定和谐发展的需求，共谋新疆稳定发展大计，深入推进社科援疆工作，采取联合协作、独立调研或参与国家、新疆社科基金资助项目等多种形式，组织相关专家学者深入研究阐释宣传习近平新时代中国特色社会主义思想，研究阐释宣传以习近平同志为核心的党中央治疆方略及其在新疆的生动实践，为实现新疆社会稳定和长治久安总目标提供有力思想保证、精神动力和智力支持。

会议讨论通过了《第五届全国部分省区市社科联社会科学年鉴工作交流研讨会会议纪要》，并商定由山东省社会科学界联合会作为轮值主席省承办第六届全国部分省、区、市社科联社会科学年鉴工作交流研讨会。

上海市社联对口帮扶遵义市社科联合作交流工作座谈会在遵义召开

10月24日，上海市社联对口帮扶遵义市社科联合作交流工作座谈会在遵义召开。上海市社联党组成员、专职副主席解超出席座谈会，遵义市社科联主席、市委讲师团团长邓彦主持座谈会。

邓彦指出，四年来，沪遵两地社科联对口帮扶合作交流工作成效显著，尤其在遵义市社科联承担的遵义电视台新闻综合频道“黔北讲坛”栏目的打造上，精心安排、悉心组织，遴选上海专家学者赴遵开展宣讲活动，在助推遵义经济社会和文化的发展上发挥了哲学社会科学重要作用。邓彦表示，下一步希望继续得到上海市社联的帮扶支持，进一步深入、系统、全面地开展合作交流。

解超指出，遵义和上海都是红色城市，在党的发展史上都有着特殊地位。这次上海市社联代表团到遵义来，一方面是与遵义的同志共商在深入落实党的十九大精神，完成脱贫攻坚任务背景下，努力提升文化帮扶的针对性、有效性的内容、方式和途径，同时也是一次重温革命历史、接受革命传统教育的机会。解超强调，上海市社联自承担对口帮扶遵义市社科联的重要工作任务以来，党组领导十分重视，专门召开会议，研究帮扶的项目、内容及落实措施，要求有关处室结合遵义社科联所需，用好上海社科资源，主动对接，积极作为。

解超谈道，文化是一个国家、一个民族的灵魂。上海正在开展四大品牌建设，其中文化品牌建设以建立红色文化、海派文化和江南文化三大品牌为抓手，全面提升城市软实力，加速建立现代化文化大都市。遵义是一个历史名城，历史文化、红色文化和当下的扶贫文化等都具有鲜明的特点，“东方讲坛”对接“黔北讲坛”等文化帮扶项目应与当地的文化特点、与新形势下的使命要求、与新媒体等技术手段紧密结合起来，使得文化帮扶工作更为扎实、有效。解超表示，为助力遵义经济社会的发展，在人才培养方面，上海市社联还将争取上海有关部门的支持，为遵义社科人才培训提供帮助；在决策咨询方面，双方可共同策划联合举办主题论坛，等等。会上，解超还介绍了上海市社联近期开展的部分重点工作。

在遵义，上海市社联代表团一行还瞻仰了红军山烈士陵园，参观了遵义会议会址，四渡赤水纪念馆，(上海)大夏大学旧址，走访了绥阳县大路槽乡贫困村，并就在文化帮扶过程中，如何与遵义的红色文化、“文军扶贫工程”等有效地结合起来，与遵义地方的相关部门进行了深入的探讨。

上海市社联与辽宁省社科联共同召开东北振兴与东北亚区域合作学术论坛

11 月 2 日，由上海市社会科学界联合会与辽宁省社会科学界联合会共同主办，大连市社会科学界联合会与辽宁师范大学共同承办的“东北振兴与东北亚区域合作”学术论坛在大连召开。会议旨在深入学习贯彻习近平新时代中国特色主义思想，认真贯彻落实习近平总书记在东北三省考察和在深入推进东北振兴座谈会上的重要讲话精神，积极响应《国务院办公厅关于印发东北地区与东部地区部分省市对口合作工作方案的通知》及《上海市与大连市对口合作实施方案》要求，深入贯彻中央赋予的对口合作任务，进一步谋划推进新一轮东北地区振兴和东北亚区域合作深入发展，不断提高社科工作服务决策水平。

在论坛开幕式上，大连市委常委、宣传部部长、金普新区党工委书记、管委会主任李鹏宇，辽宁师范大学党委书记宫福清，上海市社会科学界联合会党组成员、专职副主席解超，辽宁省社会科学界联合会党组书记、主席石坚先后致辞。大连市社科联党组书记、副主席张莉，辽宁师范大学党委副书记、校长李雪铭，辽宁师范大学副校长岳崇兴出席开幕式。辽宁省社会科学界联合会副主席金虎主持会议开幕式。

解超副主席在致辞中指出，本次论坛是辽宁社科联与上海社联落实国家关于上海市与大连市对口合作部署的重要举措，是两地社科界交流合作的一件大事。论坛的召开有助于进一步深入学习领会习近平总书记在东北三省考察及深入推进东北振兴座谈会上重要讲话精神，并汇聚两地知名专家学者深入交流自贸试验区建设、东北振兴战略、东北亚合作等重要议题。本次论坛是两地探索开展智库成果交流的良好开端，下一步要引导两地研究力量积极开展相关对策研究和交流，为对口合作提供更多智力支撑。

上海社科院徐明棋研究员、复旦大学石磊教授和石源华教授作为论坛特邀专家，分别围绕上海自贸试验区深化改革开放的经验与未来发展、东北振兴的发展路径、东北亚地域秩序与东北亚经济走廊建设等议题做大会主题报告。来自吉林大学、辽宁社科院、辽宁师范大学的 3 位特邀专家也做了主题报告。来自辽宁自贸试验区管委会、自贸试验区内部分企业代表，大连市部分党政机关干部，辽宁经济社会发展研究基地研究人员等 200 余人参加会议。

成果发布与评价平台

CHENG GUO FA BU YU PING JIA PING TAI

成果发布与评价

上海市社联60周年系列|首批68位“上海社科大师”人选名单公布

5月14日举行的“纪念习近平总书记‘5.17’重要讲话两周年暨上海社联成立60周年会议”上，上海市社会科学界联合会公布了首批“上海社科大师”人选名单，包括陈望道、孟宪承、贺绿汀、贾植芳、王元化、陆谷孙等在内的68位社会科学界已故著名学者当选。在成立60周年之际，上海市社联组织开展“礼赞上海社科大师”活动，向社科名家大师致敬。

上海是哲学社会科学重镇，在全国有着举足轻重的影响。一直以来，上海社会科学界群星璀璨、名家辈出，为我国哲学社会科学的发展做出了巨大贡献，也是上海这座城市深厚的文化底蕴之所在。当前，整个社会科学界肩负着构建中国特色哲学社会科学的历史重任，上海社科界必须在新的时代有新的回应。值上海社联成立60周年之际，为深入贯彻落实习近平总书记在哲学社会科学工作座谈会上的重要讲话和中共中央《关于加快构建中国特色哲学社会科学的意见》精神，展示新中国成立以来上海哲学社会科学取得的卓越成就，市社联决定开展礼赞上海社科大师活动，向社科名家大师致敬。这是构建中国特色哲学社会科学的需要，是社科界为全力打响“上海文化”品牌做出独特贡献的需要，也是广大学人传承接续名家大师的治学精神、学术传统和人格品质并在新时代开拓创新的需要。

上海社联作为学术性群众团体，学科齐全，联系面广，相比于单个高校或科研机构，较为适合承担这项工作。为慎重起见，经广泛征求社科界各方意见、组织专家评审等程序，市社联党组讨论决定将形成的初步名单提交社联主席团会议。市社联主席团于5月7日审议通过，最终产生了68位大师人选。上海市社联表示，将通过社会宣传、媒体宣传等一系列方式为上海社科大师树碑立传，进行广泛宣传，打响“上海名人”品牌。今后，市社联还将持续开展这项活动。

附：首批礼赞上海社科大师人选：（按出生年月排序）

徐森玉　吕思勉　陈望道　吴蕴瑞　廖世承　张耀翔　舒新城　潘序伦　郭绍虞
孟宪承　朱东润　萧孝嵘　周予同　陈子展　言心哲　周谷城　王蘧常　李剑华
伍蠡甫　熊佛西　吴文祺　彭　康　胡焕庸　沈志远　潘念之　赵景深　方　重
张世禄　贺绿汀　王造时　胡寄窗　全增嘏　刘大杰　顾廷龙　蔡尚思　施蛰存

李亚农　李平心　金仲华　王养冲　陈彪如　谭其骧　罗竹风　李春芬　吴　泽
杨　宽　刘佛年　章　巽　王　中　冯　契　周原冰　贾植芳　蒋学模　陈旭麓
胡裕树　陈从周　钱谷融　张　斌　张仲礼　宁树藩　王元化　蒋孔阳　洪文达
陈其人　王运熙　夏禹龙　章培恒　陆谷孙

上海市庆祝改革开放40周年理论研讨会征文活动社联系统入选论文公示

2018年适逢改革开放40周年。根据中央精神和市委部署，上海市委宣传部、市教卫工作党委、市委党史研究室、市委党校、市社联、上海社科院、国防大学政治学院、上海市习近平新时代中国特色社会主义思想研究中心、上海市中国特色社会主义理论体系研究会（研究中心）等，定于2018年12月联合举办上海市庆祝改革开放40周年理论研讨会。

为做好本次理论研讨会准备工作，2018年6月，市社联根据市委宣传部有关部署和要求，向所属学会下发通知，在本市社科理论界组织开展“改革开放40周年”主题征文活动。本次活动得到社联所属学会大力支持，广大社科工作者积极参与。截至7月31日，市社联共收到40家所属学会和“改革开放40周年”系列研究项目专家交投的应征论文共687篇。日前，社联组织本市社会科学相关领域的专家学者，从公开征集的应征论文中，遴选98篇优秀论文，会同“改革开放40周年”系列研究专项项目专家交投的37篇论文，共135篇论文，入选参加上海市庆祝改革开放40周年理论研讨会征文评选活动，现予以公示。

上海市庆祝改革开放40周年理论研讨会征文活动社联系统入选论文目录表（共135篇）

序号	第一作者	论文标题	作者单位	推荐单位
1	张雪梅	国防治理理念变迁推动中国特色军民融合发展40年的基本经验	国防大学政治学院	上海市马克思主义研究会
2	张远新	改革开放必须坚持和发展社会主义——中国改革开放成功的一条重要经验	上海政法学院	上海市马克思主义研究会
3	李占才	关于民主法治与依法治国的思考	同济大学	上海市马克思主义研究会
4	董瑞华	中国特色社会主义经济思想建立与发展的40年	中共上海市委党校	上海市马克思主义研究会
5	石　涛	中国特色社会主义政治经济学的逻辑演变及启示	中共上海市委党校	上海市马克思主义研究会

（续表）

序号	第一作者	论文标题	作者单位	推荐单位
6	于　飞	改革开放40年党的意识形态建设伟大成就与基本经验	中共上海市嘉定区委党校	上海市马克思主义研究会
7	鲁品越	中国奇迹的深层奥秘：马克思主义对中国文化基因的继承、改造与升华	上海财经大学	上海市马克思主义研究会
8	顾燕峰	马克思生活观视域下人民美好生活的意蕴和路径探讨	中共上海市浦东新区区委党校	上海市马克思主义研究会
9	徐文震	从中国特色社会主义道路发展中的三次挑战看道路自信	中共上海市松江区委党校	上海市马克思主义研究会
10	王志航	改革开放40年：浦东开发开放的伟大成就、基本经验与重要启示	中共上海市浦东新区区委党校	上海市马克思主义研究会
11	陆嘉铌	国外研究中国改革开放的路径及其逻辑	上海师范大学	上海市马克思主义研究会
12	袁　峰	改革开放中的治理之“钥”	中共上海市委党校	上海市马克思主义研究会
13	顾钰民	改革开放以来中国特色社会主义政治经济学的三大理论创新	复旦大学	上海市马克思主义研究会
14	李海平	论新时代全面深化改革的道义原则与价值追求	国防大学政治学院	上海市思想政治工作研究会
15	陈　新	习近平总书记全面深化改革的方法体系探析	中共上海市崇明区建设镇委员会	上海市思想政治工作研究会
16	陈　玲	以“四力”汇聚夯实基层党组织战斗堡垒	中国移动通信集团上海有限公司	上海市思想政治工作研究会
17	金　楪	坚持改革开放政策，谱写中华民族复兴新篇章——从出国看我国改革开放的成就	上海市科学学研究所	上海市思想政治工作研究会
18	王迎春	抢抓创新要素全球重组机遇　打造上海创新发展战略优势	上海市科学学研究所	上海市思想政治工作研究会
19	裴倩倩	改革开放以来党的纪律建设的基本历程与主要经验	上海市松江区方松街道办事处党建办	上海市思想政治工作研究会
20	陈安杰	党的十八大以来全面从严治党的实践方略	中共上海市松江区委党校	上海市思想政治工作研究会
21	李　万	中国的创新驱动发展：世界的新未来和新路径	上海市科学学研究所	上海市思想政治工作研究会
22	张钰铖	中国造币事业发展40年：经验与事实——以上海造币有限公司为例	上海造币有限公司	上海市思想政治工作研究会

(续表)

序号	第一作者	论文标题	作者单位	推荐单位
23	松江区委宣传部课题组	大刀阔斧推进转型发展　走出一条新路——松江区走新型城镇化之路的实践与探索	中共上海市松江区委宣传部	上海市思想政治工作研究会
24	任　勇	协商治理与基层社会矛盾化解:以改革开放40年以来的"枫桥经验"为例	华东政法大学	上海市思想政治工作研究会
25	上海市闵行区虹桥镇课题组	虹桥镇"谁执法谁普法"普法责任制研究	上海市闵行区虹桥镇	上海市思想政治工作研究会
26	蒋梦娴	司法体制综合配套改革背景下基层法院民事审判独任制扩张适用的路径探析	上海市宝山区人民法院	上海市思想政治工作研究会
27	章义和	改革开放以来上海统战史研究述论	华东师范大学	上海市统一战线理论研究会
28	郝宇青	改革开放以来我国政治体制改革实践经验及启示	华东师范大学	上海市统一战线理论研究会
29	马　驰	明确目标,把握方向——从马克思主义文艺观来认识坚定文化自信	上海社会科学院	上海市统一战线理论研究会
30	赵红军	"一带一路"对中国区域经济发展的机遇与挑战	上海师范大学	上海市统一战线理论研究会
31	台盟上海市委	新时代下长三角区域协调机制若干问题研究	台盟上海市委	上海市统一战线理论研究会
32	刘绍川	关于进一步优化上海营商环境的若干思考	台盟上海市委	上海市统一战线理论研究会
33	王　刚	进一步推动上海科技创新体系建设的对策建议	台盟上海市委	上海市统一战线理论研究会
34	邓伟志	改革"再出发"要求完善社会治理	上海大学	上海市统一战线理论研究会
35	谈　玲	改革开放以来党内条例建设经验研究	民进上海市委	上海市统一战线理论研究会
36	蒋德海	新时期统一战线工作要更加关注公平正义	华东政法大学	上海市统一战线理论研究会
37	毛　韬	中国改革开放跨越"卡夫丁峡谷"的伟大实践	上海永安资产经营管理有限公司	上海市统一战线理论研究会
38	李　巍	上海金融中心建设的成就与经验	华东师范大学	上海市统一战线理论研究会

（续表）

序号	第一作者	论文标题	作者单位	推荐单位
39	李清娟	中国金融业开放40年历程及未来预测	复旦大学	上海市统一战线理论研究会
40	杨上广	改革开放40年上海开发开放与高质量发展研究	华东理工大学	上海市劳动和社会保障学会
41	黄秀女	社会保障一定会降低二孩生育意愿吗？——以流动人口的基本医疗保险为例	华东理工大学	上海市劳动和社会保障学会
42	李　琦	上海市长期护理服务质量研究	华东师范大学	上海市劳动和社会保障学会
43	龚秀全	新时代我国社会医疗保险深化改革研究	华东理工大学	上海市劳动和社会保障学会
44	张继元	社商协作的多层次长期护理保险体系研究——学界探讨、业界探索与国际经验	华东师范大学	上海市劳动和社会保障学会
45	曹艳春	改革开放40年上海市退休职工养老金满意度及其影响因素分析	华东师范大学	上海市劳动和社会保障学会
46	戴建兵	延迟退休政策对就业者退休意愿的影响研究	上海应用技术大学	上海市劳动和社会保障学会
47	吴鹏森	改革以来上海社会救助事业发展研究报告	上海政法学院	上海市劳动和社会保障学会
48	姚　凯	上海服务业升级对大学生就业的影响研究	复旦大学	上海市劳动和社会保障学会
49	奚洁人	新时代凝聚中国力量的精神伟力——试论习近平全面深化改革思想的精神聚合力	中国浦东干部学院	上海市领导科学学会
50	孙会岩	改革开放以来的信息技术进步与执政党认同发展	上海大学	上海市领导科学学会
51	母天学	弘扬组织建设优势，筑牢新时代党的领导力基础——纪念中国共产党成功领导改革开放40周年	上海对外经贸大学	上海市领导科学学会
52	沈尚武	40年来中国乡村经济改革的逻辑进程——以嘉定区乡村经济改革为例	中共上海市嘉定区委党校	上海市领导科学学会
53	丁晓强	担负起新时代的文化使命	华东师范大学	上海市领导科学学会
54	王建军	以上海精神为抓手传承红色基因，重塑上海文化品牌	上海科技管理干部学院	上海市领导科学学会

（续表）

序号	第一作者	论文标题	作者单位	推荐单位
55	秦德君	上海探索超大型城市基层治理与改革历程——从20世纪80年代到新时代	东华大学	上海市领导科学学会
56	桑玉成	反思的力量：改革开放为我们留下的精神财富	上海市社会科学界联合会	上海市政治学会
57	周敏凯	新时代推进“全面从严治党”纵深发展的理论思考	同济大学	上海市政治学会
58	汪仲启	政府职能转变视域下地方政府事中事后监管模式创新研究——以上海为例	中共上海市委党校	上海市政治学会
59	谢　岳	法治建设与国家治理：从行政诉讼改革的视角	上海交通大学	上海市政治学会
60	郭圣莉	改革开放40年中国城市社区治理的推进机制研究	华东理工大学	上海市政治学会
61	沈瑞英	社会建设与党的影响力的双重嵌入——基于“元治理”的分析	上海大学	上海市政治学会
62	章　晟	城镇集体经济应抓住机遇创新发展、转型升级	上海市工业合作经济研究所	上海市集体经济研究会
63	黄文忠	混合所有制经济是公有制和市场经济的最佳结合点	中共上海市委党校	上海市集体经济研究会
64	王顺林	关于“上海品牌”时代特性的研究与思考	上海红双喜集团公司	上海市集体经济研究会
65	吴永华	我国城镇集体经济制度的演变与思考	上海市工业经济联合会	上海市集体经济研究会
66	孙仲彝	全面建设小康社会到全面建成小康社会的实践探索与理论创新的学习思考	上海交通大学	上海市集体经济研究会
67	许学武	改革开放40年上海市场体系建设成果研究——向上海市场体系建设者和流通领域发展的基层工作者致敬	上海联合产权交易所	上海市经济学会
68	张占耕	上海郊区改革，“敢为人先”的40年	上海农业科学院	上海市经济学会
69	张晖明	国有企业改革深化：从“分类”到“分层”	复旦大学	上海市经济学会
70	王国平	改革开放40年与中国特色社会主义经济形态	上海市政协	上海市经济学会
71	陈新汉	社会主义改革的社会自我批判本质及其深化	上海大学	上海市哲学学会
72	奚建武	改革开放40年社会主义市场经济的实践探索与理论反思	华东理工大学	上海市哲学学会

（续表）

序号	第一作者	论文标题	作者单位	推荐单位
73	曹东勃	货币观念：改革开放 40 年历程的经济哲学反思	上海财经大学	上海市哲学学会
74	康　翟	经济正义观念：改革开放 40 年中国现代性发育发展的经济哲学反思	上海财经大学	上海市哲学学会
75	张明军	改革开放以来中国共产党执政资源的新陈代谢	华东政法大学	上海市中共党史学会
76	梅丽红	党的十八大以来纪检领导体制的改革与完善	中共上海市委党校	上海市中共党史学会
77	张　玲	改革开放以来中国外交领域的重大历史转换	上海交通大学	上海市中共党史学会
78	何勤华	人民检察制度的风雨历程——纪念检察机关恢复重建 40 周年	华东政法大学	上海市法学会
79	蒋晓伟	论中国特色法治国家的初级阶段	同济大学	上海市法学会
80	朱　军	借鉴发达国家经验，改革安全监管模式	上海市松江区安监局	上海市法治研究会
81	程　彬	上海环境影响评价法制度改革研究	上海律典智库有限公司	上海市法治研究会
82	崔光灿	我国住房制度改革 40 年：重大理论与实践突破	上海师范大学	上海市房产经济学会
83	孟　星	上海住房制度改革 40 年：回顾与未来改革设想	华东师范大学	上海市房产经济学会
84	桂江生	贯彻新发展理念与推进产融结合研究	上海机电股份有限公司	上海市会计学会
85	魏小群	构建符合上海实际情况和发展要求的住房保障体系	上海市房地产科学研究院	上海市会计学会
86	赵　隆	中国的新疆域外交实践与人类命运共同体建设	上海国际问题研究院	上海国际战略问题研究会
87	孙　力	改革开放对富国强军道路的新开拓	国防大学政治学院	上海科学社会主义学会
88	董金明	新时代完善中国自然资源产权制度的理论思考	上海海事大学	上海生产力学会
89	丁　健	论城市更新中 PPP 模式推进的困境与解困思路及路径	上海财经大学	上海市固定资产投资建设研究会
90	程新章	公共服务共同生产——改革的突破口	上海立信会计金融学院	上海市国际贸易学会

（续表）

序号	第一作者	论文标题	作者单位	推荐单位
91	周中之	习近平治国理政的伦理战略	上海师范大学	上海市伦理学会
92	吴跃东	党的领导是中国特色社会主义最本质特征的内在逻辑研究	上海师范大学	上海市毛泽东思想研究会
93	李宗克	国家治理中的外部性问题及其对策	上海社会科学院	上海市社会学学会
94	杨继华	改革开放40年消费维权大数据建设探析	上海市金山区市场监督管理局	上海市市场监督管理学会
95	吴和雨	加快推进上海科创中心建设的路径探索——基于企业创新模式视角	上海市统计局	上海市统计学会
96	彭青龙	改革开放40年后再出发：自觉构建中国外语学科学术话语体系	上海交通大学	上海市外文学会
97	孙　珊	习近平新时代人类命运共同体思想：理论生成及价值启示	华东师范大学	上海市新四军暨华中抗日根据地历史研究会
98	陈荣武	加强基层党组织政治功能建设研究	上海市社会主义学院	上海市形势政策教育研究会
99	权　衡	改革开放40年收入分配理论：概念体系、理论体系与理论贡献	上海社会科学院	“改革开放40周年”系列研究专项
100	殷德生	中国发展道路的政治经济学：事实、逻辑与创新	华东师范大学	“改革开放40周年”系列研究专项
101	孙　荣	改革开放40年上海城市社区治理的制度变迁研究	同济大学	“改革开放40周年”系列研究专项
102	孙福庆	上海开放发展中的率先突破和战略转型——从引进外资到自贸区建设的理论和实践探索	上海社会科学院	“改革开放40周年”系列研究专项
103	徐家良	改革开放40年上海社会组织发展的内在特点、基本经验与未来展望	上海交通大学	“改革开放40周年”系列研究专项
104	李政涛	基础教育改革的“上海经验”与“上海话语”研究	华东师范大学	“改革开放40周年”系列研究专项
105	陈　强	改革开放40周年上海市科技创新教育制度变迁回顾	同济大学	“改革开放40周年”系列研究专项
106	陈　强	改革开放40年上海科技创新制度环境之变迁	同济大学	“改革开放40周年”系列研究专项
107	赵义怀	上海住房制度变迁及未来供应体系完善研究	上海市发展改革研究院	“改革开放40周年”系列研究专项

（续表）

序号	第一作者	论文标题	作者单位	推荐单位
108	荣跃明	改革开放40年上海文化建设的历程和启示	上海社会科学院	“改革开放40周年”系列研究专项
109	曲　洁	上海科技创新发展与改革40年历程与启示	上海市科学研究所	“改革开放40周年”系列研究专项
110	汪　泓	改革开放40周年上海社会保障制度：改革、发展与趋势	上海工程技术大学	“改革开放40周年”系列研究专项
111	严惠民	40年上海信访工作的回顾与思考	上海市信访办	“改革开放40周年”系列研究专项
112	沈开艳	浦东开发开放与国家战略推进的关系	上海社会科学院	“改革开放40周年”系列研究专项
113	邵强进	真理检验过程中逻辑的力量——上海逻辑与改革开放40周年	复旦大学	“改革开放40周年”系列研究专项
114	高福进	上海城市历史文脉保护与传承机制研究	上海交通大学	“改革开放40周年”系列研究专项
115	黄凯锋	从“思想云端”走向“现实深处”——改革开放40年来《解放日报》主流理论传播的经验与思考	上海社会科学院	“改革开放40周年”系列研究专项
116	石文龙	40年的历程与经验：中国特色社会主义制度形成过程论——基于十二大以来全国党代会的报告为分析依据	上海师范大学	“改革开放40周年”系列研究专项
117	金瑶梅	论中国特色社会主义视域中的市场	上海理工大学	“改革开放40周年”系列研究专项
118	任　浩	中国产业园区改革开放40年演进规律与发展模式	同济大学	“改革开放40周年”系列研究专项
119	钟　怡	改革开放40周年舆论格局演变、当前主要挑战及对策	复旦大学	“改革开放40周年”系列研究专项
120	石文龙	40年法治建设与我国公民行为方式的十大变迁	上海师范大学	“改革开放40周年”系列研究专项
121	杨舒博	改革开放40年中国知识产权制度变迁的动因分析	同济大学	“改革开放40周年”系列研究专项
122	陈　强	基于PSR模型的我国改革开放40年来科技成果转移转化政策演化分析	同济大学	“改革开放40周年”系列研究专项
123	陈　强	改革开放40年科技金融政策变迁及影响因素分析	同济大学	“改革开放40周年”系列研究专项

（续表）

序号	第一作者	论文标题	作者单位	推荐单位
124	张远新	中国道路的深层逻辑	上海政法学院	“改革开放40周年”系列研究专项
125	赵蓓文	开放中的战略协同——中国引进外资与对外投资演变40年	上海社会科学院	“改革开放40周年”系列研究专项
126	董必荣	改革开放40年发展观念的跃迁	上海财经大学	“改革开放40周年”系列研究专项
127	杨　雄	“四个伟大”：青年实现中国梦的基本遵循	上海社会科学院	“改革开放40周年”系列研究专项
128	夏金华	改革开放40年中国哲学的建构	上海社会科学院	“改革开放40周年”系列研究专项
129	金瑶梅	改革开放40年来我国促进市场与社会主义相结合的四大举措	上海理工大学	“改革开放40周年”系列研究专项
130	秦德君	中国国家制度型构与“制度自信”基础——制度“更加成熟、更加定型”的视角	东华大学	“改革开放40周年”系列研究专项
131	周文星	“一国两制”的理论与实践研究	上海交通大学	“改革开放40周年”系列研究专项
132	周文星	美国对“一国两制”的认知偏差与消极评估	上海交通大学	“改革开放40周年”系列研究专项
133	蔡基刚	新时代中国高校英语教育主要矛盾探索：专门用途英语40年反思与对策	复旦大学	“改革开放40周年”系列研究专项
134	吴遵民	终身教育发展的中国经验——改革开放40年中国终身教育的历史回顾与展望	华东师范大学	“改革开放40周年”系列研究专项
135	顾钰民	新时代构建中国化的话语体系	复旦大学	“改革开放40周年”系列研究专项

上海市社联 2018 年度十大推介论文新鲜出炉

11 月 13 日,“年度推介论文”活动对上海学者年度内(2017 年 9 月 1 日至 2018 年 8 月 31 日)发表于国内学术期刊,引起学界关注的原创性学术论文作出推介,旨在反映上海哲学社会科学的发展水平,引领学术前沿,彰显时代主题。经各学科权威学者、学术期刊主编、资深学术编辑等多轮评审推荐,共产生本年度推介论文 10 篇(排名不分先后):

1.《马克思主义哲学与现代西方哲学比较研究的回顾与前瞻》,载《天津社会科学》2017 年第 5 期,作者:刘放桐(复旦大学哲学学院)

2.《西方马克思主义对人的存在方式的研究》,载《中国社会科学》2018 年第 4 期,作者:陈学明(复旦大学哲学学院)

3.《雾霾污染、政府治理与经济高质量发展》,载《经济研究》2018 第 2 期,作者:陈诗一　陈登科(复旦大学经济学院)

4.《海洋法权论》,载《中国社会科学》2017 年第 9 期,作者:杨华(上海政法学院经济法学院)

5.《政治体制的能力、民主集中制与中国国家治理》,载《探索》2018 年第 4 期,作者:汪仕凯(华东政法大学政治学与公共管理学院)

6.《在“分化”的世界寻求合作——构建人类命运共同体的一种转型社会学认识》,载《社会科学战线》2018 年第 5 期,作者:李友梅　汪丹(上海大学社会学院)

7.《“叙事”语义源流考——兼论中国古代小说的叙事传统》,载《文学遗产》2018 年第 3 期,作者:谭帆(华东师范大学中文系)

8.《郑和下西洋与明朝的“麒麟外交”》,载《华东师范大学学报(哲学社会科学版)》2018 年第 2 期,作者:邹振环(复旦大学历史系)

9.《中国教育研究国际影响力的反思与前瞻》,载《教育研究》2018 年第 3 期,作者:李梅　丁钢　张民选　杨锐　徐阳(华东师范大学高等教育研究所)

10.《评舒斯特曼的身体美学实践——以“金衣人”为例》,载《社会科学》2017 年第 11 期,作者:陆扬(复旦大学中文系)

上海市第十四届哲学社会科学优秀成果颁奖大会暨上海市社会科学界第十六届(2018年)学术年会大会隆重举行

11月14日,上海市第十四届哲学社会科学优秀成果颁奖大会暨上海市社会科学界第十六届(2018年)学术年会大会在上海展览中心隆重举行。上海市委常委、宣传部部长周慧琳出席开幕式并讲话。

周慧琳指出,全市社科工作者要始终坚持用发展着的马克思主义指导哲学社会科学,切实用习近平新时代中国特色社会主义思想武装头脑、指导实践、推动工作,切实把新思想贯穿到哲学社会科学各学科各领域,推出高水平研究成果,书写当代中国马克思主义的理论经典;要紧跟时代步伐,紧贴决策需求,紧扣上海实践,始终把服务全国及上海改革发展大局作为重要职责;要在聚焦中国实践中提供上海经验,在构建中国体系中体现上海作为,在加强对外交流中凸显上海优势,坚定不移推进中国特色哲学社会科学建设。

市委宣传部副部长、市社联党组书记燕爽致开幕词。燕爽指出,近年来广大社科理论工作者深入学习贯彻习近平新时代中国特色社会主义思想,始终坚持以马克思主义为指导,深入研究和回答我国发展和我们党执政面临的重大理论和实践问题,推出一大批重要学术成果,为坚持和发展中国特色社会主义作出了重大贡献。在中国特色社会主义进入新时代、改革开放再出发的重要历史时刻,社科界要进一步解放思想,发挥好哲学社会科学认识世界、改造世界的作用,夯实思想基础,凝聚改革共识,提供智力支撑,为新时代推进中国特色社会主义伟大事业提供强大动力。

本届年会的主题是“中国特色社会主义:实践探索与理论创新”。开幕式后,10场“改革开放40周年”系列主题论坛将在本市相关高校和科研单位同时举办。本届年会共收到应征论文560篇,评选出优秀论文41篇,出版优秀论文集1卷。参与年会的专家学者和青年学生超过1 500人。

会议由市社联专职副主席、秘书长解超主持。开幕式上,市社联主席王战宣布上海市第十四届哲学社会科学优秀成果奖项。学术贡献奖获得者王邦佐、王家范、郑克鲁、章振邦先生,特等奖代表周振鹤教授接受了颁奖。市社联专职副主席任小文颁发上海市社联2018年度十大推介论文奖,市社联副巡视员莫剑平宣布本届学术年会优秀论文奖、优秀组织奖。王战、杨洁勉、周振鹤等学者先后做主题讲演。本届哲学社会科学优秀成果奖获奖代表、学术年会优秀论文作者代表、本市主要社科研究机构代表300余人参会。

上海市第十四届哲学社会科学优秀成果获奖名单公布

根据《上海市哲学社会科学优秀成果评奖条例》(沪委宣[2018]91 号)和《上海市第十四届哲学社会科学优秀成果(2016—2017)评奖实施办法》(沪社联[2018]53 号),上海市哲学社会科学优秀成果评奖委员会组织实施了上海市第十四届哲学社会科学优秀成果奖评选工作。

经专家评审、社会公示,并经评奖委员会审定,11 月 8 日,共评选出 607 项优秀成果(个人)获上海市第十四届哲学社会科学优秀成果奖,其中学术贡献奖 4 项,中国特色社会主义理论奖 125 项,学科学术奖 438 项,决策咨询和社会服务奖 40 项,现予公布:

上海市第十四届哲学社会科学优秀成果评奖获奖名单

	学术贡献奖(4 项)
1	王邦佐　复旦大学
	主要学术贡献:对改革开放后中国政治学学科恢复与发展、马克思主义政治学的建设性阐释和中国政治发展研究作出开拓性贡献。
	代表作:《政治学与当代中国政治研究》
2	王家范　华东师范大学
	主要学术贡献:在中国社会史研究恢复与发展,以及明清江南区域社会史研究等领域作出开拓性贡献。
	代表作:《中国历史通论》(增订本)
3	郑克鲁　上海师范大学
	主要学术贡献:在法国文学译介与外国文学研究领域作出突出贡献。
	代表作:《郑克鲁文集》(著作卷、译作卷)
4	章振邦　上海外国语大学
	主要学术贡献:创建新编英语语法体系,为我国英语语言研究及英语教学的改革创新作出重要贡献。
	代表作:《新编英语语法》(系列)

<table>
<tr><th colspan="2">中国特色社会主义理论奖</th></tr>
<tr><td></td><td>一等奖(35 项)</td></tr>
<tr><td colspan="2">著作类(10 项)</td></tr>
<tr><td rowspan="2">1</td><td>马克思主义哲学中国化的历程</td></tr>
<tr><td>金邦秋　复旦大学</td></tr>
<tr><td rowspan="2">2</td><td>中国道路为世界贡献了什么</td></tr>
<tr><td>陈学明　复旦大学</td></tr>
<tr><td rowspan="2">3</td><td>再造文明——马克思主义与中国</td></tr>
<tr><td>吴新文　复旦大学</td></tr>
<tr><td rowspan="2">4</td><td>中国特色社会主义理论体系论纲</td></tr>
<tr><td>刘靖北等　中国浦东干部学院</td></tr>
<tr><td rowspan="2">5</td><td>现代政治经济学的前沿理论与中国特色研究</td></tr>
<tr><td>马艳　上海财经大学</td></tr>
<tr><td rowspan="2">6</td><td>大国崛起的新政治经济学</td></tr>
<tr><td>聂永有等　上海大学</td></tr>
<tr><td rowspan="2">7</td><td>社会主义初级阶段市场模式研究——中国国家发展导向型市场经济理论与实践探索</td></tr>
<tr><td>石良平等　上海社会科学院</td></tr>
<tr><td rowspan="2">8</td><td>寻找网络民意:网络社会心态研究(第一辑)</td></tr>
<tr><td>郑雯等　复旦大学</td></tr>
<tr><td rowspan="2">9</td><td>打铁还需自身硬:今天如何做一名共产党员</td></tr>
<tr><td>曾峻等　中共上海市委党校</td></tr>
<tr><td rowspan="2">10</td><td>虚无主义研究</td></tr>
<tr><td>邹诗鹏　复旦大学</td></tr>
<tr><td colspan="2">论文类(25 项)</td></tr>
<tr><td rowspan="2">1</td><td>加强习近平治国理政思想的整体性研究</td></tr>
<tr><td>章忠民　上海财经大学</td></tr>
<tr><td rowspan="2">2</td><td>马克思晚年学术转向的思想史意义</td></tr>
<tr><td>谌中和　复旦大学</td></tr>
<tr><td rowspan="2">3</td><td>国家治理、全球治理与世界秩序建构</td></tr>
<tr><td>陈志敏　复旦大学</td></tr>
<tr><td rowspan="2">4</td><td>论党内法规的概念与属性——兼论党内法规为什么不宜上升为国家法</td></tr>
<tr><td>刘长秋　上海社会科学院</td></tr>
</table>

(续表)

论文类(25 项)	
5	邓小平关于中国特色社会主义基本原则思想探析
	张远新等　上海政法学院
6	新型农村合作医疗制度、土地流转与农地滞留
	张锦华等　上海财经大学
7	经济学研究中“数学滥用”现象及反思
	陆蓉等　上海财经大学
8	城市、区域和国家发展——空间政治经济学的现在与未来
	陆铭　上海交通大学
9	新目标、新理念、新路径开创“三农”工作新局面——以习近平同志为核心的党中央领导“三农”新发展述论
	余佶　中国浦东干部学院
10	建设中国特色社会主义政治经济学理论体系的构想
	沈开艳　上海社会科学院
11	世界经济的结构性困境与发展新周期及中国的新贡献
	权衡　上海社会科学院
12	中国法治模式建构中的政治逻辑
	程竹汝　中共上海市委党校
13	“中国方案”开启全球治理的新文明类型
	吴晓明　复旦大学
14	重新激活“群众路线”的两个关键问题:为什么与如何
	吴冠军　华东师范大学
15	协商民主、国家建设与国家治理
	易承志　华东政法大学
16	协商治理的中国逻辑
	王岩等　上海交通大学
17	郡县国家:中国国家治理体系的传统及其当代挑战
	曹锦清等　华东理工大学
18	灾区重建过程中的社会记忆修复与重构——以云南鲁甸地震灾区社会工作增能服务为例
	文军等　华东师范大学
19	政府治理机制转型与社会组织发展
	黄晓春等　上海大学

（续表）

论文类(25 项)	
20	努力走出一条符合特大城市特点和规律的社会治理新路子 杨雄　上海社会科学院
21	价值正义：国家社会治理的原则、原理与路径——兼论“核心价值观”规范国家社会治理的伦理路径 杨俊一　上海政法学院
22	老龄化背景下子女对父母的多样化支持：观念与行为 胡安宁　复旦大学
23	文化自信的内涵及其在“四个自信”中的地位 陈锡喜等　上海交通大学
24	党内政治生活的时代意蕴及实践路径 刘宗洪　中共上海市委党校
25	努力把社会主义核心价值观融入法治建设 王贤卿　复旦大学
	二等奖(90 项)
著作类(24 项)	
1	新理念社会主义政治经济学专辑 严法善等　复旦大学
2	论责任 顾红亮　华东师范大学
3	《资本论》哲学的新解读 鲍金　上海交通大学
4	中国模式研究 潘世伟等　上海社会科学院
5	口述上海：改革创新(1978—2012) 谢黎萍等　中共上海市委党史研究室
6	历史的抉择——中国人为什么要接受马克思主义 张允熠　上海师范大学
7	比较社会主义视野下的科学发展观研究 黄福寿　上海师范大学
8	中国特色城镇住房保障体系研究 姚玲珍等　上海财经大学

（续表）

著作类（24 项）	
9	中国粮食政策史：1949—2008
	赵德余　复旦大学
10	New Strategic Research on China(Shanghai) Pilot Free Trade Zone［中国（上海）自由贸易试验区新战略研究］
	袁志刚等　复旦大学
11	国家治理体制现代化：税收法定、预算法修改与预算法定
	李维森　复旦大学
12	改革开放以来中国共产党探索共富的内在逻辑研究
	邱卫东　华东理工大学
13	地方政府性债务管理：实证研究与政策分析
	胡奕明等　上海交通大学
14	绿色·创新·开放：中国区域经济发展模式的转型
	尚勇敏　上海社会科学院
15	钢铁是这样炼成的——努力建设世界上最强大的政党
	朱亮高等　中共上海市委党校第三分校
16	中国特色政治信任研究
	郭根　上海第二工业大学
17	无声的民主：企业民主与国家治理
	林拓等　华东师范大学
18	基础教育发展的中国之路
	黄忠敬等　华东师范大学
19	网络舆论引导法律规制研究
	林凌等　华东政法大学
20	教之以廉——基于国内外比较的教育廉政文化研究
	曹文泽　华东政法大学
21	儒家的如何是好
	朱承　上海大学
22	战略资源政治与中国的应对策略
	于宏源　上海国际问题研究院
23	地方认同、文化传承与区域生态文明建设
	孔翔　华东师范大学
24	长江经济带城市协同发展能力指数(2016)研究报告
	曾刚等　华东师范大学

（续表）

论文类(66项)	
1	延安时期马克思主义中国化教育运动文本考释——基于《整风文献》文本源流研究
	黄亚玲　华东师范大学
2	城市社会:文明多样性与命运共同体
	陈忠　上海财经大学
3	论"党的规矩"和"党的政治规矩"的基本内涵和简明定义——学习习近平总书记系列讲话精神
	杨俊　中共上海市委党校
4	民生正义论——对现代社会正义逻辑的反思
	王强　中共上海市委党校
5	中国特色大国外交理论的构建方向
	杨洁勉　上海国际问题研究院
6	版本源流与底本甄别:陈望道《共产党宣言》文本考辨
	陈红娟　华东师范大学
7	"中国化的马克思主义"的外部质疑及国际话语建设
	约瑟夫·格里　高利·马奥尼等　华东师范大学
8	"四个伟大"与习近平新时代中国特色社会主义思想
	齐卫平　华东师范大学
9	"社会主义核心价值观融入法治建设"的方法论诠释
	陈金钊　华东政法大学
10	社会主要矛盾与法治中国建设的关联
	童之伟　华东政法大学
11	为人类对更好社会制度的探索提供中国方案——论中国特色社会主义的基本特征及其世界意义
	刘靖北　中国浦东干部学院
12	马克思的社会自我批判思想及其当代意义
	陈新汉　上海大学
13	世界历史、中国道路和人类命运共同体
	曹泳鑫　上海社会科学院
14	略论当代中国发展之道
	方松华等　上海社会科学院
15	财富的质的规定性的三重抽离及其现实启示——兼论中国特色社会主义政治经济学的建构
	范宝舟等　上海财经大学

（续表）

论文类(66项)	
16	新发展理念的思想渊源与世界意义
	冒佩华等　上海财经大学
17	善待生产性劳动和优先实体经济
	何玉长　上海财经大学
18	中国特色社会主义政治经济学的世界意义
	丁晓钦　上海财经大学
19	混合所有制经济是基本经济制度的重要实现形式
	黄文忠　中共上海市委党校
20	中国园区经济的国际认知与新使命
	李鲁等　中共上海市委党校
21	创新型城市的基础科研发展评估:基于深圳的实证分析
	唐莉等　复旦大学
22	资源误配、经济增长绩效与企业市场进入:国有与非国有部门的二元视角
	陈诗一　复旦大学
23	划转国有资本充实社会保障基金问题探究
	崔开昌等　上海工程技术大学
24	中国人口的非均衡分布与“胡焕庸线”的稳定性
	吴瑞君等　华东师范大学
25	劳动力流动与农村社会治安:模型与实证
	史清华等　上海交通大学
26	我国“一带一路”FTA战略的路径选择研究
	赵金龙等　上海大学
27	中国城市人口规模分布规律研究
	邓智团等　上海社会科学院
28	“房子是用来住的,不是用来炒的”解析——对习近平房地产核心思想的理解
	张泓铭　上海社会科学院
29	论“中国话语”形成的市场经济基础
	徐世甫等　上海政法学院
30	市场化、政治身份及其收入效应——来自中国农户的证据
	程名望等　同济大学

（续表）

论文类(66 项)	
31	从“普世价值”到“共同价值”：国际话语权的历史转换——兼论两种经济全球化
	鲁品越等　上海财经大学
32	从“党要管党”、“从严治党”到“全面从严治党”——构筑面向新时代的“全面从严治党”战略体系的思考
	秦德君等　东华大学
33	中国特色社会主义民主政治不容质疑
	胡伟　中共上海市委党校
34	腐败经历与腐败感知：基于调查实验与直接提问的双重检验
	李辉等　复旦大学
35	欧盟当前的困境及其体制根源和发展前景
	丁纯等　复旦大学
36	西方之乱与中国之治的制度原因
	张维为　复旦大学
37	“三重博弈”：中美关系视角下的“一带一路”倡议
	信强　复旦大学
38	从“工具主义法律观”到“治理主义法律观”：全面推进依法治国进程中的观念革命
	刘建军　复旦大学
39	“互联网＋”对当代中国社会转型的影响
	郝宇青　华东师范大学
40	中国在南海地区构建远洋群岛法律制度析论
	王勇　华东政法大学
41	国家监察委员会改革方案之辨正：属性、职能与职责定位
	魏昌东　上海社会科学院
42	克服中美新型大国关系建设中的认知障碍——美国霸权心态与对抗思维的特征研究
	刘鸣　上海社会科学院
43	统筹城乡发展的基本任务和制度改革
	任远　复旦大学
44	落实 2030 议程除贫目标：中国方案及其潜在影响
	叶江　上海国际问题研究院
45	当代中国的所有制结构与民生建设
	闫莉等　华东政法大学

（续表）

论文类(66 项)	
46	中国社会治理的转型及其三大逻辑
	张虎祥等　上海社会科学院
47	微信新闻：一个交往生成观的分析
	谢静　复旦大学
48	新媒体社会责任表现的实证研究——以腾讯网为个案的量化评估
	周葆华等　复旦大学
49	全球治理视域下的汉语国际教育及孔子学院建设：问题、因由与对策
	张虹倩等　华东师范大学
50	“传统”之合法性的构成——中国非物质文化遗产保护的话语分析
	王立阳　华东师范大学
51	马克思主义、中国传统文化与当代中国文化整合
	徐家林　华东政法大学
52	乡愁的时空意象及其对城镇人文复兴的启示
	陆邵明　上海交通大学
53	“中国梦”的文化“根”与民族“魂”——习近平《在哲学社会科学工作座谈会上的讲话》学习体会
	杨庆存　上海交通大学
54	20 世纪西方文论阐释中国问题的三种范式
	曾军　上海大学
55	论中国特色伦理学话语体系的构建
	陈泽环等　上海师范大学
56	“综合创新”文化观的源流及其方法论启示
	马振江　上海师范大学
57	“有机马克思主义”的理论局限与实践困境
	卜祥记等　上海财经大学
58	从妥协到融合：对可持续发展原则的批判与发展
	李传轩　复旦大学
59	Three steps to a green shipping industry(绿色航运三步路线图)
	万征等　上海海事大学
60	可持续性科学：基于对象—过程—主体的分析模型
	诸大建　同济大学

（续表）

论文类(66 项)	
61	社会主义核心价值观培育的文化认同机制探究
	张宗峰等　上海电力学院
62	高校课程体系合力育人的理论逻辑
	高国希等　复旦大学
63	论思想政治理论课内涵建设的教育学视角
	许瑞芳　华东师范大学
64	治国理政的价值基础——学习习近平关于治国理政的相关论述
	叶方兴等　华东师范大学
65	“形势与政策”课教学的“事是势”话语探析
	陶倩等　上海大学
66	从思政课程到课程思政:从战略高度构建高校思想政治教育课程体系
	高德毅等　上海市教卫工作党委
学科学术奖	
	特等奖
1	中国行政区划通史
	周振鹤等　复旦大学
	一等奖(116 项)
著作类(40 项)	
1	法官的道德理性论
	王申　华东政法大学
2	现代权利理论研究
	彭诚信　上海交通大学
3	马克思主义法学理论在当代中国的新发展
	蒋传光　上海师范大学
4	中日战争历史遗留问题的国际法研究
	管建强　华东政法大学
5	中国对外贸易的隐含碳测度
	杨来科等　华东师范大学
6	网络空间治理与多利益攸关方理论
	鲁传颖　上海国际问题研究院

（续表）

著作类(40 项)	
7	集装箱港口运作管理优化问题研究
	镇璐　上海大学
8	企业绿色管理及其效应——基于环境信息披露视角
	曾赛星等　上海交通大学
9	谣言传播规律与突发事件应对策略研究
	赵来军等　上海交通大学
10	经济学范式的演变
	马涛　复旦大学
11	中国经济发展史(1840—1949)
	丛树海等　上海财经大学
12	化学教科书学习难度评估及国际比较研究
	王祖浩等　华东师范大学
13	最后的天子门生——晚清进士馆及其进士群体研究
	李林　华东师范大学
14	职业教育国家专业教学标准开发理论与方法
	徐国庆等　华东师范大学
15	中国财政制度史
	黄天华　上海财经大学
16	分税制、地方财政自主权和经济发展绩效研究
	高琳　上海财经大学
17	鲜活的资本论——从《资本论》到中国道路(第二版)
	鲁品越　上海财经大学
18	马克思恩格斯现代性思想体系及其影响研究
	杜艳华等　复旦大学
19	城市白领新移民研究
	张文宏等　上海大学
20	新时期加强社会组织建设研究
	李友梅等　上海大学
21	上海地区馆藏未刊中医钞本提要
	段逸山等　上海中医药大学

（续表）

著作类(40项)	
22	从长安到雅典——丝绸之路古代体育文化
	孙麒麟等　上海交通大学
23	中国外国文学研究的学术历程
	陈建华等　华东师范大学
24	比较神话学在中国
	叶舒宪等　上海交通大学
25	中国新生代农民工研究:信息获取与传播的角度
	陶建杰　上海大学
26	作曲与分析
	贾达群　上海音乐学院
27	中国傩戏剧本集成(1—20卷)
	朱恒夫等　上海师范大学
28	江淮方言泰如片与吴语的语法比较研究
	汪如东　上海财经大学
29	简帛古书通假字大系
	白于蓝　华东师范大学
30	金泽:江南民间祭祀探源
	李天纲　复旦大学
31	高邮二王著作集
	虞万里等　上海交通大学
32	中国近代经济地理
	吴松弟等　复旦大学
33	江南环境史研究
	王建革　复旦大学
34	上海城市地图集成
	孙逊等　上海师范大学
35	权力的文化逻辑:布迪厄的社会学诗学
	朱国华　华东师范大学
36	从启蒙到唯物史观
	邹诗鹏　复旦大学

（续表）

序号	成果名称 / 作者　单位
著作类(40 项)	
37	近思录专辑
	严佐之等　华东师范大学
38	春秋公羊学史
	曾奕等　同济大学
39	重大决策事项的社会稳定风险评估研究
	朱德米　同济大学
40	政治学研究方法的权衡与发展
	左才　复旦大学
论文类(76 项)	
1	当代英国政党治理模式变迁——从“政党自治”到“法律择要规范”
	刘红凛　中共上海市委党校
2	以古代中国和日本为中心的中华法系之律家考
	何勤华　华东政法大学
3	行政法治视阈下的民生立法
	张淑芳　上海财经大学
4	甲午战争后中国区域法制的变化
	王立民　华东政法大学
5	论民事司法成本的分担
	王福华　上海财经大学
6	论指导性案例的内容构成
	朱芒　上海交通大学
7	行政组织法功能的行为法机制
	叶必丰　上海社会科学院
8	海洋法权论
	杨华　上海政法学院
9	应对全球治理危机与变革的中国方略
	门洪华　同济大学
10	论亚太大变局
	吴心伯　复旦大学
11	从关系到共生——中国大国外交理论的文化和制度阐释
	苏长和　复旦大学

（续表）

论文类(76项)	
12	大国市场开拓的国际政治经济学——模式比较及对“一带一路”的启示
	黄琪轩等　上海交通大学
13	中国式融资融券制度安排与股价崩盘风险的恶化
	方军雄等　复旦大学
14	产业政策、政府支持与公司投资效率研究
	王克敏等　复旦大学
15	金融资产配置动机:“蓄水池”或“替代”?——来自中国上市公司的证据
	胡奕明等　上海交通大学
16	Boomerang Effects of Low Price Discounts: How Low Price Discounts Affect Purchase Propensity(低价商品小额折扣的回旋镖效应:低价商品的小额折扣如何影响购买倾向)
	才凤艳等　上海交通大学
17	服务还是监控:风险投资机构对创业企业的管理——行业专长与不确定性的视角
	董静等　上海财经大学
18	New Investors and Bubbles: An Analysis of the Baosteel Call Warrant Bubble(新投资者和泡沫:对宝钢认购权证泡沫的分析)
	龚冰琳等　华东师范大学
19	城镇住房、农地依赖与农户承包权退出
	王常伟等　上海财经大学
20	农业劳动力流动对中国经济增长的贡献
	伍山林　上海财经大学
21	软预算约束与中国地方政府债务违约风险:来自金融市场的证据
	王永钦等　复旦大学
22	What Are Asset Demand Tests of Expected Utility Really Testing?(期望效用函数的资产需求检测实际在检测什么?)
	韦潇等　复旦大学
23	管治方式转变与经济发展——基于清代西南地区“改土归流”历史经验的考察
	李楠等　上海财经大学
24	中国资源配置效率动态演化——纳入能源要素的新视角
	陈诗一等　复旦大学
25	当代教育研究的视频与图像转向——兼论视频图像时代的教育理论生产
	李政涛　华东师范大学

（续表）

论文类(76 项)	
26	实证研究是教育学走向科学的必要途径
	袁振国　华东师范大学
27	自信·自省·自觉——PISA2012 数学测试与上海数学教育特点
	张民选等　上海师范大学
28	学术生命周期与年龄作为政策的工具
	阎光才　华东师范大学
29	Justifying decisions—Making choices for others enhances preferences for impoverished options（为他人做决策与对中庸选项的偏好）
	陆静怡等　华东师范大学
30	Does Information-Processing Cost Affect Firm-Specific Information Acquisition? Evidence from XBRL Adoption（信息处理成本会影响公司特质信息的获取吗？来自 XBRL 的证据）
	董毅等　上海财经大学
31	财产流动性与分布不均等:源于技术进步方向的解释
	董直庆等　华东师范大学
32	中国雾霾污染治理的经济政策选择——基于空间溢出效应的视角
	邵帅等　上海财经大学
33	Bilateral Market Structures and Regulatory Policies in International Telephone Markets（国际电话市场的双边结构与管制政策）
	居恒等　上海财经大学
34	人力资本积累与农户收入增长
	程名望等　同济大学
35	房地产税的纳税能力、税负分布及再分配效应
	张平等　复旦大学
36	我国企业债务的结构性问题
	钟宁桦等　同济大学
37	论新时期中国学界理解马克思主义哲学的三种路向
	陈学明等　复旦大学
38	为社会主义意识形态教育“正名”——基于人的主体性发展的视角
	李国娟等　上海应用技术大学
39	论马克思主义与当下中国的契合关系问题
	黄力之　中共上海市委党校

（续表）

论文类(76 项)	
40	中国公众的收入公平感:一种新制度主义社会学的解释
	刘欣等　复旦大学
41	家国之间:柏拉图与亚里士多德的家邦关系论述及其启示
	肖瑛　上海大学
42	全球城市的流动性与社会治理
	何雪松等　华东理工大学
43	World Polity Matters: Another Look at the Rise of the Nation-State across the World, 1816 to 2001(世界政体理论与民族国家兴起:基于面板数据分析)
	李雪等　复旦大学
44	中国社会组织成长条件的再思考——个总体性理论视角
	黄晓春　上海大学
45	流失"村民"的村落:传统村落的转型及其乡村性反思——基于 15 个典型村落的经验研究
	文军等　华东师范大学
46	全球化时代的中心城市转型及其路径
	陈恒等　上海师范大学
47	Global pattern of science funding in economics(经济学中科学基金资助的全球格局研究)
	赵星等　华东师范大学
48	从大众传媒到社交媒体:美国借助现代传媒开展健康促进的发展动向与启示
	李有强　上海体育学院
49	Memories and Their Literary Representations: A Comparative Reading of Red Sorghum and True History of the Kelly Gang(记忆及其文学表征:《红高粱》与《"凯利帮"真史》的比较研究)
	彭青龙　上海交通大学
50	文化原创期与中西之源发性差异的形成——"视域歧分"视角下的中西文化比较
	刘耘华　上海师范大学
51	报纸革命:1903 年的《苏报》——媒介化政治的视角
	黄旦　复旦大学
52	"新媒体事件"传统媒体报道的多元性:基于中国大陆 12 份报纸内容的比较研究
	周葆华等　复旦大学
53	城市音乐研究的语境、内容与视角及"中国经验"的方法论思考
	洛秦　上海音乐学院
54	泛娱乐时代的影游产业互动融合
	聂伟等　上海大学

（续表）

论文类(76 项)	
55	中国城市文化指标体系的构建与实践
	黄昌勇等　上海戏剧学院
56	The complex, dynamic development of L2 lexical use: A longitudinal study on Chinese learners of English(中国英语学习者词汇使用的复杂动态发展历时研究)
	郑咏滟　复旦大学
57	吴语人称代词的范式、层次及音变
	陈忠敏　复旦大学
58	说侯马盟书"变改助及奂俾不守二宫"
	裘锡圭　复旦大学
59	《尚书·无逸》篇今古文异同与错简
	虞万里　上海交通大学
60	从佃户到田面主:宋代土地产权形态的演变
	戴建国　上海师范大学
61	论戊戌变法期间康有为、梁启超的政治思想与政策设计
	茅海建　华东师范大学
62	晚清国家基督教治理中的官教关系
	陶飞亚等　上海大学
63	沁县族谱中的"门"与"门"型系谱——兼论中国宗族世系学的两种实践类型
	钱杭　上海师范大学
64	"文学终结论"的中国之旅
	朱立元　复旦大学
65	西方文论对中国经验的阐释及其相关问题
	曾军　上海大学
66	有关 20 世纪中国文学史研究的几个问题
	陈思和　复旦大学
67	论阐释的客观性
	吴晓明　复旦大学
68	大数据中的因果关系及其哲学内涵
	王天恩　上海大学
69	基于"事"的世界
	杨国荣　华东师范大学

（续表）

论文类(76项)	
70	论儒学之“道”的哲学品格
	陈卫平　华东师范大学
71	金融化世界与精神世界的二律背反
	张雄　上海财经大学
72	中国现代化视角下的儒家义务论伦理
	陈嘉明　上海交通大学
73	中国政治学的知识交锋及其出路
	陈周旺　复旦大学
74	中国国际关系理论建设中的中国意识成长及中国学派前途
	郭树勇　上海外国语大学
75	国际系统的影响：六大渠道
	唐世平　复旦大学
76	当代中国政治史研究的学科视野与问题意识
	陈明明　复旦大学
	二等奖(321项)
著作类(113项)	
1	“三次跨越”与“三个选择”——陈独秀对近代中国出路的探索
	徐光寿　上海立信会计金融学院
2	环龙群英会：国民党上海执行部研究
	徐建刚等　中共上海市委党史研究室
3	国外执政党治党理政比较研究
	周敬青等　中共上海市委党校
4	法、自由与强制力：康德法哲学导论
	吴彦　华东师范大学
5	法律隐喻学
	刘风景　华东政法大学
6	司法哲学与法律方法论丛
	孔祥俊　上海交通大学
7	“法与风险社会”研究丛书
	季卫东等　上海交通大学

（续表）

著作类（113 项）	
8	中国侦查史论纲
	倪铁　华东政法大学
9	英国治安法官制度研究：历史、价值与制度安排
	刘显娅　上海立信会计金融学院
10	民法总则要义：规范释论与判解集注
	李宇　上海财经大学
11	刑事政策合法性的历史
	孙万怀　华东政法大学
12	宪法人权条款的司法适用技术规范研究
	朱应平　华东政法大学
13	民法概念史·债权
	顾祝轩　上海交通大学
14	中国对外援助：理论与实践
	任晓等　复旦大学
15	南极：地缘政治与国家权益
	陈玉刚等　复旦大学
16	要素收益与贸易强国道路
	张幼文等　上海社会科学院
17	礼和天下：传统东亚秩序的长稳定
	陈康令　复旦大学
18	美国·亚太地区国家海洋战略研究丛书
	胡华等　上海市美国问题研究所
19	全球供应链管理与国际贸易安全
	陈苏明　上海海关学院
20	Five Basic Institution Structures and Institutional Economics（五种基本制度结构与制度经济学）
	孙绍荣　上海理工大学
21	长期品牌管理
	何佳讯　华东师范大学
22	中国城市可持续发展绿皮书：中国 35 个大中城市可持续发展评估.2014—2015
	诸大建等　同济大学

（续表）

著作类(113 项)	
23	关联社会保障制度待遇标准及梯度研究
	杨翠迎等 上海财经大学
24	模糊性治理:中国城市摊贩监管中的政府行为模式
	孙志建 中共上海市委党校
25	渐进式延迟退休年龄政策设计及实现路径研究
	李含伟等 上海工程技术大学
26	突发性公共危机事件与网络舆情作用机制研究
	齐佳音等 上海对外经贸大学
27	历史唯物论与马克思主义经济学
	孟捷 复旦大学
28	登顶比赛:理解中国经济发展的机制
	张军等 复旦大学
29	收入分配经济学
	权衡等 上海社会科学院
30	1917—1919:马克思主义经济学在中国的传播启蒙
	谈敏 上海财经大学
31	近代中国经济思想史(上、下册)
	叶世昌等 复旦大学
32	教育的道德基础:教育伦理学引论
	程亮 华东师范大学
33	论现代教育中的实质非理性现象
	方建锋 上海教育科学研究院
34	学校课程实施过程质量评估
	崔允漷 华东师范大学
35	听说:探索课堂互动的研究谱系
	肖思汉 华东师范大学
36	中国私塾史
	蒋纯焦 华东师范大学
37	认知发展视野下的生命教育
	李丹 上海师范大学

（续表）

著作类（113 项）	
38	音乐心理学
	蒋存梅　上海师范大学
39	驱动结构与城市发展：理论逻辑和中国实证
	邓智团　上海社会科学院
40	开发区工业用地更新的利益还原机制研究
	胡映洁　上海社会科学院
41	上海工业碳排放研究：绩效测算、影响因素与优化路径
	邵帅等　上海财经大学
42	促进税收负担合理化问题研究：基于结构性减税政策视角
	潘文轩　中共上海市委党校
43	制度视角下的股权、CEO 激励及其治理绩效研究
	杨青等　复旦大学
44	2017 年上海国际金融中心建设蓝皮书
	吴大器等　上海立信会计金融学院
45	考古学前沿研究：理论与问题
	陈淳　复旦大学
46	马克思“个人解放”思想的历史与逻辑
	赵恩国　中共上海市委党校
47	当代发达国家劳资关系研究
	钱箭星　复旦大学
48	马克思主义中国化理论前沿
	方松华等　上海社会科学院
49	自然之道：文化眼里的青藏牧民及其自然资源管理
	范长风　华东师范大学
50	社会分层的理论逻辑
	周怡等　复旦大学
51	当代中国员工组织公平感研究
	刘永芳　华东师范大学
52	青年网络集体行动的社会心理机制研究
	雷开春　上海社会科学院

（续表）

著作类(113 项)	
53	未来的城镇化道路
	任远　复旦大学
54	在利益与道德之间：当代中国城市医生职业自主性的社会学研究
	姚泽麟　华东师范大学
55	从印度洋到太平洋：16—18 世纪的果阿与澳门
	顾卫民　华东师范大学
56	加拿大国庆节的诞生与发展(1867—1942)
	朱联璧　复旦大学
57	科学与政治之间：美国医学会与毒品管制的源起(1847—1973)
	张勇安　上海大学
58	20 世纪德国企业代表会体制演变研究
	孟钟捷　华东师范大学
59	人文社会科学网络学术信息资源评价理论与方法研究
	丁敬达　上海大学
60	博物馆儿童教育：儿童展览与教育项目的双重视角
	周婧景　复旦大学
61	体育赛事与城市旅游业互动发展研究
	黄海燕　上海体育学院
62	体育教师专业标准研究
	尹志华　华东师范大学
63	叙说的文学史
	乔国强　上海外国语大学
64	舆论监督与司法公正
	陈建云　复旦大学
65	悖逆的“幽灵”：清朝孙嘉淦伪稿案的媒介学研究
	詹佳如　华东师范大学
66	中国出版家·邹韬奋
	陈挥　上海市中共党史学会
67	重塑美国：美国新媒体社会的全面建构及其影响
	周笑　复旦大学

（续表）

著作类（113 项）	
68	民国时期上海舞台研究
	贤骥清　上海戏剧学院
69	汉画像胡人图像研究
	朱浒　华东师范大学
70	图像与意义：英美现代艺术史论
	沈语冰　复旦大学
71	用户研究与体验设计
	韩挺　上海交通大学
72	中原北方早期弥勒造像艺术研究
	刘慧　上海海事大学
73	数字人类的起源：1964—2001
	吴洁　同济大学
74	语言类型学探索
	金立鑫　上海外国语大学
75	语言学与应用语言学百科全书
	梅德明等　上海外国语大学
76	汉语的指称与命题——语法中的语义学原理
	陈振宇　复旦大学
77	急就篇校理
	张传官　复旦大学
78	战国楚简连词语体差异研究
	刘凌　华东师范大学
79	汉语语文辞书发展史
	徐时仪　上海师范大学
80	汉语常用双音词词汇化和语法化研究
	陈昌来　上海师范大学
81	佛典汉译、理解与诠释研究：以善巧方便一系概念思想为中心（全二册）
	程恭让　上海大学
82	伊斯兰文明的反思与重构——当代伊斯兰中间主义思潮研究
	丁俊　上海外国语大学

（续表）

著作类(113项)	
83	宗教与中国国家安全研究
	徐以骅等　复旦大学
84	20世纪中国翻译史学史
	邹振环　复旦大学
85	水经注校笺图释　渭水流域诸篇
	李晓杰等　复旦大学
86	郡邑之盛:明清江南治所城市研究
	黄敬斌　复旦大学
87	家国天下——现代中国的个人、国家与世界认同
	许纪霖　华东师范大学
88	中国近代外交官群体的形成(1861—1911)
	李文杰　华东师范大学
89	南京大屠杀研究——日本虚构派批判
	程兆奇　上海交通大学
90	西域屯垦经济与新疆发展研究
	张安福　上海师范大学
91	水乡聚落:太湖以东家园生态史研究
	吴俊范　上海师范大学
92	中国审美意识通史
	朱志荣等　华东师范大学
93	中古文学与佛教
	陈引驰　复旦大学
94	世说新语汇校汇注汇评
	周兴陆　复旦大学
95	陆机集校笺
	杨明　复旦大学
96	中国文学史之成立
	陈广宏　复旦大学
97	王世贞全集·弇山堂别集
	许建平等　上海交通大学

（续表）

著作类（113 项）	
98	郭麐诗集（全三册）
	姚蓉等　上海大学
99	“中学西传”与中国古典小说的早期翻译——以英语世界为中心（1735—1911）
	宋丽娟　上海师范大学
100	郑振铎研究书系
	陈福康　上海外国语大学
101	汉魏易注综合研究
	陈居渊　复旦大学
102	《心体与性体》解读：含《陆象山到刘蕺山》
	杨泽波　复旦大学
103	孔子正名思想研究
	苟东锋　华东师范大学
104	几与时——论王船山对传统道学范式的反思与转化
	陈焱　上海健康医学院
105	德国古典哲学中的道德与法权
	张东辉　上海财经大学
106	拒绝就位的身体：从身体观出发破译笛卡儿的《第一哲学沉思集》
	李琍　同济大学
107	回归本真的交往方式——托马斯·阿奎那论友谊
	赵琦　上海社会科学院
108	文化大转型：批判与解释——西方文化产业理论研究（全 3 册）
	单世联　上海交通大学
109	社会的力量：城市社区治理中的志愿组织
	罗峰等　中共上海市委党校
110	城市力量：中国城市化的政治学考察
	宋道雷　复旦大学
111	社会冲突与制度回应：转型期中国政治整合机制的调适研究
	张振华　华东师范大学
112	民主的要义：当代西方参与式民主理论研究
	陈尧　上海交通大学
113	大城善治：中国大都市发展中的政府治理机制创新研究
	易承志　华东政法大学

（续表）

论文类(208 项)	
1	中国共产党民主集中制早期发展历程新探(1922—1927)
	刁含勇　中共上海市委党校第四分校
2	20 世纪 60 年代初皖西北"责任田"的改正
	葛玲　华东政法大学
3	钱学森回国与二十世纪五十年代中美侨民归国谈判
	张现民　上海交通大学
4	"改革促进派"干部的内涵现状、影响因素及培育对策
	何丽君　中国浦东干部学院
5	中央红军长征前的军事经济准备
	杜人淮　国防大学政治学院
6	法治中国建设的"共建共享"路径与策略
	马长山　华东政法大学
7	"法治中国"所能解决的基本矛盾分析
	陈金钊　华东政法大学
8	司法解释权限的界定与行使
	刘风景　华东政法大学
9	商业反腐的结构性治理和模式
	杨力　上海交通大学
10	西周邦国的法秩序构建：以新出金文为中心
	王沛　华东政法大学
11	《印中搜闻》与 19 世纪早期西方人的中国法律观
	李秀清　华东政法大学
12	记忆与遗忘的竞赛：清代律学史中的"箭垛"和"失踪者"
	陈灵海　华东政法大学
13	建设用地国有制的逻辑、挑战及变革
	徐键　上海财经大学
14	自然资源国家所有权的双重权能结构
	叶榅平　上海财经大学
15	中国债编体系构建中若干基础关系的协调——从法国重构债法体系的经验观察
	李世刚　复旦大学

（续表）

论文类(208 项)	
16	论民事诉讼突袭性裁判的防止:以现代庭审理论的应用为中心
	杨严炎　复旦大学
17	基本权利对民事法律行为效力的影响及其限度
	刘志刚　复旦大学
18	保障房租赁与买卖法律关系的性质
	凌维慈　华东师范大学
19	民间借贷诉讼中的证明责任问题
	吴泽勇　华东师范大学
20	广播组织权的客体——兼析“以信号为基础的方法”
	王迁　华东政法大学
21	行刑衔接中的行政执法边界研究
	练育强　华东政法大学
22	论公共企业的法律属性
	胡改蓉　华东政法大学
23	论行政法中技术标准的运用
	关保英　上海政法学院
24	“南海仲裁案”后续法律应对的关键问题研究
	管建强　华东政法大学
25	全球治理背景下国际税收秩序的挑战与变革
	张泽平　华东政法大学
26	容纳中国崛起——世界秩序视角下的美国责任及其战略抉择
	李开盛　上海社会科学院
27	中印关系的新趋势与新挑战
	林民旺　复旦大学
28	国内规范、国际规范与中欧规范互动
	潘忠岐　复旦大学
29	国际太空新秩序与中国的责任
	何奇松　上海师范大学
30	冷战后美国中东军事基地的战略调整
	孙德刚　上海外国语大学

（续表）

论文类（208 项）	
31	未来十年东北亚地缘政治结构的变化及其影响
	祁怀高等　复旦大学
32	China, the European Union and the Fragile World Order（中国、欧盟和脆弱的世界秩序）
	陈志敏　复旦大学
33	亚投行、“一带一路”与中国的国际秩序观
	孙伊然　上海社会科学院
34	“多速欧洲”的政治经济学分析——基于欧盟成员国发展趋同性的实证分析
	丁纯等　复旦大学
35	国际商业利益与东道国生产商的外资政策偏好
	吴其胜　上海社会科学院
36	双重领导型地区秩序的构建逻辑
	顾炜　上海社会科学院
37	期望落差与企业创新的动态关系——冗余资源与竞争威胁的调节效应分析
	贺小刚等　上海财经大学
38	Offshoring Pollution while Offshoring Production?（在离岸生产同时也进行着离岸污染吗?）
	李晓阳等　上海交通大学
39	生产制造还是资本投资？中国工业企业国际创业资本的流向——基于制度距离的解释
	葛菲等　上海师范大学
40	真实与虚假竞争力:企业战略研究新视角
	谢佩洪等　上海对外经贸大学
41	雇佣关系、组织公平与知识共享意愿:基于中国企业的实证研究
	姚凯等　复旦大学
42	Values of Chinese generation cohorts: Do they matter in the workplace?（中国代际价值观:在工作场所重要吗?）
	唐宁玉等　上海交通大学
43	Do Social Ties between External Auditors and Audit Committee Members Affect Audit Quality?（外部审计师与审计委员会成员之间的社会关系会影响审计质量吗?）
	何贤杰等　上海财经大学
44	放松卖空管制与大股东“掏空”
	侯青川等　上海财经大学
45	中国拍卖专利的专利资产指数开发研究
	于谦龙等　上海理工大学

（续表）

论文类(208 项)	
46	Simple Contracts to Assure Supply Under Noncontractible Capacity and Asymmetric Cost Information(全球化环境下的采购契约设计)
	冯天俊等　复旦大学
47	Increasing the revenue of self-storage warehouses by optimizing order scheduling(订单排程优化及自助式仓库收益管理研究)
	张显东等　复旦大学
48	Production stage allocation problem in large corporations(大型企业生产阶段分配优化问题研究)
	镇璐等　上海大学
49	Nonlinear Effects of Social Connections and Interactions on individual Goal Attainment and Spending: Evidences from Online Gaming Markets(网络社交互动对消费者的非线性影响:基于在线游戏市场的实证)
	张诚等　复旦大学
50	When does a service guarantee work? The roles of the popularity of service guarantees and firm reputation(服务保证何时有效?保证的普及程度与公司声誉的作用)
	金立印等　复旦大学
51	中国科技型小微企业发展模式与创新政策研究——基于跨区域的比较分析
	曹祎遐　上海社会科学院
52	延迟退休年龄、就业率与劳动力流动:岗位占用还是创造?
	张熠等　上海财经大学
53	政府效率、社会决策机制和再分配偏好
	杨晓兰等　上海外国语大学
54	震后应急供应问题与交通路网的协同优化模型
	何新华等　上海海事大学
55	Information Technology, Cross-Channel Capabilities, and Managerial Actions: Evidence from the Apparel Industry(信息技术、跨渠道能力和管理行动:实证研究)
	罗继锋　上海交通大学
56	Modeling carbon emissions from urban traffic system using mobile monitoring(基于移动监测的城市交通碳排放形成机理与评估体系研究)
	孙健等　上海交通大学
57	金融发展与国民储蓄率:一个倒 U 型关系
	徐丽芳等　上海财经大学
58	利率市场化、存款保险制度与银行挤兑
	田国强等　上海财经大学

（续表）

论文类(208 项)	
59	扭曲、企业家精神与中国经济增长
	胡永刚等　上海财经大学
60	健康投资能影响跨国人均产出差距吗？——来自跨国面板数据的经验研究
	王弟海等　复旦大学
61	鉴往知来：推测中国经济增长潜力与结构演变
	张军等　复旦大学
62	Optimal bid disclosure in patent license auctions under alternative modes of competition(不同竞争模式下专利许可证拍卖中的最优投标披露)
	范翠红等　上海财经大学
63	独生子女政策的精神健康成本
	谭之博等　复旦大学
64	Of Maize and Men: The Effect of a New World Crop on Population and Economic Growth in China(北美作物与中国的人口及经济增长：府级证据，1600—1910)
	陈硕等　复旦大学
65	市场化进程中的劳动者社群网络与企业效率
	左翔等　上海对外经贸大学
66	晚清区域货币市场发展研究——以营口"过炉银"为中心
	王昉等　上海财经大学
67	Trade policy uncertainty and exports: Evidence from China's WTO accession(贸易政策不确定性与企业出口——来自中国加入 WTO 的经验证据)
	冯玲等　上海财经大学
68	Economic Value of Country Image: Evidence from International Trade and Implications for China (国家形象的经济价值：来自国际贸易的证据及对中国的含义)
	罗长远等　复旦大学
69	互联网对中国全要素生产率有促进作用吗？
	郭家堂等　复旦大学
70	研究引领变革：美国教育研究新趋向——基于美国教育学者公共影响力排名的研究领域与领军人物分析
	范国睿等　华东师范大学
71	教学方法：概念的诠释
	钟启泉　华东师范大学
72	课程改革与农村学生的学业成功机会——基于 A 市八年中考数据的分析
	柯政　华东师范大学

（续表）

论文类（208 项）	
73	探寻文化回应性的学前教育质量评价
	李召存　华东师范大学
74	我国一流大学的入学机会及其地区差异：2008—2015
	曹妍等　华东师范大学
75	精英大学中农村学生的学习经历——对再生产理论的省思
	廖青　上海师范大学
76	国家资格框架：模式、结构和运行
	王立科　上海交通大学
77	教育财政投入能否有效降低教育结果不平等——基于中国教育追踪调查数据的分析
	陈纯槿等　华东师范大学
78	汉字的无线索回忆再认效应：重复学习和重复测验的作用
	周楚等　复旦大学
79	知觉表征精度对工作记忆中抑制干扰能力的影响
	库逸轩等　华东师范大学
80	A Selective Impairment in Extracting Fearful Information From Another's Eyes in Autism（眼睛会被关注吗？自闭症儿童对恐惧表情加工的选择性障碍）
	宋永宁等　华东师范大学
81	Self-control, peer preference, and loneliness in Chinese children: A three-year longitudinal study（童年中晚期自我控制、同伴接纳与孤独感的发展关系：三年的追踪研究）
	刘俊升等　华东师范大学
82	道德与关系惩罚对初中生公共物品困境中合作行为的影响
	崔丽莹等　上海师范大学
83	Government ownership and exposure to political uncertainty: Evidence from China（政府股权和政策不确定性：来自中国的证据）
	周正怡　上海财经大学
84	Price Search and Periodic Price Discounts（价格搜索和周期性价格折扣）
	张杏等　复旦大学
85	中国工业行业间 R&D 溢出效应研究
	朱平芳等　上海社会科学院
86	On the Association between Current Period Budget Target Achievability and the Properties of Nonfinancial Measures（非财务指标的性质与企业预算目标制定）
	黄继章等　上海财经大学

(续表)

论文类(208项)	
87	土地承包经营权流转、劳动力流动与农业生产
	陈媛媛等　上海财经大学
88	The cost of attending an elite college(重点学校的成本与代价——就读重点高校对学生非认知能力的影响)
	宋弘　复旦大学
89	退休年龄制度对家庭照料和劳动参与的影响
	封进等　复旦大学
90	为经济增长而干预:地方政府的土地出让策略分析
	王媛等　华东师范大学
91	中国大城市的企业生产率溢价之谜
	陈强远等　上海大学
92	官员更替、合谋震慑与空气质量的临时性改善
	郭峰等　上海财经大学
93	竞争驱动、政策干预与产能扩张——兼论"潮涌现象"的微观机制
	白让让　复旦大学
94	被遗忘的总供给:财政政策扩张一定会导致通货膨胀吗?
	郭长林　上海财经大学
95	"营改增"的减税效应和分工效应:基于产业互联的视角
	范子英等　上海财经大学
96	"一带一路"中的宗教风险研究
	丁剑平等　上海财经大学
97	免征额与个人所得税的收入再分配效应
	田志伟等　上海财经大学
98	中期预算制度对债务规模约束有效么
	孙琳等　复旦大学
99	竞争之于银行信贷结构调整是双刃剑吗?——中国利率市场化进程的微观证据
	刘莉亚等　上海财经大学
100	生产率与企业并购:基于中国宏观层面的分析
	杨金强等　上海财经大学
101	THE 2010—2011 SEASONS OF EXCAVATIONS AT KYZYLTEPA(VI-IVTH CENTURIES BCE), SOUTHERN UZBEKISTAN(克泽尔台培发掘报告)
	吴欣　复旦大学

(续表)

论文类(208项)	
102	《共产党宣言》汉译本中"阶级"概念的源起、语义与理解(1900—1920)
	陈红娟　华东师范大学
103	自由何以可能:马克思自由观的再阐释
	鲍金　上海交通大学
104	深刻认识和把握以人民为中心的发展思想
	李冉　复旦大学
105	关于发展21世纪马克思主义的若干思考——学习习近平总书记在哲学社会科学工作座谈会上的讲话
	陈锡喜　上海交通大学
106	中国特色社会主义新阶段的哲学社会科学使命
	刘世军　上海市中国特色社会主义理论体系研究会
107	西藏甘丹彭措林寺建筑格局及其渊源考释
	闫雪　上海社会科学院
108	Prevalence and risk factors for attempted suicide in the elderly: a cross-sectional study in Shanghai, China(老年人企图自杀的发生率与风险因素:中国上海的横断面研究)
	田文华等　复旦大学
109	基于"胡焕庸线"的中国少数民族人口分布及其变动
	高向东等　华东师范大学
110	中国农民进城定居的意愿与影响因素——基于CGSS2010的分析
	杨传开等　上海社会科学院
111	Local Fiscal Capability and Liberalization of Urban HuKou(城市户籍改革与地方公共财政能力分析)
	张力等　复旦大学
112	中国特色社会学学术话语体系构建的若干思考
	李友梅　上海大学
113	个体化赋权:特大城市中新"土客"关系的调适路径
	李煜等　复旦大学
114	地方政府部门如何规避风险? 以A市社区物业管理新政为例
	盛智明　上海大学
115	住房与城市居民的阶层认同——基于北京、上海、广州的研究
	张海东等　上海大学
116	地位束缚与生活方式转型——中国各社会阶层健康生活方式潜在类别研究
	王甫勤　同济大学

（续表）

论文类(208项)	
117	传统中国福利实践的社会逻辑——基于明清社会研究的解释
	张佩国　上海大学
118	Weak ties, strong ties, and job mobility in urban China: 1978—2008(弱关系、强关系和中国转型时期的职业流动(1978—2008))
	田丰等　复旦大学
119	财大气粗？——私营企业规模与行政纠纷解决的策略选择
	纪莺莺等　上海大学
120	结构性约束与主体性建构:社会工作者的职业认同
	杨发祥等　华东理工大学
121	由心至身:阶层影响身体的社会心理机制
	郭慧玲　华东政法大学
122	转型期的家庭代际情感与团结——基于上海两类"啃老"家庭的比较
	刘汶蓉　上海社会科学院
123	历史叙述之争与西方史学发展的波动:论尤里安之死
	刘衍钢　华东师范大学
124	当代史学变革中的西方古典性史研究
	裔昭印　上海师范大学
125	中美缓和与美韩同盟转型(1969—1972)
	梁志　华东师范大学
126	"普通市民"抑或"上等人":奥古斯丁家庭背景重估
	夏洞奇　复旦大学
127	18世纪苏格兰启蒙运动的"商业社会"理论——以亚当·斯密为中心的考察
	李宏图　复旦大学
128	魏玛德国"历史传记之争"及其史学启示
	孟钟捷　华东师范大学
129	交换、正义与高利贷:托马斯·阿奎那的经济伦理观
	刘招静　上海大学
130	Estimation and Testing of Varying Coeffcients in Quantile Regression(变系数分位数回归中的估计和检验)
	冯兴东等　上海财经大学
131	麦维尔·杜威图书馆学教育思想的形成与演变
	周亚　华东师范大学

(续表)

论文类(208 项)	
132	Mining for Spatio-Temporal Distribution Rules of Illegal Dumping from Large Dataset(城市非法倾倒垃圾事件的时空分布规划挖掘研究——基于大数据驱动的分析方法)
	樊博等　上海交通大学
133	数据管理与档案信息服务创新
	金波等　上海大学
134	体育学与哲学:基于学科关联的历史考察
	高强　华东师范大学
135	中国传统武术天人伦理的历史形成研究
	李守培等　上海体育学院
136	特大型城市中心城区公共体育空间服务的定量评价研究——以上海市为例
	杨剑等　华东师范大学
137	Physical activity among Chinese school-aged children: National prevalence estimates from the 2016 Physical Activity and Fitness in China—The Youth Study(中国学龄儿童青少年的体力活动水平:2016 年中国儿童青少年体力活动和体质健康调查研究报告)
	范翔等　上海交通大学
138	Globalization, Translation and Soft Power: A Chinese Perspective(全球化、翻译与软实力:中国视角)
	吴攸　上海大学
139	史迹评骘、雄主回望与"浪漫远征"——保田与重郎《蒙疆》中的"满蒙鲜支"叙事
	王升远　复旦大学
140	论《旧衣新裁》中的"衣服"与"裁缝"
	孙胜忠　上海外国语大学
141	"液态"的新闻业:新传播形态与新闻专业主义再思考——以澎湃新闻"东方之星"长江沉船事故报道为个案
	陆晔等　复旦大学
142	中国新闻传媒业的新生态、新业态
	李良荣等　复旦大学
143	传播格局转型与新宣传
	张涛甫　复旦大学
144	社交媒体用户的信息加工与信任判断——基于眼动追踪的实验研究
	李晓静　上海交通大学
145	中国传统媒体和新兴媒体渠道融合发展研究
	严三九　华东师范大学

（续表）

论文类(208项)	
146	南宋“双胜子急”音乐的传承 于韵菲　东亚乐律学会
147	序列音乐技术的中国化研究——十二音创作技术与理论的发展(1980—1990) 张巍　上海音乐学院
148	近三十年昆剧创作的观念与形态 丁盛　上海戏剧学院
149	以“独创”为标尺重读现当代戏剧文学——兼论话剧与戏曲的文学史地位 孙惠柱　上海戏剧学院
150	艺术学院的身份——以英国独立的艺术学院与综合大学中的艺术学院为例 廖延彦　东华大学
151	观念史与建筑理论的历史写作——以马尔格雷夫《现代建筑理论的历史:1673—1968》为例 陈平　上海大学
152	传统:转型与创造——日本美术的战后崛起之路 潘力　上海大学
153	山水图像及其象征意义——贡布里希论中西艺术传统的根本差异及其相通之处 牟春　上海师范大学
154	朱紫之辨:传钱选《蹴鞠图》的政治隐喻和图式旨趣 施锜　上海戏剧学院
155	集盖说一定必要吗?——谈集盖说在语义研究中的应用及其局限性 冯予力等　复旦大学
156	The role of morphology in Optimality Theory(形态学研究的优选论视角) 徐政　上海交通大学
157	中国境内语言人称包括性问题的类型学研究 盛益民　复旦大学
158	语言社会功能的当代理解 赵蓉晖　上海外国语大学
159	Is the L2 lexicon different from the L1 lexicon? Evidence from novel word lexicalization(二语词库与母语词库之间是否存在质的差别?——来自新词词汇化过程的证据) 乔晓妹　上海财经大学
160	Learning styles and perceptual patterns for English /i/ and /I/ among Chinese college students (学习风格与中国学生英语 /i/ —/I/感知模式的关系) 杨小虎等　上海交通大学

（续表）

论文类(208 项)	
161	试论“有加”的附缀化与“X 有加”的构式化
	张谊生　上海师范大学
162	Nagation in the Xining dialect(西宁方言的否定结构)
	王双成　上海师范大学
163	Evaluation in US and Japanese History Textbooks(美国和日本历史教科书中的评价)
	顾乡　复旦大学
164	信任视域下的宗教:兼论基督教中国化——基于长三角宗教信仰调查数据的分析
	黄海波　上海社会科学院
165	制作郡望:中古南阳张氏的形成
	仇鹿鸣　复旦大学
166	临安与南宋的国家祭祀礼仪——着重于空间因素的探讨
	朱溢　复旦大学
167	跨界:芮恩施与中美关系的三种经历
	马建标等　复旦大学
168	士气之藩篱:清末常熟清赋中的士绅身份意识转变
	赵思渊　上海交通大学
169	一・二八事变后日本对在沪“第三国侨民”的赔偿
	忻平等　上海大学
170	新群体、新网络与新话语体系的确立——以《格致书院课艺》为中心
	熊月之　上海社会科学院
171	19 世纪中后期的长崎贸易与徽州海商之衰落——以日本收藏的程稼堂相关文书为中心
	王振忠　复旦大学
172	从“西望”到“回归”——1970 年代台湾地区的思想转型与人文嬗变
	王东　华东师范大学
173	文学的“言说”与作为第三方的批评家——列维纳斯与文学批评之一
	王嘉军　华东师范大学
174	科幻叙事的乌托邦能量
	王峰　华东师范大学
175	本雅明“手工复制时代”的誊写美学
	马欣　东华大学
176	“新时期文学”起源考释
	黄平　华东师范大学

（续表）

论文类（208 项）	
177	《〈雷雨〉人物谈》与中国现当代文学研究
	杨扬　上海戏剧学院
178	论《金瓶梅词话》的“镶嵌”
	黄霖　复旦大学
179	魏良辅的曲统说与北宋末以来音声的南北流变——从《南词引正》与《曲律》之异文说起
	李舜华　华东师范大学
180	理雅各的章回小说写作及其文体学意义
	宋莉华　上海师范大学
181	论近代日报小说
	陈大康　华东师范大学
182	“忘却”的辩证法——鲁迅的启蒙之“梦”与中国新文学的兴起
	符杰祥　上海交通大学
183	重绘文学与现实的渐近线——从网络原创小说《余罪》反思真实书写问题
	杨俊蕾　复旦大学
184	政治现代性视域中马克思与黑格尔关系再思考
	汪行福　复旦大学
185	新世纪以来德国阶级问题研究
	王凤才　复旦大学
186	Conjunction，Connection and Counterfactuals（合取、联接和反事实条件句）
	何朝安　东华大学
187	认知科学视域中的康德伦理学
	徐英瑾等　复旦大学
188	关于人工智能的价值反思
	孙伟平　上海大学
189	中国传统知论的特点
	刘静芳　上海财经大学
190	中国早期思想史中的感官与认知
	贡华南　华东师范大学
191	现代个体权利与儒家传统中的“个体”
	孙向晨　复旦大学
192	哲学语言及其术语伦理
	张留华　华东师范大学

（续表）

论文类(208 项)	
193	"德行"与诠释
	潘德荣　华东师范大学
194	沉思传统与实践转向——以《确定性的追求》为中心的探索
	郁振华　华东师范大学
195	现象学伦理学对于我们为什么如此重要？
	邓安庆　复旦大学
196	道德冷漠与道德能力的构建
	陈伟宏　上海对外经贸大学
197	How does democracy influence citizens' perceptions of government corruption? A cross-national study(民主如何影响民众的腐败感知？一项跨国比较研究)
	李辉等　复旦大学
198	从保守主义民主理论到宪法工程学——乔万尼·萨托利的主要著述及其学术贡献
	包刚升　复旦大学
199	从英国脱欧公投看现代民主的双重结构性困局
	吴冠军　华东师范大学
200	中国复合民主的价值及其优化逻辑
	张明军等　华东政法大学
201	少数民族流动人口的认同序列及其优化:基于两个案例的研究
	任勇　华东政法大学
202	当代中国政治学学科发展状况评估——基于《政治学研究》的文本分析
	钟杨等　上海交通大学
203	从"抓亮点"到"补短板":整体性城市治理的障碍与路径
	彭勃　上海交通大学
204	从"官吏分途"到"群体三分":中国地方治理的人事结构转换及其政治效应
	刘建军等　复旦大学
205	中等收入国家的国际制度"陷阱"
	郑宇　复旦大学
206	北约东扩、"特朗普新政"与俄欧安全新格局
	冯绍雷　华东师范大学
207	解析中国的全球互联互通能力
	吴泽林　上海社会科学院
208	城市化、基础权力与政治稳定
	谢岳等　上海交通大学

上海市第十四届哲社评奖学术贡献奖获得者系列①|王邦佐:“实事求是、留有余地”是我一生的行事准则

作为当代中国政治学学科的主要奠基者,王邦佐长期行政工作和研究工作“双肩挑”,一代又一代政治学人的培养,马克思主义政治学理论的建立和阐发,都与他的辛勤耕耘息息相关。谈起政治学的发展,他始终认为,理论研究要为现实服务,应将目光投放于当代中国政治的发展的现实问题上。

20世纪70年代末,国家学术事业百废待兴。邓小平关于政治学“要赶紧补课”的指示,激发了王邦佐极大的学术热情。1980年,他与孙关宏教授于1980年在复旦大学国际政治系成立政治学教研室,次年即开始正式招收“文革”后的全国第一届政治学专业本科生。此后,又逐步招收硕士和博士研究生。1982年4月,复旦大学承办了有来自全国22个省市相关学科教学科研人员参加的讲习班,为当时政治学得以在全国恢复和发展培养了骨干力量。这期讲习班后来被学术界戏称为“新中国政治学的黄埔一期”。

“补课”之初,荒废数年的政治学研究基础薄弱,几乎一切都要从零开始。但王邦佐一开始就抓住了“补课”工作的核心问题:他认为,政治学是马克思主义的重要组成部分,研究政治学必须阐发马克思主义的有关基本原理,坚持正确的方向。王邦佐参与撰写和主编的《政治学教程》《政治学概要》《马克思主义政治学》等教材都是围绕这一任务确立起基本体系。其中,《政治学概要》于1992年被评为全国优秀教材,并被全国十多所高等院校和省市级党校选为教材,多次再版。

在承担教学工作、编写教材的过程中,王邦佐也逐步探索和阐发了马克思主义政治学的基础理论。在《政治学教程》和之后的几篇论文中,他根据列宁的“政治是经济的集中表现”,以及他基于列宁和邓小平对苏联和中国政治现实的论断所提出的“政治是大局”的核心观点,阐述了马克思主义的“经济政治观”。后来,在《〈共产党宣言〉是马克思主义政治学大纲》等文章中,他指出《共产党宣言》是马克思主义政治学的纲领性著作。围绕《共产党宣言》确立马克思主义政治学研究的基本内容,这一观点被广泛认同,也在后来出版的有影响力的政治学教材中得以延续。

除了理论体系的探索和完善,王邦佐将许多精力投入当代中国政治发展中的现实问题研究。对现实的敏感关注和敏锐分析形成了他对社会政治发展过程中某些重大问题的超前见解。例如,党的十一届三中全会召开后,国内却仍有人提出“时代没有变”的口号,

为此他与孙关宏教授于1980年发表《"时代没有变"的提法不妥》一文,强调列宁关于时代的论述是发展变化的。1985年,在《从"一国两制"看主权和治权的关系》一文中,他原创性地运用主权与治权本质统一而运行适度分离理论,为港、澳回归祖国及中国的统一提供理论依据。进入20世纪90年代以来,他较为关注中国的民主政治建设问题,深刻阐发了民主政治是统治制度、组织形式和政治文化有机统一的观点,中国民主政治建设的特色在于其与中国政治制度、社会经济、历史传统和文化相关性。针对2013年底以来学术界关于"中国式民主"概念上的分歧,他一针见血地指出:"评价中国式民主不能用概念来评价,而要用实践来评价。即从社会主义初级阶段的实践来看,它是否给人民带来福祉。"

"实事求是,留有余地。"在王邦佐的学术研究道路上,复旦大学老校长谢希德教授的这句话一直铭记于他的心中。在他看来,认识世界、解释世界是一个循序渐进的过程,任何观点都要留有余地。"社会科学研究很重要的一点就是,要把问题放在当时的环境中进行分析。很多问题时过境迁,人们就无法理解。同样,我们也不能以今天的标准要求历史人物,提出超越时代的要求。"王邦佐在一次采访中强调,"政治学研究这些年有了很大发展,但问题也很多,还需要大家踏踏实实地搞研究。"

上海市第十四届哲社评奖学术贡献奖获得者系列②|王家范:我就是一个教书匠

回顾自己入行半个多世纪,王家范的深切感受是:“漂泊在历史的大海上,欲从海面穿透到海底,体悟历史的真义,没有沉潜下去的毅力和耐心,没有旺盛的求知欲和永远的好奇心,很可能就像好事的游客,留下的只是‘某某到此一游’。”从 1957 年踏进华师大文史楼到今天,他一直致力于中国史的研究与教学,在明清史、江南区域史、社会经济史等领域取得了巨大成就,代表作有《中国历史通论》《百年颠沛与千年往复》《史学与史家》等。

“我就是一个教书匠。”这是王家范给自己的定位。1963 年,毕业后留校任教的王家范站上讲台,一站就是四十年。不同于某些高校老师重研究轻教学,王家范总是费尽心思写讲稿,每年反复修改。1990 年,应系里的要求,他给研究生开设一门“中国历史通论”。现在学界所熟知的《中国历史通论》即由该课程的讲义为基础整理而成。这本著作整整用了 10 年的时间才面世。从 1990 年开始,王家范就着手进行整理讲义使之成书,在这一过程中,王家范推翻了三稿,其间赶上评职称,他也拒绝了别人劝他赶紧出版的建议,他说:“我觉得我可能一辈子就这样子了,书很早出来就不能改了。”最终,该书在 2000 年由华东师范大学出版社正式出版。2012 年,又由生活·读书·新知三联书店出版了增订本。

在这本凝结了他 40 年讲坛心血的《中国历史通论》中,王家范将史家通识与历史真实浑成一体,对中国历史进行了通贯性的研究与思考。该书以高度自觉的问题意识,尤为关注中国的“大一统”体制何以能延续两千年之间,而中国的现代之路为何艰困、又将通向何处。“在他汪洋恣肆的笔锋下,对家国与生民的关切以历史的冷峻思考而带出,因之,他的思考与写作既有对传统、对民生、对文化力量的敬恕,又不乏尖锐深沉的批判。”复旦大学历史与地理研究中心邹逸麟教授这样评价。

此外,《中国历史通论》也是王家范教育理念的集中展现。正如他在该书绪论中所指出的,这是一份有着明显主观色彩的“讲义”。在他看来,课堂教学从来不存在什么标准模式。每个教师教的“中国通史”,都是他理解中的“中国通史”。教材不应该也不可能离开编写者自身的理解和方法论“示范”,否则只会变成知识点间缺乏相互联系的“展览”,不具启发性。值得一提的是,贯彻其大学人文通识教育观的《大学中国史》(主编)作为教育部“十一五”国家级规划教材,广泛应用于本科历史学,对历史学的基础教育、高等教育产生深远影响。

作为江南区域社会史研究的开创者之一,王家范对明清江南市镇结构的研究奠定了这一领域的基本研究范式。1980 年,从农民战争转为明清经济最后确立明清市镇研究的王家范,带领学生几乎走遍了苏南、浙西的大小名镇,深入坊肆田野,与当地人交谈。“环境人文都有些感性的东西,历史要有感性的东西在里面”,“有了这样的亲身经历,再去看史料,就会有新的感受和解读”。他这样说。1984 年,《明清江南市镇结构及其历史价值初探》论文的思想一经表达就引起了学界轰动,极大地推动了江南市镇研究的开展。2006 年,他又发表《明清江南研究的期待与检讨》,强调社会科学方法与日常生活经验感受的有机结合,从而超越以江南区域史料硬套经济发展理论的窠臼,由此影响了此后江南史研究的取向。

对于从事明清江南史研究,出生于江南小镇的王家范一再强调自己的“兴趣主义”:“我这个人从昆山小镇出来,没有雄心壮志,就是好奇心强,研究凭兴趣出发,好处是比较淡定悠闲。我就想了解江南史是个什么模样,我不想成为江南史专家,我不想写大制作的,我从来不写大制作。”学术上的这份好奇心和对新鲜事物的热情也一直延续到他的生活中——刚刚迈入 80 岁的王家范像年轻人一样,用起手机、iPad、电脑得心应手,令人颇为惊叹。“老年嘛,就玩啦。我这个人一生有好奇心,对我不知道的、别人玩的,都要试一下。”他这样说。

上海市第十四届哲社评奖学术贡献奖获得者系列③|郑克鲁:翻译家的文化自觉和文化自信

《茶花女》《悲惨世界》《巴黎圣母院》《基督山伯爵》《高老头》《红与黑》……很难想象,这么多脍炙人口的法国经典文学作品竟然都出自同一个译者——郑克鲁。从事外国文学翻译、研究60年,他已经完成1 700多万字的译著,其译著的总字数甚至已经超过傅雷、许渊冲、郝云三位著名法语翻译家译作字数的总和。

翻译家光环的背后,郑克鲁的学术研究也硕果累累。从参与主编20世纪80年代风靡全国的两套大型丛书《外国文学作品提要》和《外国现代派作品选》,以及他主编并撰写的《法国文学史》,到之后又陆续推出的《现代法国小说史》(上下册)《法国诗歌史》《普鲁斯特研究》《法国经典文学研究》等数十部学术著述和近百篇研究论文,还有他主编的《面向二十一世纪教材——外国文学史》——这些学术著述和教材的总字数已经超过2 000万。共计4 000万字的成果中,一部分收录于今年由商务印书馆出版的38卷《郑克鲁文集》。

对于郑克鲁来说,翻译和研究是相辅相成的。他的翻译作品最大的亮点就是会搭配一篇高质量的序跋,这些序言大多是在翻译的基础上对作品进行详尽的文本分析,探索作品的思想内涵与艺术成就,说明作家的创作特征及文学史地位。这与他学文学研究的出身密不可分,当年他走上法语翻译这条路,就是从写《红与黑》的评论开始的。他的著译中还附有许多非常详尽的译注,便于读者深入理解文本。在翻译理念上,郑克鲁尽量忠实于原有的句式和句法等语言特征,同时充分发掘其字里行间的意义、意境、语气、基调、意蕴和节奏等文学要素,合理运用译者的主观能动性,在准确通畅的前提下力求文字优美,是"信、达、雅"翻译理念的实践例证。

与一般的翻译者不同,郑克鲁会从文学史的角度来审视一个作家的作品,所以对于译本的选择,他是相当"挑剔"的。21世纪初,上海译文出版社的编辑请他翻译《约翰·克里斯多夫》,他婉言拒绝,因为一来傅雷的译本不错,二来这部小说在法国被看成二流作品。后来,这位编辑又请他翻译《悲惨世界》,他觉得这是第一流的作品,同意翻译。再后来,上海译文出版社请他翻译杜拉斯的一部早期小说,他再次拒绝,"因为我觉得杜拉斯只有《情人》是好作品,其他小说就差了"。不久,这个编辑又请他翻译波伏娃的《第二性》。这部20世纪女性主义的奠基之作融合了哲学、生物学、人类学、精神分析、社会学等多方面知识,难译且篇幅又长,但郑克鲁却答应下来,"波伏娃在历史上的真正地位也许不是在小说创作上，而是在思想史方面。这本书是可以传世的经典，值得花时间翻译”。这也是他第一次翻译法国理论著作，翻阅、学习海量的相关理论资料，他花了 2 年的时间译完全书。凭借这部著作，他在 2012 年获得第四届“傅雷翻译出版奖”。

“我六七十岁后就觉得时间太宝贵了，不能瞎译了，要把精力放在真正的经典上。我现在把雨果的《笑面人》《海上劳工》重译，这样雨果的重要作品我就都译完了。如果有时间，我还想把过去遗漏的东西捡起来，比如中世纪的骑士文学，这部分因为在市场没销路，所以没人碰，但作为文化积累有它自己的价值。”在两年前的一次采访中他这样说。“时间宝贵”“真正的经典”“文化积累”，这些字眼无不透露出郑克鲁对于传承文化经典强烈的使命意识。

退休之后，郑克鲁依然笔耕不辍，他全身心投入翻译工作：每天几乎都和夫人泡在校园里，上午 10 点左右到办公室，一直到傍晚回家，一天工作少则三四小时，多则五六小时。2018 年，郑克鲁已经完成了翻译伏尔泰三本重要的历史著作《路易十四》《路易十五》《查理十二》的初稿工作。“我会翻译到不能再翻译了，恐怕也不是很久远的事。生命就是你给世界留下了什么东西，不留下什么东西就什么也没有。人总是要死的，但我想留下一些东西。”他这样说。

上海市第十四届哲社评奖学术贡献奖获得者系列④|章振邦:创造适合国情的英语语法教学

对于自己的学术成就,今年已百岁高龄的我国著名英语语法学家章振邦先生曾谦虚地说,自己没什么特别的“高人一等之处”,就是始终不渝地有着“三心”,即“事业心、责任心、恒心”。坚持做到根据英语学科的发展和培养高水平人才的需求,始终把精力和时间放在英语语法教学与研究这个“主攻方向”上。

章振邦从小就对语言规律怀有浓厚的兴趣,中学时期就开始有意识地总结和归纳所学的零散的语法知识,对语法形成了一个初步的概念。随着英语学习的进一步深入,章先生更是体会到了语法的重要性,认为语法研究与英语教学密不可分,要把英语讲深讲透,就必须弄懂语法。正是持着这一信念,章先生将其毕生精力都投入到了语法教学和研究的事业中。

1956 年,上海俄文专科学校改名为上海外国语学院,并增设了英语、德语、法语三个专业。是年 8 月,章振邦被调至上外英语系,与方重、杨小石先生等一同创建英语学科。在此期间,章先生和其他上外英语系的老前辈们一起致力于加强英语基本功训练的教学改革工作,他们早在 1965 年便总结出了“听说领先法”,并取得了良好的教学效果。该试点经验还得到了上级领导的肯定和推广,这对改革我国的英语教学法起到了一定的积极作用。

改革开放前,我国英语教学采用的基本上是英国传统语法体系。传统语法是根据拉丁语法建立,属于规定语法。随着语言学研究的发展,规定语法的缺陷越来越明显。20 世纪 80 年代,章振邦本着兼收并蓄的原则,参照系统功能语法体系,结合我国英语教学实际,改革了传统语法书中某些过时的、不利于我国英语教学的部分,由规定语法转向描写语法,采用层次性理念,提出了新的英语教学语法体系:以句法为主干,以句法带词法,由词法再到句法,再由句法到章法。

四十余年来,根据这一体系主编的《新编英语语法》系列不断充实完善,迄今累计印数已超过 330 万册,“章振邦语法”在全国广为人知。他的学术观点启迪了众多英语研究者,激发他们在语言研究中开拓创新;他编写的教材让数百万学习者受益,增强了他们的语法意识和语言能力。

自 1987 年离休至今,章振邦仍然笔耕不辍。他始终保持着对学术前沿的敏感,为英语教改问题出谋划策。在普通英语和专业英语的问题上，章振邦指出现存的问题是我国的普通英语教学年限太长，对专业英语重视不够，从小学到大学包括所谓“四六级”英语测试，都是在测试普通英语的水平。专业英语教育的脱轨使得学生毕业后难以在需要专业英语的工作岗位上胜任。为解决这一问题，应对外语教育作出战略性调整，把普通英语教学任务全部下放到中学阶段去完成，以便学生进入高校时便可专注于专业英语的学习。

此外，在外语教学法的问题上，听到有人对“听说领先法”的质疑，章振邦反驳道“我们中国人在国内学习外语，听说外语的机会少，自然成为外语习得中的薄弱环节，因而在外语教学中从加强听说能力入手，怎样强调都不过分”，还强调要积极改革英语教材，推出适合于发展口语的教材。在语法问题上，针对关于“中国人学英语到底要不要学语法”的争论，他强调，这不是要不要的问题，而是在外语教学中如何把语法摆在恰当位置上的问题，尤其重要的是，应该教什么样的语法，以及如何使语法教学成为培养语言技能的一个环节。

甚至，在 94 岁高龄之际，有感于当时社会对汉语词典中字母词的争议，他抱病撰写了时评《也谈汉语词典中的字母词问题》，投书《文汇报》，结合英语词汇发展规律，对汉语字母词的界定提出自己的见解。谈到今后的打算，他表示自己将一如既往，继续为外语教育与研究事业和高水平人才培养事业作出贡献。

社科志编纂

《上海市志·科学分志·人文社会科学卷(1978—2010)》编纂办公室召开办公会议

3月16日下午,《上海市志·科学分志·人文社会科学卷(1978—2010)》编纂办公室会议在上海市社联召开,市社联原办公室主任吴伟余、上海社科院科研处副处长陶希东、市社联办公室副调研员王心红、上海社科院原社科志总撰稿人陈梁、市地方志办公室市志处李洪珍以及上海社科院科研处范博出席,市社联党组成员、副巡视员、办公室副主任(兼)莫剑平主持会议。

会议开始,陈梁老师就《人文社科卷》现阶段编纂情况向与会老师做简要介绍,总结了社联方志办自2014年11月以来所取得的成绩,也指出在编志过程中遇到的难点和不足之处。王心红简要介绍《人文社科卷》编纂实施方案初稿,包括编委会组成人员、编纂办公室成员及《人文社科卷》篇目介绍。与会人员认真审议了该方案,并提出自己的看法与意见。

就承编单位(上海市社联)与参编单位(上海市哲社办、上海社科院)在编纂过程中互相配合的问题,各位老师在充分协商的基础上,达成了一致意见。之后与会人员就编纂责任人的沟通、“学术成果”“人物”“学术活动”等篇章具体撰写办法进行了讨论。

《上海市志·科学分志·人文社会科学卷(1978—2010)》"学术人物""学术成果"篇专家论证会召开

5月8日上午,《上海市志·科学分志·人文社会科学卷(1978—2010)》"学术人物""学术成果"篇专家论证会在上海市社联召开。上海市社联党组成员、专职副主席任小文出席会议并讲话,来自上海市委党校、复旦大学、华东师范大学、上海财经大学、上海外国语大学、上海大学、上海师范大学、上海对外经贸大学科研处有关负责同志共二十余人出席会议。市社联党组成员、副巡视员、办公室主任(兼)莫剑平主持会议。

莫剑平首先通报了目前《上海市志·科学分志·人文社会科学卷(1978—2010)》的编纂进展,介绍了由上海市社联、上海社科院、上海市哲社办三家单位联合成立的编纂办公室的有关情况,对前期各项工作的开展得到各位老师及所在单位的大力支持表示感谢,希望大家充分交流,毫无保留地多提意见,促进志书质量更加优秀。

华东师范大学社科处副处长、"人物"篇编纂责任人吴文钰,上海对外经贸大学科研处、"学术成果"篇编纂主要负责人程琳分别介绍了各自负责内容的编纂思路、标准设置依据、资料搜集等方面情况,并就如何做到公平、全面、客观,提出一些具体问题的思考,希望得到专家的指导与意见。

上海市教育科学规划办公室原常务副主任苏忱在发言中表示,要合理处理入选两篇内容的"硬性标准"与"弹性标准"问题。要注重考察有关奖项的评选历史,对不同阶段的评奖水准要有清晰的认识。上海财经大学科研处副处长陈正良建议要将自然科学评奖中一些涉及哲学社会科学的成果纳入编纂范围,避免遗漏。上海外国语大学科研处副处长毛文伟提出要注意发掘上海学者在国外高水平期刊上发表的成果,突出上海学者在全国学界的国际化先进地位。上海师范大学社科管理处副处长徐松如指出需要考虑部分奖项评选范围问题,艺术类作品与科研理论成果如何平衡应当关注。其他专家亦根据实际工作经验积极交流了意见与想法。

《上海市志·科学分志·科学技术卷》已进入评审阶段,该卷总撰稿人张瑞山将两卷志书目录设置、内容编选等进行对比后,分析了各卷的特点,介绍了科学技术卷编纂过程中的一些编纂思路、问题处理办法,重点说明了如何解决不同学科之间成果数量差异巨大的问题。上海市地方志办公室市志工作处处长黄晓明作为方志编纂工作的专家,从专业的角度对两篇内容标准设置进行了点评与指导,特别强调在编纂过程中要做到"横不缺项，纵不断线”，确保内容覆盖全面，标准客观公正。

市社联党组成员、专职副主席任小文在总结讲话中提到，2018 年是改革开放 40 周年，也是上海市社联成立 60 周年，是值得纪念的重要年份，也是激发我们铭记历史、鉴往知来的重要时刻。盛世修志，做好《上海市志·科学分志·人文社会科学卷（1978—2010）》的编纂工作非常必要，参编单位与承编单位的领导对这项工作都十分重视。

任小文在讲话中指出，人物篇和学术成果篇的内容事关重大，尤其是入选的标准问题更需仔细论证，既要突出贡献，又要确保公平。特别要做到评价标准的全面客观，坚持正确的政治导向，严格高尚的道德导向，重视先进的学术导向，避免造成一家独大、偏听一家之言。希望各位专家继续一如既往地保持对《上海市志·科学分志·人文社会科学卷（1978—2010）》编纂工作的关心与支持，为上海市哲学社会科学事业的繁荣发展，共襄盛举，共创未来。

《上海市志·科学分志·人文社会科学卷(1978—2010)》编纂办公室第三次办公会议召开

8 月 28 日下午,《上海市志·科学分志·人文社会科学卷(1978—2010)》编纂办公室第三次办公会议在上海市社联召开。会议由上海市社联党组成员、副巡视员、办公室主任(兼)莫剑平主持。市社联办公室副调研员王心红、社科院原社科志总撰稿人陈梁、市哲学社会科学规划办公室徐逸伦、上海社科院科研处范博及社联方志办相关工作人员与会。

会上,莫剑平传达了上海市地方志编纂委员会《关于确保完成上海市第二轮新编地方志书编纂规划的通知》对二轮修志的相关要求,并明确了编纂完成时间。陈梁、范博简要介绍了《人文社会科学卷》现阶段的编纂进度情况。会议就现阶段所遇到的问题进行了讨论,与会人员根据相关经验,提出自己的看法与建议。会议还针对部分章节尚未启动及编纂进度缓慢等问题,制定了相应的推进与解决办法。

会议还就《人文社科卷》编纂工作的其他未尽事宜及本年度合作研讨会情况进行了专项讨论。

《上海市志・科学分志・人文社会科学卷(1978—2010)》"图片"部分负责人会议召开

8月30日,上海市社联方志办召开方志工作专家会议,市社联党组成员、副巡视员、办公室主任(兼)莫剑平出席本次会议。

本次会议邀请查建国老师对《上海市志・科学分志・人文社会科学卷(1978—2010)》中"图片"部分的编纂事宜进行了讨论。会议落实了查建国老师为该章负责人,并就图片选择类型、方案、原则、完成时限以及经费支持等问题进行了协商,同时确定了下一步编纂工作计划,推动了方志编纂的整体进度。

《上海市志·科学分志·人文社会科学卷(1978—2010)》“历史学”章专家评审会召开

9月28日,《上海市志·科学分志·人文社会科学卷(1978—2010)》“历史学”章专家评审会在上海市社联召开。市社联党组成员、专职副主席任小文出席会议并讲话。上海大学忻平教授、上海师范大学苏智良教授、华东师范大学章义和教授、上海交通大学李玉尚教授、上海社科院潘光研究员、上海市社联原专职副主席武克全、上海博物馆考古处处长宋建、上海市方志办市志工作处处长黄晓明等有关单位的专家出席会议。

会上,“历史学”章编纂责任人、复旦大学历史学系章清教授对该章编纂过程作了简要说明。据介绍,“历史学”章按照现行历史学学科门类范围编写,主要涵盖中国史、世界史、考古学三个一级学科,全面描述1978年至2010年间上海史界重要发展历程与突出研究成果。自编纂启动以来,召开数次专家讨论会,并在综合各有关单位材料的基础上才得以完成。

在评审交流阶段,与会专家充分肯定了“历史学”章的完成质量。专家组认为章清教授撰写的“历史学”章内容对1978—2010年上海历史研究的发展、演进及主要成果作了全面、系统的梳理、资料翔实,条理分明,摸清了上海史学界成果贡献的家底,堪称一部改革开放40年来上海史学研究的史学史著作。该成果内容详尽、点面结合、逻辑性强、惜墨如金,继承了优秀的史家传统,花费功夫之大,笔力之深,足显大家功底,达到了方志编写的要求和标准。此外,各与会专家还就学科平衡,内容选取等方面提出了一些具体建议,以确保该章内容更加全面、客观、准确。

任小文在讲话中指出,文章千古事,得失寸心知,尤其是方志编纂,因为涉及方方面面,更属不易。上海市社联对章清教授付出巨大的心血,完成如此高水平之作表示衷心的感谢,也对各位专家的大力支持表示感谢。希望各位专家继续关心支持方志编纂工作,盛世修志,共襄盛举。

《上海市志·科学分志·人文社会科学卷(1978—2010)》“国际问题研究”章专家评审会召开

10月24日下午,《上海市志·科学分志·人文社会科学卷(1978—2010)》“国际问题研究”章专家评审会在上海市社联召开。市社联党组成员、副巡视员、社科志编纂办公室副主任莫剑平主持会议并讲话。上海国际问题研究院原院长杨洁勉,上海社会科学院国际问题研究所所长王健,华东师范大学原副校长范军,上海市美国问题研究所常务所长胡华,上海外国语大学中国学研究所所长武心波,同济大学比较政治与现代化研究所所长周敏凯,复旦大学国际政治系潘忠岐,上海交通大学国际关系系副主任李明明,市地方志办公室市志处处长黄晓明等有关专家出席会议。

莫剑平在讲话中指出,市委宣传部周慧琳部长在近期召开的市地方志编纂委员会全体委员(扩大)会议上特别强调,当前上海地方志工作的重中之重,就是第二轮新编地方志书的编纂工作,要确保二轮修志工作全面、按时、高质量完成。自2015年底以来,上海国际问题研究院的张春、周士新、张建三位老师对“国际问题研究”章的编纂倾力而为,数易其稿,最终完成。在此对他们的辛苦付出表示衷心的感谢。改革开放以来,国际形势风云变幻,上海作为国际化大都市,理论界在国际问题研究领域涌现了大量突出成果,在全国处于领先地位。各位与会专家是这段历史的亲历者,相信通过今天的评审会,一定能使本章内容更加全面客观。

该章编纂责任人、上海国际问题研究院研究员张春在介绍有关编纂情况时表示,整章资料长编多达18万余字,从中提炼出近4万字的正文,主要由国际关系理论、国际关系史与中国外交思想史、区域/国别研究、领域问题研究四部分组成。张春研究员坦言,上海学界在国际问题研究领域成果众多,资料云集,穷尽极为困难,且限于篇幅,编纂中难免有遗漏之处,望各位专家学者鼎力相助,多提供资料,多给予指导。

与会专家认为1978年以来,上海学界在国际问题的研究上有着鲜明的海派特色,开国内风气之先,影响深远,在一些重要的外交舞台及重大事件节点上均有上海学者的声音,故成果极为丰硕。本卷志书中“国际问题研究”章资料翔实、内容丰富、框架结构合理、逻辑体系严谨,历史脉络清晰,语言使用规范,符合志书编纂的体例。作为对30多年上海国际问题研究领域首部系统总结回顾的作品,填补了这方面的空白,具有极高的学术价值。广泛性、资料性、客观性尤佳。编纂者对此倾注了大量的心血,充分体现了其对历史负责、对学者负责、对下一轮修志负责的态度,可谓功不可没。与会专家建议文章在重要机构、重要活动等方面增加叙述,突出二者在推动研究发展中发挥的重要作用,并关注上海学者发表的外文论著,以确保整章内容更加完善。

莫剑平在总结讲话中表示,由张春研究员领衔编纂的“国际问题研究”章体现了“两个重大”:一是意义重大,系首次全面总结 1978 年至 2010 年上海国际问题研究领域的重要成果;二是价值重大,具有较高的学术价值与历史价值,可供学界利用参考。希望三位老师在充分听取专家意见的基础上,将内容打磨得更加成熟,真正经得起历史、经得起学界检验。

《上海市志·科学分志·人文社会科学卷(1978—2010)》“中共党史党建研究”章专家评审会召开

11月15日下午,《上海市志·科学分志·人文社会科学卷(1978—2010)》“中共党史党建研究”章专家评审会在上海市社联召开。市社联党组成员、副巡视员、社科志编纂办公室副主任莫剑平主持会议并讲话。上海市中共党史学会会长忻平,中共上海市委党校教育长梅丽红,上海市社区发展研究会会长徐中振,华东师范大学教授唐连英,中共上海市委党史研究室科研处处长年士萍,上海市地方志办公室市志处处长黄晓明等专家出席。

会议开始,该章编纂责任人国防大学政治学院张云教授介绍了编纂情况及主要内容。“中共党史党建研究”章从2015年开始启动编纂,至今三年有余,系首次纳入学术研究类地方志,主要分为中共党史研究与中共党建研究两个部分。上海红色文化氛围浓烈,上海哲学社会科学界对于这两方面的研究在全国处于领先地位,取得了突出的成就且具有鲜明的特色。上海党建研究则涌现了如“楼宇党建”“社区党建”等一系列具有开创性的成果。整章在系统梳理学界研究的基础上,形成近五万字内容。

与会专家一致认为本章对1978年至2010年中共党史党建研究的主要研究成果进行了全面、系统的梳理和描述,为记录、了解和掌握改革开放以来上海党史党建学界的研究脉络、研究积累和学术成就,提供了一系列极有价值的文献资料和研究参考。由于目前上海学界还缺乏如此较系统完整的整理和研究,因此该章具有重要的学术和文献价值。专家强调,该章内容展现了上海党史党建界前辈的风采和研究水平,更展现了上海学界在该领域立足前沿、勇于创新的风貌。同时,与会专家也客观地指出由于该章涉及的时间跨度长、成果多、领域广,在一些研究领域、研究成果的汇集上难免疏漏,后续可以借助各科研单位科研处的力量进一步完善。

莫剑平指出,“中共党史党建研究”的内容在本次二轮修志中单独列为一章,是开创性的举措。上海作为中共诞生地,党史研究成果丰硕,党建发展成就瞩目。今年又时值改革开放40周年、社联成立60周年纪念,全面系统做好改革开放以来上海党史党建研究发展的总结与回顾是社科志编纂的题中应有之义。莫剑平指出,近日习近平总书记在考察上海时对加强党的建设提出了明确要求。贯彻落实总书记的讲话,本章的重要任务就是要通过对改革开放以来上海党史党建研究的脉络、特色、成效、经验等做一个系统的梳理总结,用历史的经验和智慧来更好地助推上海党建质量与水平的提高。

社科普及平台

SHE KE PU JI PING TAI

东方讲坛

“东方讲坛·思想点亮未来”系列讲座走进复旦中学

3月30日下午,“东方讲坛·思想点亮未来”系列讲座第三季第十讲暨上海市复旦中学“相辉”文化讲谈第73讲在淞虹路校区举办,由德育处副主任余芬主持,复旦大学历史系、旅游学系教授顾晓鸣老师主讲,主题为《“猜想”:孕育和超越科技的“人有智能”》。

“东方讲坛·思想点亮未来”系列讲座由上海市社会科学界联合会主办,东方讲坛、上海文柏文化传播有限公司文柏讲堂承办,复旦中学等35所中学协办。近些年,东方讲坛推出了一系列高端的人文系列讲座,引领莘莘学子“走进高深可测的社会科学世界”。复旦中学校友、交通大学讲席教授沈国明老师曾通过这个平台,为复旦师生做过“法律是什么”的主题报告,取得了良好的效果。

在整整1个小时的讲座中,顾晓鸣教授慷慨激昂,旁征博引,用运了哲学、历史、文学、物理、化学、计算机等知识,阐述了“人有智能”和“人工智能”的区别,讲述了“猜想”的重要意义和路径,鼓励复旦学子要学会审辨性思维,要多学一些人文学科知识。讲座上,不少学生进行现场提问,顾晓鸣教授在回应解答后,肯定了复旦学子的探究精神与问题意识。

讲座结束后,郭兆年校长代表学校向顾教授颁发了证书。此次讲座也进一步拓宽了复旦学子的人文视野,为学子们认识社会科学世界种下了一棵思辨的种子,鼓励更多的学子博学、审问、慎思、明辨、笃行。

上海大学教授庄恩平做客“东方讲坛”，与中学生面对面分享“跨文化交流”——“新时代亟需培养跨文化思维”

4 月 11 日，上海大学 MBA 中心教授、中国新丝路跨文化研究院院长庄恩平做客“东方讲坛”，在上海市建平中学以《新时代，我们怎样跨文化交流》为题，与中学生面对面分享“跨文化交流”。在他看来，当跨文化交流在社会尤其是教育界的关注度更为提高时，国际社会对中国声音的许多误解和质疑就将迎刃而解。

党的十九大明确提出，中国发展已经进入中国特色的社会主义新时代。在这个新时代，中国特色的大国外交要推动构建新型的国际关系，推动构建人类命运共同体，并以此作为新时代中国外交的总目标，为实现中国梦营造良好的外部环境。同时，十九大提出构建人类命运共同体，这一目标需要世界各国进行交流与沟通，达成共识。“一带一路”倡议也是构建人类命运共同体具体的任务之一。而跨文化交流，则直接与人类命运共同体的构建以及“一带一路”建设对接在一起。而要提高跨文化交流能力，最重要的是要培养跨文化思维。

全球化城市面临跨文化挑战

在 2017 年 5 月 14 日“一带一路”国际合作高峰论坛开幕式上，国家主席习近平发表主旨演讲时强调，我们要乘势而上、顺势而为，将“一带一路”建成和平之路、繁荣之路、开放之路、创新之路、文明之路，推动“一带一路”建设行稳致远，迈向更加美好的未来。当“一带一路”迈向世界的时候，中国将与不同民族、种族、宗教的国家进行交流合作，难免会产生冲突与分歧，需要通过交流来跨越隔阂，推动各国相互间的理解、尊重与信任。

庄恩平教授的讲述从跨文化交流及与之有关的一系列概念为起点。除了在不同文化背景之下人们开展交流与沟通的跨文化交流，人们常在媒介中听到的，还有跨文化交际与跨文化传播等概念。跨文化交际重在研究语言表达怎么让对方能够理解与接受。跨文化传播则一般是新闻媒体的传播行为。此外，在商务管理中还有跨文化沟通等概念。

如今跨文化沟通的障碍已经不局限于语言。即使在同一种语言中，也有沟通表意不畅达的情况。对于跨文化交流来说，文化的障碍才是最广泛的。

在今年全国政协十三届一次会议新闻发布会上，大会发言人王国庆在回答记者提问时，引用了美国黑人民权运动领袖马丁 · 路德 · 金的一段话：“人们之所以相互敌视，是因为相互害怕；之所以相互害怕，是因为相互不了解；之所以相互不了解，是因为相互不能沟通；之所以相互不能沟通，是因为彼此隔阂。”

作为文化学者，庄恩平常常思索，中国与国际社会交流中一些存在的问题为什么会产生。他认为，沟通与交流的缺乏是其中重要的原因，沟通方式的差异也会导致新矛盾的产生。

联合国教科文组织在1992年提出了跨文化教育，以促进多元文化相互之间的理解与沟通。2008年欧盟委员会也发起了一个倡议——跨文化城市战略倡议（Intercultural City Strategy）。倡议意在解决多元文化城市进程中，由不同文化背景的人在一起共事、生活产生的跨文化问题，进而导致的城市发展问题。

近年来，上海提出建成全球城市（Global City）。全球城市的特征即多元文化。为此，庄恩平提出：当进入一个全球城市的建设，上海也将面临能否驾驭多元文化所带来的跨文化挑战。

最重要的是培养跨文化思维

对于如何提高跨文化交际能力，庄恩平认为，最重要的是培养起跨文化思维，即学会换位思考。语言是文化的载体，但语言是显性的，文化是隐性的，语言通常比文化易见易感。因而在学习国外语言文字的同时，需要对语言传递的文化信息提高敏感度。而文化差异造成的障碍则需要我们事先建立如何应对障碍的跨文化意识；跨文化传播需要适应别国新闻传播的方式，这就是跨文化差异。对此，庄恩平补充道，这种适应并不是文化不自信的表现，而是目前中国在参与跨文化交流时必须遵循的原则。

对于中学生如何提高跨文化交流的能力，庄恩平教授也提出了一些建议。当面对别人赞美时，学生一般习惯回答：Thank you！虽然比起10年前人们爱用的自谦语“My English is poor.”来说更为得体，但在跨文化交流中，这样的对答却常常让对话者感到无法接续话题，从而“把天聊死”。庄恩平鼓励在场的中学生，在新的时代，加强人际沟通交流能力，尝试打开话题，才能打开交流局面。

当前，构建人类命运共同体已经写入联合国有关决议中。我国参与全球化发展亟需具有跨文化能力的人才。然而，在相对滞后的人才培养中，有跨文化能力的人才更为稀缺。虽然很多学者正在研究跨文化交流，但我国还未把跨文化交流列入学科目录之中。在国外，跨文化交流早已成为一门独立的学科，鉴于此，时代正呼唤青年学生朝着跨文化沟通能力人才培养目标而努力。

“科技与人文的对话”系列讲座之“大数据与我们的生活”主题论坛在沪举行

在大数据时代，信息的共享让个人变得透明。通过互联网进行的聊天、搜索、购物和阅读，都会上传实时的、海量的用户行为数据到网络平台。我们随时随地可能变成一个被关注或被窥视的“透明人”。数据，是天使还是魔鬼？我们在享受便利的同时，如何又能保证安全？

5 月 29 日，“东方讲坛 · 科技与人文的对话”系列讲座之“大数据与我们的生活”主题论坛在上海市北高新商务中心举行。本次论坛由上海市社会科学界联合会主办，上海市静安区国有资产监督管理委员会、上海市北高新(集团)有限公司和上海市大数据社会应用研究会联合协办。活动特邀上海交通大学电子信息与电气工程学院教授金耀辉，同济大学大数据与网络安全研究中心常务副主任、副教授马小峰，复旦大学哲学院教授徐英瑾，公安部第三研究所网络安全法律研究中心主任黄道丽四位专家学者，直面大数据急剧增长给产业升级和社会进步带来的红利与机遇，以及给人类带来的巨大价值和严峻挑战，展开跨界对话。上海人民广播电台首席节目主持人秦畅主持本次论坛。

论坛围绕人工智能、区块链、数据隐私、信息安全四个维度探讨大数据如何影响人们的日常生活、行为习惯和思维方式，回应了大数据信息安全与个人隐私保护等社会关切，展望了大数据环境下未来经济社会发展的趋势，并提出要对公众加强科学精神的教育，着力提升公众的自我保护意识，并呼唤在国家立法层面为保障公民信息安全提供必要的制度支撑。

“科技与人文的对话”系列论坛是东方讲坛 2014 年创办的自然科学与社会科学两界对话的交流平台，已围绕重大科技成果和社会热点问题组织院士、著名科学家、知名社科专家开展了多次对话讨论，在科技进步服务社会发展的进程中发挥积极作用。

上海市社联开展东方讲坛·文化江南系列讲座

9月5日—10月29日，上海市社联策划推出以“能不忆江南”为主题的东方讲坛·文化江南系列讲座（第一季），刘士林、冯贤亮、周培元、陈江、胡晓明、徐茂明、仲富兰、唐力行、周武、王振忠等沪上10位研究江南文化的专家学者走上东方讲坛，为广大市民群众复现了一个个鲜活而又立体的江南。

李强书记指出，“丰富的红色文化、海派文化、江南文化是上海的宝贵资源，要用好用足”。只有深刻认识江南文化，才能更好地用好江南文化。本系列讲座用江南历史、江南城市、江南精神、江南建筑、江南民俗、江南经济社会文化等多维视角，展现了中国文化中最精致的江南人文地理长卷；充分挖掘和普及推广上海江南文化资源，以润物细无声的方式，帮助市民群众理解江南文化的深刻内涵和精神实质，接受江南文化的浸润和滋养，潜移默化地引导他们共同参与上海文化品牌的建设。

本系列大部分讲座选取在各区上海文化品牌建设重点打造的文化场馆举办，有上海“最美书店”之一的松江钟书阁、徽派大府邸建筑的青浦安麓酒店、尽显现代文化气韵的虹口海派文化中心、极具儒家文化精神的黄浦文庙明伦堂、刚投入使用不久的杨浦图书馆新馆等，让听众们在具有江南韵味的会场听文化江南的讲座，感受江南文化的深厚积淀。讲座得到了各区的积极响应，已进行的讲座受到了社会听众的欢迎，有听众一口气预约报名了本系列的所有讲座，也有单位集体预约听讲，部分讲座一票难求。

近年来，市社联“东方讲坛”已先后推出了“江河入海流”“风从海上来”等“文化上海”系列讲座，传播“海派文化”；拍摄制作“为什么是上海——上海文化的红色基因”系列短视频和开通“上海——中国共产党诞生地”地铁专列，大力宣传上海的“红色文化”。此次又推出“文化江南”系列讲座，目的是为了更好地宣传上海文化，进一步提升上海文化品牌的标识度和认同度，助力上海文化品牌建设。

“东方讲坛”具有普及性、社会性、群众性、公益性平台的特点，市社联着力将其打造成为上海文化品牌建设的载体，本系列讲座后，市社联将与长三角地区加强联动，邀请江、浙、皖等地江南文化研究专家，继续推出“东方讲坛·文化江南系列讲座”第二季。

“社科大家”进校园与学生互动交流

9月25日，上海市社会科学界联合会专门为中学生策划的创新项目“东方讲坛·思想点亮未来”，在上海市民办立达中学举行了第四季的首场讲座，华东师范大学周圣伟副教授引导学生们分析领略了“古典诗词与人生”。

针对中学生社会科学教育的需求，上海市社联自2016年以来，组织社科领域的知名专家学者开设“思想点亮未来”系列讲座，将哲学人文社会科学带进课堂，与学生们面对面交流互动，启迪学生们树立正确的人生观、价值观。两年多来，共举办了三季67场讲座，深受学校和学生们的欢迎。第四季计划邀请16位社科专家走进16所中学。

据上海市社会科学界联合会党组成员、专职副主席解超介绍，中学阶段，是学生们树立理想、“扣好人生第一粒扣子”的重要时期。在网络发达、信息获取极为便捷的今天，加强社科教育，引导学生们在良莠不齐的信息之海，学会甄别，接收正能量，树立积极向上的人生观、价值观，极为重要，也极为迫切。

针对这一需求，上海市社联“东方讲坛”创办了“思想点亮未来”系列讲座，专门针对中学生群体，组织社科界的知名专家学者，开展哲学、史学、文学、政治学、教育学、法学、民俗学等各学科丰富多彩的讲座，并将讲座内容进行多元和立体化传播，打造新媒体时代的“第二课堂”。

思想点亮未来,人文滋养心灵

——上海市社联系列讲座陪伴中学生的成长

2018年3—5月、9—12月间,东方讲坛持续推出了面向青少年的"思想点亮未来"系列讲座第三季35场、第四季16场,旨在带领广大中学生领略人文社会科学的风采,深刻感受思想的魅力。

"思想是承接过去、连接未来、照亮未来最有价值的力量。而青年人是承续思想、激发思想、创造思想最有价值的生力军。"这是2016年上海市委宣传部副部长、上海市社会科学界联合会党组书记燕爽在东方讲坛·思想点亮未来系列讲座首讲仪式上的期许与展望。上海是一座青春之城,也是一座未来之城,而连接青春与未来的是永不熄灭的思想动力和学术热情。正是因为意识到这一点对于上海建设成为一座世界级创新城市的根本意义,两年以来,上海市社会科学界联合会走进中学生的学习场域和日常生活世界,想学生之所想,急学生之所急,精心组织人文社科领域的知名专家学者开设"思想点亮未来"系列讲座,将"高深可测"的人文社会科学知识带进课堂,让专家学者与学生们面对面交流,用人类世界共通的思想文化资源滋养青少年的精神世界,帮助未来一代扣好人生的"第一粒扣子"。

构建"社科大家"的共享空间

据上海市社会科学界联合会党组成员、专职副主席解超介绍,"思想点亮未来"是上海市社联知名科普品牌"东方讲坛"专门针对广大中学生策划的一个创新项目。中学阶段,是青少年认知世界、社会与自我,确立人生理想和扣好人生中"第一粒扣子"的重要时期。正如习近平总书记所言:"培育新人,就是要坚持立德树人、以文化人,建设社会主义精神文明、培育和践行社会主义核心价值观,提高人民思想觉悟、道德水准、文明素养,培养能够担当民族复兴大任的时代新人。"正是因为意识到实现这一目标的刻不容缓,上海市社联组织这一系列走进中学讲坛的人文社科讲座,引领年青一代学会辨别真知与伪学,理解世界与时代的复杂性。

当下中学阶段课业负担重,中学生的人文社科教育总体偏于薄弱。许多中学生有意深入学习人文社科知识却没有合适的课程和相应专家的指导,学校也缺乏相关的学术资源,对于高水平的社科类讲座有强烈的需求。

针对这一需求,上海市社联"东方讲坛"创办了"思想点亮未来"系列讲座,专门针对中学生群体，组织社科界的知名专家学者，开展哲学、史学、文学、政治学、教育学、法学、民俗学等各学科丰富多彩的讲座。两年多来，共举办了 3 季 67 场。这一系列人文社科讲座让中学生在心智生命成长的重要阶段，在其世界观人生观价值观形成的重要时期，就能接触到最优秀的人文社会科学思想，帮助他们开拓视野，给他们提供观察世界、分析问题的工具。

这一系列讲座深受上海各大中学欢迎，成为一孔滋养中学生甚至中学教师心灵世界的甘泉。一名中学生在听完华东师范大学方笑一教授关于“苏东坡的诗词与人生境界”的文学讲座后由衷地写道：“最让我触动甚至有些眼红的是那种对诗词文章信手拈来的洒脱。方教授的言辞总能恰如其分地符合表达的需要，而且让我感同身受，甚至与我曾经无法诉诸言语的微妙感觉不谋而合。”而对此构成呼应的是上海人文社科领域的专家学者热情洋溢地走进中学生的课堂，走进他们的生活来做点亮凡俗人生的“燃灯者”。在这个燃灯者的长廊之中，有熊月之、赵昌平、秦绍德、沈国明、苏智良、仲富兰、孙逊、熊丙奇、曹旭、张汝伦、鲍鹏山、吴晓明、桑玉成、沈飞德、葛剑雄、黄玉峰等上海社科界一大批知名专家和学者。他们的讲座主题多元而丰富，形式也灵活多样，每个学者都有各自的学术个性与演讲风采，可谓给中学生提供了思想的盛宴。

中学生的燃灯者

学者专家们以专业知识和人生经验开展的讲座，常常使正处于青春迷茫期的中学生们醍醐灌顶。例如上海市第四中学初二学生胡依婷在听后感里写道：“21 世纪，是信息的时代，微博、微信、贴吧、lofter，各种社交网站层出不穷。里面的一篇篇段子博人们一笑，他方唱罢我方登场，各种段子层出不穷，越来越多的年轻人捧着发着光发着亮的手机笑着，感叹段子的精辟搞笑，殊不知自己丢掉了一些老一辈的东西，就是真正的书籍。在听葛剑雄教授的报告之前，我也是这群年轻人中的一员。”

“读书要追求精神层面，不能因不悦而不读，也不能因读起来不快乐而不读。”葛剑雄教授充满睿智的话语像一缕清风启迪了胡依婷等学生，让他们反思自己过度依赖新媒体的阅读习惯，将自己重新投入到书香的气息中。

专家们针对最新社会现象的人文反思，也往往能够引起中学生强烈的心灵共振，并让他们意识到生活与学术是可以对接起来的，而正如苏格拉底所言：未经反省的人生不值得度过。例如，复兴高级中学高二学生朱奕说：“听完吴晓明教授的讲座，我注意到一个词：原子式社会。起初，我不理解原子式社会的概念。经过阅读资料之后，我了解到它表示一种个体孤独、社会秩序趋于混乱的社会危机。”

朱奕认为，微信、微博等社交软件的发展在一定程度上使人们的联系更加便捷，但与此同时，个体正在愈发孤独。家庭凝聚力的下降，社区中群体意识的减弱，个体汲取信息的碎片化趋势，不同价值取向、生活方式的冲击正在改变着人们的生活方式。如果放任这种趋势发展下去，中国社会也将可能面临原子式社会的挑战，而如何应对这种挑战，朱奕还提出了自己的建议。让青少年一代从小就开始养成关心世界的未来的广阔心胸，并且形成一种社会公共意识和担当精神，这无疑也是塑造时代新人的题中应有之义。

"思想点亮未来"系列人文社科讲座在中学生群体引发强烈的回响,仿若一粒粒希望的种子播撒到广袤的心灵园地之中,一分耕耘,一分收获,上海市社联的这种智识探索与学术普及在中学生及其家长和中学教师群体那里得到了积极的反馈。上海大同中学是一座历史悠久的名校。熊月之教授曾到该校开设《大同历史与上海文脉》的讲座。大同中学高二年级学生金朵颐说:"至今回想起熊月之教授的讲座,我依然会心潮澎湃,久久难以平复。令我感动不仅仅是熊教授如春风化雨,潜移默化的教导,更是一种对于教育精神最深刻的诠释。""熊教授的讲座恰如一阵春风,吹开了我心中的梦想,点亮我的心灵,让我有了梦想:仰望星空的伟大,脚踏实地的努力。"

新媒体时代的"第二课堂"

在阅读越来越碎片化和消费化的当下中国,如何从中学时代开始培养一种严肃阅读和阅读经典的习惯,就如一些学者所提出的"有抵抗感的阅读"那样,是困扰知识界和教育界甚至家长的问题。上海作为一个从晚清民国就是文化中国的核心的大都市,对于开拓和探索这一主题有着义不容辞的责任与使命。"思想点亮未来"系列讲座可谓是初试啼声的表现。上海市社联科普工作处处长应毓超在接受访问时指出,我国大多数学生都是在大学阶段才能较为深入地接触思考社会科学涉及的基本主题与知识,而中学阶段往往将绝大部分时间用来了应付考试。正如每年法国的高考试卷的深刻、博学与人文魅力给中国人造成巨大震撼那样,如果我们能搭建平台创造机会让中学生提前感受思想的魅力与人文的光辉,并且零距离接触获得社科名家的指点和启发,无疑将对学生产生深远而持久的积极影响。

上海市文来中学校长柏彬认为,随着时代发展,许多中学生对社科知识的需求,超出了课本与老师讲授的范围,"思想点亮未来"让高水平的"社科大家"走进校园是解了学校燃眉之急。同时,这也启示中学应当推出更多拓展性的社会科学课程。他表示,上海年轻一代的中学教师大多受过研究生教育,有着较好的社科知识基础,只要加以培养与引导,应该可以更深入在课堂上为学生讲授社会科学知识。

上海市社联党组成员、专职副主席解超表示,"思想点亮未来"系列讲座受到各方欢迎,将会一直做下去,并不断更新与完善使之更贴合中学生的需求。一要从选题策划着手,遴选组建一支适合给中学生讲座的优秀社科专家队伍,这是基础。二要不断完善课程建设,形成一套针对中学生群体的、学科门类齐全、讲座内容精炼的社会科学普及课程体系。三要有计划有步骤地推进,最终实现上海所有中学校园的全覆盖。四要继续做好讲座文稿的整理出版,制作音视频产品,拓展新媒体的传播渠道,最大化实现讲座内容的二次传播。据解超介绍,"思想点亮未来"社科讲座部分音频在上海人民广播电台"海上畅谈"栏目播出,讲座视频上传至优酷土豆、喜马拉雅、腾讯视频等新媒体平台上与众多网民分享,并在"东方讲坛"公众微信号、"社科视窗"官方微博上推送,讲座的内容实录还结集出版。可谓实现了讲座的多元和立体化传播。

近年来,上海市社联立足城市文化品牌建设,着力将东方讲坛打造成社科普及的品牌项目,从做大做强向做优做精发展,先后策划推出了哲学演讲季、文学演讲季、历史演讲季、法学演讲季等学科类演讲季，还策划推出了面向大学生的“文化中国”系列，面向白领的“读懂世界”系列。“思想点亮未来”系列是专门针对广大中学生策划的一个新项目，在短短的两年就取得了不俗的成就，相信这种知识传播的创新形式能成为城市传播社科知识推动人文阅读的借鉴。

科普活动

在地铁里做文章，在人多的地方搞宣传

5月21日，上海市社联在上海地铁9号线开出了“礼赞上海社科大师”地铁专列，市民走进车厢，就能领略陈望道、周谷城、胡焕庸、贺绿汀、冯契、王元化、陈其人等68位社科大师的事迹，了解社科大师们的治学精神、学术传统和人格品质。

5月23日，“迎接中国国际进口博览会”地铁专列在地铁10号线开通，宣传推介国际进口博览会的相关知识和信息，着力为上海办好博览会营造良好的舆论氛围。

日均客流量1 100多万人次的上海地铁，无疑是人最多的地方。选择地铁作为开展社会化宣传教育与社科知识普及的重要阵地，是市社联近年来的一项探索。市社联运用图文形式，借助地铁的拉手、车厢壁和车门贴，把理论宣传与社科知识送进地铁，把地铁变成了流动的文化宣传站，在这里，乘客们可以利用乘坐地铁的时间进行碎片化阅读，穿梭在不同的车厢中进行流动式阅读，也可以通过拉手上百余字的提示性阅读，激发延伸阅读的兴趣。

自2016年5月20日在上海地铁13号线开通全国首趟社科普及地铁专列以来，已先后在1号线、9号线、10号线、13号线等线路上推出了“思想的天空——照亮人类文明的先哲”“上海——中国共产党诞生地”“沪上社科名家——上海哲社学术贡献奖系列人物”“学习新思想，走进新时代”等多趟主题专列。今后，市社联将继续与申通地铁长期合作，共同策划和利用地铁这一“文化长廊”，紧密对接人民群众的精神文化需求，普及社会科学知识，展示城市人文历史，弘扬上海城市精神，打造上海城市文化品牌的标志性成果。

上海市社联举办第 17 届上海市社会科学普及活动周，245 项科普活动遍布 16 个区

5 月 25 日至 31 日，上海市社联以“普及社会科学，创造美好生活”为主题举办了第 17 届上海市社会科学普及活动周。本届活动周包括开幕式、主题论坛、科技与人文的对话、大型义务咨询服务、科普讲座、专项科普活动、社科普及进地铁、场馆开放日、新媒体社科普及等 245 项活动，吸引了来自各区委宣传部，社联所属学会、沪上高校及科研院所、企事业单位、街道镇、公共文化场馆等 215 家单位参与，受众超过 10 万人次。本届活动周呈现出三大特点。

一是以上海中心工作为出发点，积极开展理论政策宣讲。“融通遐迩，惠己及人”——迎接中国国际进口博览会主题论坛拉开了第 17 届上海市社会科学普及活动周的序幕，论坛邀请四位专家从中国参与世界经济、上海与国际博览会、中国外交以及对外贸易四个维度，聚焦首届进口博览会，探讨中国在建设开放型世界经济中的重大行动和构建人类命运共同体的中国方案；在上海地铁 10 号线开通运行“迎接中国国际进口博览会”科普专列，向广大市民乘客宣传进口博览会的相关知识和信息，为下半年盛会的召开营造良好的舆论环境和社会氛围。活动周期间，还推出“繁荣发展新时代哲学社会科学——纪念上海社联成立 60 周年系列讲座”，组织社联所属学会会长宣传普及社会科学理论知识，发挥哲学社会科学在上海城市发展中的积极作用；“新时代与上海新作为”主题系列讲座，则组织专家学者解读新时代上海社会经济领域重点工作，动员广大市民群众自觉投身新一轮上海改革发展实践。

二是以人民美好生活需求为导向，围绕主题设置丰富活动。本届活动周以“普及社会科学，创造美好生活”为主题，通过科普活动让市民在寓教于乐中感受到人文社科成果带来的美好生活。“科技与人文的对话”系列活动，一场聚焦“大数据与我们的生活”主题，以大数据时代背景下的市民生活为切入点，倡导市民树立理性的互联网生活观；另一场“水 · 环境 · 生活”主题对话活动，科技、人文与水务行政管理部门有关专家共同聚焦水资源治理，为真正实现党的十九大提出的人与自然和谐共生、推进绿色发展、建设美丽中国的伟大战略部署进行对话。活动周期间，还推出“文以载道：中华文化的思想与智慧”等多个主题系列讲座；开展“走进新时代，共创新未来”音乐剧等多场科普展演活动；启动“健康，让生活更美好”主题地铁咨询服务等多项社科普及进地铁活动。通过提供社科人文精神食粮的方式，丰富广大市民的文化生活。

三是以提高科普覆盖面为目标，推进科普活动全民参与。本届活动周在活动设计上要求最大程度覆盖受众范围：有面向婴幼儿的“合格家长在行动——科学育儿指导”宣传活动，有面向中学生群体的“写中国字诵中国诗”青少年传统文化体验活动，也有面向大学生群体的“新时代·中国梦·我的故事”主题演讲比赛。有针对社区群众的各类主题科普活动，有针对在职人群的手工技艺类非遗课堂体验活动，也有针对中老年群体的义务咨询服务活动。除了线下的多主题版块活动外，还有“婚姻家庭权益保护普法故事音频展播”等6档科普新媒体活动。开幕式上，还为2018年新增上海市社会科学普及示范基地——共产党宣言展示馆(陈望道旧居)、陈云纪念馆、中国“慰安妇”历史博物馆、上海大学溯园、中国金融信息中心五家单位授牌。

截至6月初，人民网、新华社、光明网、中国新闻网、《中国经济报》、上海电视台、上海广播电台、《解放日报》《新民晚报》《新闻晨报》《青年报》《劳动报》、东方网、看看新闻网等十多家媒体围绕本届科普活动周相继推出了40余篇报道，推动科普成果的二次传播。

社会科学普及活动周是全市范围的群众性社会科学普及活动平台，通过联合社联所属学会、沪上各高校及科研院所、全市各区的街道镇、市级委办局等纵向、横向的协作网络，有效整合社科普及资源，促进全社会共同参与，旨在培育公众人文精神、科学精神，传播科学思想、科学方法，普及人文社科知识，提高人们的思想道德水平和人文科学素养。自2002年创办以来已经连续举办了16届，开展了2 800余场特色鲜明、内容丰富、针对性强、影响面广的科普活动，是上海市民一年一度的文化节庆。

今后，市社联将继续坚持“三贴近”原则和需求导向，紧密对接人民群众的精神文化需求，普及社会科学知识，为上海在新时代新征程上实现新作为、作出新贡献提供强大智慧和力量，努力将社会科学普及活动周打造成为上海城市文化品牌的标志性成果。

多角度阐释，多平台传播

——上海市社联努力为国际进口博览会营造良好舆论氛围

5月25日，上海市社联举办了“融通遐迩，惠己及人”迎接中国国际进口博览会主题论坛，邀请市政协副主席、民建上海市委主委周汉民，市商委副主任、中国国际进口博览会筹备工作现场指挥部副总指挥吴星宝，上海社科院高端智库学术委员会主席黄仁伟，上海对外经贸大学国际经贸学院院长黄建忠四位专家学者发表主旨演讲并展开对话，让广大市民清晰了解什么是进口博览会、如何办好进口博览会以及举办进口博览会的积极意义，为迎接进口博览会营造良好的舆论环境和社会氛围。

本次论坛作为第17届上海市社会科学普及活动周的开幕式论坛，不仅吸引了社科工作者和市民群众200余人现场聆听，同时，论坛全程由陆家嘴金融网现场同步直播，直播图文稿经整理后将通过新华社客户端推送。市社联还邀请十余家新闻媒体对论坛内容作报道，通过这样一次特殊的科普周开幕式论坛，将进口博览会的信息传递给更多的上海市民，传递给更多关注中国和上海发展的世界目光。

5月28日，市社联在地铁10号线开通了“迎接中国国际进口博览会”主题地铁专列，借助地铁的拉手、车厢壁和车门贴，集中宣传推介进口博览会的相关知识和信息。科普周期间还将组织推出《从首届中国国际进口博览会看中国新一轮的改革开放》等专题讲座。

举办进口博览会是全市的大事，市社联将继续落实李强书记在“决战中国国际进口博览会200天全市动员大会”的讲话精神和“决战中国国际进口博览会200天宣传系统动员会”会议要求，聚焦进口博览会这一重大任务，组织开展形式多样的科普活动，协同推进进口博览会的教育普及和宣传动员，引导更多的市民群众自觉参与到盛会中去，为把进口博览会办成“国际一流博览会”作出社科界应有的贡献。

上海市社联推出“为什么是上海”系列短视频，打响红色文化品牌

1921年7月，中国共产党在上海诞生。为什么是上海？毛泽东等中共早期领导人与上海有着怎样的渊源？中国共产党成立这一开天辟地的大事变又是在怎样的历史大背景中发生的？6月29日至7月4日，由上海市社会科学界联合会、解放日报·上观新闻联合制作的6集短视频“为什么是上海——探寻上海红色基因”在上观新闻(App)“思想汇”栏目播出。

该系列短视频每集约6分钟，分别是：理想火种、先锋摇篮、红色起点、电波密战、聚合力量、缝隙效应，从思想传播、社会基础、交通系统、通讯系统、组织系统、安全系数六个方面逐一分析，以若干历史故事串联，深刻揭示出中国共产党诞生在上海的历史必然性，并由此充分展现奔腾在上海这座城市骨子里的红色文化基因，探究为什么上海被称为中国革命和红色文化的源头。片中邀请了熊月之、徐建刚、张云、忻平、苏智良等多位沪上近代史和党史专家点评，并走访了多个红色地标和相关纪念场馆。总长半个多小时的视频仿佛是一次浓缩的“上海红色文化深度游”，让人在历史的纵深中，重温那段波澜壮阔、激情澎湃的岁月，找寻中国共产党人初心和使命的历史源泉。

视频播出后，引发社会各界热烈反响。今日头条、搜狐、一点资讯、“廉洁上海”官方微博、“火红的党旗”微信公众号等多家媒体转载。市委组织部党建服务中心在第一集视频播出的当天就打来电话，向市社联索要视频资料准备上传至党员干部远程教育平台，作为全市党员教育的学习资料。许多基层党建工作者来电话反映：通过手机看了好几遍，每看一遍认识提高一步，此片具备原创性、权威性和通俗性，让人看了不累，最大的感受就是很鲜活，同时也能引发思考和兴趣，是一部很好的党建类科普作品，希望能提供视频资料方便我们组织单位党员集体观看。还有网友留言：看来，我又要开始追剧了！这个视频不是干巴巴地讲道理，而是通过一些我们之前不太了解的史料，以讲故事的方式讲道理，看了之后很振奋。

一部点击量超千万的科普动画片

——上海市社联推出纪念上海改革开放 40 周年系列动画短片

12 月 7 日起，一部以纪念改革开放 40 年为主题的系列动画短片《40 年，上海的变迁故事》在上海发布、上观新闻、澎湃新闻、新民、翱翔、今日头条和梨视频等平台同时播放，每日一集，共十集。发布首日，仅在新浪微博上的点击量即突破 260 万。这对于社科普及原创作品来说是个不俗的成绩。截至发稿，该系列动画片点击量已累计突破千万。

2018 年是改革开放 40 周年，全社会竞相回看 40 年最美画卷，而别出心裁的动画片无疑是众多宣传作品中的一股清新之流。上海市社联大胆创新，选择用夸张个性的卡通画面，生动跳脱的语言表述，在轻松幽默中，生动鲜活地再现黄浦江畔这片土地的神奇变化，共同感受改革开放带来的力度与温度。

形式活泼，又不失内容上的严谨准确，是该片的另一特色。市社联联合市委党史研究室，梳理了大量历史资料，精选了上海改革开放的标志性事件，并邀请权威专家担当顾问。最终制作完成的《浦东的传奇之变》《洋山港诞生记》《"三湾一弄"的故事》《世博会，点亮城市美好的未来》等十集动画片，浓缩了 40 年上海改革开放波澜壮阔的发展历程，彰显了上海人民逢山开路、遇水搭桥、敢为人先的改革创新精神。

超千万的点击量还得益于多元立体的传播方式。该系列动画短片从一开始就注入了新媒体"传播"的理念。市社联咨询了多家权威媒体，反复打磨脚本，每篇不足千字，每集动画片仅 3 分钟；在推送平台的选择上，以微博、微信、App 等平台为主，顺应了移动互联时代快速阅读和链传播的特点，做到了精确表达、精准推送、精准传播。

该系列动画片播出后，引发了市民极大的情感共鸣。许多市民留言，为上海改革开放取得的巨大成就感到骄傲和自豪，甚至还有市民"追"起这部剧来；东方财经·浦东频道主动联系市社联，希望完整播出该系列短片；上海飞乐音响股份有限公司来函市社联，商请将《曾经的国礼"小飞乐"》作为公司宣传片；上海东方航空集团有限公司也来电，希望将《从"纺嫂"到"空嫂"的华丽转身》在全国机场东航贵宾室滚动播放。近期，该系列动画短片还将在申通地铁站内公益屏上投放。

第四届上海社会科学界合唱音乐会在沪举行

11月20日晚，由上海市社会科学界联合会主办的“纪念改革开放40周年暨第四届上海社会科学界合唱音乐会”在东方艺术中心音乐厅举行。

上海社会科学界合唱团、复旦大学教工合唱团、上海交通大学老教师实验合唱团、同济大学教师合唱团、上海应用技术大学大学生艺术团合唱团近300名社会科学工作者集结舞台，讴歌新时代，歌颂人民群众的幸福生活，表达广大社科工作者纪念改革开放40周年的喜悦心情。

音乐会开始前，中共上海市委宣传部副部长、上海市社联党组书记燕爽在致辞中介绍了上海市社联在市委宣传部指导下，提前谋划，精心组织全市社科研究“五路大军”，开展总结宣传改革开放40年重大成就和经验的“五个一”工作，推出了一批重大研究课题、一系列研究丛书、一个宣传专栏、一次征文活动、一系列研讨活动，从经济、政治、社会、文化、教育、法律、科技、国际关系等各个方面，对改革开放40年来的发展历程进行深入研究，全方位总结提炼国家和上海改革开放的重要成就和基本经验，取得了许多最新的学术研究和理论宣传成果，为改革开放再出发做出了上海社科界的独特贡献。此外，10月19日开幕的上海市社联第十二届(2018年)“学会学术活动月”推出四大类，133场学术活动，也为社会大众奉上了一场以“纪念改革开放40周年，构建中国特色哲学社会科学”为主题的社团学术盛宴。

本次音乐会也是上海社科界纪念改革开放四十周年系列活动之一，合唱曲目的选择以讴歌新时代，歌颂人民群众的幸福生活为主，其中包括《闪亮的日子》《不忘初心》《故乡的云》《城南送别》《让世界都赞美你》《在灿烂的阳光下》等经典歌曲，还有原创曲目《中国历史歌》等。

上海市社联第六届委员会主席、复旦大学社会科学高等研究院学术顾问秦绍德等一批知名专家教授作为合唱团员参加了演出。本市近1 500名社科工作者代表出席并观赏了音乐会。

学会服务平台

XUE HUI FU WU PING TAI

上海市社联举行2018年度学术团体负责人暨党建工作会议

3月2日，上海市社联举行2018年度学术团体负责人暨党建工作会议。来自社联所属学会及民办社科研究机构的200余位负责人参加了会议。市委宣传部副部长、市社联党组书记、专职副主席燕爽出席会议并就新一年本市哲学社会科学学术团体的工作进行了部署。

市社联党组成员、专职副主席解超主持会议，并传达了中央、市委相关文件精神。市社联党组成员、副巡视员莫剑平作学术团体2017年度工作总结和2018年度工作通报。

燕爽充分肯定了2017年学术团体在贯彻落实党的十九大精神、承担重大学术项目任务、完善内部建设提升战斗力凝聚力、追踪学术热点成立新的学术团体等方面取得的突出成绩，并指出2018年，市社联将继续在市委、市委宣传部的领导下，坚持以习近平新时代中国特色社会主义思想为指导，增强政治意识、大局意识、核心意识、看齐意识，紧紧围绕学习宣传贯彻党的十九大精神这条主线开展各项工作。

燕爽还对本市哲学社会科学学术团体工作提出要求：(1)紧紧围绕习近平新时代中国特色社会主义思想，把学习宣传贯彻党的十九大精神引向深入，推动中国特色社会主义理论体系构建。为进一步深化习近平新时代中国特色社会主义思想的研究阐释，市社联所属各学术团体要自觉在思想上政治上行动上同以习近平同志为核心的党中央保持高度一致，进一步提高社科工作使命感，明确社科战线重任，落实用习近平新时代中国特色社会主义思想武装头脑的战略任务，按照学懂、弄通、做实的要求，深化学习教育和宣传阐释，推动习近平新时代中国特色社会主义思想深入人心。市社联所属学术团体，要积极参与中国特色社会主义理论体系构建和中国哲学社会科学话语体系构建，把学术探讨和课题研究与话语体系建设紧密结合，突出中国特色、中国风格、中国气派，用马克思主义指导下的中国理论学术话语分析中国问题、阐释中国观点、指导中国实践。社联所属学术团体，要积极参与市委宣传部交予市社联的重大学术项目建设，围绕“改革开放40周年、新中国成立70周年、建党100周年”开展新一轮课题研究工作，及时反映话语体系建设最新成果，持续推进学术话语体系建设；围绕新一轮学术课题申报和全国范围内的征文活动，以及筹划落实创世神话青年学者研讨会，举办第二届中华创世神话上海论坛，不断夯实“中华创世神话学术研究高地”构建工作。(2)紧紧围绕重大时间节点，形成一批有特色、高质量的理论成果，提升上海哲学社会科学研究的水平。今年是上海市社联成立60周年，市社联计划举办成立60周年系列纪念活动：与《新民晚报》《文汇报》《解放日报》等媒体合作，推出“学会老会长十日谈”与“社科专家专版笔谈”；拍摄电视专题片《思想的华章》，编写市社联60年大事记，生动呈现社联丰厚的历史积淀和沪上著名学者风采；开展“上海社科名家60人推选工作”，纪念成果斐然、德高望重的老一辈学人；举办“面向2050年的中国哲学社会科学”征文活动，展望新时代哲学社会科学发展前景；举办系列论坛，议题涵盖上海建设“全球卓越城市”五大中心和文化大都市方方面面；开展市社联60周年成果图文巡展。市社联的60年，也是学会的60年。各学术团体应以此为契机，主动对接，发扬光荣传统，展望未来、扩大影响、凝聚人心。2018年，市社联将聚焦改革开放40周年，在习近平总书记“5·17”讲话发表两周年之际，围绕“改革开放40年与习近平新时代中国特色社会主义思想”举行高峰论坛研讨。2018年，市社联还将围绕“马克思诞辰200周年”“《共产党宣言》发表170周年”等重大纪念活动，依托社科界力量，组织开展形式多样的成果发布、专家咨询、学术研讨等专题活动，推出一批高质量的理论成果。市社联所属学术团体要充分发挥好理论先行、理论引领、理论聚力的重要作用，深化拓展社科研究平台作用，凝聚全市社科研究力量，提升上海哲学社会科学研究的整体水平。(3)紧紧围绕群团改革精神，创新发展哲学社会科学学术团体。着力开展大调研工作，大兴调查研究之风。2018年，市社联要按照习近平总书记关于大兴调查研究之风和对上海工作的重要指示精神，按照市委、市委宣传部的统一部署，聚焦加快建成上海国际文化大都市、打响上海文化品牌的战略目标，结合社科工作实际，就如何把上海建成提高我国国际传播力、影响力的重镇，扩大中国学术话语的世界影响，深入调研，谋划战略。各学术团体要汇聚社科界专家学者的聪明才智，研究回答好时代提出的问题，为繁荣发展哲学社会科学服务，为社会主义经济、政治、文化、社会建设服务，更好地发挥认识世界、传承文明、创新理论、咨政育人、服务社会的重要功能。着力汇聚中青年学者，培养学术团体人才梯队。社科类学术团体汇聚了大量老、中、青专家学者，是培养优秀人才的重要基地。2017年，各学术团体共举办各类青年学者学术活动近百次，对于青年学者的培养起到很好的推动作用。市社联在2018年要成立专项基金，支持学会活动，扶植青年学者。各学术团体要继续把青年人才的培育和发展，作为工作的重要任务，促进青年人才的全面发展。要加强学术团体领导班子建设，选配一批政治思想觉悟高、业务水平过硬、工作能力强，热心公益事业，具有开拓性、进取性的中青年同志进入学会领导层，为学术团体持续健康的发展提供组织保证。要在青年人才培养开发、评价发现等方面形成更加科学、更具活力的一整套机制，使学会成为发现青年人才、吸引青年人才、培育青年人才、成就青年人才的重要学术组织。着力开展跨学会学术活动，推进学术创新发展。各学术团体要从进一步创新学术活动形式、提高学术活动实际效果和含金量的高度，积极开展跨学会学术活动。在开展学术活动中，利用自身优势，充分发挥整合协调功能，最大限度发挥整体效应，围绕学科建设的理论与实践课题，开展基础理论研究和应用理论研究，对重点、难点问题组织课题攻关，推动学科体系、学术话语体系、学术观点和科研方法创新，提高社会科学资源的使用效率。市社联今年将继续推动和引导学会开展联合学术研讨活动，对学会举办的重要的跨地区、全国性或国际学术活动，以及相关学会联合举办的重要跨学科学术活动给予特别资助，以支持本市优势学科、重点学科、新兴学科的有关学术团体在学科建设方面发挥整合、引领作用，扩大品牌影响，形成品牌效应。着力完善学术活动激励机制，创造学术团体发展有利条件。市社联现有所属学术团体180余家，情况各不相同。市社联将根据历年年报、达标以及学术活动实际开展情况，综合分析学术团体学术活跃度，再加之学科方向、研究领域等不同维度，探索、制订、完善并实施学术活动激励机制，分类扶持引导学术团体发展，调动学术团体学术创新积极性，为学术团体发展创造更为有利的条件。

会上，上海市宏观经济学会会长祝兆松，上海市美学学会会长祁志祥，上海市语文学会副会长兼秘书长、青年专业委员会主任陈昌来还分别围绕“坚持有学术含量、有趣味的活动原则，将学会办成有凝聚力的会员之家”“依托学会平台，服务上海经济社会科学发展”“以学会为平台，托起青年学者的明天”作了交流发言。

上海市社联组织所属学术团体开展“三优一特一品牌”互评活动

为了更好地总结近年来在学会、民办社科研究机构管理与建设方面的工作，从而推动学术团体健康、有序的发展，9 月 19—20 日，上海市社联学会处举行互评交流会议，对学术团体申报的“优秀学会”“优秀民办社科研究机构”“学会特色活动”和“学会品牌活动”项目进行交流评选，所属学会、民办科研机构负责人 160 多人参加会议。

近年来，上海市社联在市委宣传部的领导下，大力加强学术团体的管理与建设，取得显著成效。作为学术团体建设的一项重要抓手，市社联三年一次的“优秀学会”“优秀民办社科研究机构”“优秀学会工作者”“学会特色活动”和“学会品牌活动”评选已经坚持多年，评选活动在推动学术团体建设中发挥了重要作用，影响也越来越广。

与往届一样，本次评选活动得到学会和民办机构的高度重视，各团体在认真总结对照自评的基础上，精心准备申报材料。根据活动要求，本次评选是对学会和民非 2015—2017 年过往三年的工作在全面总结的基础上开展评选。申报“优秀学会”的条件是连续 3 年均按《上海市社联学会“达标创优”评估指标》考核达标，且在以下五个方面做出较好成绩：坚持正确的政治方向，联系和团结本学科社科工作者，发挥桥梁纽带作用；开展科研、学术活动，发挥组织协调作用；为党和政府的决策以及社会各界提供智力支持，发挥咨询服务作用；提高社会公众的精神文明素质，发挥宣传普及作用；依法治会，按章办会，加强学会自身建设。“学会特色活动”是对各学会三年来在学术科研、社科普及、决策咨询、公益服务等业务领域举办的具有创意且取得良好效果、可资借鉴或示范的活动项目进行评选表彰。“学会品牌活动”用于表彰曾获得学会特色活动奖称号，学会已经坚持举办多年形成机制，在会员中有高度认同和参与，对其他学会有示范效应，在社会上产生较大影响，已成为学会品牌项目的活动。民办社科研究机构近年来开展了许多有特色有影响的活动，“优秀民办社科研究机构”是表彰各机构在开展科研、学术活动，为党和政府的决策以及社会各界提供决策咨询和自身建设与管理等方面作出较好成绩，取得较好社会效益。

本次评选，学术团体通过自评、互评，大家取长补短、互相借鉴，先进的工作理念、工作方法将在社联所属学术团体范围内得到交流、传递和推广。好的创意、好的机制将为更多学会所借鉴，有助于推动学术团体更好的发展。

上海市社联将在 2018 年年底召开第十次学术团体工作会议，届时对获奖学术团体和个人予以表彰。

上海市社联召开所属学术团体党工组负责人会议传达学习上海市宣传思想工作会议精神

10月16日，上海市社联召开所属学术团体党工组负责人会议，传达、学习上海市宣传思想工作会议精神。社联所属学术团体党工组负责人100多人参加会议，市社联党组成员、专职副主席任小文出席会议并讲话。

会上，市社联学会处处长王克梅传达了市委常委、宣传部部长周慧琳在上海市宣传思想工作会议上的总结讲话。市社联党组成员、专职副主席任小文传达市委书记李强在上海市宣传思想工作会议上的讲话精神。任小文还向与会的党工组负责人介绍了近期学会工作的主要内容。

市社联高度重视所属学术团体的党建工作，本次会议既是传达、学习上海市宣传思想工作会议精神；也要求各党工组负责人要及时地把会议精神传达到学会领导班子和会员，要在学会活动中落实会议精神，充分发挥党工组的政治引领作用；希望各党工组负责人站位要高，立场要坚，要把社团党建作为学术社团功能发挥和内部治理的一个重要抓手，加强党对社团和民非工作的领导，确保社团发展的正确方向。

上海市社联第十二届(2018年)“学会学术活动月”开幕式暨首届会长论坛隆重举行

10月19日,上海市社联举行第十二届(2018年)“学会学术活动月”开幕式暨首届会长论坛。本届活动月主题为“纪念改革开放40周年,构建中国特色哲学社会科学”。市社联主席王战致辞并宣布开幕,党组成员、专职副主席任小文主持开幕式和会长论坛,党组成员、副巡视员莫剑平出席开幕式。市社联所属各学术团体负责人和专家学者200多人参加会议。本届“学会学术活动月”各项活动将于10月20日至11月20日举办。其间,市社联所属的100多家学术团体将联合有关高校、科研机构及党政机关等单位共同举办改革开放系列研讨会、学科研究、跨学会学术研讨和青年学者学术活动等各类学术交流活动130多项。

王战在致辞中指出,十二年来,各学会和本市各高校、党校、部队院校、研究机构、党政群机关等单位以及广大社会科学工作者和媒体工作者对历届活动月的顺利开展给予了大力支持。每一届活动月都密切了“五路大军”的合作关系,形成了一批时代关切的研究成果,涌现出几名初露峥嵘的青年才俊,推动了本市哲学社会科学的快速发展。

王战强调,改革开放40年来,中国特色社会主义取得了巨大成就,实现了中华民族从站起来、富起来到强起来的伟大飞跃,迎来了中华民族伟大复兴的光明前景。惟改革者进,惟鼎新者强。只有改革开放才能发展中国,只有全面深化改革,继续扩大开放才能复兴中国。认真总结我国改革开放40年的宝贵经验对进一步加快新时代改革开放,坚持和发展中国特色社会主义,实现中华民族伟大复兴具有十分重要的理论意义和实践意义。要把学习、宣传、贯彻党的十九大精神作为首要政治任务,把构建中国特色哲学社会科学作为主攻方向,研究回答好时代提出的问题,更好的发挥社科类社会组织认识世界、传承文明、创新理论、资政育人、服务社会的重要作用。

与往年不同的是,2018年的“学会学术活动月”首次开设会长论坛,这也成为一大新亮点。会长论坛今后将不定期举办,聚焦热点话题,充分发挥市社联各学会的名家资源,交流学术观点,相互启迪,碰撞思想,充分体现市社联在学术交流中共享、传递的平台作用。

会长论坛上,上海市经济学会会长周振华、上海市马克思主义研究会会长王国平、上海市哲学学会会长吴晓明、上海市世界经济学会会长张幼文分别围绕“改革开放再出发”“改革开放40年与中国特色社会主义经济形态”“改革开放与哲学社会科学创新”“40年开放型发展道路的理论内涵与战略新课题”作了学术报告。

周振华指出，改革开放再出发要把握好三个辩证关系。一是着眼新时代，把握“变”与“不变”的辩证关系；二是基于动态化，把握比较优势“新”与“旧”的辩证关系；三是立足操作性，把握比较优势转化为竞争优势的辩证关系。

王国平认为，中国特色社会主义经济形态，若置于世界经济形态体系中去审视，可以得出“双重突破”的结论。一是从社会主义经济形态自身结构看，中国特色社会主义经济形态是社会主义基本制度与市场经济相结合的经济，明显区别于传统的计划经济体制。二是从世界经济形态的结构看，中国特色社会主义经济开辟了市场经济与社会主义制度相结合的新道路，从而推动人类文明的市场经济形式有了新的发展空间，这无疑是新探索、新突破。

吴晓明认为，在回顾和纪念改革开放这一伟大实践的40年历程时，我们不仅看到整个经济生活和社会生活的巨大变革，而且中国哲学社会科学也取得了长足的进步，并收获了十分丰硕的成果。中国特色社会主义进入新时代，这在意味着我们的历史性实践进入到一个决定性转折点的同时，也将为哲学社会科学的创新提供强大的动力。

张幼文指出，中国古人常说“三十而立，四十不惑”。什么是不惑？首先就是自信。理解和总结改革开放40年，必须坚定道路自信、理论自信、制度自信、文化自信。与此同时，站在40年巨大成果的基础上，面对全球化的变局和中美贸易摩擦等复杂态势，“不惑”还意味着清醒，我们需要有时代清醒、地位清醒、战略清醒和目标清醒。

上海市社联 2015—2017 年度“优秀学会”“优秀民办社科研究机构”“优秀学会工作者”“学会特色活动”和“学会品牌活动”名单

上海市优秀社会科学学会（2015—2017 年）

上海市哲学学会
上海市经济学会
上海市语文学会
上海市教育学会
上海市国际关系学会
上海市会计学会
上海科学社会主义学会
上海市马克思主义研究会
上海市社会学学会
上海市世界经济学会
上海市伦理学会
上海市金融学会
上海市农村经济学会
上海市城市经济学会
上海市家庭教育研究会
上海市政治学会
上海市新四军暨华中抗日根据地历史研究会
上海市中共党史学会
上海市卫生经济学会
上海市劳动和社会保障学会
上海市保险学会
上海市思想政治工作研究会
上海市编辑学会
上海市日本学会

上海市宏观经济学会
上海中山学社
上海宋庆龄研究会
上海市台湾研究会
上海欧洲学会
上海炎黄文化研究会
上海金融法制研究会
上海生产力学会
上海市领导科学学会
上海市信访学会
上海市知识青年历史文化研究会
上海人大工作研究会
上海市税务学会
上海市信用研究会

上海市优秀民办社会科学研究机构（2015—2017 年）

上海华夏社会发展研究院
上海金融与法律研究院
上海易居房地产研究院
上海党建文化研究中心

上海市社会科学学会特色活动奖（2015—2017 年）

学术科研类	
上海市经济学会	经济学人上海圆桌会议
上海市马克思主义研究会	围绕理论实践　聚焦时代主题—连续成功举办市社科学术年会马研专场暨马研年度论坛
上海市社会学学会	上海人文社科青年学者沙龙系列学术活动
上海市逻辑学会	逻辑学理论前沿系列研讨会
上海市世界经济学会	中国经济与世界经济的对话高层论坛
上海市金融学会	“十三五”期间中国金融新业态研讨会
上海市新四军暨华中抗日根据地历史研究会	“新四军与上海”学术研究活动
上海管理教育学会	世界管理论坛暨东方管理论坛
上海市卫生经济学会	卫生经济青年论坛
上海市国际贸易学会	全球经贸发展“季”论坛

（续表）

学术科研类	
上海市生态经济学会	中德绿色发展论坛
上海工艺美术学会	历史传承、文化创新与工艺美术发展系列跨学会学术研讨会
上海市台湾研究会	加强上海对台青年培养　形成研究梯队
上海市演讲与口语传播研究会	上海青年学者口语论坛
上海市社区发展研究会	改革开放 40 年与上海社会进步
社科普及与公益服务类	
上海市档案学会	市档案馆“东方讲坛”举办点项目
上海市中共党史学会	渔阳里与中国共产党的创建与早期发展
上海市钱币学会	钱币鉴赏班
上海市渔业经济研究会	食品安全进社区
上海市监狱学会	监狱文化建设的探索与实践
上海市价格学会	艺术品收藏价格咨询与鉴赏
上海市编辑学会	书香上海·沪上优秀青年编辑新年荐书活动
上海市固定资产投资建设研究会	坚持十余年围绕主题开展系列科普活动
上海市语言文字工作者协会	“中华经典与传统文化传承活动”在线答题
上海市市场监管管理学会	市场监管法律法规进社区专题讲座及咨询活动
上海市古典文学学会	中国古典文学的普及与传承
上海股份制与证券研究会	谈谈百姓投资理财
上海市形势政策教育研究会	“每月谈”论坛与信息发布会
上海炎黄文化研究会	五月画展
上海市法治研究会	“法学与法治国家构建”系列讲座
上海市知识青年历史文化研究会	“中国梦　知青梦”论坛
决策咨询与成果发布类	
上海市城市经济学会	上海城市发展创新论坛
上海市劳动和社会保障学会	运用网络平台　扩大服务会员功能
上海欧洲学会	欧洲观察室

（续表）

人才培养类	
上海市哲学学会	中青年学者论坛:传承与共进的学术平台
上海市语文学会	上海市青年语言学者论坛
上海市伦理学会	多媒体联动:助力青年学术成长
上海市政治学会	海归青年政治学者论坛
上海市世界语协会	世界语沙龙活动
上海市审计学会	上海审计青年论坛
上海蔬菜经济研究会	上海都市蔬菜产业青年学者论坛系列活动
上海市商业会计学会	“税制改革与财会创新”研修班
上海市领导科学学会	“领导科学研究”博士论坛暨青年学者论坛

上海市社会科学学会品牌活动奖（2015—2017 年）

上海市经济学会	上海青年经济学者论坛
上海市外文学会	华东六省一市外语论坛
上海市会计学会	潘序伦中青年会计、审计优秀论文评选
上海市马克思主义研究会	马克思主义研究青年论坛——为青年学者搭建马克思主义研究的有效平台
上海市农村经济学会	精心办好学会刊物
上海市政治学会	长三角三省一市政治学会联合学术会议
上海市医学伦理学会	安宁疗护伦理与实践活动
上海市宏观经济学会	创新转型——区域发展专题咨询调研活动
上海联合国研究会	联合国研究青年论坛
上海影视戏剧理论研究会	中国电影、电视剧和话剧发展研究报告

上海市优秀社会科学学会工作者（2015—2017 年）

学　　会	优秀工作者
上海市哲学学会	张　雄、高惠珠
上海市经济学会	傅尔基、张晖明
上海市语文学会	周　萍、张虹倩
上海市外文学会	彭青龙

（续表）

学　　会	优秀工作者
上海市教育学会	尹后庆
上海市国际关系学会	苏长和、方　晓
上海市会计学会	石慧敏、邵康英
上海科学社会主义学会	刘泽雨、毛力熊
上海市马克思主义研究会	陈学明、周敬青
上海市社会学学会	罗国振、朱伟珏
上海市逻辑学会	张留华
上海市世界经济学会	罗长远、何欢浪
上海市高等教育学会	尤丽芬
上海市伦理学会	王正平、余玉花
上海市金融学会	肖立伟
上海市统计学会	金慧莲
上海市农村经济学会	徐盘钢、周兰军
上海市人口学会	胡　琪
上海市美学学会	朱立元
上海市城市经济学会	朱彩萍、王京南
上海市房产经济学会	赵才娣
上海市家庭教育研究会	江伟鸣、郁琴芳
上海市政治学会	程竹汝、付　春
上海市新四军暨华中抗日根据地历史研究会	张　云、颜　宁
上海市档案学会	盛涵雅
上海市中共党史学会	陈　挥、徐光寿
上海邮电经济研究会	薛仲琴
上海市辞书学会	马　沙
上海管理教育学会	颜世富
上海市世界语协会	汪敏豪
上海市犯罪学学会	冯引如
上海市卫生经济学会	金春林、冯　正

（续表）

学　　会	优秀工作者
上海市钱币学会	王　炜
上海市统一战线理论研究会	刘　颖
上海市渔业经济研究会	马晓萍
上海市劳动和社会保障学会	王鸣强、邱　婕
上海市保险学会	谢志刚、陈　婷
上海市思想政治工作研究会	吴瑞虎、孙显良
上海市监狱学会	余　飞
上海市比较文学研究会	胡　荣
上海市价格学会	程大选
上海市审计学会	黄春媚
上海市编辑学会	孙　欢、高云松
上海市行为科学学会	田新民
上海市日本学会	陈子雷、蔡　亮
上海市国际贸易学会	俞伟利
上海市固定资产投资建设研究会	杜静安
上海市研究生教育学会	刘少华
上海市行政管理学会	袁雪娇
上海市语言文字工作者协会	于桂平
上海市生态经济学会	周冯琦
上海市数量经济学会	邸俊鹏
上海市市场监督管理学会	陈　菁
上海市古典文学学会	朱濛丹
上海市俄罗斯东欧中亚学会	汪　宁
上海市医学伦理学会	方秉华
上海市世界史学会	沐　涛
上海市远距离高等教育学会	孙延敏
上海市宏观经济学会	颜莹舫、汪　岳
上海蔬菜经济研究会	鲁　博

（续表）

学　　会	优秀工作者
上海中山学社	廖大伟、金　鑫
上海工艺美术学会	肖国梅
上海国际战略问题研究会	武心波
上海市土地学会	张美蓉
上海市民俗文化学会	仲富兰
上海股份制与证券研究会	杨见钧
上海社会科学普及研究会	宋　杰
上海市形势政策教育研究会	杨　苏
上海市民防协会	高嘉炜
上海宋庆龄研究会	赵丹青、韩先梅
上海城市金融学会	董　宇
上海市台湾研究会	孙英华、倪永杰
上海市市场学会	高维和
上海欧洲学会	龙　静、曹子衡
上海市商业会计学会	徐强毅
上海财务学会	纪园园
上海现代企业经营管理研究会	唐华东
上海炎黄文化研究会	夏乃儒、曹金荣
上海市演讲与口语传播研究会	黄　晨
上海市民营经济研究会	沃伟东
上海金融法制研究会	李国平、葛庆喜
上海市社区发展研究会	叶月萍
上海生产力学会	顾其南、金嘉晨
上海市美国学会	苏　强
上海市年鉴学会	裘晓燕
上海市法治研究会	程金华
上海市领导科学学会	郅庭瑾、何培新
上海市信息学会	石宗宏

（续表）

学　　会	优秀工作者
上海市信访学会	杜　勤、钱辰一
上海城市规划学会	叶贵勋
上海市知识青年历史文化研究会	李庆梅、石兔瑛
上海人大工作研究会	孙运时、林荫茂
上海市税务学会	董伟艺、杨良藩
上海市国际税收研究会	张建平
上海联合国研究会	张贵洪
上海市 WTO 法研究会	梁　咏
上海市信用研究会	洪　玫、刘海龙

学会学术交流

XUE HUI XUE SHU JIAO LIU

语言、教育、文化、新闻

上海市演讲与口语传播研究会召开第六次会员代表大会

1月21日,上海市演讲与口语传播研究会召开第六次会员代表大会。会议审议并通过了第五届理事会工作报告和财务报告,审议并通过了修改后的研究会章程,选举产生了第六届理事会成员和监事。随后举行的第六届理事会第一次会议上,选举产生了新一届学会领导班子,严三九为会长,郑欢、陈建云、王晴川、巩晓亮、蒋伟伟为副会长,林毅为秘书长。

上海市世界语协会召开第七次会员代表大会

“上海市世界语协会第七届会员代表大会暨换届大会”于 6 月 23 日在上海外国语大学逸夫图书馆报告厅举行，来自上海外国语大学、上海交通大学、上海师范大学、华东师范大学、同济大学等高校的代表和协会会员代表近 50 人出席。

大会通过了上海市世界语协会第六届理事会会长汪敏豪所作的《上海市世界语协会第六届理事会工作报告》、副会长兼秘书长周天豪所作的《上海市世界语协会关于协会章程修改的说明》和新的《上海市世界语协会章程》，大会听取了汪敏豪的《上海市世界语协会关于第七届理事会产生和组成说明》。大会全体代表选举产生了新一届理事会 17 位理事，包括来自上海市 5 所高校的 8 位教授或副教授。当选理事中，本科以上学历有 14 人，包括 3 位博士后、2 位博士、3 位硕士及 6 位学士。

在第七届理事会第一次会议上，选举产生了上海市世界语协会新一届理事会领导班子，上海外国语大学音像出版社副社长周天豪获全票通过当选为上海市世界语协会会长。同时当选的还有 4 位副会长，分别是：宋炳辉（上海外国语大学文学研究院党总支书记）、李照国（上海师范大学外国语学院院长）、孙宜学（同济大学国际文化交流学院副院长）、张春柏（华东师范大学外国语学院原院长）以及秘书长，张涵（上海矿石国际交易中心有限公司市场总监）。同时还决定聘请魏原枢、汪敏豪为名誉会长，许德基任监事。

新当选的第七届理事会会长周天豪表示将竭尽所能为协会服务。他回顾了协会的历史并展望了协会今后的工作。上海市社会科学界联合会领导发来贺信，祝贺上海市世界语协会换届成功。

上海食文化研究会召开第五次会员代表大会

7 月 6 日，上海食文化研究会召开第五次会员代表大会。会议审议并通过了第四届理事会工作报告和财务报告，审议并通过了修改后的研究会章程，选举产生了第五届理事会成员和监事。随后举行的第五届理事会第一次会议上，选举产生了新一届研究会领导班子，杨卫武为会长，孟海棠、张文虎、楼嘉军、李萌、茅建民、是亮、张桂生为副会长，张文虎（兼）为秘书长。

上海市比较文学研究会召开第十二届会员大会

10 月 20 日，上海市比较文学研究会召开第十二届会员大会暨学术年会。会议由上海市比较文学研究会主办，上海大学文学院、上海大学中国语言文学高原学科、上海大学文学院比较文学与世界文学学科承办，此次会议也是上海市社联第十二届学会学术活动月主题活动之一。来自复旦大学、华东师范大学、上海交通大学等沪上 17 所高校和科研院所的 140 位师生欢聚一堂，以文会友，促进学术健康发展。出席会议的有上海市比较文学研究会名誉会长、上海外国语大学谢天振教授，中国比较文学学会副会长、中国人民大学杨慧林教授，中国比较文学学会副会长、秘书长、北京大学比较文学与比较文化研究所所长张辉教授，市比较文学研究会会长、上海外国语大学宋炳辉教授等知名学者。

上海市比较文学研究会第十二届会员大会由常务副会长刘耘华教授主持，会长宋炳辉向与会会员和代表作了第十一届理事会工作报告，与会会员审议通过了工作报告以及财务报告、学会新章程的修改意见，投票选举产生了新一届理事会及领导班子，宋炳辉任会长，刘耘华、吴洪、杨乃乔、陈晓兰、任一鸣、孙宜学、范劲任副会长，陈晓兰兼任秘书长。

学术研讨会主旨报告上下两场分别由副会长杨乃乔教授、范劲教授主持，中国人民大学杨慧林教授、北京大学张辉教授、上海师范大学刘耘华教授、复旦大学严锋教授做了精彩的主旨报告，深入剖析了“比较文学的可能”“比较文学的三重境界”“弗朗索瓦·朱利安的中国画论”“走向 VR 的文学”等重要命题。四位报告人丰厚的学养、前沿的思维和现实人文关怀，体现了比较文学学科应有的品质。分组讨论围绕八个议题展开：中外文学关系、中西比较诗学、翻译研究、比较文学跨学科研究、比较文学学科理论探讨、海外华人文学与海外汉学、世界文学与国别文学研究、旅行写作研究。

上海影视戏剧理论研究会召开“改革开放40年来国产影视创作和产业发展的回顾与展望”学术研讨会

10月20日下午，上海影视戏剧理论研究会在复旦大学召开了“改革开放40年来国产影视创作和产业发展的回顾与展望”学术研讨会，本次会议是上海市社联2018年度社科热点“一月一会”合作项目。复旦大学、上海交通大学、同济大学、上海财经大学、上海社科院等单位的专家及研究生共计三十多人参加了会议。

周斌会长做了《改革开放以来中国电影的变革与拓展》的主题发言，他指出，在改革开放这场中国第二次革命的历史进程中，中国电影有了突飞猛进的变革和拓展。这种变革和拓展主要表现在四个方面，即电影生态环境：从封闭到开放；电影创作生产：从单一到多元；电影管理机制：从计划到市场；电影营销市场：从国内到国外。正是通过这样的变革和拓展，中国已成为名副其实的电影大国。但是，中国若要成为真正的电影强国，还有不少问题有待于解决，如果这些问题得不到及时解决，“电影强国”的梦想就不可能很快实现。当下，中国各个领域全面深化改革的各项工作正在持续进行之中，全方位对外开放的新格局也正在加速形成。处于这样的时代环境和社会语境中，中国电影只有适应新时代的新变化，通过进一步贯彻落实《电影产业促进法》，继续坚持改革开放的方针政策，不断增强核心竞争力，加快建设电影强国的步伐，才能在各方面有更快、更好地发展，并顺利完成从电影大国向电影强国的转换和发展。

李建强教授则梳理了改革开放以来的中国电影理论批评跌宕起伏的发展脉络，若以流变论，大致可以分为三个时期，即20世纪80年代的压抑性爆发，90年代的急转直下，21世纪以后的螺旋上升。其间或有交叉，有开合，大致的脉络还是清晰可辨的。总结其40年的发展经验和教训，无论对于建设有中国特色的电影理论批评体系，还是发展社会主义文化产业都具有启迪意义。

金丹元教授则认为在世界电影史中，科幻片作为重要的电影类型开启了人类想象的门阀，尤其是好莱坞的科幻片凭借精良的技术制作日益风靡全球，成为票房赢家，而中国则是其海外票房的主要贡献者。随着中国电影市场的蓬勃发展，全年票房已突破440亿元大关，但却鲜见中国科幻片的身影，反倒是好莱坞科幻片长期稳坐票房第一把交椅。既然科幻片具有如此强大的吸金能力，中国又同时拥有巨大的市场潜力，那么，中国电影人为何不在此类型上有所斩获，反而好像被“忘却”了似的，令人感到在电影类型的开掘上是一种缺席？他的文章拟通过对科幻片自身魅力的分析和对中国科幻片现状的梳理，找出中国科幻片缺失的深层原因并提出拓展之建议，以期对其发展提供思考和借鉴。

张书端副教授研究了改革开放 40 年中国电影中都市空间功能的转换，在改革开放以来的中国都市电影中，都市在电影中的地位和作用经历过一些明显的转变。在改革开放之初的都市电影中，都市仅仅作为故事发生的背景地而存在，并没有成为影响影片叙事进程的力量；而在 20 世纪 80 年代中后期之后的影片中，都市成为影片重要的叙事动力，它在较深层面上影响着人物性格和故事情节的发展；进入 21 世纪，都市本身则成了影片最重要的表现对象。这是由于中国都市化水平的不断发展，同时这也反映了人们在不同历史时期对都市和都市性的不同想象。艾青副教授则梳理了大陆贺岁片从类型到档期经历的转折与发展阶段及其特点，20 年来从类型到档期演变的大陆贺岁电影，从最初充当中国电影市场化突破口的角色，上升为对中国电影产业发展具有重要影响力的支柱型、主导型位置，成为改革开放以来中国电影创作与思潮中交织着美学、产业与文化的重要现象。

卢雪菲博士认为在中国的传统文化中，始终贯穿着托物言情式的，观赏与体验并存的传统审美意象。中国电影通过影像创作，建构出独特的意象审美和国际文化交流的契机。因此，她尝试，将中国电影创作历程中展现出的传统文化场域沿袭与重构，用三首唐诗中所展现出的中国文化意象，来进行比拟与阐述，走进中国电影的创作意境之中。刘春则追溯了 20 世纪 70 年代末、80 年代初，不乏人性思考、呼应时代思潮，且夹杂导演独特视角和艺术特色的日本电影，在中国的广受欢迎，她认为某种程度上，既依赖于两国文化的“近”可感，也得成于两国国情的“远”可鉴。正是在这样处于变动状态的远近对照中，日本电影在当代中国的流行，成为了一种值得关注的文化现象。作为镜像的日本电影，也映照出了当代中国电影的“情感结构”。

戏剧研究一直在学会的研究活动中处于相对边缘的地位，沈嘉熠副教授这次考察了戏剧表演的叙事性转变，为我们带来了新颖的视角。演员出身的冯果教授谈的则是电影表演，深入探讨了电影技术对表演的制约。薄晓研则认为 20 世纪 80 年代是中国电影创作繁荣的年代，可是恐怖片的生产却跌宕起伏。作为娱乐性极强的电影类型，恐怖片只有在娱乐片被正视和国内电影商业市场成熟的情况下，才能出现创作生机。

上海市语文学会等联合举办“第二届国家话语生态研究”高峰论坛

10月21日，上海市语文学会与华东师范大学国家话语生态研究中心等共同举办的第二届“国家话语生态研究”高峰论坛在华东师大举行。论坛聚焦语言传播·国际理解·周边国家命运共同体，深入研讨话语生态与命运共同体建设。上海市社联党组成员、专职副主席解超，广西民族大学党委书记卞成林，中国修辞学会会长陈光磊，韩国国家品牌建设委员会委员孟柱亿，日本中国语教育学会长古川裕，上海市外办新闻文化处处长刘伟东，《社会科学》总编胡建等来自海内外八十余位语言学、政治学、传播学、社会学、国际关系学科学者出席了论坛。

论坛就语言教学与命运共同体建设、国际理解与周边国家共同体建设、话语生态与国家发展、话语生态与国际传播四大主题分别报告了“获得感，汉语国际教育必须回应的迫切问题”“对外汉语是小儿科?!”“从公示语的语体特征看中国和日本的语言景观”“汉语教科书话语实践的维度与中国形象的传播”“语言与国际政治：南亚形势与话语权的争夺”“中国与中亚跨境合作模式探索”“‘一带一路’价值观研究”“从话语安全到话语规划：人类命运共同体建设的基础任务”“新媒体时代对外话语全球传播的突出问题与对策——以‘中国国际进口博览会’为例的分析”“‘一带一路’沿线国家来华留学生中国形象的认知及传播研究——基于词汇联想测试和问卷调查的研究”“修辞发明与跨文化叙事论辩的台湾形象”“新媒体时代德国传媒与公众对中国形象接受的互动与差异研究”“中国对外传播话语体系的‘微策略’探索”等研究。

市语文学会会长胡范铸在总结发言中指出，国家话语生态研究的宗旨是：以话语分析为路径；向权力说真话；推进国内跨社群的对话；促进国际跨文化理解。他指出所有的学术研究范式可以概括为三个问题：目标、问题、方法。他强调，一个中国学者需要做的：“不只是向世界说明中国，而是向世界说明世界。”我们是世界的一分子，人类的一分子。因此，要推进人类的彼此理解和对话，而不是推进话语冲突。

上海市研究生教育学会举办 2018 年学术论坛

11 月 1 日下午，上海市研究生教育学会在华东师范大学举办了以“纪念恢复研究生教育 40 周年　推进一流研究生教育发展”为主题的 2018 年学术论坛。本次论坛为上海市社联“第十二届学会学术活动月”系列活动之一。论坛由上海市教育科学研究院高教所所长董秀华主持，华东师范大学研究生院副院长张文致辞，上海市研究生教育学会秘书长、上海市学位办主任束金龙、复旦大学研究生院常务副院长吴宏翔、华东师范大学研究生院培养办公室主任陈灵犀、上海理工大学研究生院院长刘宝林、东华大学研究生部主任俞昊分别作报告，全市 60 余所研究生培养单位代表在场聆听。

上海市研究生教育学会秘书长、上海市学位办主任束金龙作了主题为“一流研究生教育引领计划——上海学位与研究生教育 2018 年回顾与 2019 年展望”的报告。束金龙立足国内高层次教育目标，指出于国家而言，研究生教育是国民教育的最顶端，中国已经是仅次于美国的第二大研究生教育大国，研究生教育必须产生丰富成果，为科教兴国战略输送大批人才；于学校层面而言，本科教育是立校之本，研究生教育是强校之基。束金龙首先回顾了 2018 年的主要工作，从上海一流研究生教育实施方案制定工作、贯彻立德树人根本任务与开展科学道德与学风建设宣讲工作、推进双一流工作、学位点相关工作等八个方面做了详细报告。束金龙强调高校要注重研究生思想建设工作；立德树人的三个关键词是特色、创新和成效。他指出，上海市早在 2013 年就以高峰高原学科建设计划为重点任务，以地方高校建设为基础，遴选高水平学科建设，形成从国家、到上海市、再到具体学科的一整套体系，响应国家双一流推进工作。束金龙指出，面对新的问题，要有新的解决方法，某些有特点的二级学科要重点突出，部分学校要办好就看二级学科的规划、特色和定位。各单位要积极反馈不用的名额，以方便在限额内增加博士点，同时，各单位要对学士学位的学位授予，尤其是成人本科的学位授予负起责任，避免“真证书变假”的情况发生。束金龙指出，自“十二五”规划以来，400 个实践基地纳入了学校建设的大版图，教指委深化“放管服”改革，最终形成了学校内部检测、外部论文抽检、第三方监督的质量保障体系。束金龙指出研究生暑期学校、学术论坛应该更好地去推进，有些不到位的地方研究生院应该一管到底。他指出，上海市研究生论文抽检上评测为“问题论文”的比例远低于全国平均，但仍需要重视，抽检情况往往会体现在各单位学科点评估中，建议各单位要好好分析论文评语，严肃处理学术不端的问题，不要掉以轻心。紧接着详细解读了《上海高等学校创新人才培养机制　发展一流研究生教育试行方案》。束金龙点明在学生拿到学位的第三年，将由国家派专家专门审核进行专项评估，届时将取消一批不合格的学位点。

他提出一流研究生教育引领计划方案以“服务需求、提高质量”为主线，按照“系统设计、问题导向、聚焦特色、分类发展”的思路，同时结合上海高校二维分类和上海教育现代化相关指标体系来开展研制，该方案围绕五个机制十八个方面具体展开，希望各单位能够在某个点能够有所突破。为了保障该计划方案的实施，高校应当加强组织领导、落实经费保障和加强宣传引导。

复旦大学研究生院常务副院长吴宏翔作了主题为“复旦的光荣与梦想——纪念恢复研究生教育40周年”的报告，报告分为历史篇、改革篇、展望篇三个篇章。吴宏翔以本校历史为引，提出在上海科创中心建设背景下，复旦大学的两大改革方案。第一，张江复旦国际创新中心建设方案。该方案以服务国家战略为使命、以世界一流为目标、以复旦优势为特色，构筑复旦大学科创高地、奉献国际顶级创新型特大城市建设。第二，上海科创中心拔尖人才创新培养计划。该方案以六大计划构筑研究生拔尖人才创新培养体系，坚持以质量为中心，“三维提质”与“三基固本”并举，合力提升博士研究生培养质量。最后，吴宏翔对复旦大学研究生教育提出展望，他结合复旦大学研究生“未来学者计划”设计方案，提出研究生教育综合改革的首要问题是大力弘扬科学精神，从源头上培育研究生的好奇心和想象力，就能迎来新的科学的春天。

华东师范大学研究生院培养办公室主任陈灵犀作了主题为“聚焦问题，提高质量，推进改革——华东师范大学博士研究生培养改革的思考与举措”的报告。陈灵犀首先从研究生招生录取和学位授予情况等方面，介绍了华东师范大学研究生教育现状。为了找准问题、系统规划改革路径，华东师范大学以博士生培养改革为引领，开展了为期半年的密集调研，围绕招生培养及学位授予梳理出博士生待遇、招生选拔、博士生导师、培养管理、质量保障等五大问题。基于该项调研结果，华东师范大学将做出五大教育改革举措：第一，通过优化招生名额分配机制、完善生源选拔机制、强化导师权责机制三方面，推进博士生招生选拔制度改革；第二，以硕博衔接的课程体系和贯通培养环节为主要任务，进行博士生弹性学制培养改革；第三，以改革通识课程和专业核心课程为重点，推进研究生课程体系改革；第四，以4P建设理念，推进研究生科研育人机智建设；第五，通过建立联合培养机制、国际交流专项基金和面向留学研究生的全英文专业，推进研究生学术交流体系建设。

上海理工大学研究生院院长刘宝林作了主题为“卓越医工复合人才培养体系建设的实践探索”的报告。刘宝林首先提出了卓越医工复合人才培养体系建设的主要任务：第一，以创新机制为保障，深化战略合作；第二，以学科建设为抓手，设立交叉学科；第三，以学科研究为核心，聚焦重大需求。紧接着，他从国家层面和国内经验借鉴提出了医学与工程学科相互交叉、融合、渗透的必要性，从“一校八院所”产学研联合培养研究生协同创新机制的经验借鉴、多元驱动专业学位研究生质量保障体系建构的成效延续、与多家医院签署校院合作协议、学校重要战略决策、国家拥有多项科学自然基金等方面指出了医工复合人才培养的可能性。该项目以“大健康”理念为引领，从组织运行模式、体制机制改革、一流人才培养三大方面入手，通过实施“两段式”的培养方式、实行“双导师”的指导制度、提供“全方位”的管理保障、成立“实践导向”的课程体系，达到将医工合作平台打造成医工结合高端人才的成长摇篮和高水平原创性成果的孵化器的建设目标。

东华大学研究生部主任俞昊作了主题为“聚焦一流拔尖创新人才培养，构建一流研究生教育培养体系——东华大学一流研究生教育综合改革”的报告。俞昊首先解释了对一流研究生教育的认识，提出东华大学改革建设的思路是依托学校一流学科建设与“一体两翼”学科布局、以拔尖人才培养和完善培养体系为切入点以及根据学术学位与专业学位不同特点开展侧重培养。通过多处走访、多部门联动、专家顶层设计和多方进一步修订完善，最终形成东华大学研究生教育改革方案。该方案具体改革内容主要有五大点：第一，依托一流学科，支持新增博士学位点建设；第二，构建一流的研究生培养机制；第三，构建一流的研究生教育国际合作交流机制；第四，构建一流研究生教育质量监测机构；第五，优化教师资源配置，促进跨单位协作机制。俞昊提出，为了更好推进改革，必须提升创新能力，加强拔尖创新人才培养，为此东华大学拟定给予任课老师更多主导权，允许导师给出激励措施，鼓励学生在课堂提出更多的创新构想。

各单位代表进行了热烈讨论，论坛为各研究生培养单位提供了研究生教育改革的交流平台，为其深入执行《上海高等学校创新人才培养机制　发展一流研究生教育试行方案》、推进上海研究生教育改革起到了积极作用。

上海市外国文学学会举办“外国文学的命运共同体书写”专题研讨会

11月8—10日，由上海市外国文学学会主办，上海大学外国语学院及上海大学英语文学文化研究中心承办的“外国文学的命运共同体书写”专题研讨会在上海大学宝山校区顺利举办。上海市外国文学学会的会员以及来自全国各地的专家学者共百余人齐聚上大，探讨外国文学的命运共同体书写。此次会议是上海市社会科学界联合会第十二届“学会学术活动月”活动之一。

研讨会的开幕式由上海大学外国语学院党委副书记曾桂娥教授主持，市外国文学学会会长李维屏教授、市社联胡晨寰、上海大学文科处处长曾军教授和上海大学外国语学院副院长邓志勇教授分别致辞。

主旨发言的上半场由同济大学的李杨教授和的上海外国语大学的王光林教授主持。浙江省外国文学学会会长、杭州师范大学殷企平教授在题为《英国文学中的幸福伦理与共同体形塑》的报告中指出：幸福伦理是共同体研究的困境，也是通向共同体的钥匙，基于情感文化的责任感是理解幸福伦理和共同体之间关系的关键。复旦大学的张冲教授就外国文学与人类命运共同体展开思考，强调“人类命运共同体”实质上是“shared humanity”，即人类最根本的价值观和人类社会最普遍的道德观。上海外国语大学的谢建文教授辨析了博托·施特劳斯戏剧作品的游戏性，认为作家将戏剧变成“伟大记忆”的通道。

华东师范大学外语学院院长袁筱一教授主持下半场的主题发言。华东师范大学金衡山教授对人类命运共同体进行了历史语境解读，梳理其产生背景和发展脉络，并揭示了人类命运共同体中承续传统、表征时代的命题。上海对外贸易大学王卫新教授剖析了麦克莱伦小说中的乡村共同体概念，认为共同体是苏格兰文学的主导神话，是“个人价值的基础和救赎的条件。”最后，上海大学外国语学院的曾桂娥教授聚焦“美国后‘9·11’小说的命运共同体意识建构”，梳理“人类命运共同体”思想的哲学渊源与历史发展，指出在全球化时代美国族裔作家的后“9·11”小说呈现了跨国流动和资本主义文化矛盾，在人类面临危机时刻，命运共同体的建构更具时代意义。

三个分会场的专题讨论将命运共同体的话题推向深入。第一分会场由汪洪章和李尚宏教授主持，探讨“人类命运共同体”的理论研究与构建；第二分会场由王刚和卢敏教授主持，讨论“人类命运共同体”与外国文学的关系；第三分会场由周敏和尚晓进教授主持，聚焦外国作家作品的个案研究。在分会场的讨论环节，上海市外国文学学会的会长、副会长和理事们驻场指导并进行了精彩点评，提升了本次学术讨论的学术水准。

研讨会闭幕式由上海市外国文学学会秘书长、上海外国语大学张和龙教授主持，上海市外国文学学会副会长、上海师范大学朱振武教授致闭幕辞。朱振武指出："人类命运共同体"是应对当下人类境况提出的新愿景，文学作品应关怀自然生态和人类状况，走出狭隘的学科界限，打造学科与人类的共同体。

本次专题研讨会正值首届进博会期间，习近平主席在进博会开幕式致辞中指出："中国推动构建人类命运共同体的脚步不会停滞"，我们的共同目标是"构建人类命运共同体，开创人类更加美好的未来！"在上海市社联和外国文学学会的大力支持下，此次专题研讨会圆满召开，与会专家学者的发言与讨论有力推动了共同体概念的界定、理念建构与"命运共同体"的文学书写，也为促进上海大学外国语言文学学科发展、推动学校高水平大学建设和双一流建设做出了贡献。

上海市语文学会举办2018年学术年会暨第十二届上海青年语言学论坛

11月10日，由上海市语文学会主办、上海大学国际教育学院承办的“上海市语文学会2018年学术年会暨第十二届上海青年语言学论坛”在上海大学宝山校区举行，会议由上海市语文学会副会长、上海大学中文系副主任薛才德主持，上海市各大高校及全国其他地区高校的一百多位学者和研究生参加了本次会议。

市语文学会会长胡范铸，上海大学国际教育学院院长姚喜明先后致辞。姚喜明代表上海大学对来自各高校的学者与研究生表示热烈的欢迎。胡范铸强调了青年学者对语文建设、发展和繁荣发挥的重要作用。上海市语文学会自成立以来，积极致力于团结和组织广大青年语言学者，在学术研究上不断开拓进取、锐意创新，并且对社会和国家的发展贡献力量。胡范铸授出，上海青年学语言学者者应肩负起自身的使命和责任，要有学术担当，勇于开创新的理论范式，为学术研究开辟更多的可能性；要有学术共同体担当，努力推进上海乃至全国、全球语言学者特别是青年语言学者共同体的共同发展；要有社会担当，以语言研究为路径，推进学术思想的自由和丰富，推进社会的不断进步。

年会期间，四位学者做了精彩的大会报告，分别是：上海外国语大学语言研究院金立鑫教授所做的《汉语名词与动词的区别性特征及动词的典型性分析》、上海外国语大学东方语学院朝鲜（韩国）语系金基石教授所做的《偰长寿和朝鲜王朝的译学教育》、上海大学文学院丁治民教授所做的《“床三归禅”及相关问题》以及上海大学国际教育学院姚喜明教授所做的《汉语国际教育的发展与挑战》。四位学者报告分别涉及语法学、翻译学、汉语史、汉语国际教育，深入浅出，分析透彻，赢得现场掌声不断和踊跃提问。

青年语言学论坛“专题工作坊”进行了三组主题报告，论坛内容围绕着语言本体、汉语国际教育、中小学语文教育、语言与信息技术、语言与社会、语用、语言政策等主题。三个工作坊分别由上海大学国际部国际教育学院讲师杨文波、复旦大学讲师冯予力和华东师范大学传播学院副教授甘莅豪主持。来自全国多所高校的几十位专家学者齐聚一堂，就多种话题各抒己见，进行了深入交流和探讨，在思想碰撞的同时也产生了多元化观点和创新性理论。

会议期间还举行了“第四届上海市青年语言学者优秀论文奖”颁奖仪式。复旦大学冯予力《再论“都”的语义——从穷尽性和排他性谈起》、同济大学黄立鹤 Issues on multimodal corpus of Chinese speech acts：A case in multimodal pragmatics、上海交通大学金大卫

Meaning change in Chinese：A numeral phrase construction from adjectives to superlatives to definite descriptions、上海大学李强《“都”和“只”的意义和用法同异之辨》、复旦大学刘晨阳《警告义“再 VP”构式探析》、上海交通大学王骏 Enhancing beginner learners' oral proficiency in a flipped Chinese foreign language classroom、华东师范大学张虹倩《全球治理视域下的汉语国际教育及孔子学院建设:问题、因由与对策》、上海外国语大学朱佳蕾《“一锅饭吃十个人”与受事主语句》八篇论文荣获一等奖，另有上海师范大学代宗艳等 13 位青年学者获得二等奖。本届论文奖的第一个特点是论文的学术水准明显高于以往，上海青年学者已经开始成批在国际的著名 SSCI 期刊和国内的权威期刊崭露头角；第二个特点是各校的青年学者都获得普遍性的提高。

上海市古典文学学会召开“中外之异与古今之变”学术年会

11月16日，上海市古典文学学会召开“中外之异与古今之变”学术年会，来自上海各高校及科研出版单位的会员、专家学者和研究生100余人出席会议。会议是上海市社联第十二届学会学术活动月项目之一。会议由学会会长、华东师范大学谭帆教授和副会长、上海大学张寅彭教授主持。

首先，学会秘书长奚彤云作了工作报告，对学会一年来的工作了简要回顾，强调了学会在开展学术研究的同时，对学会成员参与传统文化的普及工作的重视。

学术交流环节分为两场。上半场首先是来自上海戏剧学院的魏梅副教授，作了关于中国戏曲在欧洲传播的研究报告。魏梅留德多年，对中国戏曲特别是昆曲在德国等欧洲国家的传播，有深入研究。她的报告从回顾欧洲最初舞台上演的《中国女人》《中国英雄》等剧的特点开始，内容涉及舞美、音乐、剧情等多方面，说明最初的所谓中国戏曲，基本是站在欧洲人立场对中国的想象式表现，只是徒有中国的名称，构成戏曲元素的主要内容，基本还是欧洲的。只是到晚清，真正原汁原味的戏曲传播才进入德国等欧洲舞台，不仅用于学术交流，也作为商业演出，得到观众的追捧。

复旦大学周兴陆教授作了“中国文论的古今通变”的发言，他抓住传统文论的理论原创性和现代性问题，力图在独立于西方理论世界之外，揭示影响至今的中国文论的特色。中国性和当代性，是其文论研究的题中应有之义，从而其研究就不单单是许多理论批评史的简缩版，而且显示了自身的鲜明特色。

上海师范大学宋丽娟副教授就“中国古典小说在西方世界的传播”问题提出了自己的独特看法。在她看来，就中国古典小说被西人翻译成西方文字的“直译”“意译”，讨论了来自西方立场的“归化”和“异化”问题，在此基础上加以文化解读，认为中国古典小说西译文本，有着“自我投影”和“他者审视”的特殊性。也生发了对类似文本学科归属的困惑：这究竟是中国文学，还是西方文学？

市古典文学学会副会长、上海师范大学詹丹教授作了点评。他认为，当宋丽娟老师把翻译文本的学科归属问题提出来时，也隐含了马克思、恩格斯在《共产党宣言》提出的，在全球化背景下的世界文学问题。而周兴陆的报告，在强调打通古今问题时，其实也隐含了相对于西方理论发展的另一种可能，其价值不容低估。不过，从文论角度讨论史的发展，要把抽象的逻辑问题和历史问题结合起来，就不能仅仅从文论来谈，也许还应有更宽的视野，才能更好解释一些理论的历史断裂问题。而魏梅副教授的报告，从图像、音乐、文字等立体式地谈论戏曲，能较好分析文化传播的诸多问题，而其注意引入西方观众对中国戏剧的观赏感受资料，也使讨论更有说服力。

第二场上台报告的首先是上海大学刘奕副教授，他的题目是“论陶诗的力量”。他讨论陶诗的力之美，不是以传统的《读荆轲诗》为例，而是从《归园田居》《饮酒》等诗中，提炼形成陶渊明诗歌力量之美的三大原因，即“左思风力”“介、拙的自我认同与自我表述”以及在诗歌字法、句法、章法上的特殊性，论述有说服力，也能给人以新意。

上海财经大学李贵教授作关于“苏轼诗歌的现代阐释”报告，他以作为诗歌典范和文化典范的苏轼诗歌切入讨论，提出了四个基本原则，即“瞻前顾后”“左顾右盼”“上天入地”“东鸣西应”和两条路径：“用现代学术语言阐释旧议题”“用现代学术眼光阐释新议题”。随后，他以苏轼的名作《和子由渑池怀旧》为例，梳理了前人的各种阐释，最后归结“以记忆超越时间”的观点，为何谓现代阐释，提供了具体例证。

华东师范大学杨焄教授作“中韩词学交流释证：以李齐贤《益斋长短句》为例”的发言。他梳理晚清以来的词学史料，揭示我国词论家对韩国古代词人李齐贤的作品整理和给予的颇高评价，既从文学渊源角度（比如李齐贤词作与苏轼的关系），也从政治角度（比如日本对朝鲜的占领），说明了中韩词学交流过程，以中国词作为出发点，其向外辐射与向内回流的复杂关系，拓宽了研究视野，给当天的学术交流以完美收官。

市古典文学学会副会长、复旦大学的陈引驰教授点评第二场学术报告，他一方面对报告人基于文本细读的学术报告予以了充分肯定，认为这在一定程度上，代表着回归文本研究的学术趋势；另一方面，对如何回归文本，如何吸纳前人的观点，提出了自己的看法。第一，就文本而言，唐代以前的文本大多处在传抄的不稳定状态，不同版本的文字差异较大，所以，字斟句酌地来进行细读，未必一定会接近作者的旨意。第二，就吸纳前人的观点言，由于受传播当时条件制约，我们当今接触的某一诗人比如杜甫的作品，要比他同时代或者稍后时代的人接触到的多得多，这样，我们在引用古人的评论观点时，就应该意识到，他们往往是在读了诗人不多的作品而得出的结论。他们的观点，未必可以作为不容置疑的观点来引证的。

上海社会科学普及研究会、上海市政治学会等联合主办“改革开放中的治国理政”学术研讨会

11月17日，上海社会科学普及研究会、上海市政治学会、上海市委党校科学社会主义教研部、上海市委党校中国特色社会主义研究中心联合主办以“改革开放中的治国理政”为主题的学术研讨会。会议围绕“改革开放的新时代”“治国理政的新境界”“改革开放中的关键抉择”“改革开放中的治理难点”四个论题展开一天的研讨。该活动是上海市社联第十二届“学会学术活动月”项目之一。

中国政治学会副会长杨海蛟、上海市政治学会会长桑玉成、上海社会科学普及研究会会长周智强以及来自上海社科院、上海大学、华东政法大学、上海师范大学、国防大学、中国浦东干部学院、上海市委党校的22位专家学者就“改革开放塑造社会主义新形态”“40年改革是一场怎样的革命”“改革后半程的时代主题与战略意义”“在对外开放中推动构建人类命运共同体”“‘一带一路’建设的新动向和新问题”“改革开放的治国理政意涵解读”“五位一体治国理政的逻辑进程及走向”“从解放政治到生活政治”“中国之治视野中的中部县域城镇社区治理”“改革开放以来党政关系的调整及其启示”“城市治理精细化的新探索与新实践”等问题进行了研讨。

学者们认为，改革开放是决定中国命运的关键一招。中国的改革开放事业取得的成就，与中国共产党的治国理政活动密不可分。中国共产党在总结以往治国理政经验的基础上，在不断推进国家治理体系和治理能力现代化的过程中，在治国理政的立场、治国理政的本根、治国理政的方式、治国理政的方法、治国理政的理念等方面，形成了作为马克思主义政党区别于其他政党的一系列显著标志及独特优势。“一把钥匙开一把锁”，探究促使中国改革开放事业获得巨大成功的治理之道，可以为持续推进新时代改革开放事业提供治国理政的“金钥匙”。

上海影视戏剧理论研究会举办“面向新时代的现实主义影视戏剧创作”学术研讨会

11月18日下午，上海影视戏剧理论研究会举办“面向新时代的现实主义影视戏剧创作”学术研讨会，该活动是“上海市社联第十二届学会学术活动月”项目之一。来自复旦大学、上海交通大学、同济大学、上海财经大学、上海社科院等单位的专家及研究生参加会议。

研讨会分为两个环节，第一部分为主题发言，第二部分为自由讨论。周斌会长首先做了《面向社会现实，表现时代变革——现实题材电视剧创作述评》的发言，他将当前热门的现实题材电视剧分为六种类型，进行了评析，因为电视剧的研究相对稀缺。周斌的发言开拓了大家的视野。徐巍则聚焦了CEPA签署后香港电影现实主义电影的创作。王庆福则讨论了当下中国现实题材纪录片的强势回归，他指出近年来中国现实题材的变化主要表现为四个方面：(1)国际化的视野拓展；(2)切入时代的主题构建当代中国主流话语，党的十八大以来，党和国家综合治理加强，从反腐倡廉到地方民主选举，从环境保护到绿色能源，从精准扶贫到“一带一路”，一系列与当代社会发展相关的重大主题进入纪录片选题的视野，改变了现实题材纪录片的选题范围；(3)系列片的规模彰显电视纪录片传播特性，在类型选择上，当下现实题材纪录片以大型电视系列纪录片为主，之所以选择这一类型，是因为大型电视纪录片最适合电视的传播特性，多集系列纪录片的容量最适合表现当下中国现实社会发生的重大主题；(4)新媒体叙事彰显“中国故事”的魅力。与传统现实题材纪录片相比，当下现实题材纪录片在表达方式不再奉纪实为一尊，新媒体时代，人们的思维更加开放，其对现实题材纪录片的直接影响就是微叙事、互动性，这种方式解构了传统叙事的线性思维方式，为现实题材纪录片讲述“中国故事”开辟更为开阔的空间。

本年度现实主义题材的热门影片，除《我不是药神》外，还有一部《江湖儿女》。关于这部影片，与会专家存在着争议。严敏认为《江湖儿女》所讲述的年代，我国发生了翻天覆地的变化，正如《大国崛起》等纪录片所显示的，一个强大的中国正在崛起，正在大踏步地实现美丽的“中国梦”，这是举世公认的“光明的现实”，但《江湖儿女》却将光明的现实江湖化，其实质仍然是呈现中国社会转型期的所谓黑暗面，以契合一些老外的偏见。而刘春则从“符号现实主义”的角度，探讨了贾樟柯电影的“现实感”，在《江湖儿女》中，生活的斗争表现为符号的斗争，但最终符号的关系决定性因素并不仅在于文化层面，更在于符号背后的权力关系。刘春认为贾樟柯电影里“现实感”核心的东西，就是对于变化中的中国现实的关注，以及对于真实的生活的尊重与凝视，这注定了贾樟柯的电影有一种流逝的诗意。龚金平则探讨了 2018 年最热门的影片《我不是药神》，他既肯定了影片直面现实的勇气，又指出影片没有我们想象的那么勇敢，那么辛辣，它只是一部触及了中国社会现实的某一个角落，并在这个角落里思考"情与法""利益与良知"等问题的影片，它的诚意和用心大多数时候放在对观众的煽情性冲击上。

谈洁发言的题目是《"Made in Shanghai"——在地拍摄与现实主义题材创作》，她指出曾经的"上海制造"是中国电影屹立于世界影坛的一块里程碑，是中国电影学派的发源地，闪烁着现实主义的光辉，位于苏州河以北区域的制片厂，生活在上海租界和弄堂里厢的电影创作者们，不断地用影像的语言讲述本土的空间以及本土空间里发生的故事。而近些年来，上海地区影视行业在生产环节的相对薄弱是有目共睹的，上海更多地被认知为过去是一座拥有电影历史和文化底蕴的城市，如今是一个票仓城市，就电影文化体验方式而言，是一座无差别都市。而对于上海，这座曾经拥有过"东方好莱坞"称号的中国电影制作中心城市来说，上海本土要发展文化产业，打响文化品牌，就必须着力推动和促进以生产为核心的文化产业活动，以开放和包容的心态，为本土影视文化产业的发展提供有养分的土壤，我们永远都不能忽视围绕"在地拍摄"而产生的一系列影视产业连锁反应，和"在地拍摄"这一影视"生产"行为本身所具有的一切人类学意义。只要将"上海"还给上海，将上海的现实交托给创作的实际，上海无需追赶就能在中国整个影视产业版图中永远占有一席之地。卢雪菲博士一直从事电影表演的研究，因此她独辟蹊径，为我们介绍了梁朝伟的表演风格，她认为已达到了一种诗意现实主义的层次。

会议第二个阶段，大家围绕现实主义的话题进行了热烈的自由讨论，论及国内电视剧的受众问题，如何看待及表现社会黑暗面的问题，以及现实题材与现实主义的区别问题等。

上海市教师学研究会、上海市伦理学会等联合主办“统编中小学《道德与法治》新教材学科育人”研讨会

11 月 20 日下午，由上海市教师学研究会、上海市伦理学会和上海市师资培训中心三家单位主办，虹口区教育局、虹口区教师进修学院承办的“统编中小学《道德与法治》新教材学科育人”研讨会在上海市虹口实验学校顺利举行，该活动是“上海市社联第十二届学会学术活动月”项目之一。上海市师资培训中心党委副书记赵洁慧担任会议主持，虹口区教育局党工委书记黄丽芳发表会议致辞。市伦理学会会长陆晓禾，市教师学研究会名誉会长、上海市中小学幼教师奖励基金会常务副理事长李骏修，市教师学研究会会长陈军，市教师学研究会常务副会长俞玲萍，以及区县教育局的有关领导和专家学者近 100 名人员参与会议。

在主题研讨环节，沈波老师、秦书珩老师和周增为主任分别作为主题研讨三个阶段的主持人，从学生视角、教师视角、教研员视角、新教材教参编写者视角、新教材编写者视角、新教材主编视角的六个视角展开层层分析，学生的心声、一线老师的感受、教研员的探究以及教材教参编写者的构思得到了全面的聆听与解读。最为精彩的是，在上海市师资培训中心主任周增为的主持下，她以访谈的形式，就新教材反映出的困惑和问题，对复旦大学马克思主义学院高国希教授，华东师范大学“紫江学者”高德胜教授，同济大学陈大文教授进行刨根究底式的追问，主持人睿智与犀利的追问、教授们的妙语连珠，将研讨会现场推入高潮，成为整场研讨会的亮点。

最后，市教师学研究会会长陈军，市伦理学会会长陆晓禾就主题研讨做出细致的点评和建议，充分肯定了本次研讨会的工作准备和重要意义。整场会议兼具内容的广度和思维的深度，与会教师纷纷感慨受益颇深，大家感慨此次研讨会真是“有趣的灵魂共济一堂”！这场多维视角下的思想盛宴让与会教育者们感受到感性、理性和德性的光芒浸润灵魂，作为新时代的追光者，他们更加坚定自己的教育理想信念，期待永远沐浴在思考与探讨的阳光下，做一个传递温暖生命之光的教育工作者。

上海市终身教育研究会召开第六届会员大会

11 月 23 日，上海市终身教育研究会召开第六届会员大会，进行换届选举。会议由副会长陶文捷主持，大会审议并通过了研究会第五届理事会工作报告、财务报告和新的章程，选举产生了新一届研究会理事会。在随后召开的第六届理事会第一次会议上，与会理事选举研究会了新一届学会领导班子。王伯军任会长，陶文捷、芦琦、宓詠、徐新海、黄健、李进、张沈任副会长，芦琦兼任秘书长。

上海市家庭教育研究会等联合主办"长三角家庭文化建设理论与实践"研讨会

11 月 23 日下午，由上海市家庭教育研究会等联合主办的"长三角家庭文化建设理论与实践"研讨会举行，沪苏浙皖的妇联、文明办及家庭文化建设领域的专家百余人参会，从理论和实践层面共同交流研讨长三角区域的家庭文化建设。此次研讨会也是上海市社联学术活动月的活动之一。

上海市委宣传部副部长、市文明办主任潘敏出席会议并致辞，他指出要以这次研讨交流为契机，围绕长三角一体化发展的要求，紧扣家庭文化建设的历史根脉和发展方向，搭建交流平台，形成共建机制，联动发展、优势互补、成果共享，凝聚长三角区域家庭文明建设的合力，拉开新一轮更高水平区域合作共建的序幕。

在主旨报告环节，上海提出要将家庭文化建设融于社会主义核心价值观、上海四大品牌建设、"红色文化、江南文化、海派文化"、长三角高质量一体化发展等重大战略行动中；持续推进制度改革创新，加快建立健全长三角家庭文化建设的联动机制，定期召开三省一市家庭文化建设联席会议，并使市、区家庭文化建设联席会议制度向街镇、社区延伸，更好地形成基层家庭文化建设的整体合力；逐步增强家庭文化建设的公共服务能力，促进家庭文化建设的均衡化发展；进一步推进"家中心"社会化、项目化运作，切实增强"家中心"的枢纽和平台作用，提升家庭文化建设的专业化和社会化水平。江苏注重挖掘并用好中华传统美德宝藏，深入研究整理中华优秀传统"家文化"，重在以文化人、以文育人，发挥文化的滋养熏陶作用，把家庭文化建设好的立意以接地气的方式做到群众身边、做进群众心里。浙江把家庭文化建设放在推进文化强省的大格局中进行布局，把家庭作为核心价值观的培育温室、"最美"典型的孕育摇篮、人生起步的"第一粒扣子"，在家庭培育节俭养德、文明创建、邻里和谐等时代新风。安徽充分发挥妇联的"联"字优势，逐步建立了较为完善的家庭文化建设工作机制，积极推进省家庭教育立法进程，为更多家庭提供支持服务。

在专家研讨环节，上海大学社会学系教授胡申生探讨了多种文化交融影响下的上海家庭文化建设。他认为，在江南文化、红色文化和海派文化的相互渗透交融和相互影响作用下，上海的家庭文化建设继承并发展了中国传统家庭文化建设中以"耕读为本"的理念，从商之风、崇尚科学以及西方文化影响了上海的家庭文化建设。南京师范大学法学院教授、博士生导师陈爱武探讨的是家庭文化建设的困境与出路。她指出，通过为家庭文化建设建章立制，整合长三角地区强大的研究力量和丰富的教育资源深化理论研究，以核心价值观为指导探索长三角地区的特色家庭建设，搭建家庭文化建设平台让更多的家庭受益等，强化长三角地区在这一领域的多元合作，实现家庭文化建设的更大成效。

上海市远距离高等教育学会举行“在线教育与 MOOC”专题研讨会

12 月 7 日，上海市远距离高等教育学会“在线教育与 MOOC”专题研讨会在上海交通大学长宁校区举行。沪上 17 所高校继续教育学院的领导及代表共 90 余人出席。本次会议由上海交通大学在线教育中心副主任蒋建伟主持。

上海市远距离高等教育学会会长、上海交大继续教育学院院长陶正苏首先致辞。他对参加会议的专家代表们表示热烈欢迎，并给大家介绍了学院的发展历程。他希望研讨会能够为大家带来对在线教育和 MOOC 的新思考，并表示学会将会继续推动远距离高等教育的健康发展。

清华大学计算机科学与技术系教授郑莉应邀作题为“在线课程国家标准解读”的主题报告。郑莉作为在线课程国家标准的主要负责人首先介绍了在线课程国家标准的背景和编制原则，提出“遵循性原则、继承性原则、前瞻性原则、实用性原则、创新性原则”是此次编制的主要依据。她随后对在线课程信息模型和在线课程评价作了详尽细致的阐述，对每个分类的元素属性都作了梳理，并就在线课程运营平台对教学团队的支持、对学习者的支持、对管理者的支持和系统安全要求分别进行了概括，为与会者们描绘了清晰完整的在线课程国家标准的图谱体系。

北京网梯科技发展有限公司董事长张震应邀作题为“从在线教育的进化规律看 MOOC 未来发展”的主题报告。他从分析教育信息化现状入手，介绍了教育模式发展的基本规律，并指出 2017 年是在线教育的分水岭，在线教育从规模、质量和水平上开始超越传统教育。他表示虽然 2018 年互联网的外部环境是严苛的，但是在线教育的健康稳定的生态环境正在逐渐形成，在线教育正在以螺旋式上升的方式发展。他对螺旋式发展的五个阶段作了描绘，并阐述了云计算、大数据、移动学习、智慧学习等给在线教育带来的机遇和挑战。

学术规范和市场前沿相结合的讲座引发了参会来宾的强烈兴趣。来宾们与演讲者积极展开互动，进行了深度的交流。

哲学、史学

上海市新四军历史研究会等举行“周恩来与新四军”学术研讨会

2018年是敬爱的周恩来总理诞辰120周年，由中国新四军研究会、上海市新四军历史研究会联合主办的“周恩来与新四军”学术研讨会于3月28日在上海市社联举行。中共上海市委副书记尹弘，中共上海市委宣传部副部长、市社联党组书记燕爽，解放军总政治部原副主任童世平上将等出席会议并讲话。中国新四军研究会会长、南京军区原司令员朱文泉上将、上海新四军历史研究会会长刘苏闽少将分别为大会作了主旨报告。

朱文泉在其发言报告《继承周恩来精神遗产，推进新时代伟大事业》中指出，周恩来同志为中华民族独立解放和人民幸福建立了卓著功勋，留下了共产党人的精神风范，人民心中的不朽丰碑，中华民族的高尚品德，催人奋进的人格力量，感召和激励一代又一代共产党人不懈奋斗。铭记周恩来的卓著功勋，传承他的精神遗产，对于贯彻落实党的十九大精神，推进新时代中国特色社会主义事业，全面建成小康社会和实现中华民族伟大复兴的中国梦，具有重大的现实意义。刘苏闽的发言报告《试论周恩来对新四军政治建设的巨大贡献》提出周恩来的贡献体现在四个方面：一是坚持用党的理论方针政策统一部队思想，把握正确的政治方向；二是加强领导班子和干部队伍建设，从组织上保证党对新四军的绝对领导；三是弘扬党和红军的优良传统，发挥政治工作的生命线作用；四是正确处理军政军民关系，动员和依靠人民群众建立抗日游击根据地。

中共中央党史研究室石雷、南昌大学马克思主义学院刘金菊、淮安市新四军历史研究会范学恕、上海公安学院陆俊青、湖州师范学院王荣德、上海新四军历史研究会陈晓光等专家就周恩来与新四军创建发展的关系进行了热烈的讨论，指出在抗战时期周恩来为新四军的成功组建倾注心力，在物色新四军军长人选、协调新四军领导人关系、解决新四军编制经费、确定新四军战略发展方向、拓展新四军地方部队的发展以及反击国民党反共高潮斗争中，发挥了独特的作用。海军大连舰艇学院阚延华、中国新四军历史研究会徐君华、云南省社会科学院尹仑、中共上海市委党史研究室陈彩琴、上海市委党校刘惠恕、上海新四军历史研究会童志强等学者则针对周恩来对新四军政治工作的贡献、对新四军文化工作的影响、对新四军统战工作的指导、在皖南事变中的外交传播策略以及调解新四军领导层之间的矛盾等问题，介绍了自己的研究成果。同济大学唐培吉、华东师范大学曹景文两位教授对与会者的发言进行了点评。最后，上海市新四军历史研究会常务副会长张云教授作了学术总结。

来自北京、上海、江苏、浙江、江西、辽宁、云南、重庆、内蒙古等省区市的党史军史研究专家和新四军老战士代表共 100 余人出席了研讨会。

上海市美学学会举办“春回大地:中学艺术教育现场观摩研讨会”

4月22日,上海市美学学会60多名会员赴金山区山阳中学,和该校师生举办了一场以“春回大地”为主题的中学音乐教育现场观摩研讨会。本次活动是上海市美学学会庆祝改革开放40周年系列活动之一,由学会中学美育教育专业委员会承办。

上海市山阳中学多年来以本土民间传统为基础,坚持以艺术教育作为全面实施素质教育的切入口,开创了一条切合农村学校实际发展的素质教育之路,形成了著名的“山阳现象”,先后被教育部评为全国艺术教育先进单位和乡村学校少年宫,也是上海市艺术教育特色学校。会员们观摩了山阳中学同学们独具特色的龙狮舞、红鼓、中国画、葫芦丝、古筝、马林巴等民间才艺以及管乐表演。会员们和学校师生进行了互动,指导孩子们如何练习画画、写字,画家蔡国忠先生挥毫作画,东华大学的茅丹会员和学校师生联袂同台表演歌舞《春天的故事》,来自浦东新区进才小学的孙沛莹会员现场朗诵了老会员金柏松创作的长诗《我在春天里播种》。

研讨会上,山阳中学校长蒋水清博士向会员们作了题为“山中美育,树人于艺——以山阳中学为代表的金山区艺术育人实践研究”的报告。蒋校长介绍了学校“以艺育德、以艺养心、以艺促美、以艺培能、以艺启智”的艺术教育理念,分享了开展艺术教育的具体做法,展示了学校在艺术教育上的成效和影响。

市美学学会理事、上海音乐学院冯长春教授对同学们的音乐表演作了精要点评,高度评价山阳中学的普及音乐教育。特邀嘉宾,天津市美学学会会长、南开大学周志强教授对山阳中学“以艺育人”的理念表示赞赏,他认为这是一种人人参与、个个掌握的“生活态艺术”。

上海市新四军历史研究会等召开纪念《共产党宣言》发表 170 周年暨马克思诞辰 200 周年学术研讨会

4 月 28 日，由上海市新四军暨华中抗日根据地历史研究会、复旦大学新闻学院主办的“纪念《共产党宣言》发表 170 周年暨马克思诞辰 200 周年学术研讨会”在复旦大学举行。会议由研究会副会长兼学术委员会主任陈挥教授主持。复旦大学新闻学院院长、人民日报社原副总编辑米博华致辞。

研究会会长、海军舟山基地原政委刘苏闽少将作了题为“以《共产党宣言》为指导，坚定理想信念”的发言。研究会名誉会长、上海警备区原副政委、新四军老战士阮武昌将军作了题为“坚定理想信念，笃定笃行跟党走”的发言。

复旦大学新闻学院党委常务副书记周晔，上海师范大学教授、博士生导师邵雍，陈望道先生之子、复旦大学教授陈振，研究会浙东浙南分会祝芬芳，上海师范大学马克思主义学院副教授徐剑雄等也先后发言。最后，研究会顾问、同济大学教授唐培吉作学术总结发言。

“朱立元先生美学思想与贡献暨实践存在论美学观”研讨会在沪举行

6月24日，上海市美学学会与《上海文化》杂志社、《社会科学报》社共同举办“朱立元先生美学思想与贡献暨实践存在论美学观”研讨会，本次活动是上海市美学学会纪念改革开放40周年系列学术活动之一。

会议由上海市美学学会会长祁志祥教授主持。《上海文化》执行主编夏锦乾编审在致辞中高度评价了朱立元先生的学术成就和学术贡献。他指出，朱先生在美学上的贡献我们都有目共睹，尤其是在黑格尔美学研究、西方美学史研究方面成就卓著。其中，实践存在论美学观是朱先生标志性的贡献。今天我们聚集在这里讨论朱先生的这一贡献不仅仅是上海美学界的重要事件，也是全国美学界的重要事件。朱先生这一观点是对20世纪90年代以来实践美学和后实践美学的重要总结，是21世纪以来中国整个美学界提出的重要主张之一。

朱立元先生介绍了自己的学术经历和美学主张。他说自己的实践存在论美学观的来源分两部分：一是马克思的《巴黎手稿》。马克思在《巴黎手稿》中两次提到“本体论”（亦即“存在论”），是马克思开创了西方现代存在论的思想，马克思存在论的基础是实践论。二是蒋孔阳的《美学新论》。朱立元先生把蒋孔阳的美学思想归纳为以实践论为基础、以创造论为核心的审美关系理论，认为美学研究的出发点应当是人和世界的审美关系。他从五方面归纳了自己的实践存在论美学观：(1)实践是人存在的基本方式，这个“实践”是广义的人生实践；(2)审美也是人基本的存在方式和人生实践之一；(3)美学是以人与世界的审美关系及其现实展开——审美活动为研究对象的；(4)应由关系生成论取代对美的本质单一、固定不变的现成论思考，对于美学的提问方式应当从“美是什么”转向“美何以存在”“美怎样存在”；(5)审美是一种高级的人生境界。他强调：实践存在论尝试超越西方近代以来主客二分的思维方式，以期和人生实践更贴近、和审美更贴近，也和中华传统美学思想更贴近。

复旦大学张宝贵教授、上海大学刘旭光教授、华东师范大学刘阳教授、上海大学曹谦副教授、安庆师范大学江飞副教授从各自不同的角度谈了自己对朱立元先生美学主张和贡献的理解。张宝贵从三个方面评价了实践存在论美学观：(1)这种美学思想的提出有自己深厚的哲学基础；(2)实践存在论美学观具有鲜明的时代特点；(3)实践存在论美学是对传统美学的反思和批判。他对“理论不是为了解释世界而是为了改变世界”深表赞同。刘旭光回顾了跟随朱立元先生的学习经历，指出朱立元先生历史唯物主义的思维方式是贯彻在他整个的学术研究中的。从朱先生的学术研究中感受到了他作为学者的理性主义的气质。刘阳说：在朱立元先生身上感受最深的便是“学统”二字。立足蒋孔阳先生学统、又努力发扬、超越学统是值得我们后辈学习的。曹谦强调：朱立元先生的实践存在论美学是以马克思主义哲学为基础的，并且是以“人”为中心展开的，他重点阐述了实践存在论美学观的人学维度。江飞说朱立元先生言传身教，在跟随朱立元先生作访问学者的一年中感受到了先生身上强烈的人文关怀和求真精神。为准备本次会议，会长祁志祥教授曾对朱立元的“实践存在论美学观”作过专门研究。他指出，朱立元的“实践存在论美学观”是建立在对以李泽厚为代表的传统美学的本质论、实体论、现成论、方法论的全面解构之上的。朱立元用马克思主义的实践论改造海德格尔的存在论，用海德格尔的存在论解读马克思主义的实践论，以人的实践存在方式之一的审美活动为美和美感产生的基础和前提，通过对人与世界的关系和审美实践中人的地位的高扬，建立了独特的生成性美学学说，不仅是对传统的实践美学的突破，也是对从古希腊以来传统的认识论美学的突破，具有重要的学术探索和创新意义。

与会专家学者围绕着朱立元先生的为人、为学、为师三方面感人的故事作了动情回顾，对朱立元先生的高尚人品、学术成就、教育贡献表达了充分肯定和由衷敬意，并衷心祝福朱先生生命之树、学术之树常青。

祁志祥会长在小结中指出：一个学者虽然必须以学问立足，但如果学问好，而人格卑下猥琐，那是不会得到人们尊敬的。正是在这个意义上，我们说“大人之学为道”。同时，作为一个学者，光是人品好还是不够的，还必须学问好。朱立元先生就是这样的人品好、学问也好的学者。朱立元先生在学术上的贡献，不仅在于创构了实践存在论美学观，而且在于主编了各种版本的西方美学史，还培育了一大批年轻有为的弟子。朱立元先生的美学贡献不可重复，但他与人为善、求真务实、虚怀若谷的人格，亦此亦彼、交流对话、多元共存的治学方法则是我们可以而且应当发扬光大的。让我们学习朱立元先生的为人和方法，找准自己的奋斗目标，不断努力取得真知，丰富美学的百花园，共同创造中国美学的美好未来。

上海抗战与世界反法西斯战争研究会主办“中国共产党与上海抗战——纪念中国共产党诞生97周年系列学术活动”

为庆祝中国共产党97岁华诞,6月29日,由上海抗战与世界反法西斯战争研究会、上海淞沪抗战纪念馆主办的“中国共产党与上海抗战——纪念中国共产党诞生97周年系列学术活动”在上海淞沪抗战纪念馆隆重拉开帷幕。“中国共产党与上海抗战”系列学术活动共包括“中国共产党与上海抗战”学术研讨会、《中国共产党与上海抗战》图书首发式暨“中国共产党与上海抗战”专题展览揭幕仪式和“中国共产党与上海抗战”专题展览全市巡展活动。中共上海市委宣传部副部长、市社联党组书记燕爽为专题展览揭幕,并做研讨会总结发言。

中共上海市委党史研究室主任徐建刚,以及中共宝山区委、上海人民出版社、中共一大会址纪念馆、左联旧址纪念馆、韬奋纪念馆、上海四行仓库抗战纪念馆、金山卫抗战遗址纪念园、上海犹太难民纪念馆、中国军事科学院《军事历史》编辑部、国防大学政治学院军政训练系、上海市中共党史学会、上海市新四军历史研究会等有关单位领导和中共党史、抗战史研究专家,社区群众、学生、驻沪部队及市、区新闻媒体等100多人出席了本次活动。

“中国共产党与上海抗战”专题展从“开创和领导上海抗日救亡运动、引导抗日潮流砥砺前行、开辟抗战文化战线、倡导建立抗日民族统一战线、掀起抗日救亡运动新高潮、开展孤岛抗日斗争、发动郊县抗日武装斗争、迎接抗日战争的最后胜利”八个方面全方位地解读在14年的抗日斗争中,中共上海党组织积极贯彻党的抗日民族统一战线方针政策,领导和推动上海人民进行的全方位、长时间、各种形式、卓有成效的全民抗战的光辉历程,充分阐述了中国共产党在抗战中的中流砥柱地位与作用。本次展览展出了包括上海淞沪抗战纪念馆、韬奋纪念馆、中共一大会址纪念馆、中国左翼作家联盟会址纪念馆提供的39套珍贵文物。从6月29日至12月30日,“中国共产党与上海抗战”专题展将在上海淞沪抗战纪念馆、上海四行仓库抗战纪念馆、金山卫抗战遗址纪念园、各大中小学、社区及机关、企事业单位进行巡展,持续唱响上海的“红色旋律”。

上海市美学学会召开 2018 年度青年论坛

9 月 1 日,上海市美学学会在上海政法学院普陀校区,举办了主题为“演讲的艺术”青年论坛。论坛邀请了上海音乐学院杨燕迪教授,华东师范大学庄志民教授,上海视觉艺术学院田奇蕊教授,上海美学学会会长祁志祥教授作主旨发言,来自沪上各高校、文化单位近三十名学者参加了学术交流。论坛通过美学与艺术学等人文社会科学的贯通,以演讲的阐释学视角和跨学科视域为切入点,聚焦公众演讲及学术发言的基本要素和技巧,探讨演讲的最佳方式、手段及注意事项,旨在帮助青年学者达到良好的演讲效果,积累和提升学术影响力,助力学术成长。

祁志祥教授在开幕辞中强调,演讲能力主要包括对演讲现场的把控力和组织语言的能力,这是个人学术能力发展的重要方面。而青年学人要想在学术之路上走得更远,要想在相关学术领域更有影响,要想拥有更好地学术形象,必须重视演讲能力的提升。论坛关注解决青年学人成长中迫切关注的问题,体现了学会“以人为本”的发展思路,企盼能真正让青年学人通过论坛有所收获,有所成长。

一、凸显“个性”张力,秉承“中庸”之道,把握“应变”之理

杨燕迪教授以音乐学及音乐美学为切入点,作了题为“关于演讲的个人体会点滴”的主题发言。

他首先通过美国著名作曲家、指挥家、音乐教育家伯恩斯坦 1970 年《青年人音乐会:管弦乐队解剖》演讲录像及著名画家、作家陈丹青先生 2014 年在新加坡的《母语与母国》的演讲视频两个事例,提炼了“天赋”和“幽默”这两个演讲成功的关键词。随后,结合个人演讲经历具体谈了四点体会。

一是演讲与个人秉性的关系。他结合上述事例表示,演讲者必须找到适合自己的风格与感觉,这种感觉具体体现在演讲的语速、幽默感、强调的对象等方面,并取决于演讲者的为人品性和性格特质。

二是演讲与专业内容的关系。成功的演讲首先与平日的专业积累密不可分,随后才是临场发挥,而临场发挥需要旁征博引,这又归宿于专业积累,两者相辅相成。

三是文稿与演说的关系。当下演讲者在对待文稿上存在着两种极端现象,或完全读稿,这往往出现在学术会议上,现场效果并不理想,或采取 TED 风格,即完全脱稿自由发挥,这两种方式皆不可行。他主张青年学人宜采用居于“中庸”的演讲风格。所谓“中庸”风格,既有详尽的提纲挈领,又有“讲”的话语表达方式,而非全部念稿。

四是要根据不同的演讲场合进行灵活调整，即把握“应变”之理。他列举了庆典既礼仪场合发言、课堂讲课、学术演讲、学术会议发言、学术主持与评议、座谈与交流、电视广播采访等不同场合的注意要点，并结合自己近期短视频节目录制的最新媒体体验，分享了行之有效的经验。

二、在“求真”中熟虑，在“向善”中担当，在“创美”中卓越

庄志民教授以旅游意象学、旅游美学为切入点，作了题为“努力以‘真、善、美’为旨归”的主题发言。

他引介旅游意象学研究中根据现有理论总结规律的研究方法，归纳了成功演讲必须具备的“真”“善”“美”三个要点。所谓“真”，即规律；所谓“善”，即品质与责任；所谓“美”，即乐感或言之为令人赏心悦目的事物。随后，分别从上述三个要点具体分享了自己的体会。

一是演讲之“求真”。演讲者应尽量讲与自己的直接经验或间接经验作支撑的内容，尽量讲经过自己深思熟虑的内容，这就是“求真”。而“求真”路上所得的真谛往往能够化繁为简，正所谓“绚烂至极，归于平淡”。他以“演讲内容金字塔”归纳“求真”之要旨：演讲者所表述的“一滴水”，需要有相应的学术积累“一桶水”作垫底，而演讲者向受众传递的，必须是“真”之精髓。

二是演讲之“向善”。他强调学术演讲者必须是一名有社会责任感的学者，而个性化的学术追求的普泛品质，就是一切学术行为必须最终将有益于社会进步。这不仅是演讲的“向善”，更是学术研究的“向善”，而“向善”的目的在各个专业领域都有其特定的表述方式。他以自己所关注的旅游美学领域为例，具体的“向善”最终是要实现人与自然生态的和谐统一。

三是演讲之“创美”。根据祁志祥教授“乐感美学”的理论成果，美是有价值的乐感对象。他对此持认同态度，并进一步表示，美的价值属性与“求真”和“向善”相关，只要寓教于乐感，再学术的内容也有其赏心悦目的表达方式。在当下体验经济大行其道的时代，演讲亟需讲“注意”与“体验”两者结合，既要“抓眼球”，更要“讲境界”，以寻求符合“注意—体验”二元一体的受众感悟规律之美妙表达方式，最终将演讲的“求真”“向善”和“创美”真正落到实处。

三、掌握基本的方法，善用有效的技巧，实现思想的飞翔

作为资深的演讲指导、评议专家，田奇蕊教授结合自己多年的教学科研经验，作了题为“演讲的技巧与方法”的主题发言。

田奇蕊教授认为，演讲是演讲者面对观众，就某一问题系统地阐述自己的观点和主张的真实的社会活动。当下社会演讲无处不在，每个人都可以成为演讲家。她还匡正了当下不少人对演讲的认知谬误，强调演讲是以“讲”为主而非以“演”为主，而演讲应具备的素质主要包括声音、形象和语言三个方面。随后，她就演讲的目的、演讲的主要类型、演讲的特点做了简要的梳理，在宏观上以画龙点睛之笔对“演讲”做了一番勾勒。

在谈及具体的技能操练上，她分别从“演”的技能和“讲”的技能两方面入手，以传播效力为目的，就基本的要点、方法、技巧、训练步骤等作了简明扼要的讲解。她表示，状态、神态和姿态是“演”的基本要素，语言、语形、语意是“讲”的基本要素。演讲训练欲行之有效，须紧紧抓住这六个要点，实现功力、魅力、智力三者的结合，方能达成一场成功演讲的总体要求，即“顺口”“顺耳”“顺眼”“顺心”。“顺口”即讲老百姓听得懂的话，流畅，明了；“顺耳”即口齿清晰，音调适中；“顺眼”即演讲的审美度，需要演讲者心态自信而平和，状态积极而松弛，神态真诚而大方，姿态自然而灵活；“顺心”即内容真实，语体得当，深入人心。

祁志祥教授随后作了题为“成功的演讲，思想的飞翔”的主题发言，强调成功的演讲是演讲者与听众间一次思想的对话，演讲者必须以思想的力量取胜，用思想来征服观众，最终实现对话。

祁志祥教授首先就演讲的基本操作规范分享了自己的几点感悟。在如何处理演讲者与讲稿之间的关系问题上，他认为，演讲者与讲稿应保持一种“不即不离”的关系，对于讲稿或 PPT 不可过度依赖，应居高临下，举重若轻。谈到如何准备讲稿时，建议以提要点、分层次的方式来提纲挈领，在演讲中根据讲稿的提示用思想组织语言，来填补讲稿上各要点之间的空隙，并通过在不同要点间的“移步换景”以实现思想的叠加。在时间控制上，祁志祥分享了自己的一些经验技巧，如“一般十分钟的演讲设立三个要点”等，并强调演讲者须在有限的时间内表达最有效的意义。演讲作为一门艺术不同于绘画、音乐和雕塑，适度的残缺不一定影响演讲的完整性，演讲如若超时，演讲者应有效组织语言迅速结束演讲，而不应为求形式完整而不顾及时间管理。

在基本操作规范的基础上如何进一步实现“思想的飞翔”，祁志祥教授从暖场、仪态、语言、观点四方面分享了自己的感悟。成功的演讲与暖场密不可分，而暖场的方式取决于演讲对象、演讲环境的特质。就演讲中演讲者的仪态方面，演讲者应控制好紧张与放松之间的度，追求松而不怠、淡定从容的状态。在语言表达上应铿锵饱满以展现自信，并能以情动人。演讲用语应追求雅洁，亦庄亦谐，平中见奇，切忌粗语、俗语和插入语。

最后，祁志祥教授引用老子“方而不割，廉而不刿”、刘熙载“尚礼法”“尚天机”“尚性情”等名言，鼓励青年学者要敢于表达自己的真知灼见。

下半场的自由交流环节，上海政法学院张永禄教授、上海戏剧学院支运波副教授、复旦大学汤筠冰副教授、上海外国语大学贤达学院石莹副教授、松江区党史工作室地方志办公室程志强博士、上海译文出版社王赟编辑等分别就各自关心的话题与嘉宾交流沟通，提出各自的疑问和感受，进行思想的交流碰撞。

上海市美学学会的青年论坛活动已持续举办了十余年，取得良好社会反响，并被评为上海市社联“学会特色活动奖”。今后，学会将继续发扬这一传统品牌项目，让更多青年学人通过论坛学有所获，并借此为美学发声，为中华美学的发展壮大添砖加瓦。

“改革开放以来上海抗战与世界反法西斯战争研究国际学术会议”在沪举行

9 月 5 日，由上海抗战与世界反法西斯战争研究会与上海淞沪抗战纪念馆共同举办的“改革开放以来上海抗战与世界反法西斯战争研究国际学术会议”在上海淞沪抗战纪念馆举行。美国斯坦福大学胡佛研究院研究员郭岱君教授、复旦大学余子道教授、国防大学政治学院张云教授、上海大学忻平教授、东华大学廖大伟教授、上海师范大学洪小夏教授、上海历史研究所研究员马军教授等近 20 余人参加了会议。

复旦大学余子道教授作了题为“改革开放以来抗战史研究的一些回想”的主旨发言，从思想的解放、政策的调整、地位的提高、成果的涌现、宣传的普及五个方面回顾和总结了改革开放 40 年以来抗战史研究的历程。郭岱君教授作了题为“西方对淞沪抗战的观察和研究”的主旨发言，她从西方当时的媒体报道和各国观察家的备忘录、各国档案及西方近几年来对淞沪抗战的研究等三个方面对西方学术成果加以梳理，并对现有研究作出评价。

与会专家学者结合各自所长，就改革开放以来上海抗战与世界反法西斯战争研究的基本情况、史料发掘、重大事件的解读和考证等多方面阐述了自己的观点，交流了研究心得，提出许多富有建设性的意见，这些真知灼见是进一步深化上海抗战史研究的基础。大家一致认为，改革开放以来，上海抗日战争史的研究逐步趋向理性与客观，在研究视野、研究方法等方面都有了很大拓展，随着新史料的不断发掘与利用，人才队伍的不断壮大，上海抗战史研究仍有很大的提升空间。

上海淞沪抗战纪念馆馆长唐磊作了总结发言，高度评价了此次会议对推动上海抗战与世界反法西斯战争研究的重要意义，对与会专家踊跃参会并在会上提出真知灼见表示了谢意。

本次会议的召开进一步促进了中美之间的学术沟通和交流，推动了上海抗战史研究向更深层次推进。

多学会联合举办“从主权平等到合作共赢——国际秩序的演进与变革”学术研讨会

9月19日，上海市世界史学会、上海市俄罗斯东欧中亚学会、上海欧洲学会、上海宗教学会、上海社会科学院联合举办“从主权平等到合作共赢——国际秩序的演进与变革”学术研讨会。研讨会是2018年上海市社联跨学会学术活动项目之一，由市世界史学会会长潘光和市俄罗斯东欧中亚学会会长范军教授先后主持，与会学者就如何构建合作共赢的新型国际关系，推动国际秩序朝更加公正合理的方向变革发展；如何更好地发挥中国的作用，贡献中国的智慧、方案与力量等议题展开讨论。

市俄罗斯东欧中亚学会副会长、上海外国语大学教授汪宁阐述了中俄在推动国际秩序演变中的合作。他指出，当前公正合理的国际秩序远没有建立。中俄两国坚定维护联合国地位，提出对公正合理的国际秩序的追求，并在区域合作中做出较大的努力。今后，中俄两国要加强国际事务的参与，更大程度地参与国际规则的制定，通过国际组织增强话语权，并加强地区规则制定的主导权。

上海欧洲学会副会长、上海国际问题研究院研究员叶江从英国脱欧问题切入，揭示当今国际体系的“再国家化”特征。他认为，目前英国脱欧进程是肯定无疑、难以逆转的，问题在于是“硬脱欧”还是“软脱欧”，这取决于约翰逊与特蕾莎·梅之间的较量。英国脱欧、特朗普上台和欧洲民粹党团的兴起代表了一股逆全球化力量，它的最大特质是“再国家化”。从短期看，“再国家化”、逆全球化似乎成为主流。但从长期看，资本、市场和社会力量仍是世界的主流，当今国际秩序、国际体系中的全球化趋势不会逆转。

上海国际问题研究院副研究员张耀对当今国际体系中的俄美关系进行了评估。他指出，美国的战略定位就是维护全球霸权，俄罗斯的战略定位是通过地缘、军事、能源手段来维持地区主导权，美国和俄罗斯的战略定位是冲突的，决定这两个大国的前景是结构性矛盾和历史逻辑。

华东师范大学国际关系与地区事务研究院副研究员万青松则探讨了当今国际秩序中的美欧俄三边关系。他认为，美国特朗普上台后，政治上以新的政治逻辑对欧盟和俄罗斯进行打压；经济上以制裁或威胁制裁对付欧俄；外交上使俄欧成为美国国内政治斗争的工具；军事上发起军备竞赛；舆论上通过垄断国内话语权，颠倒黑白，营造施压的舆论环境。这使欧盟对美国保持距离，也使美俄关系的前景不容乐观。美欧俄三方内部的社会和政治变革转型决定了三边关系的未来。

上海对外经贸大学教授石士钧的发言侧重于当下国际秩序中的国际经贸规则问题。他指出,美国特朗普政府针对中国的贸易政策是违反世界贸易组织规则的。当前最为紧迫的是,中国要深入推进国内经济体制的改革,解决一些突出问题。这需要犹如1978年中国改革开放时的魄力、勇气和决心。

上海市教学会会长、上海社科院宗教研究所所长晏可佳指出,跨学科的学术讨论在历史大框架下提升了对现实问题的关心,为每一个学科的研究提供了启示。2018年2月,国务院新修订的《宗教事务条例》正式实施;4月,国新办发表《中国保障宗教信仰自由的政策和实践》白皮书,这些变化为研究中国的宗教政策带来了机遇。当前的问题是我们如何将党和国家宗教政策的经验加以深化,并进行归纳,这是宗教学研究的新课题。上海社科院宗教所田艺琼博士分析了宗教极端主义的发展。她认为,恐怖主义不是"9·11"事件以后才出现的,宗教极端主义也不是当前才有。当今,宗教极端主义的范围、内涵和外延比较广泛,并且有和暴力恐怖主义合流的趋势。在"一带一路"建设中,中国—中亚—西亚经济走廊在非传统安全领域风险最大,其中包含沿线地区恐怖主义、极端主义的挑战作恶威胁。中国需要在区域层面进一步提供一些观念性的公共产品,推进文化交流、倡导文明对话、在文明包容共存中建设和谐世界。

中国非洲史研究会副会长、市世界史学会副秘书长、上海师范大学教授张忠祥的发言联系日前举行的北京中非峰会分析中非命运共同体的构建。他认为,人类命运共同体是世界秩序的中国方案,但理想目标的实现不是一朝一夕能够做成的事。中非命运共同体是其中的一块重要基石,它的现实基础在于中非之间相互需要、相互支持、相互倚重。当前构建中非命运共同体面临多重挑战,包括各方面对中非合作的舆论偏差、大国的竞争与博弈等等。

上海社科院国际问题研究所吴泽林博士认为,共建"一带一路"正在三个方面重塑欧亚版图,第一阶段以基础设施合作为重点,塑造强连通的地理版图;第二阶段以产能合作为重点,塑造平衡发展的贸易版图;第三阶段以机制协调为重点,塑造和谐共生的制度版图,通过沿线各国彼此协调、同舟共济,致力于在欧亚大陆最终形成一个互联互通的关系网络,其目标完全符合开放包容、合作共赢、共同繁荣的国际秩序和世界体系的建设。

上海市世界史学会副会长兼秘书长、上海社科院国际问题研究所副所长余建华在总结中指出,当今世界处在大发展大变革大调整时期,中国则处于民族复兴的战略机遇期和历史转换期。在这一宏观背景下,国际和国内两个大局的关联互动影响与意义不容低估,一系列现实问题的解决越来越需要世界的眼光、跨学科的视野、通古今的维度和能力。作为现行国际体系日益重要的参与者和维护者的中国,同时也是推动国际秩序朝着合作共赢、更趋合理公正的方向演变的积极建设者和贡献者。而本次研讨会的价值就是为跨学科交流提供平台,为问题的解决提供多学科方案。

上海市思维科学研究会举办会议研讨思维科学的本质与发展

11 月 10 日，上海市思维科学研究会举办学术研讨会，围绕思维科学的本质与发展以及对未来的展望等问题进行了深入探讨，来自上海、湖北、山西、黑龙江、吉林、甘肃和广西等全国各地的 50 余位思维科学领域的专家、学者参加了本次会议。本次研讨会作为上海市社联第十二届学会学术活动月活动项目之一，由上海市思维科学研究会秘书长刘晋主持。

钱学森图书馆党总支书记兼副馆长盛懿对钱学森图书馆进行了简单介绍，并对本次大会表达了衷心的祝愿。上海市思维科学研究会会长王晓峰对大会代表们表达了热烈的感谢，并祝愿本次研讨会圆满成功。

著名思维科学专家张光鉴教授讲述了思维科学的发展，提出了如何将思维科学与其他学科相结合等问题，并强调了当前的研究需要在钱学森老先生的思维道路上不断前进。著名思维科学、人工智能专家华中科技大学李德华教授简述了思维科学发展的历史脉络，分享了思维科学的本质，并强调思维科学并不是一个单一的学科，需要多组织，多学会共同研究发展。上海交通大学钱学森研究部副部长汪长明表达了对思维科学的看法以及与思维科学协会未来合作的愿景，强调了思维科学一定会成为重要研究方向，如何将思维科学做大做强，值得探索。

上海市思维科学研究会原会长冯嘉礼分享了思维科学研究的最新成果，强调了在哲学层面的数学公式表达。上海第二工业大学教授李鸿仪分享了题为“逻辑学及其在数学基础应用中的一些问题”的报告，讲述了逻辑的起源与逻辑在各种数学问题上的应用。上海杰得微电子有限公司董事长欧阳合强调了数学思想、数学化的重要性，以及需要对国外的研究成果与研究方法取长补短。

上海市思维科学研究会会长王晓峰介绍了目前在人工智能方面的国家政策，并提出智能与思维的关系，详细讲述了思维的意义、思维的方法、思维科学的研究现状等内容，强调了目前需要从思维的本质研究思维规律，借鉴现代科学的研究成果以推动思维科学的发展。上海师范大学人工智能教育研究所所长殷业教授发言，介绍了钱学森老先生对思维科学复杂巨系统的定义，并提出了对复杂巨系统进行分层的研究，强调了人脑的计算就是思维，如何处理定性与定量数据也同样十分重要。吉林大学教授王跃介绍了吉林思维科学学会的相关工作，并讲述了对思维科学的展望与想法。

来自全国其他省、自治区、直辖市思维科学学会的专家、学者代表踊跃发言。会议对思维科学的历史和发展进行了细致的讨论，分享了思维科学的最新成果与思想，规划了未来全国各地学会共同努力的方向，将有力地促进思维科学研究和各地学会组织建设的发展。

王晓峰对本次会议进行了总结，表达了对所有参与会议专家、学者的感谢，并表示将提升大家的联系，和全国各地的同仁们共同努力，推进思维科学研究的发展。

上海影视戏剧理论研究会举办“面向新时代的现实主义影视戏剧创作”学术研讨会

11 月 18 日下午，上海影视戏剧理论研究会举办“面向新时代的现实主义影视戏剧创作”学术研讨会。该活动是“上海市社联第十二届学会学术活动月”项目之一。来自复旦大学、上海交通大学、同济大学、上海财经大学、上海社科院等单位的专家及研究生参加会议。

研讨会分为两个环节，第一部分为主题发言，第二部分为自由讨论。周斌会长首先做了《面向社会现实，表现时代变革——现实题材电视剧创作述评》的发言，他将当前热门的现实题材电视剧分为六种类型并进行了评析。因为电视剧的研究相对稀缺，周斌的发言开拓了大家的视野。徐巍则聚焦了 CEPA 签署后香港电影现实主义电影的创作。王庆福则讨论了当下中国现实题材纪录片的强势回归，他指出近年来中国现实题材的变化主要表现为四个方面：(1)国际化的视野拓展；(2)切入时代的主题构建当代中国主流话语，党的十八大以来，党和国家综合治理加强，从反腐倡廉到地方民主选举，从环境保护到绿色能源，从精准扶贫到“一带一路”，一系列与当代社会发展相关的重大主题进入纪录片选题的视野，改变了现实题材纪录片只在社会边缘选题的灰色形象；(3)系列片的规模彰显电视纪录片传播特性，在类型选择上，当下现实题材纪录片以大型电视系列纪录片为主，之所以选择这一类型，是因为大型电视纪录片最适合电视的传播特性，多集系列纪录片的容量最适合表现当下中国现实社会发生的重大主题；(4)新媒体叙事彰显“中国故事”的魅力。与传统现实题材纪录片相比，当下现实题材纪录片在表达方式不再奉纪实为一尊。新媒体时代，人们的思维更加开放，其对现实题材纪录片的直接影响就是微叙事、互动性，这种方式解构了传统叙事的线性思维方式，为现实题材纪录片讲述“中国故事”开辟更为开阔的空间。

本年度现实主义题材的热门影片，除《我不是药神》外，还有一部《江湖儿女》。关于这部影片，与会专家存在着争议。严敏认为，《江湖儿女》所讲述的年代，我国发生了翻天覆地的变化，正如《大国崛起》等纪录片所显示的，一个强大的中国正在崛起，正在大踏步地实现美丽的“中国梦”，这是举世公认的“光明的现实”，但《江湖儿女》却将光明的现实江湖化，其实质仍然是呈现中国社会转型期的所谓黑暗面，以契合一些老外的偏见。而刘春则从“符号现实主义”的角度，探讨了贾樟柯电影的“现实感”，在《江湖儿女》中，生活的斗争表现为符号的斗争，但最终符号的关系决定性因素并不仅在于文化层面，更在于符号背后的权力关系。刘春认为贾樟柯电影里“现实感”核心的东西，就是对于变化中的中国现实的关注，以及对于真实的生活的尊重与凝视，这注定了贾樟柯的电影有一种流逝的诗意。龚金平则探讨了2018年最热门的影片《我不是药神》，他既肯定了影片直面现实的勇气，又指出影片没有我们想象的那么勇敢、那么辛辣，它只是一部触及了中国社会现实的某一个角落，并在这个角落里思考“情与法”“利益与良知”等问题的影片，它的诚意和用心大多数时候放在对观众的煽情性冲击上。

谈洁发言的题目是“‘Made in Shanghai’——在地拍摄与现实主义题材创作”。她指出，曾经的“上海制造”是中国电影屹立于世界影坛的一块里程碑，是中国电影学派的发源地，闪烁着现实主义的光辉，位于苏州河以北区域的制片厂，生活在上海租界和弄堂里厢的电影创作者们，不断地用影像的语言讲述本土的空间以及本土空间里发生的故事。而近些年来，上海地区影视行业在生产环节的相对薄弱是有目共睹的，上海更多地被认知为过去是一座拥有电影历史和文化底蕴的城市，如今是一个票仓城市，就电影文化体验方式而言，是一座无差别都市。而对于上海，这座曾经拥有过“东方好莱坞”称号的中国电影制作中心城市来说，上海本土要发展文化产业，打响文化品牌，就必须着力推动和促进以生产为核心的文化产业活动，以开放和包容的心态，为本土影视文化产业的发展提供有养分的土壤，我们永远都不能忽视围绕“在地拍摄”而产生的一系列影视产业连锁反应，和“在地拍摄”这一影视“生产”行为本身所具有的一切人类学意义。只要将“上海”还给上海，将上海的现实交托给创作的实际，上海无需追赶就能在中国整个影视产业版图中永远占有一席之地。卢雪菲博士一直从事电影表演的研究，因此她独辟蹊径，为大家介绍了梁朝伟的表演风格，她认为已达到了一种诗意现实主义的层次。

会议第二个阶段，大家围绕现实主义的话题进行了热烈的自由讨论，论及国内电视剧的受众问题，如何看待及表现社会黑暗面的问题，以及现实题材与现实主义的区别问题等。

政治、法律、社会、行政

上海市马克思主义研究会举行第七届会员大会

3月17日，上海市马克思主义研究会第七届会员大会暨“改革开放新指南：习近平新时代中国特色社会主义思想”研讨会在中共上海市委党校举行。市委宣传部副部长、市社联党组书记燕爽，市社联党组成员、专职副主席任小文等出席会议。

燕爽在讲话中指出，马克思主义是我们党的指导思想，自我们党诞生以来就从来没有动摇过。中国共产党是马克思主义理论坚定的实践者、发展者、创造者。2018年是马克思诞辰200周年、《共产党宣言》诞生170周年，虽然时空条件变了，社会主义在其发展过程中也曾经历过曲折，但是马克思主义理论在中国大地上不但没有消失，相反正在积蓄新的力量，赢得了新的发展时机。

党的十九大提出了习近平新时代中国特色社会主义思想这一重要指导思想，使中国特色社会主义的理论、实践都上升到了一个新的台阶，在世界上引起巨大的反响。进入新时代，对马克思主义的研究要有新创新，需要从历史、理论、实践三个维度来认识和把握。如果不把这三个方面结合起来，理解理论、理解道路就会出现偏失。

我们党是以马克思主义为指导的政党，我们国家的实践取得了这么大的成绩，我们有很多马克思主义研究的专家，但却缺少大师。其中一个重要原因就是缺乏整体性研究。

燕爽提出，在学习传播习近平新时代中国特色社会主义思想过程当中，上海要走在全国前列，要进行一场学科创新和发展，再创上海知识界在学习传播马克思主义方面的新辉煌。

在当天的大会上，上海市马克思主义研究会选举产生了新一届理事会，经理事会民主选举，王国平当选会长，董勤、顾钰民、陈锡喜、徐觉哉、顾红亮、王公龙、胡伟、齐书深、周敬青9人当选副会长。

随后举行的“改革开放新指南：习近平新时代中国特色社会主义思想”研讨会上，6位学者针对当前马克思主义研究中存在的突出问题、围绕如何深入学习习近平新时代中国特色社会主义思想作了交流发言。

中共上海市委党校马克思主义学院教授　胡伟

要加强对马克思主义的整体性研究，重点是要处理好经典与当代、理论与实践、西马（西方马克思主义）与中马（中国马克思主义）等关系。关于理论与实践的关系，他指出，现实生活中两者存在脱节，主要表现为两种情况：一方面，很多实践非常好，但是理论上怎么去总结，我们现在还没有自己的声音。也就是说，实践走到了理论的前头，而理论总结跟不上。另一方面，理论讲得很好，但是如何用它去解释实践中的问题？理论的针对性和解释力还不够。

他强调，要加强马克思主义的总体理论与各个组成部分之间关系的研究。马克思主义有三大组成部分：哲学、政治经济学和科学社会主义，不能把三者弄成三个“马铃薯”。理论不能是支离破碎的，也不能是前后脱节的，要更加注重马克思主义研究的学理性、逻辑性和自洽性。

复旦大学教授马克思主义学院　顾钰民

在党的十九大报告中，有一句话一字不差地重复了党的十八大的说法，那就是：既不走封闭僵化的老路，也不走改旗易帜的邪路。“老路”和“邪路”在意识形态领域相联系的就是两“化”——一个是僵化，一个就是西化。封闭僵化的老路，理论上的根源就是僵化理论，邪路就是西方自由化理论。既不走老路，也不走邪路，我们要坚定不移地走中国特色社会主义道路。习近平新时代中国特色社会主义思想是当代马克思主义的最新成果，是21世纪的马克思主义，是全党全国必须长期坚持的指导思想。

今天讲马克思主义，不能抽象讲马克思主义，需要具体化。具体的马克思主义就是我们今天中国特色社会主义对马克思主义的发展，就是习近平新时代中国特色社会主义思想，这个必须统一。对马克思主义经典理论的理解研究要落实到我们今天的实践，就必须要赋予中国化、时代化新的内涵。研究马克思主义一定要将坚持和创新并举，马克思主义的经典著作是我们的根，是我们的魂，不坚持会犯实用主义的错误，但是不发展就没办法真正坚持，也就不能指导我们的实践，这样就会犯教条主义的错误。所以，一定要把坚持和创新结合起来，更重要的是创新，创新是理论发展的源泉。

国防大学政治学院教授　孙力

习近平新时代中国特色社会主义思想是一个完整的体系，有着非常丰富的内容。从政党政治角度来讲，它谱写了政党政治的新篇章。主要表现在三个方面：首先，将制度治党与思想建党相结合，应对时代挑战；其次，将全面从严治党作为治国理政的主要驱动力，在进行国家治理的同时强调政党建设；第三，明确中国特色社会主义最本质的特征是中国共产党领导，探索适应于社会主义现代化进程的党领导国家建设的体制。

上海师范大学马克思主义学院院长周书俊教授、中国浦东干部学院马克思主义教研部主任于洪生教授、上海交通大学马克思主义学院特聘教授陈锡喜分别围绕“习近平新时代中国特色社会主义思想的创新点”“如何准确理解习近平新时代中国特色社会主义思想”“加强对习近平新时代中国特色社会主义思想基本范畴和重大论断研究”等作了发言。

上海市毛泽东思想研究会召开第六届会员代表大会

4 月 15 日，上海市毛泽东思想研究会召开第六届会员代表大会。会议审议通过了《第五届上海市毛泽东思想研究会工作报告》《上海市毛泽东思想研究会财务情况说明》《上海市毛泽东思想研究会章程修改说明》，选举产生了学会第六届监事、理事会。

在随后召开的第六届理事会一次会议上，与会理事选举产生了新一届的领导班子。秦莉萍任会长，单冠初任常务副会长，朱坚强、夏斯云、宋敏娟、曹泳鑫、廖大伟、赵刚印、李亮任副会长，其中李亮兼任秘书长。

上海市妇女学学会等召开“第二届文化经济与政策国际学术研讨会”

4月20日至21日，上海市妇女学学会、上海交通大学国家文化产业创新与发展研究基地、上海师范大学等联合主办“第十四届东方女儿节暨第二届文化经济与政策国际学术研讨会”。上海市妇联副主席、上海市妇女学学会副会长黎荣，上海师范大学副校长陈恒教授，西班牙上海领事馆商务参赞 Alfonso Noriega 先生、上海市妇女学学会副会长朱易安教授，西班牙、哥伦比亚、智利和荷兰等国的专家学者，以及来自中国社科院、兰州大学、浙江工商大学、上海交通大学、上海师范大学、上海社科院的专家学者约80人出席论坛。

陈恒副校长、黎荣副会长、西班牙上海领事馆商务参赞 Alfonso Noriega 先生分别在开幕式上致辞。

本次论坛以第十四届“东方女儿节”为契机，围绕“文化”“城市”“性别”三个关键词，先后有18位中外专家学者在主题发言、专家研讨、青年学者论坛上就文化经济、社会性别和社会公共政策进行了对话和交流。

与会者认为，数字经济突飞猛进的发展对文化经济学研究的方向产生巨大的影响，“一带一路”建设和中国进一步向世界开放，为中国文化经济学发展提出新命题和新领域。同时，中外文化的同质性和差异性也影响着中国文化经济的发展，只有把握好精准的文化思维方式才能建构起现代文化发展的新空间。与会者指出，一是文化经济的发展，对女性在文化产业就业、非物质文化上的继承、文创机构活动参与、女性合理的文化娱乐和健康消费等方面有积极作用，有利于助推城市文化蓬勃发展。二是无论在文创女性人才培养，还是女性参与文化经济发展的创业，政府都需要给予相关政策的支持。与会者建议，文化是一个民族的精神记忆、血脉和灵魂，是民族创造力的源泉，也是经济和社会发展的重要因素。为此，一要通过跨界互动，构建艺术与大众包括妇女在内的对话交流的公共平台，促进文创生态的平衡与和谐；二要协调好政府规划与自发生长、艺术创作与城市空间之间的变量关系，让文创在承担社会责任的基础上，架起政府护航、企业搭桥、艺术家主创互动的良性发展势态；三要树立起文化自觉与文化自信，为中国城市文创艺术注入新的活力。同时，还要与其他国家建立互访、互培和互研的文化经济发展合作项目，推进文创艺术区的创新发展。

西班牙巴利亚多利德大学文化经济研究组负责人 Luis César Herrero Prieto 和上海师范大学广告学系主任郑欢教授、上海交通大学教授胡惠林分别作了精彩的总结发言。

上海市大数据社会应用研究会召开区块链国家战略学术研讨会

5月12日，上海市大数据社会应用研究会与上海对外经贸大学人工智能与变革管理研究院、工商管理学院等联合主办“区块链国家战略学术研讨会暨上海对外经贸大学第五届大数据应用论坛”。上海市大数据社会应用研究会副会长、上海对外经贸大学齐佳音教授主持研讨会，上海对外经贸大学陈洁副校长出席并致辞。

北京邮电大学吕廷杰教授、中国软件行业协会常务理事方亚男博士、分布科技创始人达鸿飞、上海对外经贸大学陈晓静教授、海对外经贸大学张国锋副教授、浦东发改院金融研究室主任刘斌、共享财经创始人史伟青等分别作了《区块链与通证经济》《我国区块链发展现状、问题与战略思考》、Building A Compliance Ready Blockchain、《金融与科技融合的风险监管研究：以区块链为例》《区块链哲学思想》《区块链对传统经济理论和经济政策的影响》《区块链——新生产关系》等报告。七场报告精彩纷呈，引来了大家热烈的回应和讨论。研讨会还举办了圆桌讨论会，来自不同领域的四十余位与会者对我国区块链发展的国家战略进行了深入探讨。

上海国际商务法律研究会召开第四次会员代表大会

6 月 23 日,上海国际商务法律研究会召开第四次会员代表大会。会议审议并通过了第三届理事会工作报告和财务报告,审议并通过了修改后的研究会章程,选举产生了第四届理事会成员和监事。随后举行的第四届理事会第一次会议上,选举产生了新一届研究会领导班子,杨鹏飞为会长,范永进、张庆麟、彭诚信、高凌云、施延亮、吴弘、刘迎霜为副会长,成涛为秘书长。

上海科学社会主义学会主办“社会主义现代化强国建设与人的全面发展”学术研讨会

6月28日，由上海科学社会主义学会和华东理工大学马克思主义学院共同主办的“社会主义现代化强国建设与人的全面发展”学术研讨会在华东理工大学举行。来自沪上高校、党校等的60多名专家学者参加了研讨活动。华东理工大学党委常委夏江雯在开幕式上致辞。

上海科学社会主义学会副会长、解放日报社党委副书记周智强认为，社会的现代化并不等于自然地实现人的现代化，关键要处理好人的现代化与人的全面发展之间的关系。马克思劳动学说揭示了人的全面发展的必然趋势，可以从劳动自身、劳动关系、劳动分工、劳动机制、劳动时间五个维度加以透视。实现人的全面发展，包含哲学、政治、经济、社会、教育、文化等多重意义，既不能失之于空泛，也不能失之于功利，必须站在人类进一步发展的高度，着眼于人的全面发展，在哲学、政治、经济、社会、文化等诸多方面协调共进，在每个历史发展阶段克服不同维度产生的问题，使人的全面发展这一崇高目标推进到新的高度。

上海科学社会主义学会副会长、国防大学政治学院孙力教授指出，“人”是马克思主义的重要主题。有人攻击马克思主义，认为其只讲阶级不讲人，存在“人学的空场”。这其实毫无根据，说明持这种观点的人根本没有弄清马克思是怎么讲人的。马克思从来不抽象谈人，而是在主线、分析工具和历史主人的定位中予以具体体现。中国共产党对马克思主义的人的理论，有诸多独特贡献。其中，非常突出的就是中国共产党的“群众路线”，把马克思主义历史观、认识论和方法论融为一体，不仅强调人民群众是历史的主人，而且强调历史是在人民群众的实践中产生的，强调从群众中来、到群众中去。把群众路线和党的思想路线紧密相连，这是对马克思主义的丰富和发展。现在我们提出“以人民为中心”的发展思想，这是对马克思主义，特别是对科学社会主义理论的重大贡献。

上海科学社会主义学会副会长、华东政法大学副校长张明军教授认为，人的现代性起源于文艺复兴时期。进入近现代以来，人的现代性的内涵主要表现为是否具有科学、民主、自由、公平、正义的思想属性和行为准则。我们应该继续进行这个启蒙，摒弃一些糟粕的东西，树立现代性的理念的各种要素，核心是科学、民主、法治。要在推进制度建设过程中，使人的现代性得到充分体现。一个国家的法治文化、政治文化与整体文化的形成，一定要有自上而下的率先垂范，这是极其重要的。

华东理工大学马克思主义学院院长杜仕菊教授指出，人的全面发展是马克思主义的核心价值与终极目标。在习近平新时代中国特色社会主义思想中，人民美好生活与人的全面发展有内在的统一性。美好生活是人的全面发展的现实前提，人的全面发展也是为了满足人民美好生活的需要，所以两者是辩证统一的。人的全面发展，既是一个理想，又是一个实践，还是一个过程。实现美好生活需要与人的全面发展的统一，需要发挥人的能动性和创造性。

复旦大学马克思主义学院常务副院长李冉教授认为，习近平总书记把普遍真理同治国理政的现实运动紧密结合，既坚持了思想的精髓，又赋予了现实的内涵，进一步发展了马克思主义的真理观。习近平总书记对马克思的评价和对马克思主义真理观的评价，都突出强调了建立新世界的人生品格、理论品格，进一步丰富了马克思主义的理论内涵和形态，这是当代中国共产党人对马克思主义做出的重大的原创性贡献。

上海科学社会主义学会副会长、上海外贸大学党委副书记许玫教授认为，从人类历史发展角度讲，建设社会主义现代化强国，首先要实现国家治理体系现代化。要实现国家治理体系现代化，则必须实现人的现代化。人的现代化跟人的全面发展之间，是一个有相互区别、又统一的关系。人的现代化是人的全面发展的必经阶段，而在这个过程中，通过教育现代化等途径，促进人的全面发展，达到最终的目标。

上海科学社会主义学会副会长、上海师范大学黄福寿教授提出，人类已经开始并将全面进入人机共生时代。随着人工智能的广泛应用，人类能自由支配的时间肯定大大增加。延续至今的人类进化历史，总体上是属于传统的、生物学意义上的进化模式。在人工智能发展以后，传统生物学将可能让位于人机共进化模式，将对人的全面发展产生深远的影响。

上海科学社会主义学会副会长兼秘书长吴解生教授在总结发言中指出，在纪念《共产党宣言》发表170周年和马克思诞辰200周年的日子里召开这次研讨会，凸显了理论研究服务社会发展实践需求的特殊意义和巨大价值。我们要运用马克思主义的历史唯物主义和辩证唯物主义的原则、立场和方法，在习近平新时代中国特色社会主义思想的指导下，聚焦新时代强国建设和人的全面发展的相关理论及其关系，为解决强国建设理论中存在的短板和发展不平衡的实践问题提供智力支撑。

上海市妇女学学会、上海市婚姻家庭研究会召开换届大会

7月5日，在上海市妇女儿童服务指导中心（巾帼园）分别召开了上海市妇女学学会第七次会员大会暨换届大会、上海市婚姻家庭研究会第五次会员大会暨换届大会，来自各高校、上海社科院、本市部分国有企业、妇联系统、社会各界人士等180余名“两个学会”的会员出席了换届大会。市社团局副局长曾永和，市社联党组成员、专职副主席任小文出席会议并讲话。

上海市妇女学学会第七次会员大会审议并通过了学会会长徐枫代表第六届理事会所作的《以习近平新时代中国特色社会主义思想为指导，推动上海妇女理论研究工作创新发展》的工作报告、财务报告、新的章程和工作制度，投票选举产生了上海市妇女学学会第七届理事会和监事。在随后召开的学会第七届理事会第一次会议上，投票选举产生新一届常务理事和学会领导班子：徐枫任会长，马锦明、朱易安、沈开艳、梅兵、龚思怡、彭希哲任副会长，潘卫红任秘书长。

上海市婚姻家庭研究会第五次会员大会审议并通过了研究会会长翁文磊代表第四届理事会作的《承担新时代理论研究责任和使命　为促进家庭社会和谐作贡献》工作报告、财务报告、新的章程和工作制度，投票选举产生了上海市婚姻家庭研究会第五届理事会和监事。在随后召开的研究会第五届理事会第一次会议上，投票选举产生新一届常务理事和学会领导班子：葛影敏任会长，包蕾萍、许莉、沈奕斐、郭秀艳、唐宁玉、黄绮任副会长，黄绮兼任秘书长。

新任副会长许莉、沈奕斐先后发布了婚姻家庭、妇女研究方面的最新信息。最后，市社团局副局长曾永和，市社联党组成员、专职副主席任小文，市妇联主席、党组书记、市妇女学学会会长徐枫分别对新时代学术性社团发展作了指导性和前瞻性的讲话。

上海市人大常委会主任殷一璀出席上海人大工作研究会第二届会员大会

7月31日，上海人大工作研究会召开第二届会员大会，来自本市从事人大工作的机关代表、高校和社会各界人士等130余名会员出席了换届大会。市人大常委会主任殷一璀，市委宣传部副部长、市社联党组书记燕爽，市民政局副局长、社团局局长蒋蕊出席并讲话。

上海人大工作研究会第二届会员大会审议并通过了学会会长姚明宝代表第一届理事会工作报告、财务报告、新的章程和工作制度，选举产生了上海人大工作研究会第二届理事会和监事。在随后召开的学会第二届理事会第一次会议上，选举产生新一届常务理事和学会领导班子：姚明宝任会长，孙运时、姚海同、林化宾、潘志纯、王平、张昀理、郭树勇、林彦、许萍任副会长，许萍兼任秘书长。

燕爽对研究会顺利完成换届，选举产生的新一届领导班子表示祝贺；肯定了研究会在人大制度理论等课题研究、推进成果转化为实践指导、充分发挥智库功能等方面取得的成就；希望研究会积极发挥智库作用，为改革发展建言献策、为制度创新深入探索、为补齐短板添砖加瓦，为理论创新与实践探索贡献力量。

市人大常委会主任殷一璀代表市人大常委会，向新一届研究会领导班子表示热烈的祝贺，向多年来为研究会建设发展付出辛劳的老领导老同志表示诚挚的问候，她认为研究会的成绩是突出的，一些重要成果得到了全国人大和市委领导的表扬。她对新一届研究会工作提三点希望。一是用习近平新时代中国特色社会主义思想统领人大制度和人大工作研究，指出要适应新形势新任务的要求，按照总结、继承、完善、提高的原则推进人大制度的理论创新和实践创新，推动人大工作提高水平。二是积极推进高质量的人大研究新型智库建设，建立健全决策咨询制度。市人大常委会希望及时得到研究会的支持和帮助，帮助讲清历史、梳理脉络、开拓思路。三是立足自身优势，推动研究会工作再上新台阶，进一步提高学会活动的质量，不断增强研究会的活力、吸引力和创新力。

上海市毛泽东思想研究会举行“习近平新时代中国特色社会主义思想与改革开放 40 周年”理论研讨会

9 月 29 日，上海市毛泽东思想研究会和上海工程技术大学联合举办“习近平新时代中国特色社会主义思想与改革开放 40 周年”理论研讨会，来自复旦大学、上海外国语大学、上海大学、上海对外经贸大学、上海工程技术大学、上海师范大学、上海社科院、上海市委党校、长宁区区委党校等高校和科研院所的专家学者及学生代表百余人参加了本次活动。

上海工程技术大学党委书记李江和上海市毛泽东思想研究会会长、上海师范大学党委副书记秦莉萍分别致开幕辞。

上海市人大常委会研究室原主任、中国特色社会主义理论研究中心研究员周锦尉教授以“社会主义市场经济 40 年实践：从邓小平破冰到习近平创新”为题，阐述了邓小平从战略家的角度，在改革开放启动阶段就做了深入的思考，提出了市场经济。习近平总书记又是另一个战略家。习近平新时代中国特色社会主义经济思想主要可以从七个坚持当中反映出党的统一领导问题、人民为中心的发展思想问题、经济发展的新常态问题、市场在资源配置当中起决定性作用问题以及供给侧改革是主线的问题，其中，资源配置和供给侧改革这两点都是市场经济思想的发展和创新。曹泳鑫研究员以“两个百年视野下的改革开放”为主题，指出改革开放要把握好 30 年、40 年、70 年这个关系，党越来越成熟，看中国问题、看世界问题也越来越成熟，理论体系越来越成熟，因此要重点学习成熟和完备的理论。最后，曹教授鼓励学生要切实做一些调查研究，学好书本知识和马克思主义基本原理，更好地读懂中国，也殷切希望毛研会和中国工程技术大学以这次活动为起点，更大程度加深双方的影响力。

随后，与会人员分为两组，围绕“一脉相承的党的理论创新脉搏”和“改革开放以来社会治理思想与实践的创新”主题展开探讨，大家踊跃发言，积极分享研究成果，现场气氛热烈。

上海市大数据社会应用研究会主办“首届上海市大数据社会应用研究会年会”

10月19日，上海市大数据社会应用研究会主办的“首届上海市大数据社会应用研究会年会”暨“智慧城市建设与风险治理的中国方案高端论坛”在上海市北高新园区商务中心隆重举办。上海市法学会党组书记、二级大法官崔亚东，中共上海市委宣传部副部长、上海市社联党组书记燕爽分别致电，向会议的成功召开表达了衷心祝贺。上海交通大学国际与公共事务学院党委书记、中国城市治理研究院党支部书记姜文宁，上海市北高新(集团)有限公司总裁陈军代表承办方致辞。研究会理事、会员等各界嘉宾及友人360余人与会。

这是一次围绕大数据和人工智能领域的理论与应用深度融合，覆盖了近20个一级学科且具有相当融合深度的跨界、跨学科论坛，内容精彩纷呈，亮点多元突出，对构建大数据研发的“产、学、研、用”全链条、寻找发现重大重点研究热点、培育和构建起跨界大数据研发团队等，都起到了较大的推动和助力作用。会议期间，腾讯等不少国内知名数据公司进行了最新大数据与人工智能前沿成果的介绍，与会人员还在上海数据交易中心集体参观了上海市大数据集成研发的十大前沿场景展示。

上海市大数据社会应用研究会副会长、秘书长、上海财经大学讲席教授张学良主持了上午的主论坛。围绕本次会议的主题，国家发改委城市中心综合交通规划院张国华院长作了“智能社会与智慧城市”的主旨报告；华东师范大学城市与区域科学学院院长杜德斌教授作了“强化内生，培育引擎——上海建设全球科创中心的战略路径”的主旨报告；上海交通大学文科建设处处长、中国城市治理研究院常务副院长、国际与公共事务学院吴建南特聘教授作了“中国特色公共管理理论的构建：从学术研究到最佳实践”的主旨报告；腾讯云王龙副总裁作了“大数据驱动下的智慧城市”的主旨报告。

下午并行展开的四个专题分论坛上，跨学科的各位专家围绕“大数据智能与金融创新”“人工智能与未来社会趋势”“区块链国际贸易新规则”“智慧检法大数据应用”四个议题进行了充分交流，发言质量较高、深度融合性强、交叉色彩明显，充分展现了大数据社会应用研究的新特点、新趋向。

专题论坛一　大数据智能与金融创新

该专题论坛由上海市大数据社会应用研究会与复旦大学大数据研究院、上海市大数据联合创新实验室(金融领域)联合主办。复旦大学大数据研究院副院长吴力波教授和上海数据资产运营管理有限公司董事长丁炯联合主持了分论坛。

上海交通大学中国普惠金融创新中心主任、英凡研究院费方域院长做了"发展 FinTech,政府做什么"的主旨演讲,并以英国、中国香港 FinTech 发展为例,指出推动我国金融领域大数据应用发展,应当具有明确的目标愿景和发展战略,并且一以贯之;同时,指出英国在 FinTech 产业发展战略中兼顾创意、人力、基础设施、商业环境和地区发展多方面布局,实现了产业的繁荣发展。

上海财经大学信息管理与工程学院常务副院长黄海量教授的报告题目为"文本挖掘在金融领域应用与趋势"。黄教授结合实际金融分析案例,介绍了文本挖掘技术中针对词、句和人物性格的分析方法在企业上市、新闻事件冲击与公司治理等领域的应用场景与发展前景。

交通银行总行风险部副总经理孙荣俊的报告题目为"大数据时代的银行经营管理"。该报告总结了大数据应用的魅力,指出银行热衷于大数据应用既有外部环境因素的影响,也取决于银行内部管理与效率提升的创新诉求。同时,报告还展示了交通银行在大数据应用方面的成果,指出大数据未来应用的关键问题在于创新推动升级、场景全面覆盖、体制机制重塑、培育发展价值等方面,同时不能忽略人的价值。

中国电信上海理想信息产业(集团)有限公司副总经理胡忠顺做了题为"构建基于沙箱的金融科技与监管科技的联合创新平台"的报告。报告介绍了上海市大数据联合创新实验室(金融领域)作为产、学、研多领域共建平台的建设情况和项目布局。

复旦大学大数据学院副研究员魏忠钰做了题为"基于深度学习的金融领域事件以及实体网络建模方法研究"的报告。报告介绍了深度学习、文本挖掘技术和网络建模方法在金融资讯驱动的投资决策辅助中的作用,在理论和技术两个层面进行了深入的探讨。

国泰君安证券信息技术部主管梅继雄做了题为"数字化国泰君安及大数据与人工智能应用实践交流"的报告,从客户经营、业务一体化、管理指标化等方面详细介绍了国泰君安证券在大数据领域的战略布局和规划愿景,未来国泰君安证券将在风险控制、智能网点、身份认证、精准营销、智能客服、智能投研等领域将持续拓展创新。

上海氪信科技创始人兼 CEO 朱明杰做了题为"AI 攻克大数据难题"的报告。氪信科技作为金融大数据创业创新领域的践行者,在金融用户画像、深度学习与特征工程、知识图谱构建等领域积累了可观的学术与项目成果;此外,还谈到了关于解决大数据技术存在的黑箱问题和如何结合人的经验等方面的思考。

本论坛的演讲嘉宾来自高校、研究机构、传统金融机构、跨领域互联网运营商和创业者群体,七场报告精彩纷呈,引来现场积极的讨论,充分反映了在大数据技术与场景需求双向耦合的推动下,产学研、多领域、跨平台融合的智能大数据金融时代正在到来。人工智能的发展使金融业面临新的考验,各领域积极展开合作,以期推动科技金融方面的新突破、新发展。

专题论坛二 人工智能与未来社会趋势

该专题论坛由上海市大数据社会科学应用研究会与华东政法大学人工智能与大数据指数研究院共同主办。论坛由华东政法大学人工智能与大数据指数研究院院长高奇琦教授主持。

复旦大学哲学学院徐英瑾教授结合我国国情讨论了人工智能和大数据对我们的影响,他认为对于人工智能技术的发展第一重要的应当是人才资源。同时,在大数据发展面临硬件设备昂贵等问题的情况下,“小数据”仍然需要长期的学术磨炼和工程实践的考验。

上海交通大学电子信息与电气工程学院朱其立教授作了“NLP Research for Law and Social Sciences”的报告,介绍了他在社会科学与法律相关方面的最新研究。他认为世界范围内的文化差异实际上很大程度上影响着各种技术的发明与应用,我们可以通过对话来发掘人与人之间的人物关系,关于技术、关于数据应该通过多轮对话做到准确判断。

华为云业务部上海总经理陶志强分享了华为在人工智能领域的探索和实践,在他看来,大家已经形成一种共识,人工智能在释放产业潜能方面越来越发挥独特的价值,企业对AI的利用率会大幅度提升,在产业升级、流程再造、企业数字化转型等方面会发挥更大的价值。同时,他也认同人才是非常核心的要素,人工智能需要行业专家和AI的技术专家相结合,这样才能发挥AI更大的价值。

眼神科技上海公司总经理侯念峰作了“人工智能的商业化应用之路”的报告,他认为随着AI技术的不断深入和发展,各种技术被实际应用到了现实生活当中,商业化道路也逐渐铺陈开来。但是当前仍然是弱人工智能的阶段,我们距离强人工智能还很遥远。

途鸽信息创始人、董事长兼CEO张衡谈了如何看待人工智能以及人工智能对未来社会的影响。张衡认为,人工智能以及大数据本质是一种通用技术,作为提升社会生活、工作、学习效率的工具方面有重大意义。另外,人本主义在人工智能时代仍然长期存在,最终还是由人来负责。

深觉智能创始人、CEO李旸作了“人工智能新趋势——基于知识构建真实应用场景”的报告。关于人工智能真实场景的应用,李旸提出了构建以知识为主的人工智能,要充分借鉴科学哲学、数学、逻辑学等多方面学科的知识力量,而后提出并解释了由“概念”“关系”“判定”和“操作”构成的知识解释逻辑。人工智能的产品除了数据、算法之外,同样不能缺少知识的支撑。

同济大学电子与信息学院教授、上海市人工智能学会秘书长汪镭探讨了人工智能的伦理学问题。汪镭教授指出,随着人工智能的深入,我们将会面临越来越多、越来越具体的问题,人工智能的伦理问题是不可能百分之百解决的,需要考虑社会伦理困境中间的价值对接、价值引导和价值参与。

中航联创上海负责人党征刚认为,目前人工智能的最大蓝海就在于我们的工业化,人工智能的关键在于培养人才,人工智能的顶层本质上就是数学和哲学。他指出,当前人工智能的人才缺乏、用人成本太高,业界要放眼长远,把商业化放在前端的数学、物理和研究。

本论坛提出人工智能将成为未来社会发展的新引擎，是引领未来的战略性技术，将深刻改变人类社会生活、改变世界。人工智能作为新一轮产业变革的核心驱动力，将进一步释放出巨大的能量，形成从宏观到微观各领域的智能化新需求，实现社会生产力的整体跃升。

专题论坛三 区块链国际贸易新规则

该专题论坛由上海市大数据社会应用研究会与上海对外经贸大学人工智能与变革管理研究院联合主办。分论坛由上海对外经贸大学人工智能与变革管理研究院院长齐佳音教授主持。她指出，区块链是一场认知革命，是新生产关系，其交易即结算、去中介化、分布式商业等特点将重构国际贸易规则，区块链对于国际贸易的影响绝不亚于复式记账法。国际贸易即将面临一场变革，这对于长期以来缺乏规则主导权的中国来说，或许就是一次参与或主导新规则制定的机会。

上海国际贸易中心战略研究院执行院长姚为群教授首先做了题为“全球价值链视野下国际贸易治理新趋势”的学术报告，从价值链角度介绍了国际贸易未来发展趋势和方向。姚教授指出，全球价值链已成为经济全球化的基本成果，是当今世界经济的显著特征。要提升中国参与国际贸易治理的水平，首先要立足中国在全球价值链中的位置，对照国际最高标准，通过“一带一路”倡议、世贸组织改革中国方案、自由贸易区战略、自由贸易试验区实践和自由贸易港建设探索，以更大的开放促进更深的改革。

北京磁云唐泉金服科技有限公司 CEO 李发强先生发言的题目是“区块链在人民币跨行调款中的应用”，这是国内首个区块链成功落地项目，获得工信部 2017 年可信区块链金融类最佳应用案例第一名。李发强先生指出，可以用区块链建立一个共享账本，来解决国际贸易应用的问题，报关单等一系列必备的数据都上链共享。

持云区块链 CEO 万家乐先生介绍了区块链应用案例：跨境电商、供应链金融、汽车同质配件的标准、认证、溯源等，彻底杜绝假冒伪劣。以智慧停车为例，从车主入手，把整个的生态链构建起来。可以做到优质优价、建立信誉、溯源锁定客户、为企业赋能。

阿乐乐可国际贸易股份公司董事长周荪女士做了题为“企业应用从云至链——技术赋能传统商业”的报告，介绍了在企业上云、企业上链以及云＋链解决方案等方面的创新应用成果。周荪女士指出，面对国际竞争，传统企业必须转型，利用 IT 技术提高产业链竞争力。

上海对外经贸大学国际经贸学院裴瑱教授做了题为“国际贸易区块链应用前景”的学术报告。他指出，国际贸易行业有以下痛点：贸易双方缺乏信任，必须通过第三方，无疑增加了成本；跨境支付流程长、速度慢、效率低且存在支付风险；单证成本高效率低；进出口供应链长，不好掌控，容易出现风险。而区块链可以很好地解决这些痛点。裴瑱教授介绍了区块链在跨境支付、国际海运、供应链以及贸易融资等方面的应用。

链极科技副总裁赵增奎博士以“区块链推动传统金融创新变革”为题目，介绍了区块链在跨境支付、供应链金融、票据业务、资产证券化的应用案例，认为区块链可促进金融业务创新发展，重塑以金融中介为核心的传统金融业务，推动当前的金融监管模式的创新。

上海对外经贸大学翟琼波同学代表课题组介绍了获得“2018 NULS CUP 国际区块链创新应用 DAPP 设计大赛”二等奖的项目——“时间银行”；此外，上海对外经贸大学金融工程专业大二本科生程琳还介绍了该校的区块链协会的创立和运行情况。

分论坛提出区块链将重构国际贸易体系，我国应该充分认识区块链破坏性创新所带来的历史性机遇。区块链新国际贸易规则涉及技术、金融、贸易、经济学、法学多学科多领域，需要政府部门、企业家、学术界协同作战，紧密合作，共同推动我国国际贸易理论研究创新，为国家战略提供思想和方法论支持。

专题论坛四　智慧检法大数据应用

该专题论坛由腾讯主办，上海市大数据社会应用研究会、上海市法学会、上海交通大学中国城市治理研究院、浙江清华长三角研究院作为联合指导机构。上海市法学会党组副书记、专职副会长施伟东，江苏省人民检察院党组副书记、副检察长、一级高级检察官王方林，腾讯云政务民生总经理罗朝亮出席会议并作主旨演讲，来自国内外法学理论、法律实务、高科技企业、党政事业单位等相关领域的 300 余名嘉宾参加，共议检法智能化建设人工智能的发展应用与法治保障问题。分论坛由上海市大数据社会应用研究会会员及律新社 CEO 王凤梅、上海市人民检察院网信办检察官林竹静、上海市社科院法学研究所副研究员彭辉、上海交通大学凯原法学院博士研究生赵帅联合主持。

施伟东副会长强调了人工智能时代的到来，一方面，司法要抓住机遇，跟上时代的步伐，主动作为，准确把握司法规律与人工智能特征的结合，积极拓展司法应用的空间，使人工智能更好地服务司法，推进司法本身现代化的实现；另一方面，司法还要针对人工智能在法律、安全、就业、道德伦理和政府治理等方面提出的新课题，加强人工智能发展与法治的前瞻性研究，积极构建人工智能未来法治体系，用法治保障人工智能健康持续发展，为人工智能国家战略的实施提供法治保障。

王方林副检察长强调把现代科技作为检察工作创新发展的“新引擎”，阐述了人工智能技术在检务智能化建设中的具体应用及成果，强调以信息化、智能化助推检察工作规范化、便利化，着力提升检察工作效率和质量，加速创新、升级检察工作方式和管理方式，全面推进智慧检务建设，努力提升服务大局能级和司法便民水平。

腾讯公司安全管理部总经理朱劲松在论坛中表示：“对于如何服务于政务行业，腾讯的观点是‘数字助手’，而不是颠覆。即一个目标、三个角色、五个领域、七种工具。其中，‘一个目标’指腾讯要成为各行各业的‘数字化助手’，助力各行各业实现数字化转型升级。‘三个角色’指腾讯要专注做三件事：做连接、做工具和做生态。‘五个领域’是过去两年内，数字中国在五个领域扩展和推进：民生政务、生活消费、生产服务、生命健康和生态环保，腾讯希望助力‘五生’的数字化转型升级。‘七种工具’包括公众号、小程序、移动支付、社交广告、企业微信、云计算、大数据与人工智能，以及安全能力等数字化工具。”

会上，腾讯云政务民生总经理罗朝亮同时作了题为“做好‘数字化助手’使智慧检法普惠内外”的报告。

会议研讨环节里，最高人民检察院信息技术中心高级工程师金鸿浩、最高人民法院信息中心系统研发处副处长祝文明、公安部第三研究所网络安全法律研究中心主任黄道丽、上海市高级人民法院信息技术处处长曹红星、江苏省苏州市中级人民法院办公室副主任熊一森、江西省高级人民法院技术处李建华、腾讯网络安全与犯罪研究基地高级研究员肖薇、腾讯云高级架构师崔利生、腾讯政务舆情部总监邓晨曦、上海市大数据社会应用研究会理事宋兵等业内优秀的专家,共同围绕"司改综合配套大数据应用的实际需求侧和数据产业侧"主题,作了精彩迭出的分享。上海市第一中级人民法院刑二庭副庭长、最高人民法院重大课题专家任素贤法官和上海交通大学人工智能研究院教授、国家重点研发计划(原"973"计划)首席科学家金耀辉教授分别对研讨发言进行了评论。

上海市妇女学学会主办“美好生活与女性幸福”主题论坛

10月24日下午，上海市妇女学学会主办的“美好生活与女性幸福”主题论坛在华东师范大学闵行校区人文社科沙龙举行。本次论坛同时也是“上海市社联第十二届学会学术活动月”的系列活动之一。

论坛由华师大校马克思主义学院余玉花教授主讲。她从“美好生活与女性幸福”的主题出发，首先阐述了美好生活与女性幸福的关系。她指出，美好生活与女性幸福首先具有相通性，即两者都是一种目标、愿望、理想。其次，两者也具有差异性，美好生活是面向国家未来的整体性目标，是可描绘可测量的，从而具有客观性；女性幸福则主要针对女性群体，更多具有女性特色，同时也更多地基于主观感受，从而具有更强的主观性。从一定意义上来说，美好生活为女性幸福提供了环境和背景。

接着，余玉花教授聚焦女性幸福的问题，认为对于该问题的讨论除了在美好生活的时代背景下，还需要基于对于性别问题的准确把握。当前学术界对于性别问题的讨论多将性别分为生理性别与社会性别，而对于女性问题特别是女性幸福问题的讨论，则始终要综合女性作为生理性别与社会性别的双重维度和视角。

在此基础上，余玉花教授还详细阐述了女性幸福的来源和影响因素，主要包括客观来源和主观来源两个方面。客观来源主要是指物质条件、家庭关系、社会环境、身心健康、文化生活以及自我发展六个方面。其中，物质条件包括家庭收支状况、家庭居住环境、女性收入和消费的情况等等，这些物质条件是女性幸福的关键因素。家庭关系是女性幸福的核心内容，包括夫妻关系、婆媳关系等。社会环境因素包括社会保障、公共环境的安全感、邻里关系等。身心健康表现为精神健康、拥有朋友、内心充满快乐、能够集中精力做事等行为特点。文化生活因素主要反映女性的世界观、人生观、知识水平、社交情况等。自我发展因素主要呈现为女性的自我能力、自信心、克服困难的勇气、与他人的协作情况等。女性幸福的主观来源则主要是对于客观指标的主观认可度，是对客观来源的进一步呈现。

余玉花教授还指出，女性幸福的实现需要一定的条件，主要包括以下四个方面：一是国家和社会经济发展为女性发展提供物质条件；二是国家政策的保障，当前国内外都有许多女性保障和支持的政策措施，是值得借鉴和推进的；三是对于女性的尊重，这是对于家庭、对于职场、对于公共场所的普遍要求；四是倡导女性自身对于幸福的积极追求，可以通过以学习增强才干、提高修养、参与国家的社会活动、智慧经营家庭等方式来实现。

上海市人口学会举办第三届上海人口论坛

10月26日下午,上海市人口学会与上海社会科学院城市与人口发展研究所联合举办了以"人口老龄化与银发经济"为主题的第三届上海人口论坛。本次论坛列入"第十二届学会学术活动月"项目。

论坛由上海社会科学院城市与人口发展研究所所长朱建江研究员主持,上海市人口学会会长孙常敏研究员致欢迎辞,来自复旦大学、华东师范大学、上海社会科学院等的学者围绕"人口老龄化与银发经济"进行了主题发言,来自上海的人口学及相关学科的学者、师生,养老企业、媒体界的多位人士齐聚一堂,共同参与了研讨。

论坛从供给与需求两个角度、理论与现实两个视角探讨人口老龄化日益加速的背景下银发产业的发展。复旦大学人口政策研究中心胡湛副教授发言题目为"应对中国人口老龄化的治理选择"。他首先强调了中国正处于人口老龄化的急速发展期,"未备先老"或"慢备快老"是核心问题;其后,阐释了应对人口老龄化的治理困境,包括应对的基础治理理论尚未廓形、现有涉老制度与政策安排研究尚未形成"中国方案"、现有研究及实践对人口社会变迁过程中的"不确定性"把握不够、现役老年标准与当前社会现实脱节等;之后,又指出了治理思路应转型:从强调"中国特征"向构建"中国优势"转变、从"碎片化管理"向"整体性治理"转变、从聚焦于"老年人"向强调"全人口全生命周期"转变、从"以人口变动适应制度"向"以制度变革适应人口"转变;最后,给出了立足于我国人口态势及老龄化发生发展规律进行战略配置、整体性治理的若干建议。

上海社会科学院城市与人口发展研究所副所长周海旺研究员的发言题目为"长三角养老服务业一体化发展问题探讨"。他首先总结了长三角养老服务业发展的多行业融合、多主体参与、多业态集聚、多渠道融资、多机制运作、多品牌经营、多元化需求的主要特征,以及在经营管理、服务提供、智慧养老技术、医疗服务资源等多个领域一体化发展的进展情况;其后,指出长三角养老服务业区域合作中存在区域联动缺乏协作机制、养老服务缺乏统一标准、发展规划缺乏省市协调、产业促进缺乏省市协调、福利政策缺乏地区衔接等问题;最后,给出了建立长三角养老服务业协调发展机制、标准体系、信息管理平台、政策服务体系等若干推进当前长三角养老服务业合作发展的建议。

华东师范大学人口研究所伍理教授的发言主题为"论上海金山区的战略发展方向——一期吸引10万老人来金山养老"。他提出,将金山北三镇建成上海城市群的若干组成部分,一期发展吸纳10万老人,建成适宜上海老人养老的天堂,这样既可分散中心城区老人压力,充分发挥特大城市集聚效应,增加整个城市的活力,又可将发展养老产业作为金山区新时期的战略发展方向，有利于促进金山区经济发展。

华东师范大学人口研究所王大奔教授发言主题为“银龄经济发展的瓶颈及对策”。他首先从消费的能力、需求、动因等几个方面总结了老年人消费的特征，指出老年产品供给不足、消费手段传统等是银发经济发展的瓶颈；其后，强调发展银发经济具有重要意义，既可以提高老人的生活质量，还可以拉动内需、增加就业，发展银发经济还可以促进延迟退休年龄与吸纳老年劳动力并举，以提供劳动力的供给；最后，给出了提高消费能力（能消费）、供给侧的改革（可消费）、需求侧的引导（愿消费）、规范市场行为（敢消费）、高科技助推“银发经济”（善消费）、文明消费（长消费）等若干发展银发经济的对策建议。

华东师范大学人口研究所副所长李强副教授的发言主题为“中国老年人健康预期寿命的发展变化”探讨“活得长是否也活得健康”。她指出，中国老年人的预期寿命和健康预期寿命不断增长，但是二者的增长速度是不同的，但是目前国内现有的不同研究由于采用的生活自理能力测量不同得出的规律性并不完全一致，对不同地区的研究发现的结论也有所差异，比如，上海老年人的生活自理预期寿命的变化支持功能缺损压缩理论，而北京老年人的生活自理预期寿命的变化则支持功能缺损扩张理论。因此，她认为还需要基于更为权威的数据和更为科学的测量指标展开更为深入的研究。

上海社会科学院城市与人口发展研究所杨昕副研究员的发言主题为“上海养老产业发展问题”。她首先分析了上海人口老龄化和养老需求的基本情况，认为以养老地产、养老服务业、养老产品制造或租赁为主的健康养老产业体系基本框架已形成；其后，指出了上海养老产业在跨地区发展中面临的共性问题——医疗保险跨省结算障碍、长期照护保险跨区结算障碍、市场准入门槛、建设和服务标准不同等，以及特性问题——合适的员工难找、非国有企业自筹资金建设运营养老机构压力大、国有企业承担社会责任不计成本等；最后，针对共性问题给出了建立长三角养老产业协调发展机制、标准体系、信息管理平台，推动长护险制度的铺开和区域协作的建议，针对个性问题给出了鼓励管理和相关职业培训的输出，增加医疗和养老用地规模，公平对待民营企业，强调国企更多承担社会责任的同时也需考虑其作为企业的本质追求等若干解决思路。

上海社会科学院左学金研究员和朱建江研究员对六位演讲者的发言进行了点评，与会人员围绕这些发言主题展开了热烈的讨论。

上海市社会学学会举办 2018 年学术年会暨“改革开放 40 周年与上海社会发展”研讨会

10 月 27 日，上海市社会学学会主办的 2018 年学术年会暨“改革开放 40 周年与上海社会发展”在上海社会科学院分部隆重召开。来自沪上多所高校和科研机构的 150 余位社会学同仁参加本次会议。会议开幕式由上海社会科学院社会学研究所副所长李骏主持。

上海市社会学学会会长李友梅在开幕式致辞中指出，在改革开放 40 周年这个重要的时间节点上，希望大家从国家战略角度思考改革开放的伟大实践，总结中国经济社会发展的经验，致力于社会学的理论建构与话语体系建设；希望大家积极关注习近平关于新时代中国特色社会主义、人类命运共同体等新思想、新理念、新战略，思考为世界社会学的发展做出中国学者的贡献。李友梅会长还表示，非常欣慰看到很多青年研究者和青年学生来参会，这表明社会学队伍后继有人，希望各位继续努力扎实研究、继续扩大社会学的影响力。

轮值会长杨雄在全体会议上作题为“上海的社会凝聚力及国际比较”的主旨演讲。根据上海社会科学院社会学研究所开展的调查，杨雄研究员从几个方面系统阐述了上海社会凝聚力的特点。社区凝聚力具有整体不高、空间非均匀分布的特点，家庭在社会变迁过程中依然保持了牢固的凝聚力，不同类型单位的凝聚力存在差异。与国际上其他城市相比较，上海的社会凝聚力在社会信任、制度信任、团结互助、尊重规则这四个维度上排名靠前，但在社会网络、社会接纳、身份认同等方面不够理想。由此，杨雄研究员提出加强社区建设、增进家庭团结、改善就业状况、提升教育和公共服务等建议。

秘书长刘玉照从五个方面作学会工作报告。一是始终坚持正确的政治方向，正副会长带头学习习近平新时代中国特色社会主义思想，向会员传达中央和上海两会精神。二是组织开展形式多样的学术活动，通过学术年会、理论研讨会、青年论坛等多种形式为会员搭建学术交流的平台。三是发动会员积极开展社会学研究，在著书立说的同时，为上海市各级党政部门提供决策咨询，发挥智囊作用。四是提高学会的精神文明工作，鼓励会员参与社联科学知识普及周活动，发挥宣传骨干作用。五是依法办会、按章治会，加强学会自身建设。

本届年会共收到论文 50 余篇，年会进行了优秀论文评奖活动，由文军副会长宣读优秀论文获奖名单，由张文宏副会长等领导进行了颁奖。年会设五个分论坛，多角度、全方位研讨改革开放40年来全国和上海的社会经济发展、社会阶层分化、社会治理创新、社会心态变迁等诸多议题。在复旦大学社会发展与公共政策学院组织的"改革开放40周年与社会分层"分论坛中，发言人从住房市场化与住房不平等、家庭背景与专业选择、教育期望的阶层差异、文化资本与阶层优势的传递、兄弟姐妹性别结构与家庭资源分配等角度，围绕改革开放40年来的社会分层进行了交流。在华东理工大学社会与公共管理学院组织的"改革开放40周年与社会治理"分论坛中，发言人围绕公共服务共同生产、居委会行政化、公共资金使用模式、国企工人社区的空间变迁、社区协商治理机制和中国式分权等议题，总结了改革开放40年来社会治理的实践。在上海社会科学院社会学研究所组织的"改革开放40周年与社会心态"分论坛中，发言人就网络社会思潮、现代化价值观、改革信心、政治信任等研究了改革开放40年来社会心态的变迁。在华东师范大学社会发展学院组织的"改革开放40周年与社会发展"分论坛中，发言人从外资奇迹、农业转移人口市民化、性别角色观念等不同视角探讨了改革开放40年来的社会发展。在上海大学社会学院组织的"改革开放40周年与经济社会学"分论坛中，发言人从产业结构转型与社会政策选择、市场化改革与金融化后果、控制权与政府创新等方面对改革开放40年来的经济社会学议题进行了深入分析。

“改革开放 40 年社会治理创新”学术研讨会在沪举行

11 月 11 日，“改革开放 40 年社会治理创新”学术研讨会在中共上海市委党校举行。会议由上海科学社会主义学会、上海市社会学会、上海市委党校主办，上海市委党校社会学教研部、华东理工大学社会与公共管理学院承办。与会者围绕社会治理新态势、社会治理转型、民生改善与共建共享、党建引领与依法治理等议题展开深入研讨。

中共上海市委宣传部副部长、市社联党组书记燕爽，上海市委党校副校长郭庆松教授分别致开幕词。燕爽指出，此次研讨会是本市社科理论界对习近平总书记提出的“上海要走出一条符合超大城市特点和规律的社会治理新路子”这一讲话要求的具体落实。社会发展不能只有资本的逻辑和力量，中国的社会治理要体现社会主义的本质属性，不能只为少数人代言。郭庆松表示，社会治理是中国改革开放 40 年的重要维度，不断挖掘与提炼社会治理的经验与规律，具有重要理论和实践意义。开幕式由市社联专职副主席、上海科学社会主义学会会长解超主持。

在主旨演讲环节，中国社会科学院社会学研究所副所长王春光教授，中国社会学会会长、上海大学李友梅教授，中国社会保障学会副会长、南京大学政府管理学院童星教授分别作了演讲。

王春光指出，社会治理不仅指政府怎么治理社会，也包含社会自身参与治理。新时代对社会治理提出新要求，要解决人民日益增长的对美好生活的需要与不平衡不充分发展之间的矛盾，补齐社会建设的短板，坚持以人民为中心的发展理念，推动实现“两个一百年”奋斗目标。他指出，伴随着科技变化，社会结构出现新变化，呈现出极化与碎片化并存的新态势。新时代社会治理新实践主要体现在党建全覆盖并嵌入社会建设，社会建设与经济建设两者互促互融，社会治理区域化竞争以及依法治理等方面。新时代社会治理的未来路径将以培育社会组织专业化发展、民众参与社会治理、社会治理资源筹集多元化、社会治理法治化为核心内容。

改革开放以来，中国何以在经济体制快速转型发展的同时，最大程度地保持社会有序运行并呈现安稳平和？李友梅认为，一个根本原因就在于，在过去 40 年不断面对各种社会治理挑战的实践过程中，党和国家实施了一系列有效的改革举措，逐步形成了具有中国特色的社会治理格局和治理方式，形成了具有法宝意义的治理机制：倒逼机制、预期引领机制和转危为机机制。但她同时指出，相比经济建设、政治建设等，社会建设相对还是比较滞后的。社会治理转型是社会转型的一个重要切入点，而中国社会治理面临的挑战是综合性的，目前社会治理机制体制创新主要是在基层社区。如何在党建引领下，于共治中优化社会治理，成为当前基层社区治理的重要课题。

始终坚持以人民为中心的发展思想，把解决人民关心的突出问题、把提升群众的幸福感作为社会治理创新的研究重点，这已成为新时代社会治理的重要举措。童星指出，中国特色社会主义进入新时代，民生建设的地位被提到了空前的高度。从民生概念的历史追溯来看，民生发展已形成了一定的逻辑演进路径：第一步是确立民生理念，牢固树立以人民为中心的发展思想；第二步是将民生理念转化为可操作的民生事务，聚焦人民群众最关心、最直接、最现实的民生问题；第三是明确努力推进民生建设的七项内容；第四是将民生概念由狭义上升为广义，包括公共安全、公平正义、公共治理等内容；第五是适应新时代新要求，把民生建设演进为为民办实事的国家基本方略，也成为检验党和政府的试金石。

会上，还以专家访谈的形式进行了学者的"头脑风暴"。南京大学政府管理学院林闽钢教授指出，社会学理论创新对社会治理实践的引领在哪里，将是这个时代赋予我们的一个重要研究使命。当前"美好生活"已成为执政党明确的政治目标，推及到社会学研究中，对"美好社会"的研究，对民生、美好社会建设的关注是应有之义。美好社会建设要解决好三对关系，即政府与社会、公平与效率、权利与义务，其中包括如何激发社会活力并和谐有序，同时促进社会的包容性、合作性与创新性。上海市委党校社会学教研部主任马西恒教授指出，美好社会是与好的社会治理紧密关联的，促进社会多元参与，实现共建、共治、共享主要依赖的是好的治理，其中如何有效实现党建引领，如何更好发挥政府作用，是两把关键"钥匙"。

社会治理创新是具有系统性与整体性的改革，更是跨领域、跨学科、交叉性的研究议题。上海市政治学会会长、复旦大学桑玉成教授指出，社会治理本身是要解决社会扁平化、多元化与多中心的问题，而这一定是以民主为前提，以人民的权利为前提。要实现党建引领，依法治理，这都涉及政治层面的问题。美好生活中除了物质文化之外，民主、法治、公平、正义、安全等这些目标都需要通过一定的政治发展来实现，这就需要从宏观层面推动国家体制改革，提高政府的政治供给能力。华东师范大学郝宇青教授指出，当前社会治理向基层下沉，全面从严治党向基层延伸，基层治理成为一个重要抓手，这也是政治学、社会学研究的重要领域。

上海科学社会主义学会副会长、国防大学政治学院孙力教授作会议总结。他指出，此次研讨会不仅是融合社会学、政治学、法学与科学社会主义等多学科对改革开放 40 年社会治理的总结与思考，更是一场思想盛宴，既有多视角、多维度的研究与提炼，更重要的是结合 40 年的总结回顾提出了很多创新性的问题，包括对上海经验的深度总结，这将进一步开拓社会治理的研究思维与研究视野，促进理论研究更加深入。

上海市领导科学学会召开第四届会员代表大会暨“改革开放与中国共产党领导力”研讨会

11月18日，上海市领导科学学会第四届会员代表大会暨“改革开放与中国共产党领导力”研讨会在中共上海市委党校举行。上海市委宣传部副部长、市社联党组书记燕爽到会讲话。本次会议是上海市社会科学界联合会第十二届“学会学术活动月”活动之一。

大会选举产生新一届市领导科学学会的会长、副会长、常务理事等成员。上海市委党校副校长郭庆松当选会长，毛军权等7人当选副会长，丁晓强等38人当选常务理事，奚洁人当选名誉会长和学术委员会主任。

在随后举行的“改革开放与中国共产党领导力”研讨会上，与会者围绕新时代改革开放与中国领导科学、全面从严治党与党的自我领导力、国企改革与企业党组织领导力、民企发展与党支部领导力等展开深入交流与讨论。

奚洁人指出，中国领导科学这门学科是乘着改革开放春风、在改革管理科学的基础上产生的。如果没有解放思想，没有改革开放，就没有中国的领导科学。这可以说是领导科学的第一次创业。但是，由于领导科学的胚胎基因来自西方，不免会留下“胎记”。随着改革深化和国家发展，学科诞生的“胎记”深深影响甚至束缚了学科发展，体现在领导科学学术研究中相当一部分仍然是面向西方的，停留于把国外东西中国化。中国特色社会主义进入新时代，中国领导科学面临第二次创业。这就需要我们深入学习习近平总书记系列重要讲话精神，撬动中国领导科学整体创新。奚洁人指出，现在海外“中共学”等的兴起表明，国外迫切想知道中国领导力的秘密。这就要求中国领导科学在学科体系上实现深刻转换，在话语体系构建上实现革命性突破。要突破原先对于西方理论的路径依赖，开启中国领导科学的一次深刻自我革命。他指出，中国共产党的领导力主要体现在学习力、引领力与实践力三个方面。我们党在领导人民革命、建设、改革开放历史伟大进程中，积累了丰富领导经验，不断创新领导理论，出现许多成功领导案例，涌现出很多时代楷模，这是新时代理论创新最坚实的客观基础、宝贵资源，是世界上任何一个政党、任何一个组织、任何一个学科无法比拟的基础。

市委党校科研处处长周敬青教授指出，中国改革开放40年取得了举世瞩目的成就，国外社会非常想知道中国成功的奥秘，“有一位国外政党的领导人曾这样评价中国共产党领导的改革开放事业：在如此短的时间内取得了如此巨大的成就，这在世界范围内都是史无前例的，甚至应该获得一项吉尼斯纪录”。中国的改革开放既是一场社会革命，也是一场自我革命，40 年取得成功的关键和根本就是中国共产党的领导。周敬青认为，党的领导力在改革开放中主要体现在四个方面。第一，执政党要善于把握历史前进的逻辑和时代发展的潮流，为改革开放进行前瞻性整体性的谋划。第二，党对改革开放进行领导，要凝聚民心，达成共识，共筑中国梦；要冲破思想观念的束缚，担当思想引领的重任，该改的坚决改掉，不该改的坚决守住底线；要把党建作为最大的政绩，担当起组织保障的重任；坚持依法治国、依规治党相统一，担当起制度供给的重任。第三，以自我革命推进社会革命。以坚定的政治建设来确保党在改革开放中把方向、谋大局、定政策，确保党始终能够总揽全局、协调各方。同时，推进全面从严治党向纵深发展，以自我革命推进社会革命，把党锻造为坚强的领导核心。

中共上海市经济和信息化工作委员会书记陆晓春围绕“国企改革与企业党组织领导力”作了发言。他认为，坚持党的领导，加强党的建设，是国企的“根”和“魂”。深化国企改革必须把提高国企党组织的领导力作为一个重大的政治原则问题来研究。国有企业是党领导的国家治理体系中很重要的组成部分，是我们党执政的经济基础和群众基础，理所当然要坚持党的领导。新时代深化国企改革的首要任务，就是要把党对国有企业的领导落实到企业改革发展的全过程各方面。提高国企党组织领导力的关键是建立完善发挥领导作用的机制体制，使党组织发挥领导作用组织化、制度化和具体化。提高企业党组织领导力，重在提升围绕中心、服务大局的能力。国企党建一定要围绕中心开展工作，不能搞“两张皮”，否则发挥领导作用就只能流于形式，变成空话。

上海聚隆绿化发展有限公司董事长、党支部书记单耀晓围绕“民企发展与党支部领导力”作了发言。他认为，引导员工树立信心，坚定信仰，增加凝聚力，除了我们熟知的薪酬激励、目标激励、发展激励这些措施以外，需要发挥党建引领作用。要把党支部的政治优势转化为企业的发展优势，把支部的战斗堡垒作用转化为团队的精神灵魂，将党建工作和企业发展紧密地联系在一起。他介绍说，聚隆公司各个部门主要负责人是党员，技术骨干是党员，招聘员工同等条件下党员优先；在相邻的建筑工地上，成立党小组，确保工程的优质完成。党员爱岗敬业，承诺践行先锋模范作用，形成了企业前进的动力。党建做实了就是生产力，党建做强了就是竞争力，党建做细了就是凝聚力。

新当选的上海市领导科学学会会长郭庆松指出，历史总是在特殊年份给人们以继续前行的力量，40 年就是一个非常好的时间节点。怎么样看待新时代的改革开放，至少有五个方面值得我们进一步思考。第一，新时代的改革开放是以中国特色社会主义为根本的政治方向，是既不走老路、也不走邪路的改革开放。第二，新时代的改革开放是以国家治理体系和治理能力现代化为目标导向，完善和发展中国特色社会主义制度的改革开放。第三，新时代的改革开放是以遵循整体推进和重点突破相促进，加强顶层设计和摸着石头过河相结合为方法论，更加注重系统性、整体性、协同性的改革开放。第四，新时代的改革开放是坚持以人民为中心的价值取向，尊重人民首创精神的改革开放。第五，新时代的改革开放是以加强党的全面领导为根本保证，确保党总揽全局、协调各方的改革开放。

上海市人民政协理论研究会召开会员大会暨理论研讨会

12月19日，上海市人民政协理论研究会召开三届一次会员大会暨理论研讨会，市政协主席董云虎出席研讨会并讲话。会议由市政协秘书长贝晓曦主持。市社联专职副主席任小文出席换届大会并发言。会议审议并通过了第二届理事会工作报告等事项，选举产生新一届研究会理事会和领导班子。

研讨会围绕"推动人民政协这一具有中国特色的制度安排更加成熟更加定型、发挥好专门协商机构的作用"主题进行研讨。严旭、陈永弟、左燕、浦兴祖、程汝竹、肖存良、邢邦志等委员和专家学者围绕研讨主题，就发挥协商式监督独特作用、把握人民政协新方位新使命、建设过硬的政协委员队伍、把协商民主贯穿政协履职全过程、突出政协专门协商机构特色优势等交流发言。

董云虎在讲话中指出，市人民政协理论研究会成立以来，充分发挥上海人民政协理论研究主力军作用，推动建立市区两级政协上下互动、政协系统与高校科研院所内外互补的研究格局，在民主政治建设、统一战线工作、政协事业发展等领域深入研究探索，拿出了一批高质量的理论成果。上海是理论重镇，全市政协理论工作者要坚持以习近平总书记关于加强和改进人民政协工作的重要思想为统领，按照市委要求，聚焦新时代政协事业发展面临的重大理论和现实问题，深入开展前瞻性、针对性研究，为丰富和发展党的人民政协理论和统一战线理论，推动人民政协这一具有中国特色的制度安排更加成熟更加定型、更好发挥专门协商机构作用，提供有力的理论支撑、智力支持。

董云虎强调，要把握正确政治方向，坚持理论联系实际，紧跟时代步伐，确保政协理论研究工作坚守正道、求实创新。要立足历史方位、突出研究重点，紧扣新时代人民政协使命任务述学立论、建言献策。要聚焦打牢根底，深化党的重大创新思想理论阐释，坚持问题导向，深化重大时代课题研究，着眼继往开来，深化重大实践经验总结，加强对人民政协作为统一战线组织、作为专门协商机构组织、作为实行多党合作和政治协商制度重要政治形式和组织形式、作为国家治理体系的重要组成部分等的研究，推动政协理论创新、实践创新、制度创新。要着力建强研究方阵，优化工作机制，激发政协理论研究的创新动力、创造活力，为开辟政协理论发展新境界、开创政协工作新局面作出新的更大贡献。

理论经济、综合经济、产业经济

上海市经济学会举办第12届上海青年经济学者论坛

改革开放是决定当代中国命运的关键一招,也是决定实现“两个一百年”奋斗目标、实现中华民族伟大复兴的关键一招。在改革开放迎来40年之际,如何回顾总结改革开放经验?站在新的历史起点上,又如何把改革开放事业进行到底?回答这些重大时代问题,需要学界贡献智慧。

1月13日,在沪举行的第12届上海青年经济学者论坛以“改革开放40周年与中国特色社会主义政治经济学”为切入口,从经济发展维度对改革开放的历史经验、未来方向进行了深入研讨。

把握改革开放的内在逻辑

40年前,中国共产党带领人民以“摸着石头过河”的勇气、杀出“一条血路”的决心,开启了改革开放波澜壮阔的航程,抓住了加快发展的历史性机遇,使中国大踏步赶上了时代前进的步伐,书写了震撼世界的中国故事。

回望40载来时路,人们不禁要问:什么成就了改革开放的伟大奇迹?改革开放的内在逻辑是什么?“改革开放伊始,很多事情并不是像今天这样理所当然,当时中国面临的不是十字路口,而是‘五岔口’‘六岔口’。在每一次面临选择的关口,中国经济为什么都能找准方向,沿着正确的道路前进而没有偏离?这中间有大量课题值得研究。”作为亲历改革开放的一代人,复旦大学经济学院院长张军经常思考这样的问题。

在张军看来,中国改革开放找到了一条符合国情的发展之路,它以解放发展生产力、提高人民生活水平为目的,从增量改革入手,充分调动各方面积极性发展经济。中国是一个体量庞大的经济体,不同地区发展差异大、层次多,必须激励县、市、省等一个个基本经济单位发挥主动性,才能为改革转型和经济发展注入强大动力。从20世纪80年代的财政分权改革,到90年代的分税制改革,中国改革巧妙抓住了调动地方积极性这一重要因素。

“经济体制改革所释放的经济动力与活力是中国经济在过去40年取得增长奇迹的关键。”上海社会科学院经济研究所所长沈开艳表示,从1978年党的十一届三中全会到

1992 年党的十四大，为确立社会主义市场经济体制改革目标进行了一系列理论和实践探索。这一时期，体制变迁的内在动因是纠正计划经济体制缺乏效率的弊端，外在动因是中国外交战略调整，外部世界改变对华外交孤立。从党的十四大到党的十七大，建立了社会主义市场经济体制的基本框架，为丰富市场配置方式提供了平台。这一时期，体制变迁的内在动因是各类市场主体对财富增长的正当追求，外在动因是对国际环境和平与发展时代主题的正确判断。党的十八大以来，社会主义市场经济体制不断完善，为完善市场运行规则提供了框架。此时，体制变迁的内在动因来自各类市场主体更加自主地支配财富，外在动因是中国以更加开放的姿态融入国际社会。

继承改革开放的宝贵经验

凡是过去，皆为序章。总结改革开放 40 年来的宝贵经验，对在新的历史条件下继续推进改革开放、发展中国特色社会主义，具有重大现实意义和深远历史意义。

解放思想、实事求是，是推动改革开放的强大思想武器。40 年的实践证明，改革开放和社会主义现代化建设的每一次重大推进，都以解放思想为前提，以观念变革为先导。张军表示，无论是小岗村村民搞“大包干”、还是年广久卖“傻子瓜子”，当时都面临着不合时宜的思想观念和体制机制的束缚。正是因为坚持解放思想、实事求是，把解放和发展生产力作为衡量改革成败的标准，中国才冲破了阻碍生产力发展的条条框框，开辟了社会主义市场经济改革的广阔天地。

以开放促改革、促发展，是我国现代化建设不断取得新成就的重要法宝。华东师范大学经济学院院长殷德生分析，开放是国家繁荣发展的必由之路。40 年来，通过扩大开放倒逼改革，中国经济加快由要素驱动向创新驱动转变，由规模速度型向质量效益型转变，由成本、价格优势为主向以技术、标准、品牌、质量、服务为核心的综合竞争优势转变。在深刻把握改革开放的这一重要经验基础上，党的十九大报告强调，“开放带来进步，封闭必然落后”，“中国坚持对外开放的基本国策，坚持打开国门搞建设”。

把促进改革发展同保持社会稳定结合起来，是改革开放的又一条成功经验。上海市经济学会会长周振华表示，40 年来，中国坚持把改革的力度、发展的速度和社会可承受的程度统一起来，正确处理了改革、发展、稳定的关系。稳定的社会秩序、经济秩序是改革的前提，中国根据风险的可控性程度对不同领域的改革进度进行了差异化探索，对改革风险大的领域强调创造条件、打好基础，在确保避免系统性风险的前提下推进渐进式改革。

改革开放永远在路上

“苟日新，日日新，又日新”，改革开放只有进行时没有完成时。当前深入推进改革开放所遇到的新情况、新问题，丝毫不亚于改革开放之初。拿出“虽千万人吾往矣”的英雄气概，拿出逢山开路、遇水架桥的闯劲儿，朝着党的十九大指引的改革开放方向奋勇前进，是对改革开放 40 年最好的致敬。

金融是国之重器，是国民经济的血脉。金融领域的改革开放，是全面深化改革和构建开放型经济新体制的关键之一。党的十八大以来，我国金融改革发展取得新的重大成就，金融业保持快速发展，金融产品日益丰富，金融服务普惠性增强，金融改革有序推进，金融体系不断完善，人民币国际化和金融双向开放取得新进展，金融监管得到改进，守住不发生系统性金融风险底线的能力增强。交通银行首席经济学家连平期待，下一步金融改革按照既定方向推进，在利率市场化、发展直接融资、改善间接融资结构、完善金融机构公司治理等方面取得新进展。

上海海关学院副院长干春晖对深入推进改革开放的光明前景充满信心。他认为，中国经济转型升级成功至少具备三方面巨大优势。第一，作为一个大国，中国不仅拥有巨大经济体量，还具备非常完备的产业配套体系。第二，中国有丰裕的高素质劳动力资源。虽然中国人口老龄化趋势引发劳动力减少，但劳动力结构发生了重大积极变化，每年中国高校和科研院所能够向市场输送约 800 万受过高等教育的劳动力。第三，中国庞大的内部市场及内部市场的异质性，让中国经济具有巨大的增长韧性、市场空间和回旋余地。例如，东部地区已经完成工业化的城市，可以把已不适应当地经济发展阶段的产业和技术，向中西部梯度转移，继续带动我国经济发展，从而避免当年亚洲“四小龙”经济高速发展以后，因产业空心化导致的长期经济停滞。

此次会议由上海市经济学会、上海市人民政府发展研究中心、上海市社会科学界联合会主办，华东师范大学经济学院承办。

上海市国际贸易学会召开第九次会员代表大会

1 月 19 日，上海市国际贸易学会召开第九次会员代表大会，进行换届选举。上海市社联主席王战出席会议，并作“加快推动上海形成会面开放新格局”学术报告。

会员代表大会审议并通过了学会第八届理事会工作报告、财务报告和章程修改草案，选举产生了新一届学会理事会。在随后召开的第九届理事会第一次会议上，选举产生了新一届学会领导班子：黄建忠任会长，陈飞翔、陈子雷、鞠建东、罗贵华、沈瑶、唐海燕、姚为群、尹翔硕任副会长，姚为群任秘书长。

上海市世界经济学会召开2017年年会

1月20日，上海市世界经济学会召开2017年学会年会。年会包括会长会议和会员大会。年会由上海财经大学金融研究中心承办。

2017年年度会长会议由会长张幼文主持，学会秘书长权衡以及副会长丁剑平、干春晖、黄建忠、黄泽民、沈瑶等参加会长会议。会议审议通过上海市世界经济学会副秘书长名单，决定由复旦大学世界经济所副所长罗长远教授、同济大学财经科学研究所所长石建勋教授、华东师范大学经济管理部方显仓教授、上海财经大学科研处处长靳玉英教授、对外贸易大学经贸学院副院长何欢浪副教授、上海大学经济学院何树全教授、上海海关学院匡增杰副教授以及上海国际问题研究院世界经济所所长张海冰研究员任学会副秘书长。会议审议并决定成立国际投资专业委员会，并就提高年会出席率的机制、学会重要活动的轮值机制、2017年工作总结、2018年主要工作计划、协助承办中国世界经济学会年会等事项进行了讨论。

在会员大会上，权衡秘书长向会员做了2017年学会工作报告，并就2018年学会工作计划进行汇报。学会新兴经济体专委会主任殷凤教授、开放战略专委会主任张娟教授、“一带一路”专委会主任赵红军教授、国际投资专委会主任田素华教授、国际金融专委会秘书长聂光宇等分别交流了各专业委员会工作要点和学术讨论观点。

会员大会上还举办了学术报告会。学术报告会由黄泽民副会长主持。丁剑平副会长首先做了题为“新格局下的人民币汇率研究”的学术报告，以事实特征的线性和非线性变化出发寻找参照货币，分析了人民币汇率与大宗商品价格变动的联动；朱桦副会长做了题为“上海商业去年回顾与今年展望”的学术报告，从上海的内贸经济发展形势等分析了上海四个中心之间的关系，指出贸易中心的基础重要性，同时对上海目前面临的新问题进行了梳理。黄建忠副会长和沈瑶副会长对两个学术报告进行了点评，与会专家进行了热烈的研讨和交流。

上海邮电经济研究会召开九届五次理事会暨学术年会

1月29日下午，上海邮电经济研究会举行九届五次理事会暨2018学术年会。张林德会长主持会议，副会长谢雨琦、周焕德、郑慧刚、钮钢、陈志坚、张颉华，首席顾问高仰止以及70多位理事出席会议。

杨锡高秘书长作研究会2017年工作总结及2018年主要工作思路的报告。2017年，上海邮电经济研究会认真学习贯彻党的十九大精神，以习近平新时代中国特色社会主义思想为指引，坚持"围绕中心，服务大局，繁荣学术，振兴邮电"的办会宗旨，不忘初心，牢记使命，结合行业实际，抓住社会热点，扎实研究课题，创新工作方法，为邮电行业创新转型、改革发展提供了智力支撑和决策参考。在市社联举行的第16届社会科学普及周活动中，荣获了优秀活动奖。

2018年，研究会将召开会员代表大会，换届选举新一届研究会理事会。研究会还将做好改革开放40周年纪念活动，发动会员结合邮电通信业在改革开放大潮中蓬勃发展的实际，撰写纪念文章，借助《邮电经济》杂志平台，出版专刊。通管局副局长、研究会副会长谢雨琦作通信业发展形势报告，全面总结了上海通信业2017年的业务发展情况，深刻阐述了2018年通信行业发展的形势与任务。周焕德副会长向与会者介绍了2017年全国以及上海邮政通信业的发展情况，强调了普遍服务的意义，指出了行业发展中存在的困难与问题，并展望了2018年邮政通信发展的重点与趋势。

张林德会长在讲话中希望在市社联的指导下，在各理事单位的大力支持下，认真、扎实地做好换届选举工作，推进研究会工作迈向新台阶、开创新局面。

上海蔬菜经济研究会召开第七届会员代表大会第二次会议

3月9日下午，上海蔬菜经济研究会召开第七届会员代表大会第二次会议。上海市人民政府参事吴爱忠，市农委原副局级巡视员陈德明、市农委菜办主任史明以及研究会理事单位、会员单位和个人会员代表130余人参会，会议由副会长沈海斌主持。

会上，研究会特邀了蔬菜新技术新设备代表企业上海孙桥溢佳农业科技有限公司董事长卜崇兴和上海华维节水灌溉股份有限公司金牌讲师王振虎分别作了"2018德国设施园艺国际展览会——蔬菜产业新技术新装备"和"蔬菜节水灌溉的技术新进展"的专题报告。随后，朱为民会长就研究会2017年10月份换届以来开展的工作进行总结，并对2018年研究会主要工作进行部署，重点指出：下一步将围绕会员企业权益、蔬菜现代化科学种植、规模化生产等，将研究会打造成促进上海蔬菜产业发展、服务会员的强有力平台。陈建林秘书长宣读了《上海蔬菜经济研究会会费收取标准及管理办法》修订稿，全体参会代表无记名投票表决通过了研究会会费收取标准。

市农委原副局级巡视员陈德明、市农委菜办主任史明分别作了讲话，回顾了蔬菜办以往工作，总结提出目前蔬菜产业存在的问题，并对蔬菜种植以及新型合作社发展提出思路和方向，并希望研究会提供强有力的支撑，发挥平台人才和技术上的优势，促进上海蔬菜产业更快更好发展。

上海市国际贸易学会举办 2018 年春季国际经贸形势圆桌论坛

3 月 11 日，上海市国际贸易学会在上海对外经贸大学古北校区举办 2018 春季国际经贸形势圆桌论坛。学会会长黄建忠，副会长姚为群、沈瑶、陈子雷、罗贵华等学会负责同志及学会会员近 60 人参加。

春季论坛分为世界经济形势、国际贸易与投资、区域经济关系及中国对外经济四个专题，黄建忠会长做开幕发言，并对学会 2018 年学术活动安排发表了意见。

围绕当前世界经济形势，上海对外经贸大学张帆副教授解读并评析了“美国总统贸易代表办公室关于中国履行入世承诺报告(2017 年)”，复旦大学龚柏华教授解读了“全面进步的跨太平洋伙伴关系协定”并对美国有条件重返的可能性做了分析，上海对外经贸大学张娟副教授解读并评析了“2017 中国对外投资报告”，上海对外经贸大学蒙英华教授解读并评析了“美国服务贸易趋势报告(2016 年)”，上海对外经贸大学石士钧教授和冯军教授对发言做了点评，上海大学沈瑶教授主持专题讨论。

围绕当前国际贸易与投资的焦点问题，上海发展研究基金会乔依德教授分析了中美经贸关系现状与发展趋势，复旦大学沈国兵教授分析了中美贸易不平衡、摩擦背后的症结并就贸易发展策略定位提出建议，上海大学沈瑶教授分析了市场经济地位问题对中美、中欧贸易关系的影响，上海对外经贸大学张永安教授分析了中欧经贸关系现状并对未来趋势，上海财经大学鲍晓华教授、复旦大学龚柏华教授对发言做了点评，上海社会科学院王中美研究员主持专题讨论。

围绕当前区域经济关系的难点问题，上海社会科学院彭羽副研究员分析了“一带一路”FTA 网络结构特征及其影响因素，上海对外经贸大学邱强教授分析了“一带一路”倡议多层次经贸合作方式与路径，上海对外经贸大学刘永辉教授解读和评析了“一带一路”倡议与“16+1”贸易指数报告，林僖博士分析了区域服务贸易协定与服务出口二元边际间的关系，同济大学胡靖副教授就中欧贸易与自贸区建设问题做了分析，上海对外经贸大学尚宇红教授、上海大学殷凤教授对发言做了点评，上海财经大学鲍晓华教授主持专题讨论。

围绕当前中国对外经济的热点问题，上海对外经贸大学叶作义副教授分析了全球贸易与中国对外贸易未来发展空间，上海对外经贸大学文娟副教授分析了探索自由贸易港建设与自贸试验区“雁阵”发展格局之间的关系，上海对外经贸大学尚宇红教授分析了中国对外贸易平衡路径和中国国际进口博览会在其中应发挥的作用，上海大学殷凤教授分析了中国服务贸易发展现状和趋势，复旦大学沈国兵教授、上海立信会计金融学院毕玉江教授对发言做了点评，上海海关学院孙浩教授主持专题讨论。

专题讨论后，陈子雷、罗贵华副会长和上海对外经贸大学黄梅波教授分别做了发言，黄建忠会长作了总结，姚为群副会长传达了上海市社会科学界联合会关于积极开展学术活动的意见，并建议学会会员要在深入学习贯彻习近平新时代中国特色社会主义思想的基础上，结合中国实际，可持续推进国际贸易理论的发展和进化，在进一步服务政府和服务企业上下足功夫，下好功夫，做到理论联系实际，实践升华理论。

上海市经济学会政治经济学研究专业委员会成立

3 月 24 日,“新时代中国特色社会主义政治经济学理论创新论坛暨我国著名马克思主义经济学家蒋学模先生百岁诞辰纪念研讨会”在复旦大学举行。会上宣布成立上海市经济学会政治经济学研究专业委员会。

上海市委宣传部副部长、上海市社联党组书记燕爽出席会议并讲话。他指出,学习、纪念蒋学模先生就是要以老一辈马克思主义经济学家为榜样,扎根中国土壤,不忘本来,吸收外来,面向未来,为实现民族崛起、振兴中华的伟大梦想而奋斗。广大经济理论工作者要积极围绕中国特色社会主义政治经济学的话语体系、学术体系、学科体系、教材体系开展研究工作,以习近平新时代中国特色社会主义思想为指导,发展和创新 21 世纪马克思主义和中国特色哲学社会科学。

上海市经济学会会长周振华宣读了上海市经济学会“政治经济学研究专业委员会”的成立决定。上海市社联专职副主席任小文代表市社联对政治经济学专委会的成立致贺词,并主持上海市哲学社会科学研究基地的授牌仪式。基地和专委会将为上海市政治经济学教学和科研人员力量整合提供契机,为相关学者开展政治经济学思想和学术交流搭建平台,为上海市政治经济学创新与发展提供有力学术支撑。

上海生产力学会举行学习《习近平在纪念马克思诞辰200周年大会上的讲话》座谈会

5月8日下午,上海生产力学会组织部分专家在上海国际航运研究中心六楼会议室举行学习《习近平在纪念马克思诞辰200周年大会上的讲话》座谈会。会议由上海生产力学会会长真虹教授主持,来自上海社科院、上海交通大学、东华大学、上海海事大学、上海浦东改革与发展研究院等单位老中青三代学者参加了座谈会。与会学者结合自身的工作实践和成长经历,畅谈了学习《习近平在纪念马克思诞辰200周年大会上的讲话》精神的体会。

与会专家一致认为,这次中央举行纪念马克思诞辰200周年大会,规格之高,规模之大,是我党历史上前所未有,显示了以习近平为核心的党中央在错综复杂的国际环境下,坚持以马克思主义指导中国特色社会主义建设的坚定信念和坚定不移走中国特色社会主义道路的坚强决心。

专家们认为,习近平总书记在纪念马克思诞辰200周年大会上的讲话,全面回顾总结了马克思追求真理创立马克思主义的辉煌人生、马克思主义理论的科学精华以及对国际共产主义运动特别是对中国人民的解放事业和民族复兴的伟大历史贡献,并提出在新时代学习马克思,要重点学习和实践马克思主义关于人类社会发展规律的思想、关于坚守人民立场的思想、关于生产力和生产关系的思想、关于人民民主的思想、关于文化建设的思想、关于社会建设的思想、关于人与自然关系的思想、关于世界历史的思想以及关于马克思主义政党建设的思想等重要观点,具有重大的指导意义,是指导我们在新时代认真学习和继承马克思主义的纲领性文件。

与会专家们认为,习近平总书记在讲话中强调对待科学的理论必须有科学的态度,并引用恩格斯的教导为我们加深理解以科学态度对待马克思主义指明了正确方向。恩格斯指出:“马克思的整个世界观不是教义,而是方法。它提供的不是现成的教条,而是进一步研究的出发点和供这种研究使用的方法。”恩格斯还指出,我们的理论“是一种历史的产物,它在不同的时代具有完全不同的形式,同时具有完全不同的内容”。马克思主义在中国的实践,最基本的经验是将马克思主义普遍真理与中国的国情相结合。联系中国的革命和建设实际,中国共产党将马克思主义普遍真理和中国的国情相结合,先后创立了毛泽东思想和中国特色社会主义理论,并以此为指导取得了新民主主义革命、社会主义革命、社会主义建设和改革开放的伟大胜利。党的十八大以来,以习近平同志为核心的党中央带领人民进入建设中国特色社会主义的新时代，继续把马克思主义基本原理同新时代中国具体实际结合起来，团结带领人民进行伟大斗争、建设伟大工程、推进伟大事业、实现伟大梦想，推动党和国家事业取得全方位、开创性历史成就。

参加座谈会的部分老专家，长期从事马克思主义政治经济学教学和科研工作，对马克思主义有着坚定的信念和深厚的感情。他们认为，纪念马克思，首先要学习马克思的人品、人格，要像马克思那样胸怀崇高理想、为人类解放不懈奋斗，要不畏艰难险阻、为追求真理而勇攀思想高峰；纪念马克思，就要坚持马克思主义指导中国发展，民族复兴，人类进步。

参加座谈会的中青年学者也表示，一定要认真学习马克思主义，坚定马克思主义信仰和共产主义理想，并努力按照习近平总书记的要求，结合新时代中国改革开放的新实践，坚持和发展马克思主义，为实现中华民族伟大复兴做出贡献。

上海邮电经济研究会举办纪念世界电信日座谈会

5 月 17 日，上海邮电经济研究会与上海通信学会等联合举办纪念第 50 届世界电信和信息社会日座谈会。

2018 年世界电信日的主题是：推动人工智能的正当使用，造福全人类。近年来，人类社会在大数据、机器学习、计算能力、存储能力以及云计算等各相关领域取得了巨大进步，极大地推动了人工智能技术领域的发展。基于人工智能的技术蓬勃兴起，在信息通信、卫生保健、教育、金融、农业、交通等服务领域得到广泛应用，正在成为用以改善人们生活的积极工具和应用的重要组成部分。为此，2018 年的这一主题将促使探讨利用人工智能，发掘人工智能的潜力，加速实现科技进步在人们工作、学习、生活中的广泛应用。

座谈会上，复旦大学软件学院工程硕士导师戴开宇、中国电信上海研究院人工智能开放实验室主任姚晓辉分别作了主题演讲。他们从人工智能的技术特性、人工智能的现状与趋势、人工智能的当前应用以及未来发展等角度，作了非常专业且又深入浅出的介绍。同时，也对人工智能技术在信息通信业的推进与运用作了诠释并提出了建议。来自市通管局、三大电信运营商以及相关企业的领导与专家代表也作了交流发言。

上海市固定资产投资建设研究会举办“创新上海城市管理”论坛

5月11日，由上海市固定资产投资建设研究会、上海财经大学联合举办，上海财经大学公共经济与管理学院承办的“创新上海城市管理”论坛在上海财经大学创业中心报告厅隆重举行。近百名来自上海市固定资产投资建设研究会的理事、会员代表、相关企事业单位领导及专业人士汇集论坛，聚焦创新城市管理主题，把脉城市管理发展趋势，助推城市更新升级发展。

论坛由上海市固定资产投资建设研究会理事长王志强主持，上海财经大学校长助理郑少华致欢迎辞。国务院安委会咨询委员会交通运输专业委员会委员、同济大学城市风险管理研究院院长孙建平教授、上海市人大常委、申通集团副总裁、本会副理事长钱耀忠、上海市住建委城市管理处处长张永刚分别作专题报告。

对于超大型城市的风险管理，孙建平教授在报告中指出，我国城市发展进入新阶段，在目前城镇化建设加速的大背景下，大型、特大型、超大型城市不断崛起，京津冀、长三角、珠三角等世界级城市群和越来越多城市组团出现。截至2016年，我国市区人口超过200万的城市有44个，人口数量超过千万的城市已有15个。越来越多的城市已经或者正在发展成为一个巨大的运行系统，随着人口大量流动、人口产业高度集聚、高层建筑和重要设施高度密集、轨道交通承载量严重超负荷，再加上极端天气引发的自然灾害、技术创新中的不确定性等，许多过去的“城市问题”“城市病”已经演变成为“城市风险”。某个单一问题如果防控不当，触发连锁反应，可能变成公共安全问题，造成巨大的系统性影响，这是各级政府和城市管理者面临的难以承受之重。到底有什么方法、什么机制来最大程度防范城市风险发生，需要先进的观念理论来引导，就是把精细化城市管理的思路和科学化城市管理技术相结合。

上海作为一座超大城市，如何解决好日均1 000多万人次的交通出行问题历来是城市管理中遇到的巨大难题。从1990年至2018年，上海轨道交通从无到现在的运营线路17条，总长673千米，车站395座。2017年全年客流量35.34亿人次，日均客流量968万人次，2018年3月23日达到1 235.47万人次。缘何会有如此大的巨变，钱耀忠副理事长在报告中讲道，关键靠上海轨道交通投融资创新。通过全面创新网络融资模式，12年来，历经宏观调控、信贷规模控制、利率波动、债务融资平台清理、国际金融危机等政策和形势变化，已累计发放贷款1 752亿元，累计节约财务费用240亿元以上，从而为上海轨道交通的规模化发展提供了强有力的资金保障。

如何理解和实行城市精细化管理，张永刚处长在报告中认为，全球城市管理面临不确定性高、流动性大、运行风险多的挑战，强调细致、精准、高效、可控。上海必须瞄准国际先进城市管理水平、管理经验、管理方法，对标一流，全面推行城市管理精细化，才能真正与国际接轨，打造创新之城、人文之城、生态之城。精细化管理更多的是体现一种精神文化、一种科学态度、一种工作作风和一种生活习惯，它是高质量发展的举措，是高品质生活的保障，要从细节做起、从小事做起、从身边事做起。

与会者就上海的城市风险管理、上海地铁投融资的可持续性、上海未来的城市精细化管理等问题进行了精彩的互动问答。

第四届"中国经济与世界经济的对话"高层论坛在沪举行

5 月 31 日，上海市经济学会与上海市世界经济学会联合举办第四届"中国经济与世界经济的对话"高层论坛，本次论坛主题为"中美贸易新阶段：机遇与挑战"。市委宣传部副部长、市社联党组书记燕爽出席会议并致辞。会议由经济学会副会长、世经学会副会长、上海海关学院副院长干春晖教授主持。

燕爽在致辞中指出中国经济的快速发展是改革开放 40 年的最直观表现，所以探索中国道路、提炼中国理论、打造中国特色社会主义政治经济学，是经济学界专家学者的使命和责任。当前中国已经成为塑造世界经济发展格局的主要力量，在落实人类命运共同体理念、推进"一带一路"合作建设的重要机遇下，上海学者要发挥作用，对时代问题给出上海的答案。

市经济学会会长周振华认为，对于当前中美经贸纠纷的研究需要深入到未来格局的变化，要深入到相关战略和策略的调整，对于当前的诸多变化和新问题，我们需要回答、解释、应对，并提出相关建议。

市世界经济学会会长张幼文指出，当前中美之间的竞争是战略竞争，不是市场竞争；今天的摩擦是制度摩擦，不是贸易摩擦；当前的现象是时代性现象，不是特朗普现象。在以上判断的基础上，他提出应从五个方面应对，即继续推进中国制造 2025 战略、继续推进"一带一路"建设、继续精进 5G 技术、金融技术嵌入以及继续推进人民币国际化。

市经济学会副会长、交通银行首席经济学家连平指出，中美贸易纠纷对中国未来的国际收支有明显影响，经常项下的顺差在逐步收窄，需要在扩大进口的同时注意到国际数值格局的演变，以及由此带来的对未来政策的一系列挑战。

世界经济学会副会长黄建忠指出，此轮摩擦的特点是美国利用国内法对其他国家施压，而把 WTO 的一整套规则边缘化，这种做法将来可能成为惯例，而这种惯例会不断地引发中美之间的经贸摩擦。通过单边主义施压进行一对一、大对小、不均等的谈判会成为美国长期策略，进而迫使中国在一轮又一轮贸易谈判过程中逐步处于退出状态，这是最值得担忧的问题。

会上参与讨论的还有来自上海财经大学的赵琳博士、世界经济学会副会长潘英丽教授、上海对外贸易大学科研处处长陈子雷教授、上海市经济学会副会长殷德生教授、上海大学殷凤教授及复旦大学世界经济研究所副所长罗长远教授。专家学会和相关会员共计 100 余人参加了会议。

上海市物流学会召开第九次会员代表大会

6月21日，上海市物流学会召开第九次会员代表大会，进行换届选举。市社联专职副主席任小文出席会议并讲话。

大会审议并通过了学会第八届理事会工作报告、财务报告和章程修改草案，选举产生了新一届学会理事会。在随后召开的第九届理事会第一次会议上，选举产生了新一届学会领导班子：许国良任会长，杨斌、郝皓、李玉峰、葛伟民、徐以汎、储雪俭、朱庆华任副会长，陈震任秘书长。

上海市经济体制改革研究会召开第五次会员代表大会

7月6日，上海市经济体制改革研究会召开第五次会员代表大会，进行换届选举。市社联党组成员、专职副主席任小文，市发改委副主任阮青出席会议并讲话。

大会审议并通过了学会第四届理事会工作报告、财务报告和章程修改草案，选举产生了新一届学会理事会和监事。在随后召开的第五届理事会第一次会议上，选举产生了新一届学会领导班子：浦再明任会长，王硕佟、赵宇刚、濮海虹、张晖明、陈宪、钱智任副会长，江建全任秘书长。

任小文祝贺研究会顺利完成换届工作，并对新一届理事会今后的发展提出四点要求："研究新课题，适应新规范，增值新力量，扩大新影响"，希望研究会能够适应新时期社团发展的新要求，加强内部管理，抓住上海新一轮发展机遇，发挥决策咨询功能，推动研究会发展，凝聚专家学者，服务好会员，扩大影响力。

上海市房产经济学会等单位联合研讨如何治理当前住房租赁市场

违规使用“租房贷”、甲醛超标、资金链断裂……接连不断的负面新闻，让长租公寓一次次被推上舆论的风口浪尖，公众目光聚焦住房租赁市场。9 月 19 日，上海市房产经济学会联合上海交通大学中国城市治理研究院、国际与公共事务学院举办研讨会，研讨如何治理当前住房租赁市场。专家达成共识：面对住房租赁市场出现的种种新挑战，上海应坚持发展机构化、专业化的住房租赁企业，加强住房租赁行业的金融监管，让“政府之手”和“市场之手”共同发挥作用，促进住房租赁市场平稳健康发展。

发展长租公寓，不能“因噎废食”

解放日报·上观新闻记者从上海市房屋管理局获悉，目前上海住房租赁市场供需总体平衡，住房租金总体平稳，面上未发现快速上涨的情况。上海房屋租赁指数办公室的数据显示，2017 年 9 月起，上海住宅租金指数连续 9 个月呈现下行趋势，从 1 938 点降至 1 898 点。直到 2018 年 7 月，租金才出现微弱上扬。

租金水平保持整体平稳的背景下，上海长租公寓的数量快速增加，业内人士指出，上海已涌现超过 1 200 家长租公寓，来自同策研究院的数据显示，目前上海规模较大的长租公寓房间总量约 50 万间，其中分散式公寓约 40 万间。

近日，长租公寓被媒体揭露存在诸多市场风险，对租客利益造成损害。有人认为，应该像取缔“滴滴顺风车”一样取缔长租公寓。对此，专家表示，长租公寓大多为专业化、机构化的租赁企业，发布的房源真实度较高，还能提供例如保洁、维修等配套服务。从长远来看，长租公寓是租赁市场的重要组成部分，不能因为发展过程中存在问题，就“因噎废食”。

“实际上，国内长租公寓的普及率仍然不够高，租赁市场 70%的房源仍来自个人房东。”华东师范大学工商管理学院副教授崔裴认为：“而在美国、德国等国家，租赁房源基本由专业化租赁企业提供。”

曾在美国居住的智裕创赢董事长王中江介绍，美国住房租赁市场规模庞大，40%的居民都会选择租房生活，大部分租赁房源掌握在机构和专业投资者手里。“国内大量租赁房源掌握在个人房东手里，其实是一种资源浪费。”王中江说：“采用机构化运营后，企业为了避免成本损失，会加快房源出租，可以有效降低租赁房源空置率，盘活存量资源。”

加强租赁行业的金融监管

目前，国内长租公寓“盈利难”是行业面临的共同痛点。上海市社会科学院研究员张泓铭介绍，在国内一线城市，租赁企业投资回报率基本在2%以下，与伦敦、纽约、洛杉矶、东京、大阪等国际城市相比，仍处于较低水平。

投资回报率低，意味着企业资金不充裕，在这样的背景下，部分长租公寓“铤而走险”违规使用“租房贷”，以消费者信用为担保套取资金，导致租客利益处于极大风险中。如何管理此类风险？上海师范大学房地产研究中心主任崔光灿认为，上海应进一步规范长租公寓的融资行为，对各类金融产品加强监管，尤其是对“租房贷”等新兴金融产品，可考虑成立专业监管平台。

蛋壳公寓副总裁林甦建议，应提升租赁企业对金融产品的使用门槛。首先是对使用金融产品的租赁企业规模和经营时间等作出明确规定，确保企业的风险控制能力符合规范。另外，租赁企业合作的金融机构也应具备相应资质。“租房贷”等金融产品资金的具体流向，应向监管部门公开。

长租公寓的运营需要一定回报周期，“三年收回成本、五年盈利”已成行业共识。崔裴认为，在加强“租房贷”等金融产品监管同时，应提供更丰富的长租公寓配套金融措施，通过银行贷款和规范的资产证券化产品为企业提供必要的金融支持，营造健康、常态化的发展空间，保障租客利益。

发展住房租赁市场多元化供应格局

崔光灿介绍，目前上海的常住人口中，租赁居住的比例约占36%。上海的租赁房源已形成多元化供应格局，包括市场化的私人租赁住房、政府支持的公共租赁住房、企业自持的租赁住房、企业受托经营（含代理经租）的租赁住房等。

“住房租赁市场要健康发展，也不能完全依靠市场。”上海交通大学中国城市治理研究院教授陈杰认为。“上海应发展住房租赁市场多元化供应格局，除了由企业提供租赁住房外，需要进一步增加由国资国企筹建或参与的租赁房源，补充市场需求，制衡租金价格，让更多老百姓租到称心如意的好房子。”

上海市房屋管理局市场监管处副处长刘纪来介绍，上海正不断加大租赁住房用地供给，截至今年4月27日，已出让租赁住房用地31块，累计土地出让面积超过87公顷、规划建筑面积196万平方米，约3万余套，并引入地产集团等国有企业参与租赁住宅的开发建设，发挥国企“压舱石”和“稳定器”作用。

同时，上海住房租赁公共服务平台在今年7月1日正式上线，专家建议，应进一步发挥平台作用，逐步实现住房租赁合同“网签备案一体化”，真正做到“数据多跑路，群众少跑腿”，充分保障住房租赁各方合法权益。

上海生产力学会举办“中国经济高质量发展的路径与对策”研讨会

9 月 21 日，上海生产力学会和上海大学管理学院举办的“中国经济高质量发展的路径与对策”研讨会于 2018 年在上海大学举行。会议由上海生产力学会秘书长顾其南主持，上海大学管理学院副院长镇璐教授致辞欢迎。

东华大学戴昌钧教授做了题为“我国高质量发展阶段对生产力增长的作用研究”的发言。戴昌钧从当前我国经济发展实际出发，介绍高质量发展的内涵，并指明高质量发展最终应体现在全要素生产率的增长的评价准则。戴昌钧提出一套评价指标，为使高质量发展的成果和绩效得以客观度量和观察，最后概括了高质量发展对生产力增长作用的逻辑关系。

上海虹铂环保科技有限公司总经理郭四均针对“如何提高能源利用效率”进行发言，指出全球变暖、环境污染主要原因之一是能源利用率低下，在当前能源结构框架下天然气能源排放虽然低于煤电排放，但实际利用率只有百分之三十。他提出了天然气的阶梯利用概念，并且组织了团队进行了研究，目前实践表明，天然气使用效率提升至 70%，环境也得到充分改善。

上海大学赵炎教授做了题为“精致式创新与朴素式创新”的报告。赵炎以特斯拉汽车为例，形象具体地介绍何为精致式创新。随后介绍以 Nano 汽车、山寨手机为例，伴随新兴市场经济体中出现的朴素式创新及其发展状态，并对朴素式创新和精致式进行对比。赵炎指出，朴素式创新并不是毫无意义的，它有助于中国等新兴市场经济体积累经验、获取技术能力。而随着新兴市场经济体的经济增长和社会发展，面向 BoP 市场的朴素式创新终将向精致式创新转变。

上海市政府研究室罗海波处长做了题为“上海推动经济高质量发展的实践与任务”的报告。报告首先介绍上海产业转型历程、上海产业转型实践的具体做法及其目标，随后对上海未来政策任务进行详细介绍，包括整合上海深化两大国家战略、优化三个层次布局、把握三个关键、守住四条底线等。

各位参会学者就中国经济和上海经济如何高质量发展进行了热烈讨论，对高质量发展的基础和有利条件进行了分析，对当前国际经济形势的不确定性也进行了充分的研讨。

上海市数量经济学会召开第七次会员代表大会

9月22日,上海市数量经济学会召开第七次会员代表大会,进行换届选举。

大会审议并通过了学会第六届理事会工作报告、财务报告和章程修改草案,选举产生了新一届学会理事会和监事。在随后召开的第七届理事会第一次会议上,选举产生了新一届学会领导班子:朱平芳任理事长,刘弘(法人代表)、徐剑刚、陈诗一、周亚虹、韩清、倪明康、朱喜任副理事长,徐大丰任秘书长。

上海市价格学会召开第八次会员代表大会

9月27日，上海市价格学会召开第八次会员代表大会，进行换届选举。

大会审议并通过了学会第七届理事会工作报告、财务报告和章程修改草案，选举产生了新一届学会理事会和监事。在随后召开的第八届理事会第一次会议上，选举产生了新一届学会领导班子：沈念东任会长，陈霞（法人代表）、李慧中、魏农建、高帆、劳帼龄任副会长，程大选任秘书长。

第三届“一带一路”与中国发展治理学术研讨会在沪举行

11 月 3 日，以“全球城市背景下‘一带一路’与长三角合作共赢”为主题的第三届“一带一路”与中国发展治理学术研讨会在上海师范大学会议中心举行。本次会议是由上海市世界经济学会“一带一路”泛区域发展与合作专业委员会、上海市经济学会城市发展专委会与上海师范大学商学院联合主办。会议列为上海市社联(2018 年)第十二届学会学术活动月。来自长三角地区的 40 多位专家学者参加了会议。

上海全球城市研究院院长周振华教授在题为“全球城市区域发展及其治理”的主旨发言中指出，上海要高效建设全球卓越城市，就必然要在长三角这一更为广阔的区域发展与治理中做出好的成绩。而要做好这一点，就要强调合作治理，而不是单一治理；要做好区域之间的网络格局，而不是传统的中心外围格局；要注重从基于地点空间基础上的合作转向流动空间，从个别要素的流动转向全要素的流动。至于怎样衡量长三角高质量一体化的标准主要就应该考虑三个方面：一是要看一个城市或者地区的覆盖面和影响力是否大于行政区划上的应有规模；二是一个城市或者地区的功能分工是否合理；三是这个城市和地区的资源配置效率高不高。在此基础上，周振华院长总结了全球城市背景下长三角向更高质量的一体化发展应采取的治理举措：第一，要从随机性治理转换为框架性治理；第二，从政府主导区域治理转换为多元主体参与区域治理；第三，要从战略性治理转变为专项治理，以专项规划为抓手，由专业的民间机构来做专项治理；第四，从政治性治理转向机制性治理。

华东师范大学区域与城市科学学院曾刚教授在题为“‘一带一路’倡议与长三角一体化发展之互动前景初探”的主旨报告中指出，“一带一路”与长三角高质量一体化要合作共赢，就应借鉴我们国内工业园区的发展经验，通过在海外建立若干园区的形式，充分发挥协会、商会、市场主体与跨国政府协作的力量；同时，要注重中国海外园区的权威数据发布，建设高质量的海外园区数据库；另外，还要探索建设海外园区与一区多园联动等机制，建立健全的中国海外投资的生态系统。

上海市发展改革研究院党委书记赵义怀在题为“发挥上海在‘一带一路’的桥头堡和长三角一体化中的龙头作用”的主旨发言中认为，上海要建设卓越的全球城市，就需要在服务国家“一带一路”建设、推动市场主体走出去的桥头堡，与上海在长三角地区合作和交流中的龙头地位紧密结合起来。具体而言，上海要争当科技创新的策源地；争当制度创新的引航者；打造全球立体网络枢纽；打造全球要素资源配置中心，增强面向国际国内“两个扇面”的集聚和辐射能力。

南京大学商学院郑江淮教授在题为“江苏在‘一带一路’中构建全球价值链交汇点”的主旨发言中指出，江苏是“一带一路”交通的交汇点，又是长三角地区的核心区域。这两个要很好地结合起来，就必须考虑江苏在全球价值链中的地位这一问题，而不是盲目地推动走出去。因为如果寻找不到我国企业走出去的价值链交汇点，很可能会对投资国的企业和产业造成挤出效应，从而影响走出去。江苏应以放大向东开放优势来集聚发展要素；向西开放，利用欧亚大陆桥，承接西部即丝绸之路经济带地区出海的需求；长三角高质量合作提升江苏交汇点建设效率。

上海师范大学商学院经济系主任刘江会教授在题为“‘一带一路’城市网络联通性及国内关键节点城市的影响力”的发言中认为，城市间的网络联系强度可以成为评估“五通”尤其是“三通”的显性指标。“一带一路”沿线城市间的贸易畅通、资金融通和人心相通最可持续的内生动力就是来自市场驱动；在“一带一路”沿线城市网络体系中，上海、北京等国内关键节点城市的辐射力、影响力非常明显，但在基于跨国经营而构建的“一带一路”网络体系中国内关键节点城市的影响力和辐射力还有待提升。

上海社科院世界经济研究所副研究员苏宁在题为“‘一带一路’城市网络特性与上海全球城市定位”的发言中认为，上海全球城市在丝路城市网络中的定位要成为模式引领者、方案提供者、网络协作者和绿色践行者。同时，还要强化高水平投资贸易平台的服务功能、建设“丝路城市”先进生产者服务业集群、引领大都市连绵带整体参与“一带一路”合作和提供新兴发展节点城市化的“一揽子”解决方案。

中共上海市委党校李鲁副研究员在题为“中国园区的国际化新阶段”的发言中认为，拉力是“一带一路”沿线国家的发展诉求，推力是中国经济发展到了产业转移的阶段，助力是国际组织对中国开发区的态度从中立到积极的认识。从这一角度看，中国的开发区发展可能成为发展中国家发展的新模式。

上海师范大学商学院副院长赵红军教授在题为“长三角一体化高质量发展的调查研究”的发言中认为，通过大样本的调研发现，目前，长三角地区市民对一体化的发展总体满意，但也存在诸多期待。比如，交通一体化在很大程度上已经实现，但过高的交通费、道路通行费、不贯通的过桥收费等会阻碍高质量一体化；未来的长三角高质量一体化，还要更加注重交通基础设施之外的民生、教育、医疗、公共服务等方面的一体化；目前长三角三省一市大多数人支持上海在其中的龙头作用，但民营经济高速发展的结果也使得浙江在长三角中的地位不断上升；企业对长三角地区的电信服务一体化、同城化的期待较高。他建议长三角地区率先实现政府治理能力和治理体系的现代化，实现教育、医疗、公共服务、电信收费等方面的一体化。

上海大学经济学院副院长尹应凯教授在题为“长三角高质量一体化与金融合作”的发言中认为，长三角高质量一体化发展要从金融产品合作、金融机构合作、金融市场合作、金融服务合作以及金融政策合作五个方面推动。比如，可以考虑联合发行长三角地方政府债券；科技创新链，产业结构融合，污染共治，可以成为长三角金融合作的连接枢纽。

上海市房产经济学会等举办“新时代上海经济与房地产发展论坛”

作为上海市社联第12届学术月活动的内容之一，11月10日下午市上海市房产经济学会、上海市经济学会、上海市土地学会假座上海科学会堂，联合举办“新时代上海经济与房地产发展论坛”。中国房地产业协会副会长庞元、上海市房产经济学会会长沈正超、上海市土地学会副会长袁华宝等领导出席论坛，来自学会、高校及相关单位的100余位同志参加。论坛由市房产经济学会副会长、秘书长忻一鸣主持。

沈正超会长致欢迎词。他指出，党的十九大开启了我国社会经济发展的新时代，习近平总书记关于“坚持房子是用来住的、不是用来炒的定位，加快建立多主体供给、多渠道保障、租购并举的住房制度，让全体人民住有所居”的重要指示，为我国住房产业的发展指明了新时代的发展方向。党的十九大以来，市房产经济学会围绕新时代中国经济发展和上海市房地产业发展，特别是围绕国家提出的发展住房租赁市场的政策，开展了一系列的学术研究，取得了一批既有理论价值，又有实践意义的学术成果。今天的学术论坛，也是上海市房产经济学会结合近期开展的纪念改革开放40周年进行的一系列学术活动的成果展示。当前，我国的房地产市场，按照新时代中国特色的要求，不断地完善之中，有许多新的、重要的理论需要研究，有许多好的、新的经验需要总结，这为房地产理论研究提供了广阔的空间。希望通过今天的论坛，进一步促进上海房地产经济的学术研究和理论研究，为上海房地产发展提供更多、更好、更有价值的研究成果。

中国房地产行业协会副会长庞元作了“喜看百姓安居乐业”、上海市土地局刘天同作了“参与住房制度和土地使用制度改革”、上海市房地产科学研究院房地产经济研究所副所长江莉作了“上海住房租赁市场监管及租赁住房供后管理研究”的主旨报告。上海市经济学会副秘书长刘江会、上海勇力土地房地产估价有限公司总经理陈嵘、上海师范大学房地产经济研究中心主任崔光灿作了交流发言。

上海市经济学会举行第四届城市发展与产业经济学学术年会

11月14日，上海市经济学会在上海师范大学举行“第四届(2018年)城市发展与产业经济学学术年会——全球城市理论与上海实践”。会议是上海市社会科学界联合会第12届(2018年)学术活动月项目之一。来自上海全球城市研究院、复旦大学经济学院、华东师范大学经济学院、上海财经大学城市与区域科学学院、上海社科院人口与城市发展研究所、上海社科院世界经济研究所、上海师范大学商学院等研究机构和高校近50多位专家和学者参加会议。本次会议还得到了《城市发展研究》和解放日报·上观新闻等学术刊物和媒体的大力支持。

上海师范大学商学院院长、市经济学副会长茆训诚教授主持了论坛开幕式和上半场的专家演讲。上海师范大学商学院副院长王周伟教授主持了下半场演讲。《城市发展研究》副主编王亚男和主审冯利芳主持了互动与交流环节。上海师范大学社科处副处长公磊致辞，介绍了商学院在积极服务上海卓越全球城市建设和发展需要方面所做的工作以及所取得成绩，并对专家的到来表示热烈的欢迎。

市经济学会会长周振华研究员首先做了题为“上海四大品牌与全球城市建设的关系”的演讲。他认为，全球城市具有连通性，能够很好地进行资源配置与信息交流。上海打造全球城市，要重视科创的重要地位。他指出，尽管上海具有较为完善的金融要素与先天优势。然而，目前制造业的发展不尽如人意，打造制造业品牌仍有很大的问题。目前，上海“三高”产业在进行结构调整，虽然上海孵化了很多新兴产业，但难以实现产业化，无法真正落地。因为空间过于拥挤，现实情况是，大型企业的配套设施企业在周边城市，因为(运输、采购)成本较高。纽约服务业占90%以上。上海与此不同，要强调制造业功能。但是上海行政空间类似于国外大都市，按照现有水平保证制造业占25%的水平很难。他指出全球城市分为三个发展阶段，城市推荐阶段—城市营销阶段—打造城市品牌阶段。目前全球城市进入治理与制定策略的阶段。他认为吸引外资、人才是治理城市的重要手段。在城市内部(政府、利益集体)之间，形成上下的关系，以城市品牌为抓手，推进城市各项政策或制定专项政策。这时的治理政策不仅是对外，更重要的是对内调节的手段。最后，周振华研究员认为，智能制造业是制造业转型的重要方向，智能制造业应突破技术、关键材料上的约束，提升其附加值，才有可能达到25%的水平。而不是恢复以前的优势。上海打造“四个品牌”，形成上下共识，可以很好地成为城市治理的手段。在不同的城市，有不同的工作，但最终目的是为建设全球城市做足够的准备工作。

复旦大学经济学院党委书记、泛海国际金融学院党组书记、教育部长江学者特聘教授陈诗一作了主题为“中国风险投资与上海竞争力问题”的主旨演讲。陈诗一指出，中国的风险投资其特点是空间高度集聚以及投向偏好软科技，就上海而言，其风险投资存在着本地偏好，且投向偏好于软科技企业以及初创企业。在上海城市竞争力问题上，陈诗一从风险投资城市网络入手，发现上海和北京以及深圳是中国风险投资网络中的三个核心城市，而相对于北京和深圳，上海在中国风险投资网络中的节点重要性在下降，因此，上海一要扩大跨境风险投资活动，提升本地企业竞争力，二要激励风险投资偏好硬科技产业，培育本地创业投资文化，三要支持传统优势产业发展，平衡本地收入差距。

华东师范大学经济学院院长、上海市经济学会副会长殷德生教授就“一带一路”倡议与其沿线国家的包容性增长问题发表了主旨演讲。殷德生指出，西部大开发“五横两纵一环”的总体空间格局以及着力打造内陆和沿边开放试验区的战略都为“一带一路”倡议的提出提供了现实基础；另外，通过面板数据的分析，发现地理位置与收入差距存在着显著关系，具体来说，一个国家沿海方向越少，其基尼系数即收入差距就越大，因此“一带一路”的西向战略将打造中国对外贸易和投资的新“海岸线”，改变了原来的只有东部有贸易和投资的“出海口”格局，构造了东西两面都有贸易和投资的“出海口”，这不仅能够提高胡焕庸线西北侧的要素回报，进而吸引要素流入和集聚，而且有利于缩小东西部地区的收入差距，实现地区协调发展。

上海财经大学教授与区域科学学院副院长、上海大数据社会应用研究会副会长张学良教授的主题演讲围绕“长三角城市群合作协调机制”与“上海全球城市建设”两个方面展开。张学良指出，长三角城市群是“富人区”。它的形成与快速发展得益于“政府引导，市场主导”的机制。长三角城市群不仅有整体协调机制，还有各地的联席会议制度，各城市间既有各自的发展，也有跨区域的合作和协调。通过计量模型对长三角城市群的发展进行检验，结果表明经济实力最强的城市会带动周边城市区域的发展，经济实力最强的地区对周边区域的溢出带动作用。但现实中问题也比较突出，比如考虑开发区恶性竞争，用地政策、用地成本等导致政府损失严重，产业规划不好，产业成堆不成群。长三角城市群发展有基础，但也有不足，为此应出台长三角规划，作出更详细、精确的规划与引导。最后，张学良指出长三角全球城市区域发展的趋势：更大，更聚，更强。交通设施突破经济便捷、经济联系。高铁加快城市、人口、信息与技术交流、同城化，高铁技术的应用在通勤地与就业区起到信息传输与技术交流的作用，形成的通勤人口将在城市的发展过程中扮演非常重要的角色。因此长江中下游可能形成更聚集的空间城市，如纽约大都市的发展。

上海社会科学院城市战略与规划研究室主任邓智团就“创新街区与上海新一轮城市发展”问题从微观视角进行了阐述。他探讨了开发区与新区建设与人口和空间扩张之间是否可持续的问题，提出在上海土地空间逐渐下降的背景下，我国的城市发展从过去的园区大战演变成现在的人才争夺战，要求城市发展逻辑发生根本性转变，并详细介绍了创新街区的概念及其识别模式与建设模式，指出创新街区是具有创新导向功能的，对生活各方面全覆盖的空间创新，对社会网络的强关系与弱关系都有突出的影响。他从时间上谈及创新街区的兴起、内涵、模式,并以肯德尔广场在麻省理工学院旁边兴起、巴塞罗那22区的发展以及北卡创新园区的建设为例,说明城市园区建设已经从传统园区朝着集居住、工作、娱乐等于一体的综合园区发展,进而指出上海的两大战略空间(主城区与郊区),尤其是郊区发展很重要,最后以瑞金医院的建设、上海虹口区发展以及静安市北高新园区为例探讨创新街区对上海科创中心建设的推动作用。

上海师范大学商学院副院长赵红军教授就长三角高质量一体化发展作出了调研报告。他指出,长三角一体化在促进各地商业发展,加强日常交通便利度,繁荣各地经济以及增强人员交流方面起了重要的促进作用。对未来的长三角一体化建设,社会各界认为在医疗保障一体化、文化教育一体化、科技创新驱动一体化、公共交通一体化上还存在着改进空间,但总体来说,七成以上的受访者都认为近些年长三角一体化的建设卓有成效。针对调研所反映出来的问题,赵红军教授提出了长三角一体化高质量发展的政策建议,如要夯实交通一体化的高质量发展基础,还要注重交通基础设施之外的社会公共服务等方面的高质量发展;另外,各省市的政府之间应加强合作、分工与联动,减弱区域行政壁垒的存在。

上海社科院世界经济研究所国际政治经济学研究室副主任苏宁发表了题为"全球城市迭代发展与上海的路径选择"的主旨演讲,其中有三大问题是苏宁教授讨论的重点,一是全球城市迭代发展的动力变化方向,二是全球城市发展的版本迭代趋势,三是上海特色全球城市的路径选择。苏宁指出,全球城市3.0版的特点是"专精+多样",而上海与卓越全球城市在创新、流量、文化以及环境上还存在一定的差距,因此加强上海卓越全球城市的建设要以全球城市的最高版本为总体方向,同时兼顾低版本的基础作用,要重视多功能体系的整体建构与专精特色的优势形成,另外还应积极响应全球城市区域发展模式。

上海师范大学商学院刘江会教授以"'一带一路'城市网络连通性及国内关键节点城市的影响力"为主题进行演讲。他从衡量"五通"效果的方法和数据两方面就已有的研究成果回答了如何衡量"五通"效果的问题,指出"政策沟通、设施联通"依靠政府的外生推动力(有为政府),这对于"一带一路"沿线城市间的"贸易畅通""资金融通"和"人心相通"非常重要,但是"后三通"更根本的可持续的内生动力还来自市场驱动(有效市场),尤其是企业全球配置资源而缔结的供应链并由此引发要素在城市间流动是推动"一带一路"沿线城市网络连通的持续内生动力。网络连通性指数分析显现,"海上丝绸之路"沿线城市间网络联系强度明显高于"丝绸之路经济带"沿线城市间网络联系能级强度。国内关键节点城市(尤其是北京和上海)在促进"一带一路"城市经济联系方面发挥着重要桥头堡作用,进一步研究显示在"一带一路"城市网络体系中,中国城市在由先进生产性服务业公司跨国经营推动的城市网络中的重要性要弱于由制造业公司跨国经营推动的城市网络中的重要性。因此,刘江会教授指出,深化金融、贸易、市场准入等体制改革非常迫切,这对于加快我国企业"走出去"在"一带一路"沿线城市配置资源并据此提升"一带一路"沿线城市网络联系强度具有重要意义。

上海师范大学商学院黄国妍副教授围绕"上海科技金融生态圈构建思路与全球科创中心建设"主题进行演讲,主要从理论层面探讨了科技金融生态圈的内涵、特点、要素、运作机理，从国内外若干典型案例的发展模式与演进经验的梳理中总结良好的科技金融生态圈的评价要素和指标体系以供上海借鉴，总体上勾勒上海科技金融生态圈总体发展概况。黄国妍副教授指出，上海已初步形成“4＋1＋1”的科技金融服务体系，尽管科技金融支撑环境不断优化，但尚存短板与不足等。对标国际知名的科技金融生态圈，上海科技金融生态圈现存问题有：传统金融机构与业务供给未能有效解决中小企业融资问题，科技信贷创新业务有待提升；资本市场层次功能不够完善而对科技企业支持力度有限；风险投资发展相对滞后等。最后，黄国妍副教授指出，要根据上海科技金融生态圈的评价结果，针对未来发展的需求和现实瓶颈，借鉴国内外典型案例的经验启示，来设计构建上海科技金融生态圈的主要思路、路径选择与具体对策，以有效实现科技金融对企业的发展促进作用。

专家主旨演讲后，与会专家和同学围绕全球城市发展与上海实践这个主题进行了互动与交流。

金融、财税、会计审计、其他经济

上海市保险学会召开第九次会员大会

1月25日，上海市保险学会召开第九次会员大会，进行换届选举。市社联专职副主席任小文到会并讲话。会议由第八届理事会会长高志缨主持。

大会审议并通过了学会第八届理事会工作报告、财务报告和新的章程，选举产生了新一届学会理事和监事。在随后召开的第九届理事会第一次会议上，与会理事选举产生了新一届学会领导班子。张渝任会长，毛寄文、李伟群、沈磊、陈冬梅、胡宏伟、钟明、郭杰声任副会长，赵雷任秘书长。

上海市卫生经济学会召开第八届会员大会

3月9日，上海市卫生经济学会召开第八届会员大会，进行换届选举。大会审议并通过了学会第七届理事会工作报告、财务报告和新的章程，选举产生了新一届学会理事会。在随后召开的第八届理事会第一次会议上，与会理事选举产生了新一届学会领导班子。衣承东任会长，丁美坚、王惟、卢华、田文华、金春林、张钢、程明、梁鸿任副会长，金春林兼任秘书长。

上海市成本研究会召开第七届会员大会

4 月 12 日，上海市成本研究会召开第七届会员大会，进行换届选举。市社联党组成员、专职副主席任小文，上海交通大学党委副书记顾锋到会并讲话。

大会审议并通过了研究会第六届理事会工作报告、财务报告和新的章程，选举产生了新一届研究会理事会、监事。在随后召开的第七届理事会第一次会议上，与会理事选举产生了新一届研究会领导班子。陈亚民任会长，潘飞、郭永清、杨成长、李海林、赵春彦任副会长，傅永尧任秘书长。

上海市金融学会召开第十届会员代表大会

5 月 15 日，上海市金融学会召开第十届会员代表大会，进行换届选举。上海市人民政府副秘书长宋依佳到会致辞，市社联专职副主席任小文到会并讲话。

大会审议并通过了学会第九届理事会工作报告、财务报告和新的章程，选举产生了新一届理事和监事。在随后召开的第十届理事会第一次会议上，与会理事选举产生了新一届学会领导班子。金鹏辉任会长，孙辉、李军、马立新、韩少平、蔡剑波、张漪、顾国明、胡新智、赵蓉、李朝阳、郑志扬、张金清、刘莉亚、石建勋任副会长，黄敏任秘书长。

学会常务理事、上海交通大学上海高级金融学院执行院长张春教授作题为“中国式的产融结合及其对监管和理论带来的挑战”的演讲。

上海现代企业经营管理研究会举行五届五次会员代表大会

5月26日，上海现代企业经营管理研究会举办五届五次会员代表大会暨“发挥企业优势，打响上海四大品牌”学术研讨会。会议由副会长兼秘书长黄鼎楼主持，上海交通大学原党委书记王宗光到会并致辞。会议审议并通过了研究会2017年度工作报告。市经委原主任徐志毅作“打响上海四大品牌，提升企业竞争力”主旨演讲，上海临港奉贤经济发展有限公司纪委书记王惠忠、上海三一重机股份有限公司副总经理田文胜、上海赛安生物医药科技股份有限公司总经理王明等分别就“深化合作开发，推进产城融合”“智能制造”“现代医疗新技术在癌症诊断、治疗和康复中的应用和展望”等方面作交流发言，上海大学原副校长盛焕烨教授作会议总结。

上海管理教育学会承办 2018IFSAM 第十四届世界管理大会及第二十二届世界管理论坛

6 月 8 日—10 日，上海管理教育学会、上海外国语大学等承办的 2018IFSAM 第十四届世界管理大会及第二十二届世界管理论坛暨东方管理论坛在上海中国金融信息中心成功举行。国内相关领域的专家学者以及来自美国、英国、德国、澳大利亚、巴西等海外学者共计近 300 名参会。大会以“国别区域管理与跨文化管理”为主题，呼吁学者与管理者在变化环境中进行反思、在多元世界中寻求和谐，并用科学的力量进行合作。

北京大学国家发展研究院 BiMBA 商学院院长陈春花教授作专题报告——《数字化生存与管理重构》。陈春花教授指出，在数字化生存的时代背景下，技术和速度的改变，加速了创新的速度和普及的速度。这新一轮由技术、数字和知识引发的革命，给企业管理带来巨大挑战，但同时也带来新的发展机遇。技术快速变革使得企业的寿命、产品的生命周期及争夺用户的时间窗口，都在快速缩短。数字化时代的这一特点，不仅仅带来“量变”，更会引发底层商业和战略逻辑的“质变”。这种由数据、协同、智能等要素碰撞在一起对商业系统结构的重构，也要求在其中生存的企业进行管理重构。这种重构也将当今几乎所有企业拉回同一个起跑线，这也为中国企业改变世界带来了机遇。陈春花教授认为，在此背景下，企业可以用“断、聚、合”的方式作出调整，即“断”要有组织去放弃一些你擅长的东西；而“聚”是要运用顾客的需求，集聚为顾客创造价值；“和”则是要对我们所有的资源做配置和再生，既可以从企业的方向去做整合，也可以从业务的方向上做组合。要做到这三个，还必须做两件事情：第一是你必须得有目的地放弃；第二是你必须要持续理解外部环境。陈春花教授最后指出，我们今天遇到的挑战，可能客户还是那样，市场还是那样，你还是那样，但是你必须用新的答案，你必须用新的方法，你必须寻求新的模式，如果不是这样，你就没有答案。在互动环节，陈春花教授就与会者提出的品牌数字化、如何挖掘客户的价值及价值创造、企业文化优化及小企业创新等问题做了回答。

复旦大学东方管理研究院院长苏勇教授，上海家化联合股份有限公司原董事总经理、上海磐石资本创始人王茁，上海交通大学战略管理研究所所长孟宪忠教授，华南理工商管学院原院长、暨南大学管理科学与工程研究所孙东川教授及上海博涵公共关系管理咨询股份有限公司董事长王雪靖女士分别就《中国企业家精神——基于对 25 位中国杰出企业家的访谈研究》《中国改革开放 40 年来国有消费品企业的挑战与应战——以上海家化为例》《全球视角下中国改革开放以来企业变革与发展思考》《中国管理的过去、现状与未来》

及《改革开放40年中国公关行业发展及展望》，在“全球视角下的中国改革开放40年管理理论与实践”平行论坛中作了专题演讲。在“全球环境与华商管理”的平行论坛中，世界华商研究所所长、中国社会科学院世界华商研究中心原主任康荣平研究员，华东理工大学商学院郭毅教授，同济大学经济与管理学院林善浪教授，香港星光集团有限公司创办人、董事局主席兼执行长林光如先生及美国CCL大中华区研究总监、宁波诺丁汉大学李达三讲席教授李平教授分别就“华人跨国公司1918—2008”“解开中国经济腾飞之谜：中国企业获取国际竞争力之文化渊源”“发挥华人华侨在‘一带一路’建设中的作用”“星光集团跨文化管理实践及企业国际化成就企业重造：‘走出去’与‘走上去’的融合”等作了专题演讲。中国行政管理学会副会长李琪教授，德国莱比锡大学资深国际公关与战略传播专业Guenter Bentele教授，美国圣地亚哥州立大学新闻与传媒学院院长、Journal of Public Relations Research主编Bey-Ling Sha教授，西班牙巴塞罗那商学院Jaume Bonet教授及西班牙阿尔卡拉大学Teresa del Val教授在“全球管理与国际公关”平行论坛中作了有关新全球治理观、公共关系、管理沟通及金融风险控制等话题的专题发言。在以“管理学教育：区域的视角”为专题的圆桌会议中，埃桑大学学术副校长Nancy Matos教授，EURAM主席、伍尔弗汉普顿大学商学院Sibel Yamak教授，美国达拉斯德州大学管理学院Jindal全球战略讲席教授Mike Peng教授，IFSAM理事、法国国立艺术及理工学院Yvon Pesqueux教授，IFSAM当选主席、河海大学战略管理研究所所长、世界水谷研究院院长张阳教授探讨与交流了各个全球各个区域的管理学教育现状。

本届会议收到中英文论文300余篇，众多专家、学者参与评审工作，从来稿中筛选出中英文优秀论文各10篇。来自世界各地20余国家、地区的300余位专家学者齐聚上海，探索管理领域的新变革、新发展，启发新的管理概念和理论，分享前沿管理研究与管理实践经验。大会促进了世界各国、地区管理学教育的进一步交流和发展；夯实了IFSAM与管理学者、企业、高校的交流与协作；推动了当代管理学科，特别是东方管理学在世界的教学、理论研究和实践发展；更进一步提升了中国管理学界在世界管理学界的话语权。东方管理学将继续与世界同行，弘扬“和和共生”精神，进一步增强与世界各国管理学界的交流互鉴、融合发展，为回答时代提出的新命题、解决世界发展出现的新问题，贡献更多的中国智慧，提供更多的中国方案。

全国政协副主席周小川出席上海市金融学会学术报告会

6 月 15 日，上海市金融学会召开 2018 年学术报告会。博鳌亚洲论坛副理事长、十二届全国政协副主席、中国人民银行原行长周小川作了题为“金融科技与数字货币、电子支付”的学术报告。中国人民银行上海总部领导班子成员，中国外汇交易中心、中国银联、上海票据交易所、上海清算所等中国人民银行在沪机构主要负责人，市金融办、银监局等单位领导，上海工、农、中、建等各大商业银行以及中国金融期货交易所、上海期货交易所等市场机构负责人，学会副会长单位和常务理事单位的专家学者以及上海总部的部分干部职工合计 240 人参加。

上海金融法制研究会举办“大资管背景下的金融监管协调机制”青年沙龙

6月21日，由上海金融法制研究会主办，华东政法大学协办的青年沙龙“大资管背景下的金融监管协调机制”在市社联七楼咖啡厅举行。金法会副会长兼秘书长吴弘教授、学术委员会主任李克渊、副主任许慧诚、刘晓明，老会长倪维尧以及华东政法大学、上海财经大学、上海对外经贸大学、上海市黄浦区人民法院、上海协力律师事务所、长江产业基金会等院校的青年学者、专家，金融界实务工作部门代表30余人出席会议。沙龙由青年工作委员会成员，上海黄金交易所投资者教育部总经理刘明明主持。

华东政法大学博士生王洋介绍了“大资管的监管协调”课题及资管的“上位法”问题及其监管协调与统一：穿透式监管的运用，提出了对监管的协调两个进路。上海对外经贸大学法学院院长倪受彬教授、华东政法大学经济法学院季奎明副教授分别对该课题提出的“资管需要区分信托与代理的概念”；“穿透式监管向下穿透核查底层资产，向上穿透核查最终投资者”；“委托关系与信托关系最大的本质差异在于委托人的权限不同”；“穿透监管算是中国首创的一种说法，与功能监管是并行”等观点，进行了点评。

沙龙参与者对该课题提出的论点，进行了充分的讨论和互动交流。各位青年学者结合亲身经历或案例，论证要遵守金融市场监管的底线，同时也要对传统银行信贷有所思考。对金融机构的改革要注重监管的协调性，协调性主要体现在组织架构和行政领域两方面；打破刚兑重点在于募集合规性与合同的有效性两个方面；应注重风险提示、信息披露和信义义务。

吴弘在总结中指出，沙龙讨论的问题非常重要，如基础的法律关系，目前由于监管分割，导致受托不信托，管理不代理；监管协调的必要性，协调核心变为中国人民银行，注重监管规则的统一协调，注重监管新规的过渡性；穿透的重点在于信息透明；刚兑要从投资者的角度来看，确实存在问题，需要监管新规来规范。他希望学者们在这些方面能够作进一步深入研究，为政府决策提供有效的参考价值。

学术委员会主任李克渊强调青年课题要与基层单位跨界联合研究，在课题的选取上要找到平衡点，对于刚兑问题有的必须刚兑有的不用刚兑。金融＋互联网导致存款也有风险，但创新也要延续下去，共享单车的规制的整治办法之一便是让公共交通明确起点终点，同时这也起到了整治交通，改善社会环境的作用。从共享单车一例来思考金融市场监管，同样具有启发性。

上海市商业会计学会等召开集团公司财务管理理论与实践研讨会

8 月 16 日,上海市商业会计学会、市会计学会和市总会计师工作研究会联合召开集团公司财务管理理论与实践研讨会。会议由市商业会计学会会长吕勇主持。

上海国际港务(集团)股份有限公司资产财务部原总经理、正高级会计师、高晓丽做主旨演讲,她结合国有集团企业的案例,介绍了全面预算管理系统,对实践经验进行归纳、总结、提炼,对集团公司财务管理执行力的提高具有现实意义。市商业会计学会副会长、上海财经大学教授张鸣,云峰集团正高级会计师赵传葆,上海国药控股分销中心正高级会计师吴轶伦在会上作交流发言。近 80 名会员代表出席会议。

上海市会计学会召开第十一届会员代表大会

9月29日，上海市会计学会召开第十一届会员代表大会，进行换届选举。大会审议并通过了学会第十届理事会工作报告、财务报告和新的章程，选举产生了新一届学会理事、监事。在随后召开的第十一届理事会第一次会议上，与会理事选举产生了新一届学会领导班子。夏大慰任会长，孙铮、邵瑞庆、董鑑华、秦正余、申红、钟剑伟任副会长，申红兼任秘书长。

上海市保险学会召开 2018 学术年会暨陆家嘴金融城保险科技应用场景主题论坛

10 月 25 日，上海市保险学会 2018 年学术年会在沪召开。本次年会的主题为“开拓创新锐意进取构建面向未来的保险发展核心竞争力——科技在保险行业中的运用”，由上海市保险学会与陆家嘴金融城联合主办。市保险学会秘书长赵雷主持了会议，上海自贸试验区陆家嘴管理局、陆家嘴金融城发展局副局长过志英、市保险学会会长张渝以及市社联相关领导出席会议并致辞，来自沪上的逾百家学会团体会员代表、高校专家以及保险科技企业的近 300 人参加了本次年会。

过志英在致辞中表示，金融科技现在是全球金融市场体系的重要热点，陆家嘴金融城发展金融科技责无旁贷。在陆家嘴 28 年开放创新历程中，保险行业诞生了诸多全国“第一”，比如：第一家外资保险公司、第一家保险交易所、第一家航运自保公司，等等。陆家嘴希望通过推动金融中心和科创中心联动，进一步吸引集聚金融科技企业，强化金融核心功能，通过金融和科技的联动，搭建保险机构、投资机构和科技企业之间的供需交流平台，在陆家嘴产生更多的保险业务创新的“第一”，提升金融产业发展效率和金融服务实体经济能力。

张渝会长在致辞中指出，作为沟通业界、学界和监管之间的桥梁，上海市保险学会对于繁荣理论研究、凝聚人才、促进理论研究成果转化生产力、促进行业健康发展方面发挥着积极而重要的作用，更是连续多年被上海市社联评为“达标学会”和“上海市优秀社会科学学会”。

市社联学会处处长王克梅对日前上海市保险学会经市社联推荐被评为全国社科联先进社会组织表示祝贺，对学会一直以来的工作予以肯定和认可。

在学术报告环节，复旦大学风险管理与保险系主任许闲就“保险科技发展最新前沿趋势分析之现状与展望”进行了分享，从对中国保险科技现状的分析、其他行业对于保险业数字化转型的启发，得出“最好的保险科技不是保险科技”的展望，赢得了热烈反响。

在应用场景交流环节，中国太保集团数字化能力建设中心总经理林砺、众安科技区块链创新业务负责人姚卓君、太平人寿首席信息官熊明、上海保交所信息技术事业部总经理助理何定分别就“保险＋人工智能的应用与发展”“保险通证的前世今生”“太平人寿保险创新实践”“区块链在保险交易平台的应用与落地”等主题进行了深入探讨与精彩分享。陆家嘴金融城也甄选出四家科技企业如栈略数据、富聪金融等，就“数据技术在健康险风控领域的应用”等方面进行了分享。

本次研讨会中还采用了闭门交流会的创新形式，由陆家嘴金融城发展局和上海市保险学会合作搭建了一个连接保险机构、投资机构与科技初创企业之间的交流平台。陆家嘴金融城发展局在第三方的科技企业孵化服务机构的支持下，从数百家初创企业中，筛选出技术创新力最强、商业方案最成熟、团队最优质，专门服务于保险机构的10余家团队，按大数据、人工智能、保险销售和健康险分成了4个组别，每个闭门会议上都有3家以上业界领先的保险机构和投资机构参加。

陆家嘴金融城相关负责人表示，通过这种模式发挥金融科技生态圈综合优势，既全力支持科创型企业安心发展，让科技为金融赋能、帮助保险机构更好地发展；同时集聚更多政府资源和金融资源，为科技型企业全生命周期提供专业服务，让产业链形成良性互动、进而打造良好的金融生态圈。

上海股份制与证券研究会举办“中国资本市场发展历程的思考”研讨会

10 月 23 日，上海股份制与证券研究会在上海对外经贸大学举办“中国资本市场发展历程的思考”研讨会。本次研讨会是上海市社联第十二届学会学术年会活动月的项目之一。来自上海对外经贸大学和投资爱好者共 100 余人参加了专题研讨。三位发言人分别从不同的视角进行深入探讨。

副会长曹俊从第一家股份制公司诞生，到股份制企业的试点再到中国资本市场对外开放，清晰地描述了中国资本市场发展和演进、中国资本市场的规模、未来股份制经济的发展趋势、中国资本市场法制建设的路径选择以及现实和案例的分析，思考未来中国资本市场发展必须解决的几个难题，如多层次资本市场扩大对外开放，融入全球化的资本市场等方面深入探讨，并提出了有针对性的对策建议。

副会长杨见钧将中国资本市场法制建设的历程分为三个阶段：萌芽阶段、初建阶段、发展阶段，通过案例生动说明中国资本市场的发展伴随着法律体系的建立和完善，只有建立一个完整的法律体系，才能保证资本市场的健康发展。

常务理事郑伟刚从中国资本市场发展的实践，说明了中国资本市场对中国经济的贡献，并指出进一步发展资本市场必须深入思考的几个问题。

上海市金融学会主办“改革开放40周年——上海国际金融中心建设专题研讨会暨国际金融中心研究专业委员会成立大会”

10月25日，由上海市金融学会和上海交通大学上海高级金融学院联合主办的“改革开放40周年——上海国际金融中心建设专题研讨会暨国际金融中心研究专业委员会成立大会”，在上海高级金融学院举行。此次活动入选上海市社联第十二届(2018年)“学会学术活动月”系列活动。上海市金融学会国际金融中心研究专业委员会首届会长单位为上海交通大学上海高级金融学院，首批会员单位27家。

上海市政协副主席、上海交通大学副校长黄震，中国人民银行上海总部副主任、上海市金融学会常务副会长孙辉，中国金融学会秘书部主任谢怀筑分别致辞。交通银行首席经济学家连平、上海交通大学上海高级金融学院执行院长张春作了主题发言。中国人民银行上海总部调查统计研究部副主任、上海市金融学会秘书长黄敏，上海交通大学安泰经济与管理学院教授潘英丽，上海财经大学国际金融中心研究院院长赵晓菊，上海高级金融学院副院长严弘进行了圆桌讨论。来自上海市金融学会会员单位和上海高级金融学院的专家学者和研究人员150余人参会。

黄震在致辞中希望专委会不忘改革初心，保持开放姿态，以更广的朋友圈、更大的生态圈做好金融研究，真正体现出上海国际金融中心建设应有的高度和地位。孙辉指出，中国人民银行一直高度重视和支持上海国际金融中心建设，希望国际金融中心研究专委会能开拓视野，凝聚专家智慧，为加快推进上海国际金融中心建设提供理论指导和智力支持。谢怀筑代表中国金融学会对大会的召开表示祝贺。上海高级金融学院党委书记朱启贵宣读了上海市金融办贺信。黄震和孙辉为国际金融中心研究专委会成立揭牌。

大会通过无记名投票的方式，选举朱启贵为首届会长。朱启贵在发言中号召全体会员单位，应该高点定位，实点用力，带头树立金融理论研究领域忠诚干净担当的形象，注重理论与实践相结合，面向市场“痛点”做好金融研究。

在专题研讨会中，张春作了题为“上海国际金融中心建设研究报告”的发言。他认为，与美国纽约和英国伦敦相比，上海建设国际金融中心的差距体现在四个方面：一是金融市场开放度不够，与国际市场联动有限；二是市场结构和产品尚不完备；三是现有市场机制不健全、质量不高、资产定价扭曲严重；四是金融服务水平不高、功能不强，难以满足实体经济转型和发展的迫切需要。张春认为，当前税负制度缺乏竞争力。从公司层面看，中国的企业所得税为 25%，仅低于日本和美国，但是考虑到国内 17%的增值税，以及 32.9%的企业社保费率，我国整体赋税偏高，不利于上海吸引国际机构。从金融从业人员税负看，中国个人薪酬所得税最高边际税率 45%，远高于新加坡，略低于日本，与英国持平。若再考虑由从业人员自己负担的社会保障缴费比例，个人税负仅低于日本。他指出，上海国际金融中心建设的最终目标应是立足中国（未来全球最大经济体）、覆盖亚洲（全球最大经济板块）、辐射全球，成为和纽约（覆盖北美）和伦敦（覆盖欧洲）三足鼎立的全球金融中心。实现这一目标的关键是结构性的制度创新。此外，金融科技将在推动金融市场和服务的发展、提升风险管理能力方面起到举足轻重的作用，是上海国际金融中心建设中的重要元素。他建言，推进上海国际金融中心建设的具体举措可概括为"三支箭"：一是借助自贸试验区的建设，建立一个完全开放的离岸金融市场，作为全面制度创新的突破口，并以此建成人民币国际化的根据地、中国财富全球配置的平台、中国企业海外拓展和"一带一路"的金融支撑；二是引进国际一流的金融机构，全面提升在岸市场和服务的质量、效率和国际竞争力；三是推进服务于实体经济的场外市场的建设、扩展和创新，提高企业投资、融资、激励、风控和创新的效率、深度和广度。

连平认为，上海金融中心建设国际化程度不高的原因，第一个是外资金融机构的准入和展业门槛较高。外资金融机构入华的参股或控股比例一直受到严格限制，这种限制在其他重要的国际金融中心基本上是没有的。业务开展方面，外资银行在华业务"水土不服"的很大原因，是经营业务的受限，尤其是人民币零售业务掣肘。第二个原因，也是最重要的原因，就是资本和金融账户的管制让资本流动受限。金融中心的主要功能是投融资，若对境外参与方的资本流动进行限制，想要提高国际化程度是非常困难的。不仅如此，这种不能完全自由兑换的不便还会影响到人民币的国际化。目前，不论是外资金融机构在境内收购兼并还是市场准入、持股比例等，都有了较为明显的松动。但资本和金融账户管制的问题，未来应该依然处于审慎的考量中，不存在快速松动。

在把握机遇方面，严弘认为，现在的机遇之一是对外资金融机构进一步实施开放，让更多的外资机构能够选择在上海落户。另一方面可以借助"一带一路"建设，在"一带一路"建设中推动人民币的国际化，推动"一带一路"建设用人民币在上海金融中心进行融资。

在发展方向上，潘英丽认为，上海应该与纽约对标，发展在岸型的国际金融中心，为大约 80%的本土业务服务，与香港、新加坡等离岸型金融中心形成差别。找准方向后的第一个突破口应该是回到为实体经济服务上，做好金融体系资源的配置，比如落实金融立法、司法和执法。第二个突破口是国债，比如欧元区国家，只有统一的货币没有统一的财政，有贸易剩余的国家非常希望把海外资产配置一部分为中国国债。并且，中国国债比例几乎全世界最低，只有 40%左右。由政府发行国债，给全球投资者提供安全的拥有流动性的储备资产，在目前无法冲破美元体系的情况下，对人民币全球化也有所裨益。

上海金融法制研究会等举办"一带一路"金融创新与金融安全法治论坛

10月25日,上海金融法制研究会、上海对外经贸大学共同举办了"一带一路"金融法治论坛。本次活动列入"上海市社联第十二届学会学术活动月"项目。

上海对外经贸大学副校长陈洁教授与上海金融法制研究会学术委员会主任李克渊分别致辞。陈洁在致辞中指出"一带一路"倡议的提出是立足当前、着眼未来提出的伟大畅想,上海对外经贸大学也致力于通过跨学科平台的优势贡献更高水平的研究成果,为"一带一路"理论发展作出贡献。本次论坛聚焦"一带一路"金融法制问题,立意高远,相信本次论坛可以深化对"一带一路"金融法制问题的理解并促进"一带一路"沿线国家的深度国际合作。李克渊在致辞中指出,在"一带一路"倡议下,应当以投融资改革为抓手,增强为实体经济输血的能力,本次论坛在纪念"一带一路"倡议提出五周年之际,也希望围绕金融创新和金融法制问题,为大家提供一个交流的广阔平台,希望大家围绕"一带一路"建设中的投融资问题、金融法制建设问题以及人民币国际化等问题展开讨论,促进上海金融改革进一步发展。上海财大法学院院长宋晓燕,上海银行原副行长、上海市政府特聘咨询专家王世豪等来自高校、科研机构和金融领域的部门领导、知名专家学者代表出席并进行发言。会议开幕由上海对外经贸大学法学院党委书记唐旭生主持。

上半场"一带一路"建设中金融法制保障问题由上海对外经贸大学法学院张继红教授主持。

复旦大学法学院何力教授从"一带一路"与亚投行的关系、亚投行对美国金融霸权的挑战、中美贸易战下"一带一路"与亚投行的未来三个层面分析了亚投行对"一带一路"建设的重要作用,并指出了"一带一路"倡议对中美贸易战的巨大影响。上海财大法学院院长宋晓燕教授从金融的基本功能出发,分析了"一带一路"倡议下金融合作的必要性与合作中可能遇到的突出问题,并围绕可能出现的问题从法制建设的角度提出了建议,重点强调了软法和法律人才储备对"一带一路"金融法制建设的重要性。上海银行原副行长、上海市政府特聘咨询专家王世豪重点剖析了"一带一路"倡议下的政策风险与金融风险,并指出当前我国对"一带一路"建设提供了持续的政策保障并积极寻求国际合作以保障"一带一路"的金融布局。

下半场"一带一路"建设中投融资与人民币国际化的法律问题由上海对外经贸大学法学院张继红教授继续主持。

上海金融法院审判委员会委员、综合审判一庭庭长单素华法官聚焦微观视角,从国际贸易中的信用证、独立保函法律纠纷入手,分析了当前在国际贸易中法律纠纷存在的一些新的问题,并从司法层面提出尊重国际惯例、加强规则意识、注重人才储备、完善金融法规的四点建议。上海大学法学院李本教授则从人民币汇率形成的机制出发,向大家介绍了汇率形成的三锚机制,分析了外汇市场自律机制的国际法规制及合规性审查,并提出了在自律协调基础上的预期引导及其完善路径。锦天城律师事务所高级合伙人于炳光律师则聚焦于"一带一路"倡议下的企业并购及境外上市融资等法律热点问题,分享了目前海外并购的流程及特点,并对相关政策及法律风险的防范分享了自己的实务经验。最后,上海对外经贸大学法学院李晓珊博士分析了当前我国企业境外投资的风险控制问题。李晓珊博士重点围绕着法国境内的投资问题展开分析,并指出该分析对"一带一路"中涉及非洲等领域问题的借鉴意义。

中国工商银行上海分行公司金融业务部高级经理蒋芃从自身在中东的八年工作经验出发,分享了自己作为金融从业者对人民币国际化所做出的努力以及遇到的问题,最后提出了美好的希望与愿景。上海对外经贸大学法学院副教授、《国际贸易法论丛》主编殷敏则从信用证与独立保函出发,分享了自己学术见解。

上海市金融法制研究会副会长兼秘书长吴弘教授对论坛进行了会议综述。吴弘首先感谢了论坛上来自不同机构的学者与专家对"一带一路"问题提供的不同角度的讲解,指出此次论坛,既有从微观角度金融工具及具体标准出发的分析,又有从宏观角度通过中美贸易战、汇率风险对人民币国际化问题的分析,通过分析,可以看到改革中要注重防范风险,针对具体的市场风险,可以通过法律服务缓解或是减少。针对"一带一路"中的金融法律中专家提到了法律保障问题。吴弘指出,其本身涉及外国法的查明与合作,这种合作未来也会呈现出多层次的特点,既有国家之间的合作,又有条约公约以及协议的合作,还会具体到企业与企业之间的合作,这也体现出学者提到的软法的重要性。最后,吴弘指出,本次论坛是第一次将"一带一路"的金融问题与法律问题结合在一起进行讨论,整体偏向宏观,也希望在座各位可以对"一带一路"金融产品的创新进行进一步的细化与深入。

上海金融法制研究会老会长倪维尧进行了闭幕致辞,倪维尧肯定了本次论坛的讨论成果,同时建议通过此次论坛,可以形成一个成果,报有关方面,让论坛可以成为党与政府的智囊,为"一带一路"倡议的实施提出一些切实可行的建议。倪维尧还提出了三点期待。一是针对"一带一路"的研究要适应新形势,要研究新形势,不仅关注中美贸易战中的问题,还要关注经济总体的稳定,理解经济形势"稳中有变"的"变",通过切实的举措对贸易战进行有力回应。二是要研究新问题,深入讨论"一带一路"下出现的新的问题,聚焦重点领域,实现重点突破。三是要提出新的对策,新的对策的提出要符合国际惯例和一般准则。最后,倪维尧再次向与会嘉宾表示感谢,并期待下一次论坛的顺利召开。

三家学会联合举办“当前教育领域信用热点问题的多学科探讨”跨学科研讨会

10月26日，上海市信用研究会、市伦理学会、市法治研究会联合举办“当前教育领域信用热点问题的多学科探讨”跨学科研讨会在上海市社联成功举行。此次跨学会论坛是上海市社联第十二届(2018年)“学会学术活动月”项目之一。

市社联学会管理处处长王克梅和市教委政策法规处副处长李进付分别致辞。上海市信用研究会会长、上海立信会计金融学院信用管理专业洪玫教授，上海市伦理学会会长、上海社会科学院哲学研究所陆晓禾研究员和上海市法治研究会副会长、华东政法大学法律学院白冬教授分别主持了研讨会。来自国内信用、伦理、社会学和法学领域的专家学者和实务工作者从伦理信用、道德信用、法治信用和经济信用等不同视角跨学科研讨当前我国教育领域的信用热点问题。

一、“2018年我国教育领域信用热点问题”发布

洪玫指出，随着市场经济的发展，社会各界已越来越意识到信用问题的重要。教育领域的信用体系建设也在持续不断地推进。近年来，教育部门在教师和学生中加大诚信建设力度，严厉打击教学、学术领域里的不诚信行为，尤其是2018年教育部又针对教育系统不诚信的行为“重拳出击”，把教育机构信用制度建设、教师师德师风和学生诚信教育作为教育领域信用建设的重点，来规范办学行为。目的就是为了优化教育环境，加强教育领域信用体系建设，为全面实施素质教育创造良好的环境氛围。她宣布了上海市信用研究会梳理的“2018年我国教育领域十大信用热点问题”，与参会的主管单位领导和专家学者一起分享并展开研讨。

1. 推进教师队伍建设改革将建教师个人信用记录

2018年1月31日，中共中央、国务院印发《关于全面深化新时代教师队伍建设改革的意见》；近期，教育部印发《关于加快建设高水平本科教育 全面提高人才培养能力的意见》。上述《意见》提出，要强化师德考评，体现奖优罚劣，推行师德考核负面清单制度，建立教师个人信用记录，完善诚信承诺和失信惩戒机制，着力解决师德失范、学术不端等问题。

2. 教育部等四部门重拳治理校外培训机构，将建黑白名单

2018年2月13日，教育部、民政部、人社部、工商总局办公厅联合发布《关于切实减轻中小学生课外负担开展校外培训机构专项治理行动的通知》，将分三个阶段对校外培训

机构开展排查摸底，在2019年6月底前完成全面部署和排查摸底，并将建立“白名单”公布无不良行为校外培训机构名单；建立“黑名单”，公布有安全隐患、无资质和有不良行为的校外培训机构名单。

3. 教育部门会同有关部门全力打造“诚信高考”

加强考生教育，确保“诚信高考”。2018年，教育部会同最高检、公安部汇编了《依法打击涉考犯罪维护正常高考秩序典型案例》，要求各地教育部门考前开展“诚信高考”教育活动，对《刑法》(修正案九)和新修订《教育法》中涉考违法处罚条款进行重点宣传，让考生知晓考试舞弊所要承担的严重后果，积极营造“诚信守法光荣、违规舞弊可耻”的良好氛围。各地教育部门还将公布高考举报电话，接受社会监督。

4. 全面推进资助育人和诚信教育

教育部全国学生资助管理中心2018年学生资助工作要点提出，要构建资助育人质量提升体系，强化资助育人理念，促进各地各校把资助育人与思想政治教育、教育教学科研活动有机结合，培养学生树立社会主义核心价值观，培育学生的创新精神和实践能力，抓好励志教育、诚信教育、感恩教育和社会责任感教育。召开资助育人经验交流会，推广资助育人典型经验。

5. 教育部要求坚决打击自主招生作假

为进一步净化高校考试招生环境，维护教育公平，2018年3月教育部专门下发文件，要求坚决打击和防范自主招生作假。针对有中介机构打着包通过、考前辅导、提供所谓专利论文等名义进行虚假宣传和敛财、干扰正常高校自主招生秩序现象，教育部要求，高校进一步严格自主招生资格审查和考核工作，提出严格报名条件、严格材料审查、严格学校考核、严格监督制约、严格惩处造假等“五严格”要求。

6. 进一步加强科研诚信制度化建设

2018年3月28日，中央全面深化改革委员会第一次会议审议通过了《关于进一步加强科研诚信建设的若干意见》，强调进一步加强科研诚信建设，要坚持预防和惩治并举，坚持自律和监督并重，坚持无禁区、全覆盖、零容忍，推进科研诚信建设制度化，严肃查处违背科研诚信要求的行为，营造诚实守信、追求真理、崇尚创新、鼓励探索、勇攀高峰的良好科研氛围。

7. 教育部留学服务中心公示国外学历学位认证失信行为

为全面贯彻党的十九大精神，不断适应留学工作发展的新形势，维护国(境)外学历学位认证的严肃性，弘扬社会主义核心价值观，褒扬诚信，惩戒失信，2018年教育部留学服务中心发布了“关于公布国(境)外学历学位认证失信行为的公告”。在中国留学网开设专栏，对国(境)外学历学位认证申请过程中查处的失信行为进行公示。教育部留学服务中心日前公示了300余学历认证失信行为。公示内容包括所涉及申请人姓名，认证结果编号和具体失信行为。其中部分学生同时涉及学士和硕士学位证书均为虚假材料。

8. 十三部门积极推进民办教育领域社会信用体系建设

2018年6月5日，教育部等十三部门发布关于印发《民办教育工作部际联席会议2018年工作要点》的通知。通知要求，积极推进民办教育领域社会信用体系建设，研究制定相应的红黑名单认定与监管实施意见，明确红黑名单认定标准，加快完善守信联合激励和失信联合惩戒机制。规范民办学校办学行为，防止民办学校以非营利之名行营利之实。

9. 教育部严厉打击学位论文买卖、代写行为

为进一步规范学位论文管理，加强学术诚信建设，提高人才培养质量，教育部印发《关于严厉查处高等学校学位论文买卖、代写行为的通知》，明确指导教师是查处学位论文买卖、代写行为的第一责任人，要加强对学生学术道德、学术规范的教育，加强对学位论文研究及撰写过程的指导，并对学位论文是否由其独立完成进行审查，确保原创性。

10. 国家法律职业资格考试违纪处理办法公布，严重作弊者终身禁考

9月13日，司法部公布《国家统一法律职业资格考试违纪行为处理办法》，办法规定，实施组织作弊、非法获取试题、替考等严重作弊行为的，其当年考试成绩无效，终身不得再次报考。

二、主旨发言围绕着议题的核心精彩纷呈

上海市伦理学会教育伦理专业委员会主任、中国伦理学会教育伦理专业委员会主任、上海师范大学王正平教授围绕“教师诚信面临的道德挑战与治理”，提出：诚信是教师必须恪守的道德底线。教师是否讲诚信，会对青少年道德品德形成产生直接影响。目前，我国教师诚信品德总体良好，但近年来正面临着社会心态影响下的某些教育目标急功近利、学校教育管理中的形式主义、少数教师趋利行为的道德挑战。当前应当从社会教育舆论心态理性化、政府教育目标与政策科学化、学校管理规范措施人性化、个人道德品德自律化来推进教师诚信建设，起到道德引领和行为示范作用。

上海市信用研究会理事、华东师范大学法学院熊琼教授认为，针对学生失信问题，建立学生诚信档案则日益重要。从“被遗忘权”视角探讨学生信用修复机制，建议完善不良信息有效期制度，其间长短根据失信行为类型和程度予以划分；构建不良信息有效期缩短和失信记录消除制度，允许和鼓励学生参加支教、帮扶、志愿者等活动，促进其信用修复；完善学生诚信档案评价和救济制度，搭建和完善电子管理评价系统来克服传统纸质记录模式，在制度和实际操作层面完善学生失信申诉救济制度。

上海市信用研究会理事、浙江大学光华法学院“百人计划”研究员、上海金融与法律研究院研究员黄韬认为，一段时间以来，我国教育领域的信用缺失问题成为了公众关注的话题，为此在2018年我国各级政府部门出台了一系列政策法规以遏制师德失范、学术不端、论文造假、招生腐败、伪造学历等失信行为。一方面，我们要看到这种带有强制性色彩的政府行为可能成为净化教育土壤的有效措施；另一方面，我们也要意识到教育领域信用体系的长期完善还有赖于多方位制度规则的支撑。

上海市司法局公共法律服务处汪亮围绕“推进考生诚信建设，建立失信惩戒机制”，提出加强法律职业资格考生诚信建设，既需要发挥诚信参考宣传教育的引领作用，也需要建立违纪行为的失信惩戒机制。发挥惩戒的教育警示作用。通过考生诚信记录建设，建立严重违纪失信行为的信息共享、联合激励和惩戒机制，使“守信者一路畅通，失信者处处受限”，从而营造“讲规矩，守纪律，重诚信”的考试氛围。

虹口区党史办公室主任王佩军围绕“教育信用对社会信用建设的价值和意义”，提出要建立起一整套符合社会主义市场经济体制的信用理论体系。遵循教育规律，精心构建教育信用理论体系，做到与时俱进、理论创新。教育诚信建设是社会诚信建设中亟待解决的重要环节，需各级政府及社会各界对此给予高度重视和积极实践。

三、 专题发言从各自学科角度针对性发表意见

上海市教委政策法规处主任科员陆海佳认为，在教育领域信用体系建设方面，以法规和制度为保障，将制度建设与诚信教育结合起来，发挥制度的最大效用，以法治“信”。同时，在教育系统开展信用体系建设，是规范办学行为、净化学术风气，维护风清气正的教育教学环境的迫切需要。

上海大学公共管理学院副教授钱海梅、上海海事大学经管学院副教授袁象、上海第二工业大学经管学院副教授赵迎东分别从“文凭造假”“高校教师考核”“培训机构的信用制度建设”等方面围绕“2018 年我国教育领域信用热点问题”，从信用的视角提出在高校信用方面，主要指推进依法治校、规范办学行为和加强诚信教育；在教师信用方面，诚信建设将和师德建设结合起来，建立与师德师风考核评价相结合的教师信用评价机制；在学生信用上，针对考试舞弊、学术造假、不履行助学贷款还款承诺、伪造就业材料等不诚信行为开展教育。

上海海关学院思政部教授杨寄荣、上海大学社会科学部副教授张亚月、华东师范大学马克思主义学院副教授姚晓娜、华东师范大学副教授叶方兴围绕“2018 年我国教育领域信用热点问题”，针对我国教育领域信用问题，从道德、伦理的视角阐述了不论是高校（教育机构）、教师还是学生不仅要有高度的“道德耻感”和“行为准则”，而且要有刚性的制度约束，对于不诚信行为达到全民的“零容忍”，并形成一种社会文化和行为习惯。

辅熙公共管理咨询公司办公室主任范政强、上海纽迈律师事务所律师方正宇围绕“2018 年我国教育领域信用热点问题”，针对我国教育领域信用问题，从法律的视角阐述了教育诚信体系通过法律的强制力打造有着法理和现实的基础。依法治“信”，前提必须有法，治理诚信缺失现象，一定要立法先行，这样才能保证社会诚信的管理有章可循。同时，还要加大执法力度和对教育失信行为的惩处力度。

四、 专家点评重点突出，言简意赅

上海市信用研究会副会长、上海交通大学安泰经济管理学院刘海龙教授认为，跨学会研讨当前教育领域存在的热点问题有重要的现实与理论意义，与会人员就社会环境、法制建设、伦理道德和治理方法进行了热烈讨论。主要有四点：一是跨学会研讨教育诚信问题是必要的；二是教育先行，法制建设和伦理道德跟进，惩戒不是目的，是必要的手段；三是深入分析问题的根源，标本兼治，防患于未然；四是治病救人，对症下药，找到解决问题的好办法。

上海市信用研究会副会长、上海师范大学商学院院长茆训诚教授认为，教育领域信用的主流是正向的，但是人们对大学的预期神圣，所以，大学出现学术不断等失信行为就会

引起社会的震动。大学信用治理应该从三个方面加强。一是提高政府职能部门的制度性执行效率。二是大学治理结果评价的修正。三是大学诚信教育模式的反思。大学是象牙塔,所以大学的信用建设对中国的改革发展具有深远的现实意义,是现阶段迫切需要重视的问题。

上海市信用研究会会长、上海立信会计金融学院信用管理专业教授洪玫总结指出,近年来,学术界和实务界关于教育领域信用问题的研究工作不断深入,为了进一步凝聚共识,分享研究方法和研究心得,三个学会不同学科的专家学者通过跨学会论坛把教育领域的信用问题与道德伦理、法治教育和经济相结合,分别从学校(机构)、教师和学生三个不同主体就信用治理方法和手段分专题有针对性地进行理论研讨,提出合理化建议,为我国教育领域信用体系建设和发展提供全方位的智力支持。

上海市信用研究会主办“信用惩戒机制与中国信用法制建设”青年学者论坛

11 月 10 日，由上海市信用研究会、《交大法学》编辑部联合主办的“信用惩戒机制与中国信用法制建设”青年学者论坛在上海交通大学凯原法学院举办。

上海市信用研究会会长、上海立信会计金融学院洪玫教授和《交大法学》主编、上海交通大学朱芒教授分别致辞。上海交通大学朱芒教授、上海交通大学林彦教授、浙江大学黄韬研究员分别主持了研讨会。此次青年学者论坛是上海市社联第十二届（2018 年）“学会学术活动月”项目之一。

洪玫表示，有效的信用管理十分依赖相关法律的支持，没有法律的配合，信用数据的透明性和真实性无法保证，个人的隐私无法保护，信用信息的公开、开放和应用无法实现，信用管理的作用无法得以发挥。因此，信用相关法规制度是社会信用体系建设，特别是失信惩戒机制发挥效用的重要保障。

朱芒教授表示，对信用惩戒机制与中国信用法制建设的讨论应当更加深入具体，要面向未来，进而探讨该制度对依法治国的意义和作用，以及在往后实施中可能面临的法律问题。因此，建立完善信用惩戒制度需要法律界和信用研究学界的高度关注和深入研究。

上海交通大学林彦教授从宏观层面出发，阐明了信用惩戒制度引入的社会基础以及信用惩戒制度的运行机理，重点围绕“信用惩戒制度对法律制度结构性的影响”展开论述，包括混同、替代和屏蔽三方面的功能。

中山大学吴堉琳博士提出了立法名称和概念界定存在的争议，强调了在制度设计层面需要注意的问题：信用界定的边界，信用修复的方式，如何增强信用立法的可操作性，避免信用万能论和地方激进立法。

上海金融与法律研究院傅蔚冈院长以“征信的逻辑”为主题作了报告，他从征信的最初目的出发，集中探讨了现在及未来可能存在的与征信本意背道而驰的问题，认为信用的边界应严格界定，各类行为应审慎纳入信用信息。

中国海洋大学戴昕教授在报告中，提出了信用惩戒的三种逻辑理念：法治分散化、德治集中化、法治的扩展，强调现在实施信用惩戒制度更多是为了“法治扩展”——解决正式控制不足的问题，并从信息收集传输、激励方式和联合算法三方面探讨该目的能否实现。

北京大学法学院沈岿教授、中国社会科学院法学所李洪雷研究员、全国人大刘斌、南开大学法学院宋华琳教授、中国政法大学中欧法学院刘飞教授、中国政法大学法治政府研究院赵鹏副教授、华东师范大学法学院凌维慈副教授、南开大学法学院王瑞雪讲师、华东师范大学法学院王军讲师等围绕“信用惩戒制度在法律制度中的定位”“公共部门实施信用惩戒机制的合宪性和合法性分析”“信用信息的公开是否会导致用户信息泄露”以及“信用惩戒可接受性措施”等问题展开了热烈的讨论，智慧的火花不断迸发。

本次研讨会从各方面探讨如何完善信用惩戒制度，为该制度的研究提供了思考方向，对于今后信用惩戒机制的建设具有重要意义和参考价值。该制度与每个公民的切身利益息息相关，期望学术各界在今后持续关注该问题，为信用立法和实践贡献力量。

上海市会计学会举办第十三届长三角研究生学术论坛

11 月 10 日，由上海市会计学会主办，上海对外经贸大学会计学院、上海对外经贸大学会计研究发展中心承办的主题为“新时代与会计转型改革发展”的“第十三届长三角研究生学术论坛”在上海对外经贸大学图文信息中心举行，来自上海对外经贸大学、华东政法大学等 18 所高校的 200 余名博士和硕士研究生代表参加了论坛。上海市会计学会副会长邵瑞庆致开幕词，上海对外经贸大学副校长张道方致欢迎词。论坛开幕式由上海对外经贸大学会计学院院长李婉丽教授主持。

本届论坛共收到投稿论文 108 篇，经过初审、专家评审以及查重筛选，最后评选出优秀论文 51 篇(其中，一等奖论文 9 篇，二等奖论文 18 篇，三等奖论文 24 篇)。论坛现场交流活动中还评选出“最佳演说奖”等四个专项奖。上海对外经贸大学、南京师范大学和安徽财经大学获得“优秀组织奖”。

本次论坛主题新颖、内容丰富、形式多样，既有主题交流、分组交流，又有导师研讨、现场评优。邵瑞庆教授在闭幕致辞中表示，上海市会计学会主办的长三角研究生论坛，为长三角高校的青年会计学者搭建了一个良好的交流平台，对于推动学术研究和校际合作具有重要的推动和促进作用。

上海市商业会计学会主办“中美贸易摩擦对人民币汇率影响与对策”研讨会

11月8日，上海市商业会计学会主办，上海市会计学会证券与期货市场工委、上海上市公司协会、中信银行上海分行协办，举行“中美贸易摩擦对人民币汇率影响与对策”研讨会。本次研讨会列入市社联第十二届(2018年)学术活动月项目。来自会员单位的财务与投资部门负责人约110人出席。市商业会计学会会长吕勇、市会计学会证券工委秘书长严杰与中信银行行长助理谭瑾到会致辞。

研讨会上，来自中信银行总行的杨一博，中信证券的李靖、沈婧，兴业证券的盛海作主题演讲。杨一博的演讲主题是“人民币汇率走势研判及对策”。他从贸易争端背景下人民币走势回顾、人民币双向波动成为新常态、外部市场不确定性风险犹存、当前市场环境下的汇率风险管理四个部分进行分析讲解，通过对下阶段人民币汇率走势情景分析，提示大家要识别主营业务、跨境经营中出现的汇利率风险敞口，采取风险对冲措施，在汇率双向波动下，套期保值重要性显著提高。李靖从再融资最近的监管政策分析、并购重组最近的监管动态、资本市场其他热点动态三个方面，与参会者作了资本市场业务交流。沈婧从市场主要纾困模式及案例分享、民营企业债券融资支持工具案例分享、信用保护工具及案例分享三个方面，向大家介绍了中美贸易摩擦下积极的民营企业融资政策与民营企业融资产品。盛海以“同舟共济，共度时艰”为题，为大家作了中美贸易摩擦下的A股走势分析，对政策底、估值底、量化底、盈利底作了探讨，提出要寻找投资方向，拥抱结构机会。

本次研讨会紧扣主题，嘉宾的精彩演讲紧密结合时势，热点要点重点剖析，受到会员单位的好评。

第九届青年金融论坛在沪召开

11 月 15 日，上海市金融学会、上海城市金融学会、上海市农村金融学会联合举办第九届青年金融论坛——金融支持中小企业。这是“上海市社联第十二届学会学术活动月”项目之一。

上午主题演讲环节，共有 8 位专家发言，分别是：上海财经大学小企业融资研究中心主任徐晓萍教授“普惠金融的中国实践”，上海股权托管交易中心总经理助理陈妍妍“当前热点问题及上海股交中心的实践探索”，上海票据交易所交易部总经理助理杨凝“发挥上海票据交易所作用　提升票据市场服务实体经济能力”，上海农商银行公司金融部副总经理赵智峰“发展普惠　助力小微”，民生银行上海分行公司业务部副总经理王泽华“中小企业民生工程模式分析”，上海证券交易所资本市场研究所高级研究员何勇“发挥资本市场力量　支持中小企业发展”，上海浦东发展银行上海分行科技金融服务中心主管朱斌“大数据在银行小微融资领域的运用及探索”，农业银行上海市分行普惠金融部王建宾“金融科技与商业银行中小企业融资模式创新”。

下午青年课题交流环节，来自中国外汇交易中心、中国银联、上海黄金交易所、上海清算所、上海票据交易所、中国金融期货交易所、工商银行上海市分行、农业银行上海市分行、上海浦东发展银行、太平洋人寿保险公司等单位的青年课题作者交流了论文。复旦大学资产评估研究中心主任、教授杨青，上海交通大学安泰经济与管理学院金融系主任、教授吴文锋，上海城市创新经济研究中心主任任新建，上海立信会计金融学院副院长、副教授张云，上海交通大学中国城市治理研究院副教授张传勇分别对论文进行了点评。

小微企业对经济的贡献大

中小微企业在经济发展过程中发挥着非常重要的作用。从国际上看，美国、德国、日本等国的中小企业对经济增长的贡献率为 50%左右，对就业的贡献率约为 60%—70%。从中国实践看，截至 2017 年末，小微企业法人约 2 800 万户，另外还有个体工商户约 6 200 万户，中小微企业（含个体户）占全部市场主体的比重超过 90%，贡献了全国 80%以上的就业、70%以上的发明专利、60%以上的 GDP 和 50%以上的税收。

小微企业融资难是普遍性问题

中小企业“融资难、融资贵”是一个世界性问题。98%的中小企业主要问题仍然是融资难，融资贵。60%中小企业的资金来源靠自身自筹。多层次资本市场在缓解中小企业困境方面具有重要作用。商业银行在贷款上的风险偏好，决定了贷款形式的融资难以有效满足中小企业的高风险融资，以及长期性的资金需求。截至2017年末，人民币小微企业贷款余额24.3万亿元，占人民币贷款余额的20.2%。我国中小微企业融资缺口达12万亿元，近80%的微型企业融资需求没有得到满足。

关于小微企业融资难的原因，主要涉及信息不对称、金融服务成本和风险管理能力问题。从外部因素看，小微企业经营行为数据采集难度较大，传统金融机构对于小微企业存在“惜贷”“畏贷”心理，为小微企业融资提供配套服务的外部第三方机构数量偏少。从内部因素看，小微企业公司治理不健全，管理不规范，规模小，抗风险能力较差，轻资产、缺抵押。

小微企业国内实践典范——泰隆模式

在泰隆看来，小微客户的主要特点是：缺乏有效的抵质押物，担保难；融资需求短、小、频、急，对信贷效率要求高，单笔作业成本高；“硬信息”缺乏，“软信息”难以获取，信息很不对称。如何解决信息不对称，有效控制风险，保证商业可持续很关键。

泰隆银行的主要做法是：创造“三品三表”（即通过小微企业的人品、产品、抵押品，水表、电表、海关报表进行信贷审查）初步解决了信息不对称问题；创建“两有一无”（即只要有劳动能力、有劳动意愿、无不良嗜好，都是泰隆的服务对象）的准入模式，有效解决进入门槛过高难题；创建“保证信用＋道义担保”机制，有效解决抵质押物缺失难题；“社区中心＋特色支行”以及金融科技赋能，提高信息获取能力，降低金融服务成本。风险控制方面，主要是管好客户和客户经理，同时重视员工队伍建设，保证文化传承和模式落地。

利用金融科技化解小微企业融资难

在减少信息不对称方面，金融科技对中小企业的调查审查由原来集中考察财务报表、水表电表等“硬信息”转变为重点考察企业主信息、账户结算流水、企业工商信息、征信记录、供应链交易数据等“软信息”。

在降低金融服务成本方面，金融科技能够改变传统“人海战术”的获客方式，通过边际成本低、客户体验好、覆盖面广泛的互联网场景入口解决小微企业获客成本高的问题。

在风险管理能力方面，金融科技通过大数据、云计算、区块链、人工智能等技术进行风险管理与风险定价、构建大数据风控模型，能够根据企业履约记录，企业主社交行为、行为偏好、身份信息等多方面的行为特征评判中小企业信用。

从商业银行转型发展的长期视角看，大数据是提升经营质效和风险管理能力的关键因素，是推动银行小微企业服务从量变到质变的核心引擎。大数据可以用于批量获客、贷前调查、贷中审核、贷后管理。通过大数据的收集、分析、画像以及运用到各个场景，覆盖贷前、贷中、贷后全流程。通过数据化、集约化的经营，降低经营成本，平衡风险和收益。

从金融机构自身来讲，要转变经营战略和理念，敢贷、能贷、愿贷，开展特色化服务，提供差异化产品，大力发展科技金融。建议进一步完善风险补偿机制，推进企业信用数据库建设，以及加强外部专业机构建设。

上海市审计学会举办上海审计青年论坛国资国企分论坛

11 月 16 日，上海市审计学会举办上海审计青年论坛国资国企分论坛，这是上海市社联第十二届学会学术活动月项目之一。市审计局副局长段际凯出席论坛并讲话。来自市、区审计局的 60 余名青年审计人员出席论坛。

本次论坛围绕国有企业金融化运作的风险分析和审计对策、国有企业利益输送和国资流失、国资国企研究式审计思考三个主题展开研讨。市审计局经济责任审计处、市审计局经贸审计处、市审计局国有资产鉴证审计处等部门代表分别就三个主题作专题发言。与会人员围绕如何助推国资国企审计工作提质增效，当前国有企业审计遇到的新问题、新情况，2019 年国有企业审计方向等问题做了交流讨论。市审计局法规处处长、市审计学会秘书长黄琪舫，浦东新区审计局综合经济审计处副处长李旻坤对大家的研讨作专家点评。

段际凯在论坛总结时指出，此次论坛活跃了理论研究氛围，搭建了国资国企审计业务交流的平台，为下一步国资国企审计工作的开展提出了方向。下一步，要进一步提高政治站位，深刻认识做好国资国企审计的重要意义。面对新形势、新任务，审计工作要着力关注防范系统性风险，维护国有资本安全，促进国有企业健康可持续发展，防范国有资产流失。同时，青年同志也要积极发挥在国资国企审计中的突击队和主力军作用，攻坚克难，勇于探索，进一步提升专业胜任能力，不断加强研究式审计的成果运用，推动审计工作提质增效。

上海市商业会计学会举办"大数据时代的财务信息化管理——会计信息化系统管理与发展"研讨会

11月23日，上海市商业会计学会举办"大数据时代的财务信息化管理——会计信息化系统管理与发展"研讨会。本次研讨会列入市社联第十二届（2018年）学术活动月项目。来自会员单位的财务、信息管理部门的负责人约60余人出席。会长吕勇到会并致辞。

本次研讨会特邀中国会计学会信息化专业委员会副主任、华东理工大学MBA学院胡仁昱教授和上海译派财务咨询公司的周全胜专家主讲。

胡仁昱以"会计信息化四十年：回顾与展望"为题，以"准则有体系，内控有案例，实证有方法，管会有规划，但哪个都离不开信息化，难道信息化只是工具吗"为引言，为会员介绍了国内外会计信息化学科的发展轨迹。美国经历了手工会计信息系统、计算机会计信息系统、准现代会计信息系统和现代会计信息系统四个发展阶段。我国也经历电算化、一体化、平台化、智能化四个阶段。胡仁昱认为，在会计云服务平台、会计处理大数据、区块链储存和人工智能支撑的决策支持等组成的智能化财务基础上，发展趋势是服务的一体化和融合化，共享服务纳入企业的财务、人事、信息、采购等。财务会计是经济语言，是管理艺术，是信息系统，未来对共享中心的质量管理、风险控制、决策模型、无一不是新的挑战，财务人要在挑战中创造价值。

周全胜主讲"会计软件运用的常见技术问题"。他首先向大家介绍了常见的SAP、ORACLE、金蝶、用友NC6、U8＋畅捷通等财务软件，接着重点从软件功能、软件设置、人为操作、运行环境四个方面详细介绍了常见技术问题的处理。

国际问题、涉港澳台、其他

上海市成本研究会召开第七届会员大会

4 月 12 日，上海市成本研究会召开第七届会员大会，进行换届选举。市社联党组成员、专职副主席任小文，上海交通大学党委副书记顾锋到会并讲话。

大会审议并通过了研究会第六届理事会工作报告、财务报告和新的章程，选举产生了新一届研究会理事会、监事。在随后召开的第七届理事会第一次会议上，与会理事选举产生了新一届研究会领导班子。陈亚民任会长，潘飞、郭永清、杨成长、李海林、赵春彦任副会长，傅永尧任秘书长。

上海市WTO法研究会举办中美知识产权争端案专题研讨会

4月17日，上海市WTO法研究会、同济大学国际知识产权学院及复旦大学知识产权研究中心联合举办中美知识产权争端案专题研讨会，针对美国最近就“中国—知识产权保护相关措施”向WTO提出磋商请求案(DS542)的应对进行研讨。

研讨会由同济大学国际知识产权学院院长单晓光教授主持，上海市WTO法研究会会长、复旦大学知识产权研究中心主任张乃根教授、同济大学国际知识产权学院徐明副教授分别做主旨发言。来自复旦大学、同济大学、华东政法大学、上海大学、华东理工大学、上海对外经贸大学、上海外国语大学、上海政法学院、杭州师范大学、金杜律师事务所、上海弼兴律师事务所、海华永泰律师事务所、上海旭诚知识产权代理有限公司和上海电气集团等单位的40多位专家学者和实务界人士与会研讨。

张乃根教授简要分析了DS542案的由来和美方诉求，并得出初步结论：TRIPS协定第3条第1款第一句的前半句国民待遇非常严格，但应具有可比性；就《合同法》的技术转让合同相关规定(国民待遇)和《技术进出口管理条例》第24条、第27条比较，具有可比性，后者可能构成非国民待遇；《条例》第29条与《合同法》有关规制滥用知识产权的规定等同，无歧视；作为外国投资一部分的转让技术，目前受作为特别法的《中外合资经营法实施条例》第43条调整；但是，我国年内将通过新的《外资法》，可能取消此类规定。

徐明副教授阐明了此案发生的政治、经济背景，并强调我们应当坚定《中国制造2025》国家战略路线、完善知识产权制度并警惕知识产权滥用、核查加入WTO后应当履行的承诺、密切关注“特别301条款”的变化趋势、做好应对工作。

上海大学知识产权学院前任院长、大连理工大学知识产权学院院长陶鑫良教授，复旦大学知识产权研究中心副主任陆飞老师等十多位与会学者也对此案发表了各自的见解。会议自由发言阶段反响热烈，来自上海电气、金杜律师事务所的实务界与会代表特别分享了近年来在技术转让和技术申请中的新问题。

最后，张乃根教授进行了总结发言，强调应对此案予以高度重视，鼓励各位与会代表紧密跟踪案件进展，并希望大家保持密切联系，为中国政府WTO争端解决实践提供有效对策和可行性建议。

上海联合国研究会举办朝鲜问题专题讲座

4 月 21 日，上海联合国研究会邀请中共中央对外联络部原副部长、中国人民争取和平与裁军协会副会长于洪君在上海社会科学界联合会报告厅作了题为“在《联合国宪章》框架下推动中朝对话，符合两国利益和半岛稳定”的讲座。

于洪君介绍了朝鲜国内的党政建设情况、回顾了中朝两国执政党之间的关系、展望了中朝两国关系的未来发展。他指出，国际社会对于朝鲜核问题存在“三个低估”，即低估了朝鲜的核技术水平、低估了朝鲜抵御经济制裁的意志、低估了新领导人维护政权的手段和能力。同时，国际社会还存在“三个高估”，即高估了经济制裁的作用、高估了军事威胁的效果、高估了中国在朝鲜半岛的影响力。

讲座由上海联合国研究会会长潘光教授主持，来自上海联合国研究会、上海市朝鲜半岛研究会等相关领域的几十名专家学者参加。

上海市俄罗斯东欧中亚学会举办“扩容后的上海合作组织的目标与运行”学术研讨会

6月21日，上海市俄罗斯东欧中亚学会举办了“扩容后的上海合作组织的目标与运行”学术研讨会。该研讨会是上海社联2018年社科热点“一月一会”的合作项目。

研讨会分为两个单元。在第一单元，与会学者分别就上合组织扩容的影响、问题和前景，上合组织的新使命，上海参与上合组织建设与发展的路径，上合组织转型的必要性与可能性等话题展开专题发言。第二单元中，与会学者就扩员后上海合作组织运作模式、任务、考验，阿富汗局势新变化与上合组织的应对，上合组织创新发展与区域经济合作等话题做了专题发言。参会学者围绕专题发言展开了深入的讨论。

学会会长范军在总结中指出，此次青岛峰会，最大的特点可以概括为承前启后。上合组织扩员后，从目前来看，情况要比想象的好，当然效果如何，最终要取决于实践、取决于历史的检验。同时，此次青岛峰会也是中国今年四场主场外交之一，中国作为一个和平发展的新兴的大国，参加多边体系，是一件必然的事情。

上海市军民融合发展研究会举办“新时代·新融合·新发展”金融服务军民融合发展论坛

7月26日，上海市军民融合发展研究会和北广集团联合主办“新时代·新融合·新发展”首届金融服务军民融合发展论坛，专家学者及各界人士300余人出席。市委宣传部副部长、市社联党组书记燕爽出席论坛并讲话。上海警备区原政委马家利出席并致辞祝贺。中联部原副部长、中国人民争取和平与裁军协会副会长于洪君，中航证券首席经济学家、“一带一路”专家委员、安邦智库全球研究合伙人许维鸿，分别作主题报告。

燕爽在论坛讲话指出，上海是全国最大的经济中心，拥有推进军民融合深度发展的多元化的比较优势。就金融方面而言，上海是我国金融机构最多、金融市场齐聚、金融产品不断创新、金融资产总额和交易额最多的城市，拥有全要素金融优势。上海市军民融合发展研究会与北广集团合作成立金融服务研究中心，是优势互补、强强联合。希望以此次论坛为起点，充分发挥军民融合金融服务研究中心的职能作用，进一步集聚上海乃至国内外各方面的金融研究力量，为创新我国军民融合金融服务模式、推进中国特色社会主义金融理论创新、提升上海国际金融中心能级，做出越来越多的贡献。燕爽还要求研究会必须在着眼贯彻落实国家军民融合发展战略的同时，着眼提升上海城市能级和核心竞争力，进一步深化军民融合理论与实践创新研究，发挥好理论研究、资政建言、桥梁纽带和公共服务等功能作用，力争取得更多创新性研究成果，为打造上海军民融合发展各领域品牌、走出一条具有中国特色、上海特点的军民融合发展路子做出更多贡献。

军民融合已经步入协同发展的新时代。从顶层设计到政策出台，从武器装备研发到军民协同技术创新，一个全要素、多领域、高效益的军民融合深度发展格局已经形成并提质增速。军民融合发展是构建军民一体化战略体系和能力的重要战略转换枢纽，也是提升城市能级和核心竞争力的重要战略路径。发挥研究会特有优势，通过专家智库的研究成果，为企业参与军民融合发展的投融资提供战略咨询与政策指导，实现务虚与务实的良性互动，创新社会研究机构与金融企业集团之间的合作模式。本届论坛上，上海市军民融合发展研究会会长谢亚洪和北广集团董事长周敏正式签署了战略合作协议，双方表示，充分发挥各自优势，共同致力于为实施军民融合国家战略作出应有贡献。

参加论坛的专家学者表示，“全要素”其实就是资金、人才、技术等所有生产要素都应融合起来；“多领域”其实就是各行各业的全方位参与；“高效益”就是要实现政治效益与社会效益的统一、经济建设与国防建设的共赢、国家利益与人民利益的最大化。本次论坛明确以“新时代、新融合、新发展”金融服务军民融合为主题，强调了新形势下金融对于军民融合发展的支撑作用越发凸显，旨在深入探讨金融保障军民融合的特点规律、模式构建、路径选择以及策略制定等重大问题，为金融服务支持军民融合深度发展提供理论引领和实践指导。

军民融合发展涉及城市建设方方面面，对提升城市各种功能、打造全球超大城市群具有重要支撑作用。推进军民融合深度发展的过程本身就是一个涉及体制机制和制度创新的改革过程，是构建军民一体化战略体系和能力的重要战略转换枢纽，是提升城市能级和核心竞争力的重要战略路径。此次论坛名流荟萃、专家云集，充分体现社会各界对参与军民融合发展事业高度重视以及对上海市军民融合发展研究会与北广集团战略合作的热切关注，更增添了深入开展军民融合研究与投资的信心和决心。

上海市 WTO 法研究会举行 WTO 与上诉机构专题研讨会

9 月 13 日，上海市 WTO 法研究会与复旦大学法学院在复旦大学江湾新校区法学楼 101 会议室，举办“WTO 与上诉机构专题研讨会”。研究会会长张乃根教授主持了研讨会，副会长陈剑平、复旦大学法学院副院长陈力、上海市 WTO 咨询中心法律政策分析部主任林惠玲，以及研究会理事等相关单位的专家学者 30 多人与会。

研讨会邀请了 WTO 争端解决上诉机构秘书处资深参赞 Kaarlo Castren 先生作主旨发言，他详细阐述了 WTO 争端解决机制的运行和面临的严峻挑战，以及上诉机构近期审理的欧美之间就大型民用飞机的补贴诉诸 WTO 的争端解决案件等。

与会的专家学者就目前 WTO 争端解决上诉机构面临的困难和审理的若干案件，展开了热烈的讨论。

上海市 WTO 法研究会举行 2018 年会员大会暨学术年会

10 月 14 日，上海市 WTO 法研究会第二届第二次会员大会暨“WTO 法与人类命运共同体”学术年会在上海大学法学院举行。来自上海及邻近省市的 WTO 法专家学者和研究生约 80 人参会。

研究会第二届理事会第二次全体会议讨论并通过理事会提交会员大会的 2018 年工作报告、财务报告，并初步讨论 2019 年工作计划。

随后举办的“WTO 法与人类命运共同体”学术年会也是上海市社联 2018 年度合作项目。研讨会围绕三个专题先后开展。第一个专题是“WTO 面临挑战与中国的应对及机遇”，华东政法大学教授贺小勇副会长、上海财经大学教授张军旗理事和上海对外经贸大学教授宋锡祥理事就“WTO 改革与中国应对”“贸易保护主义、单边主义和逆全球化”和“欧盟—日本经济伙伴关系协定的最新动向及中国应对之策”作了主旨发言，引起与会专家学者的热烈讨论；第二个专题是“美国欧盟诉中国技术转让案”，复旦大学教授张乃根会长、同济大学教授师华理事和华东理工大学副教授彭德雷理事从 WTO 规则、中国涉案措施及与 WTO 法相互性比较或合法性分析以及目前国内外对这一重大案件的不同看法，作了全面、深入的探讨；第三个专题是“WTO 法相关问题”，上海交通大学教授胡加祥副会长、上海社科院研究员李小年副会长、上海海关学院教授朱秋沅理事和上海大学教授李本理事，对“一带一路”相关经贸争端解决机制、海上丝绸之路相关法律问题、WTO 原产地规则和人民币汇率形成机制等国际经贸与 WTO 法的前沿问题作了发言，给与会者以不同视角的观察和分析。上海市律师界的部分专家也参加会议，或主持或对大会发言开展评议，促进了 WTO 法的学术研究与实务紧密结合。

上海欧洲学会举行2018年年会暨“多重挑战下的欧盟和中欧关系”研讨会

11月3日，上海欧洲学会2018年年会暨“多重挑战下的欧盟和中欧关系”学术研讨会在复旦大学经济学院召开。本次会议由上海欧洲学会主办，复旦大学欧洲问题研究中心与中欧人文交流研究中心承办。本次会议也是上海市社联第十二届(2018年)学会学术活动月项目之一。

会员大会由上海欧洲学会副会长、复旦大学欧洲问题研究中心主任丁纯教授主持，上海欧洲学会徐明棋会长，复旦大学文科科研处姚凯副处长分别致辞。会员大会听取并审议通过了学会杨海峰秘书长作的理事会年度工作报告和财务报告，曹子衡监事作的监事工作报告。理事会听取并审议通过了相关决议。来自上海社会科学院、上海国际问题研究院、复旦大学、华东师范大学、同济大学、华东理工大学、上海外国语大学、上海对外经贸大学、中国人民大学等科研机构院校近60位专家学者以及来自《文汇报》《新民晚报》《解放日报》、澎湃新闻等媒体的记者参加了会议。

研讨会上，学者们就“欧洲政治社会与一体化”“欧洲经济金融和外贸”“中欧关系”等议题进行了热烈讨论。

上海欧洲学会副会长、华东师范大学国际关系与地区发展研究院院长刘军教授主持了“欧洲政治社会与一体化”环节的研讨。

上海欧洲学会副会长、上海国际问题研究院全球治理研究所研究员叶江研究员在题为“英国脱欧与欧盟未来走向浅议”发言中认为，英国脱欧对欧盟的发展是一个巨大的挑战，与英国“脱欧”前景不明朗相伴而行的是欧盟未来走向不明朗。2018年英国保守党年度大会后特蕾莎·梅稳固了自己的地位，并拒绝了工党提出的重新公投的建议。梅政府原则上同意延长脱欧缓冲期，“协议脱欧”的概率已上升至80%左右。至于欧盟能否在英国脱欧后建立起“一体化主权欧洲”，仍有很大疑问。

上海欧洲学会顾问、上海社会科学院世界经济研究所前所长伍贻康研究员在题为“欧盟一体化局势纵横谈”发言中认为，默克尔是德国政治稳定的象征，默克尔的即将离任标志着德国乃至欧盟一个时代的结束，对德国甚至国际政治生态将产生影响。若基民盟新任党主席与默克尔政见不合，默克尔存在提前下野的可能。同时，默克尔的下野预示着大联合政府摇摇欲坠，民粹主义的政党将有所抬头并进一步扩散。欧盟一体化将面临动荡停滞，欧洲将来可能产生“大地震”。

上海欧洲学会理事、复旦大学法国研究中心副主任张骥副教授在题为“法德轴心的再起与困境”发言中认为，法德轴心在欧债危机后得到重新强调，然而德国日益增长的经济实力与法国政治领导力相对下降却存在不平衡。法德轴心再起需要三个前提，即法德在国内都有强大的领导力，法德都有强大的领导人，以及法德相互之间存在不均衡的均衡。为实现法德轴心的崛起，法国需要改变德国经济强法国弱的情况，德国也需要在政治经济上做出妥协。

上海欧洲学会学术研究部主任、上海外国语大学欧盟研究中心常务副主任忻华在题为“当前美欧日三边贸易关系的新动向”发言中认为，自 2015 年至今欧美 TTIP 谈判冻结，美欧贸易和投资并未实现进一步的自由化，欧盟的经济政策表现出机会主义和两面下注的特点。欧盟的贸易政策受到了特朗普政府贸易政策的较大影响，这主要表现在三个方面，即欧盟的基本认知受着美国的影响，其对民粹主义做出了退让，学习美国建立起一整套针对中国的贸易防御政策体系。

上海欧洲学会顾问、前中国驻拉脱维亚大使杨国强对第一场研讨进行了点评，指出欧盟各国领导人对国内的政治经济社会驾驭能力及其国际地位对其在欧盟的作为产生直接影响。欧盟之所以成为欧盟，主要是欧洲国家在利益驱使下联合起来建立起了共同体和联盟，从而取得经济利益的最大化。

上海欧洲学会副会长、华东理工大学欧洲研究所所长杨逢珉教授主持了“欧洲经济金融和外贸”环节的研讨。

上海欧洲学会副会长、复旦大学欧洲问题研究中心主任丁纯教授在题为“欧洲经济现状与问题”发言中指出，当前欧洲经济总体增长并稳步复苏，各国经济发展平稳，整体就业形势得到改善，物价水平开始回升，货币与金融状况稳定乐观。总体情况虽好，但也存在一定的发展隐患：全球经济增长速度减缓，贸易保护主义兴起、美欧贸易摩擦、中东局势恶化等外部风险增加，英国脱欧、成员国发展不平衡、民粹主义等内部风险突出。欧洲经济整体向好，但在全球经济复苏仍不稳定、新兴经济体发展下行趋势、贸易保护主义影响全球贸易的背景下仍存在不确定性。

上海对外经贸大学中东欧研究中心副主任张琳副教授在题为“中国中东欧贸易新特征”发言中分析了中国与中东欧国家经贸的新特征，指出中东欧的贸易主要集中在货物贸易，从要素密集度来看中国主要出口劳动和资本密集型产品，而中东欧国家主要出口资源和资本密集型产品。自 2001 年以来，中东欧国家对中国的贸易依存度显著提高。从投资来看，中国对中东欧国家投资总体占比较低，仍存在发展空间。

上海欧洲学会副秘书长、上海国际问题研究院欧洲研究中心主任张迎红研究员在题为“美欧投资审查合流新动向及对我国的影响”的发言中指出，当前美欧投资审查机制出现了合流的趋势，在时点上遥相呼应，在内容上相互山寨、借鉴与吸收。美欧的审查对象都聚焦于国有企业，审查领域都集中在基础设施及高科技领域。合流的背景在于近些年中国对外投资规模不断扩大，引起欧洲国家的警觉，同时相互投资的失衡使欧盟认为并没有实现互惠，欧洲也想以此为由让中国降低自身的壁垒。投资审查的合流会对中国的对欧投资、应对贸易摩擦、“16＋1”合作等方面产生不良的影响。

上海欧洲学会名誉会长戴炳然教授对第二场研讨进行了点评，他认为当今欧洲进入了新常态，存在经济低速增长、成员国发展不平衡的问题，并认为需要对中国中东欧贸易不平衡问题做进一步的研究，分析它是政策性还是结构性因素引起的。

上海欧洲学会理事、前华东师范大学副校长范军教授主持了“中欧关系”环节的研讨。

上海欧洲学会副会长、同济大学德国研究中心主任郑春荣在题为“中欧安全合作的现状与挑战”发言中认为，中欧对安全合作重视程度上升，在诸多方面已经展开了合作。随着欧盟定位的转变，其重心放于周边地区的安全，与中国的冲突有所减少。但欧盟文件也显示，其会加大对南海、亚洲问题的关注，不断提升在亚洲安全事务的影响力。对于中欧安全合作未来的发展，非洲将是双方合作新的发展点。

上海欧洲学会理事、上海外国语大学德语系王志强教授在题为“全球政治变化下的中欧关系”发言中指出，目前中欧在维护多边主义以及贸易自由主义等领域存在合作的需要，但中欧的合作也受到政治制度、利益诉求、中国“走出去”政策以及中国自身快速发展的影响，中欧应当寻求双方认同的合作基础，积极开展多边合作，在一些分歧上应该采取求同存异的态度。

上海欧洲学会理事、上海社科院国际问题研究所崔宏伟研究员在题为“中欧互联互通竞合关系背景下的中国—中东欧合作”发言中认为，中东欧国家虽然需要来自中国的投资，但也依靠于欧盟所提供的市场。来自欧盟层面的压力会对中东欧国家参与“16＋1”合作产生影响。中欧在亚欧互联互通的总体目标较为一致。

上海欧洲学会理事、上海外国语大学法语系肖云上教授在题为“马克龙对‘一带一路’的态度”发言中认为，法国的国内体制决定了中法关系从某种角度来说取决于马克龙对中国的态度。中法是战略伙伴关系，但法国在一些问题上对中国存有一定疑虑，马克龙对中国也是既欣赏又犹豫。法国想要保住在非洲原有的势力范围，也希望与中国展开合作。中法双方需要建立起信任关系。

上海欧洲学会理事、上海国际问题研究院院长助理张海冰研究员对第三场研讨进行了点评，指出发展中欧关系需要应对好合作需求与合作能力、价值导向和利益导向、选择合作与选择孤立这三重困难。中欧既有很强的合作需求，但很多时候又受困于国际格局影响、大国关系的调整和各国国内政治的影响，限制了行动能力。在当前这个重要而敏感的时刻，中欧应该选择合作，维护和建立有利于双方和各方的全球规则。

与会者结合主题发言和点评踊跃提问、各抒高见。徐明棋会长最后指出，欧洲在目前国际格局的发展中起着重要作用，在中国崛起引起美欧警惕的背景下，欧洲对待中国未来的发展与美国有着很大差异，也正是因为这些诸多原因，当前欧洲研究显得越发重要，学会将继续为各位专家学者提供研究与交流的平台，也希望大家在学会今后活动中增进交流，进一步对欧洲及中欧关系开展及时、深入研究，同时也为国家政策制定提供有益参考。

上海市海峡两岸民间交流与发展研究会召开成立大会

11 月 27 日，上海市海峡两岸民间交流与发展研究会在上海社会科学院举行成立大会。市委宣传部副部长、市社联党组书记燕爽出席会议并讲话。研究会初创会员、研究两岸关系发展的专家学者以及有关单位和部门的代表等一百多人出席。

大会审议并通过了《上海市海峡两岸民间交流与发展研究会章程》，选举产生了第一届理事和监事。理事会选举产生了首届会长、副会长、秘书长。高美琴任会长，刘爱君、葛凤章、段钢、唐亚林、赵海为副会长，刘爱君(兼)为秘书长。

燕爽在致辞中指出，上海市海峡两岸民间交流与发展研究会的成立，意味着上海社团组织又增添了一名充满生机活力的新会员。研究会要认真学习习近平新时代中国特色社会主义思想，贯彻总书记的对台工作重要思想，借助上海区域优势，构建具有上海特色的两岸交流与发展新格局。

高美琴会长表示，两岸关系发展的动力来自民间，发展的潜力也蕴藏在民间。扩大深化两岸民间交流，是推进两岸关系和平发展的重要途径，也是两岸同胞互相理解、彼此借鉴、取长补短、互利共赢的最好方式。研究会将为两岸同胞开展交流、增进了解、加强合作打造一个新平台，也是两岸专家学者开展学术交流和咨询服务的一个新舞台，相信这对提升两岸民间交流水平、发挥研究智库智囊作用，进而推进两岸关系和平发展具有重大意义。

全国政协常委、港澳台侨委员会副主任吴国祯发来贺信。信中指出，未来的 30 年，是中国实现国家完全统一和中华民族伟大复兴的关键时期，推动两岸关系和平发展，既是两岸同胞的共同愿望，也是我们这一代人义不容辞的历史责任。信中勉励“海民会”成为跨越海峡的沟通之窗、合作之桥，为密切两岸联系、促进交流合作贡献才智。

民办社科研究机构

上海世雄国际关系研究中心举行成立大会

4月1日，上海世雄国际关系研究中心举行成立大会。上海世雄国际关系研究中心是经上海市社联批复，由市社联作为业务主管单位的社会科学类民办社科研究机构。上海市委宣传部副部长、市社联党组书记燕爽到会揭牌并致词，上海国际关系学会会长、上海国际问题研究院学术委员会主任杨洁勉作了关于中美关系的主旨演讲。

上海世雄国际关系研究中心法人代表为复旦大学教授倪世雄。倪世雄教授是最早将西方国际关系理论引入中国的代表人物，是中国国际关系理论研究的主要奠基者和开拓者之一，是创建国际关系理论中国学派的领军人物之一。该研究中心以国际关系、特别是中美关系研究为宗旨，将通过课题研究、专题讨论、学术访问、合作交流等方式，搭建小而实、少而精的学术研究平台，探索一条新时期“民非”学术机构。

当天下午，研究中心还举行了题为“中美关系的现状与走向”的青年学者小型研讨会，从战略问题、经贸问题、台湾问题和朝核问题等几个方面进行较为深入的讨论和交流。上海国际关系研究领域的知名学者近百人参会。

上海易居房地产研究院举办以“房地产业的持续发展与长效机制”为主题的易居论坛

11月9日，上海易居房地产研究院举办以“房地产业的持续发展与长效机制”为主题的易居论坛。本次论坛作为“纪念改革开放40周年”上海市社联第十二届学会学术活动月项目之一。

房地产业发展呈阶段演进特征

上海易居房地产研究院院长、华东师范大学终身教授张永岳认为，自从改革开放以来，中国房地产业与整个中国经济一样，保持了40年持续快速发展的奇迹。这是在商品化、市场化、资本化和金融化的推动下，经历了房地产业复苏、快速发展、加速发展和持续发展等发展阶段演进而实现的。在改革开放的历史背景下，房地产业的数十年快速发展，得益于土地、资金、劳动力等资源要素的投入，同时也得益于制度、管理和技术创新。进入新时代后，中国房地产业要健康地持续发展就必须继续深化制度创新，促进向以房地产服务为核心的方向演进，加快科技发展，鼓励理性住房消费，优化公平的市场竞争环境，推动房企转型升级。

上海师范大学房地产经济研究中心主任崔光灿表示，房地产市场的全面发展，与政策的发展、调整等有着密切的关系。观察40年来中国房地产政策的发展，在“房地产市场调控与住房保障”方面，政策较多，有力地促进和保障了房地产市场的平稳发展。从最近这几年的政策内容和框架来看，主要包括六个要点：(1)土地供应政策；(2)房地产开发信贷政策；(3)房地产供给结构调整政策；(4)税收政策；(5)个人购房信贷政策；(6)住房限购政策。展望未来，要重点关注房地产政策中的两大内容：一是全面发展住房租赁市场，建立“租购并举”的住房制度；二是多渠道解决新市民住房问题。

研究把握市场周期性规律

上海易居房地产研究院副院长杨红旭表示，总结这些年房地产的长趋势，有三个基本变量，即经济、人口、城镇化率。而房地产短周期则存在四个驱动力，包括经济、政策、资金、存货。从市场参与的策略判断看，则应该是“短期看政策、中期看存货、长期看人口”。另外，房地产市场和其他市场也会形成互动和影响，比如说经济周期、货币周期、政策周期和楼市周期这四大周期会相互作用，进而形成了周期性波动的规律。从近期房地产市场的表现看，最近几个月对于房地产市场的管控和抑制减少了，这说明在经济下行压力加大的情况下，对于经济稳增长的要求加大了。预计到2019年，楼市政策会有转向，即慢慢放松，新一轮楼市的短周期开始启动。

上海易居研究院流通所所长崔裴表示，这40年房地产市场有波动，但发展不错，也解决了很多问题。当然应该从"长效机制"的角度，研究房地产未来需要如何发展，研究房地产的功能和定位等看似简单的问题。比如说住宅产业，解决了居住层面的问题，同时也对GDP等宏观经济有较好的支撑，但是借鉴国外经验，我们需要思考一个问题，即当房地产支柱产业的作用减弱了、老百姓的自有住房需求得到满足了，房地产需要如何发展呢？应该说，未来房地产可持续的发展，需要重点研究"土地稀缺资源的最大化利用"的命题，这需要各市场参与者的努力。

房企在可持续发展中壮大

远洋地产苏州公司副总经理窦洪桥表示，房企拿地总体上会经历四个周期，包括"预热期""韭菜期""嚼草期"和"鸡肋期"。当前包括苏州在内很多地方的房企，其实都面临了很多压力和困惑，比如说当土地成本占房价的比重较高的时候，房企拿地就会犹豫。又比如目前很多房企对于现房销售的模式也是有所担心的，因为资金方面压力比较大，这个时候拿地也会趋于保守和回归理性。另外一种困惑则体现在对部分县级市的投资上，类似常熟和张家港，此类城市经济实力较强，都属于百强县，且土地价格上升速度略滞后于苏州等城市。不过2018年拿地的房企又相对痛苦，容易陷入被套的尴尬境地。所以从可持续发展的角度看，房企应该主动把握市场周期，并积极优化和调整拿地策略。

嘉华集团经理史娟表示，房地产市场发展的过程中，研究香港房企和内地房企的特点和角色变化也很有意思。港企的绩效源自"工匠精神"的回报，包括拿地超"理性"、建设显"慢性"、经营有"耐心"、回报出"真金"。这些正好与许多内资开发商的"疯狂快速扩张"形成鲜明对照。当然随着游戏方式的改变，市场模式和格局也会出现改变，后续两类企业的买地方式、开发方式、盈利方式依然会有差异化。从总体上看，内地房企在地产开发上扮演的角色将越来越重要，而香港房企趋稳，在经营、收租等方面会扮演更多的角色。两类企业都将伴随中国楼市的可持续发展而积极成长。

房地产发展促进美好生活实现

易居沃顿研修基地副秘书长马彦文表示，房地产发展的长效机制道路还很长，需要积极探索，这个过程是乐观的。虽然在这40年的发展过程中，也存在很多疑问，类似房地产泡沫是否过大等，但发展的历史经验证明，区域性的泡沫和局部性的泡沫虽然存在，并不影响中国房地产市场的可持续健康发展。此类判断是基于中国房地产市场和制度的特定因素，而不是简单地套用美国的经验和模式。当然，在房地产可持续发展的探索过程中，我们也需要警惕房地产行业洗牌的风险，这对于部分转型中的房企尤其要注意。后续房地产长效机制建立过程中，房地产税是一个很关键的因素，但政策不能"一刀切"，也不能作为一个笼统性的改革，预计不同城市会有不同的改革内容，进而对市场预期产生相应的影响。

上海经济学会城建专业委员会主任虞海发最后发言认为，房地产市场大数据的展示或量的比对，充分说明了房地产改革开放 40 周年的伟大成就。这个发展历程，是一点一滴、一步一个脚印走过来的，同时得到了广大人民群众和国际社会的高度评价。房地产业的发展是可持续的，有很多数据和现状可以证明这一点。而最重要的一点是，广大人民群众对于美好生活的向往和需求依然是急迫的，包括人均居住面积、农村人口居住生活、市民化的需求等，都体现了充分的房地产发展需求。虽然可持续发展的模式、方向也面临了很多质疑和问题，但是必须承认，可持续发展是必须的，这既是市场规律，也是社会发展的最基本要求。我们应该乐观看待这个行业，发展一定是硬道理。

学术期刊

XUE SHU QI KAN

《学术月刊》杂志社等单位共同主办“2017年度中国十大学术热点发布会”

1月16日下午,“2017年度中国十大学术热点发布会暨面向新时代的中国学术研究展望论坛”在中国人民大学举行。此次发布会和论坛由《学术月刊》杂志社、《光明日报》理论部、中国人民大学书报资料中心共同主办。

来自上海市社会科学界联合会、中国社会科学院、上海社会科学院、人民出版社、北京大学、中国人民大学、北京师范大学、复旦大学、南京大学、上海交通大学、华东师范大学、中国政法大学、中央民族大学、上海师范大学、中国高教学会等机构的领导、学者、期刊及媒体代表共150余人参加发布会及学术论坛。中国人民大学副校长刘元春教授、上海市社联专职副主席解超教授分别致辞,国家新闻出版广电总局新闻报刊司司长李军发表了讲话。

党的十九大胜利召开,宣告了中国特色社会主义进入了新时代,确立了习近平新时代中国特色社会主义思想的历史地位,开启了决胜全面建成小康社会、全面建设社会主义现代化国家的新征程。深刻领会、系统阐发、着力传播习近平新时代中国特色社会主义思想的精神实质和丰富内涵,是我国学术界、期刊界的重大历史责任。新思想标定新方位,新时代要有新作为。新年伊始,中国人民大学书报资料中心、《学术月刊》杂志社、《光明日报》理论部共同主办面向2017年度中国十大学术热点发布会暨面向新时代的中国学术研究展望论坛,与广大学者共襄盛举,共筑中国特色哲学社会科学的繁荣与发展。

会议正式发布了2017年度中国十大学术热点,分别是:习近平新时代中国特色社会主义思想研究、人类命运共同体与全球治理的中国方案、民法总则的制度创新与理论阐释、《资本论》的历史地位与当代价值、人工智能对社会发展的影响与挑战、IP产业发展与网络文艺新形态、海昏侯墓考古发掘与历史文化研究、未来教育与未来学校的发展图景、中国特色社会主义政治经济学理论体系构建、共享发展理念推动下的共享经济模式研究。十大学术热点紧扣2017年我国重大的理论和实践课题,准确反映了一年来学术理论界关注的重点、焦点和亮点,代表了2017年我国哲学社会科学学术研究的重要成果。

除上述入选的十大学术热点之外,还评选出了2017年度十大提名热点,包括:供给侧结构性改革的深化研究、阳明学的现代价值、城市化进程中的全球人口流动研究、决胜全面建成小康社会战略下的精准扶贫研究、讲好中国故事构建中国对外传播话语体系、创新创业教育的改革路径与体系建设、雄安新区与京津冀协同发展、“一带一路”背景下的国际合作及风险研究、防范金融风险 服务实体经济、西方后真相时代的新闻业变革。

随后举办的面向新时代的中国学术研究展望论坛上，中国人民大学经济学院教授卫兴华、中共中央党校校委委员、科研部主任韩庆祥、北京师范大学副校长陈丽、中国人民大学国学院教授王子今、中国人民大学法学院院长王轶分别就 2017 年中国学术热点议题、2018 年中国学术研究趋势展望作主题报告，他们从各自研究领域出发，分析总结了 2017 年我国政治、经济、社会、文化、法律、历史以及党建等领域的理论研究成果，展望了 2018 年我国哲学社会科学领域学术研究的新趋势、新方向、新动态。

《学术月刊》2017年被转载量蝉联第一，《探索与争鸣》也荣获第六的好成绩

3月27日，由中国人民大学主办、中国人民大学书报资料中心和中国人民大学人文社会科学学术成果评价研究中心承办的中国人民大学人文社会科学学术成果评价发布论坛暨学术评价与学科发展研讨会在中国人民大学召开。在会上发布的《2017年度复印报刊资料转载指数排名研究报告》和《复印报刊资料重要转载来源期刊(2017版)》中，《学术月刊》2017年被转载量在社科院、社科联主办的综合性学术期刊中蝉联第一，再次入选重要转载来源期刊，《探索与争鸣》也荣获了第六名的好成绩。《学术月刊》常务副总编姜佑福代表入选期刊作了题为“新时代综合性学术期刊发展的机遇与挑战”的发言。

面向 2050，学术研究如何体现时代声音、回应现实问题

5 月 16 日，由上海市社会科学界联合会主办，《学术月刊》编辑部、《探索与争鸣》编辑部、上海社会科学院中国马克思主义研究所共同承办的“面向 2050 年的中国哲学社会科学”高峰论坛在上海社会科学院淮海中路总部举行。众多人文社会科学领域的著名学者、学术期刊界的专家编审、学术管理部门的管理者参加了本次论坛。

开幕式由市社联专职副主席任小文主持。上海市委宣传部副部长、上海社联党组书记燕爽致开幕辞。燕爽在开幕辞中指出，时代已发生了重大变化，我们要实现学术上的根本创新。当代哲学社会科学工作者应从更广阔的视野、更高的战略层面来理解中国特色哲学社会科学的重要作用。与会的专家学者应该努力成为构建新时代中国学术话语的第一批学人，从时代出发，运用中国话语，总结中国实践，对中国发展提出基于社会历史实际的建设性方案。

本次论坛分为当代中国马克思主义与中国特色哲学社会科学建构、中华文明复兴与中国哲学社会科学的学术主张、社会主义现代化与中国哲学社会科学的时代回应、自律与他律：中国哲学社会科学学术评价与学术共同体建设四个研讨专题。众位专家学者济济一堂，对中国哲学社会科学发展过程中的一些关键性议题进行了澄清和研讨，努力为繁荣新时代中国哲学社会科学贡献思想力量。

第六届“边疆中国”论坛召开

7月14日,《学术月刊》编辑部与兰州文理学院联合举行的第六届边疆中国论坛在兰州召开。本次论坛的主题是“边疆文明比较、知识话语与新边疆学”。来自浙江大学、中央民族大学、复旦大学、中国社会科学院、四川大学、兰州大学、厦门大学、同济大学、陕西师范大学、西南民族大学、西北大学、浙江师范大学、华东师范大学、西北师范大学、喀什大学、北方民族大学、河西走廊智库相关研究领域的专家学者,以及兰州文理学院相关研究人员200余人参加了会议。学术会议由主题报告和8个分组研讨会组成,共35位学者发言。浙江大学人文高等研究院院长、芝加哥大学社会学系赵鼎新教授,复旦大学民族研究中心主任纳日碧力戈教授,中国社会科学院民族学与人类学研究所、《民族研究》编辑部主任刘正寅研究员做主旨发言。三位主旨发言人的演讲题目分别为“历史、现实与未来:消解分裂倾向的三种话语体系”“构筑中华文化共同体”和“从藩部到郡县:清朝新疆建省与边疆治理的近代化”。分组研讨会上,李鸿宾、于逢春、张亚辉、黄达远、王鹏辉、陈波、沈一民、席会东等长期从事边疆史地或边疆民族研究的学者围绕中国边疆的知识话语、历史与地理、民族社会以及“跨境民族”和边疆学理论与方法等议题发表高论。参会学者认为,此次学术论坛在厘清中国边疆研究的知识话语、开展边疆地域文明的比较研究,以及形成新的边疆研究议题和推进边疆研究的知识转向等方面取得了相应的成果。与会期间,参会的专家学者还见证了由兰州文理学院、喀什大学与陕西师范大学西北跨境民族与边疆安全研究中心合作共建的帕米尔智库成立仪式。

《探索与争鸣》杂志社等单位联合举办“互联网金融创新与监管”的圆桌讨论会

9 月 16 日，《探索与争鸣》杂志社和华东政法大学国际金融法律学院联合举办主题为“互联网金融创新与监管”的圆桌讨论会。上海市政府法制办副主任罗培新教授和青岛大学财富管理研究院和互联网金融研究院院长易宪容教授分别就“平台的社会责任”“当前中国金融科技监管的几个重大理论问题”展开主旨发言。

罗培新教授指出政府要通过建立大数据库增强对公共安全、公共管理和公共服务的监管能力，逐步放开市场对商务平台的利用权能和层级。易宪容教授认为，金融科技监管的核心实质就是我们如何设置法律法规，来保证智能合约的签订、履行及保护，以及如何确定智能合约司法体系。对于金融科技监管来说，一方面需让大数据成为一种公共资源，另一方面以公共决策的方式制定金融科技监管的法律法规，以此确保金融科技服务大众化、普及化和民主化。

随后，会议围绕五个单元议题展开具体研讨，包括平台的社会责任，当前中国金融科技监管的几个重大理论问题，互联网金融的危机与出路，互联网金融法律性质与监管供给，人工智能时代的金融监管变革，互联网金融刑事治理困境思考，P2P 面临的问题及对策，互联网金融与投资者保护等。来自上海市政府、上海市司法机关、高校研究机构、互联网金融公司、律师事务所及其他业务部门的专家学者和代表共计 50 余人参加并展开深度交流。

国家治理上海论坛2018年会议在华东政法大学顺利召开

10月20日,《学术月刊》编辑部联合华东政法大学政治学与公共管理学院、上海市政治学会、中国社会科学院《政治学研究》编辑部在华东政法大学松江校区举办了国家治理上海论坛2018年会议,本次会议的主题是“共同富裕的政治基础”。

来自中央党史与文献研究院、中国社会科学院、清华大学、中国人民大学、中国政法大学、南开大学、天津师范大学、西北政法大学、中南民族大学、湘潭大学、中国海洋大学、东南大学、中山大学、华南师范大学、厦门大学、浙江大学、复旦大学、上海交通大学、华东师范大学、上海师范大学、上海市委党校、华东理工大学等高校的70多位专家参与了本次研讨会,其中近50位专家围绕“共同富裕的政治基础”主题发表了演讲。

会议取得了圆满成功,在学术界引起了广泛的关注。政治学与公共管理学院将努力将国家治理上海论坛打造成我校政治学科的学术品牌,从而为高水平政治学学科建设提供支持。

第六届传播视野下的中国问题研究论坛会议成功召开

由《学术月刊》杂志社、复旦大学新闻与传播研究中心主办，华中科技大学新闻与信息传播学院承办的"第六届传播视野下的中国研究论坛"于 2018 年 10 月 19—21 日在武汉华中科技大学举行。本次论坛以"媒介再思：传播技术与社会变迁"为主题，集中研讨了媒介与社会政治、经济、传播、观念的关系。来自中国大陆和中国香港、拥有各种学科背景的 20 余位学者全程参与。

论坛以复旦大学信息与传播研究中心黄旦的主题演讲开场，论述了媒介再思应当如何思，媒介史又应当如何书写，黄旦首先梳理了传统史学研究中的"媒介"。黄旦认为，研究者应当从对媒介之"用"的关注转向对媒介之"介"的关注，以这种媒介观出发，新报刊史书写的目的应当变为讲述报刊实践的故事、揭示报刊视野下的中国历史与其他不同视野中的中国历史进行对话、探索传播研究本土化路径和理论构建。

上海大学孙藜认为，传统的新闻史书写聚焦于内容，依从"现代化"与"阶级斗争"两种秩序，虽然意义重大、成功丰硕，但也在相当的程度上错失了历史景观的复杂与精妙。北京师范大学王颖吉则从"物"说起，选择苏轼的碑刻活动作为研究对象，其研究分析了苏轼的碑刻实践及碑刻思想，在美学分析之外，也展现了石碑作为一种书写材料对于书写及书写思想的影响，与孙藜对"物"的重视不谋而合。

华南理工大学蒋建国的研究则恰好遵循孙藜所提出的传统研究路径，借助甲午前后士绅的人机、回忆录及抄报记录等文本内容，用翔实确凿的史料勾勒出了甲午前后中国社会报刊的发展情况。区别于过往普遍认为甲午前报刊阅读较少、影响较小的观点，蒋建国认为新式报刊传媒在 19 世纪 80 年代之后的十多年间，已通过各种途径从都市社会渗透到城镇社会。

华东政法大学郭恩强将研究对象选定为国民党执政期间的禁书，但却另辟蹊径，跳出已有禁书研究的法律和政治研究范式，选择中介化理论作为切入点，将禁书视作链接了作者、读者、印刷商、书商、政府等主体的城市社交网络的中介。由此，书籍成为了一种人类沟通的手段，而书籍流通也构建了一系列的传播体系。

上海理工大学金庚星的研究则是在传统消费史的研究路径之外，采用了媒介化的视角。他认为，正如电报实现了商品"从空间运动到时间运动"的转变、报刊加速了消费观念的新陈代谢、邮政网络使得邮售得以可能，媒介作为一种连接与联结生产、流通与消费的技术，在很大程度上会塑造的消费文化。在这样的理念下，他将注意力集中到19世纪30年代的上海租界，试图探究电话作为一种新媒介带来了怎样的新消费文化。

华中科技大学袁艳的文章旨在说明地理学作为研究空间的一门学科为何在近年开始关注媒介与传播问题，在行文中袁艳用简洁明了的语言描绘了媒介与地理学从相离、相遇到相融的过程。袁艳教授对传播学的跨学科发展提出了自己的看法，她认为并非每一个学科之间都具有清晰的辩解和明确的中心，传播学目前处于内部多元化、多中心化的状态，而跨学科交叉不仅使不同学科间的对话，通过来自其他学科的议题和概念，也可以为原学科内部不同学派之间的对话创造空间。

深圳大学韩晗从文化产业的角度对“五四”运动展开再论述和再评估，他认为，肇兴于晚清的中国现代文化产业为“五四”运动的发生、发展提供了内涵动力和发展动力。韩晗以史料和推理论述了文化产业如何促进了“五四”运动思想内涵的形成，又如何推动了“五四”运动的酝酿和发展，他认为以报刊出版、电影戏剧、舞台唱片等为代表的文化产业传播了“五四”运动亟需的新兴文化，推动了新的文体与表现形式的诞生，为“五四”运动起到了重要的助力作用。

厦门大学张先清的研究借助对疍民的关注，展现了媒介如何塑造民族与民族边界。张先清通过梳理近代公共话语中对疍民的讨论得出，疍民作为一个无法自我表述的群体，其民族形象完全由近代知识分子创造和呈现，其研究融合了人类学的关怀和传播学的敏锐，是大众媒介人类学的又一次有益尝试。中国社会科学院向芬探究的则是媒介将事实塑造为何，他的研究选取的主体是对两岸而言都意义重大的“二二八事件”，研究横向及纵向地梳理了两岸对于“二二八事件”报道及报道流变，两岸媒介塑造事实差异及流变本质上反映了“双战”格局，应当被嵌入到更大的政治格局中探讨。

吉林大学管书合的研究以小见大，从分析1911年“日人水井撒毒”谣言的产生、流传入手，分析了清末东北社会各层面对于日本的“集体”认知和看法。香港教育大学许国惠同样选择了较小的切入点，由抗战时期中日合拍电影《春江遗恨》的宣传入手，研究了公共文本问题。暨南大学赵建国则由南京国名政府初期的上海新闻记者联合会论起，通过对记者联合会筹备、成立及公用的全面分析，论述了职业联合会在塑造职业共同体层面的作用。天津师范大学李秀云的研究则恰好关注劳资纠纷，她的研究中分析了民国时期报业领域出现的两轮大规模劳资冲突，并列举、评析了当时民营报人、左翼报人及国民党报人对于劳资纠纷不同的处理构想及方式，其研究为补充、完善民国报刊史及报人思想研究提供了有益材料。华东师范大学路鹏程指出记者和报馆老板之间代表着的是对立的新闻专业主义及商业管理专业主义的对立，但记者与老板顾念情谊，彼此体恤却为这两种主义的对话营造出了一个富有伸缩性、包容性且充满人情味的协商空间。

湖南大学季凌霄研究了作为晚清宪政配合物被引入中国的速记，她的研究较为全面地梳理了速记在中国的缘起、使用及各方对于速记的看法，研究认为速记作为一种弥合口语与文字的通道，受到了口语与文字各自内在逻辑的拉扯，其研究为探寻口语与文字二者间存在的逻辑与影响差异提供了一些新的思考。

此次论坛，学者们以各自不同的视角、不同的研究路径及不同的学术背景，为探索媒介史书写及媒介概念本身提供了不同的助益。正如历史本就多元而多层，学者们在不同方向上的努力为还原一个丰满、多层次、合理且现实的历史提供了丰富的材料，以交流为诉求的会议让这些思想得以融会贯通，以媒介为中心的交流则让学者们更加注意到媒介对于人类社会的全面影响，这对于探索一个审视当下的合理视野来说至关重要。

《学术月刊》《探索与争鸣》双双通过 2018 年国家社科基金考核并获专项资助

11 月 5 日，全国哲学社会科学工作办公室公布了《国家社科基金资助学术期刊 2018 年度考核情况通报》，在对 192 家资助期刊进行的年度考核中，190 家期刊考核通过。

上海市社联主办的《学术月刊》《探索与争鸣》两本期刊顺利通过了国家社科基金资助学术期刊 2018 年度考核并获得专项资助，这是两本刊物连续三年获得专项经费资助。国家社科基金对《学术月刊》《探索与争鸣》过去工作的肯定和对未来活动的持续资助激励着杂志社成员一如既往地办好杂志，并力争在办刊水准、刊物影响力等方面再上新台阶。

“法律、社会与历史”学术研讨会在复旦大学法学院成功举办

2018 年 11 月 10 日，由《学术月刊》杂志社、复旦大学法学院主办的“法律、社会与历史”学术研讨会在复旦大学法学院成功召开。来自中国社会科学院、北京大学、清华大学、中国人民大学、中国政法大学、中南财经政法大学、华东政法大学、上海交通大学、中山大学、中国海洋大学等十余所国内著名大学和科研机构，以及《新华文摘》《中国社会科学文摘》《高等学校文科学术文摘》等杂志社的 50 余名专家学者出席了研讨会。

开幕式上，《学术月刊》常务副总编姜佑福首先致开幕辞，表达了对复旦大学法学院、参会专家教授以及参会杂志社的感谢，并期待此次学术研讨会能够吸引法学界更加关注和支持《学术月刊》，在该期刊上发表更多优秀文章。之后，复旦大学法学院院长王志强教授致欢迎辞，也对各位嘉宾的莅临表示了感谢，并希望通过此次会议增强学术交流，碰撞出更多思想的火花。

本次研讨会由四组专题讨论和一次圆桌会议组成。专题讨论会以法律史学和法理学的文章为主，内容丰富，不仅有各位学者的精彩报告，还有评议人的细致点评和与会者的提问与回应。参会学者均积极交流讨论。

第一场讨论以中国法制史为主题，由复旦大学郭建教授主持。中国人民大学尤陈俊副教授首先发言，其主题是中国传统社会中“讼师恶报”的话语模式及其文化背景。中山大学海丹副研究员则结合具体案例与田野调查，分析了清代后期诉讼中的信息传播与舆论构建问题。其后，中国政法大学谢晶老师和复旦大学博士生白阳分别就清代盗与宰杀马牛条文和清代错案责任追究制度进行发言。中山大学杜金副教授、中国社科院法学研究王帅一助理研究员、复旦大学孟烨老师以及中山大学徐忠明教授针对上述论文进行了细致精彩的评议，提出了许多建设性的意见。上海师范大学汪强老师主持了随后的自由讨论环节，使与会代表与发言人展开了积极的互动。

第二场讨论以国家构建与司法理论问题为核心，由华东政法大学于明副教授主持。北京大学朱苏力教授通过对印度与中国地理因素的比较，阐述了国家制度形成的内在机理。云南大学王启梁教授对当代中国“回应—计划型”法治建设的模式进行了分析，指出应围绕提升国家能力来推进法治政府建设。中国人民大学侯猛教授则考察了我国近四十年以来司法研究的状况，在梳理学术史的基础上提出了相应的反思。中国海洋大学戴昕教授对法学研究中比例原则进行了批判性的思考，指明其理论证成错误。随后，复旦大学

王志强教授、上海交通大学宾凯副教授、复旦大学杨晓畅副教授、华南师范大学李斯特副教授针对上述报告提出了各自的看法与疑问。在《华东政法大学学报》肖崇俊编辑主持的自由讨论环节，报告人和参会学者进行了更加深入的交流与探讨。

第三场讨论由华东政法大学王沛教授主持，主题侧重国家的上层制度建设。北京大学章永乐副教授总结了中国宪法史研究中的三种范式，并阐发了自己的理解。华东师范大学田雷教授针对邓小平时期宪法思想进行了阐述。复旦大学刘天骄老师以18世纪英帝国联邦计划为例，分析了代议制与帝国构建的问题。中国政法大学王银宏副教授以1555年《奥格斯堡宗教和约》为研究对象，展现了该规则对实现宗教和平与帝国秩序的重要意义。针对上述论文，清华大学刘晗副教授、复旦大学史大晓副教授、复旦大学赖骏楠老师以及复旦大学赵立行教授分别进行了精彩的评议。中南财经政法大学博士生王天一继而主持了随后的自由讨论环节，并引导参会学者对相关问题进行了更为细致的探讨。

华东师范大学田雷教授主持的第四场讨论会则体现了更多前沿性的研究。中国海洋大学李晟教授从法律修辞这一载体来理解社会变迁与转型中的法治，河南大学吴义龙副教授对物权债权区分理论进行了解释与反思，华中科技大学杨安卓老师探讨了人工智能及相关政治哲学，上海财经大学胡凌副教授对“评分社会”机制进行了一种法律社会学的解释。复旦大学孙国东副教授、同济大学朱冰副教授、上海交通大学郑戈教授以及上海大学岳林老师从各自的研究领域出发，对上述研究进行了评议。在华东政法大学博士生毛皓强主持的自由讨论环节中，各位报告人与参会学者进行了热烈的学术交流。

作为本次会议重头戏的圆桌讨论主要围绕“法学学科发展趋势与前沿”这一问题展开，由《学术月刊》王鑫编辑主持。北京大学朱苏力教授、清华大学苏亦工教授、华东政法大学李秀清教授、中国人民大学尤陈俊副教授，以及《新华文摘》王青林编审、《中国社会科学文摘》王博编辑、《高等学校文科学术文摘》沈丽飞编审分别就学术研究的意义、法律史研究的视野、学科整合的意义、跨学科研究以及对现实问题的关怀等方面表达了各自的看法，引发了与会学者的热烈讨论。

在闭幕式上，《学术月刊》常务副总编姜佑福再次对全体与会学者及工作人员表达了感谢，称赞此次研讨会是一场思想的盛宴，增强了《学术月刊》对法学论文发表的信心，希望学者们能够提供更多优秀的稿件。之后，清华大学法学院冯象教授和中南财经政法大学陈景良教授对会议进行了总结，既鼓励年轻学者们保持人文关怀和研究热情，努力做出更高质量的学术研究成果，又期待学术刊物的编辑能够为法学研究提供更多的机会和平台。

《探索与争鸣》杂志社举办 2019 年选题咨询会

12 月 20 日上午,《探索与争鸣》2019 年选题咨询会在华东师范大学哲学系会议室成功举办。本次活动由《探索与争鸣》杂志社主办,华东师范大学哲学系承办。活动邀请来自华东师范大学、南京大学等高校的专家学者,就《探索与争鸣》2019 年的文章选题展开了热烈的讨论。

与会专家就《探索与争鸣》杂志社在支持青年学人、关注学术争鸣等方面的成果表示了肯定,对杂志在 2019 年的选题也提出了自己的想法。大家纷纷表示,希望杂志能在坚持思想性的同时,在技术与文明、社会与文明、政治与文明、城市与文明和思想与文明等领域持续聚焦,特别对全球文明反思、乡镇留守青年、人工智能、学术评价等话题进行持续关注,探索以问题为导向的跨学科研究,刊发更多兼具社会影响与学术影响的文章。

中美关系建设

ZHONG MEI GUAN XI JIAN SHE

学术研讨

“新时代下如何推进公共外交和民间外交：历史与实践”研讨会在上海市美国问题研究所召开

1月29日，上海市美国问题研究所和上海社会科学院历史研究所联合召开“新时代下如何推进公共外交和民间外交：历史与实践”研讨会。与会专家分析了民间外交与公共外交、民间外交与城市外交以及民间交流与民间外交的关系，并就如何从历史和实践两方面总结经验，进一步推进民间外交和公共外交工作进行了热烈的讨论。

会议由上海市美国问题研究所常务所长胡华主持。来自上海交通大学、上海外国语大学、上海国际问题研究院、上海社会科学院、上海公共外交协会、解放日报社等单位的专家学者参加了本次会议。

澳门大学王建伟教授来上海市美国问题研究所作讲座

2月1日，澳门大学社会科学与人文学院政府与行政学系王建伟教授访问上海市美国问题研究所，并围绕特朗普政府发布的首份《国家安全战略报告》及其可能对中美关系产生的影响作讲座。

王建伟教授认为，特朗普在上任一年内便发表《国家安全战略报告》，说明美国对国家安全各领域的政策审议已基本完成，特朗普政府希望通过此份报告向外界表明其政策具有确定性。这份《国家安全战略报告》将大国战略竞争列为美国面临的主要威胁，预示美国对华战略可能发生重大调整，中美合作抓手减少，双边关系面临严峻挑战。我所研究人员还就美国对华战略的制约因素、未来中美关系的发展方向以及其他国际热点问题与王建伟教授展开了热烈讨论。

王建伟教授的主要研究领域包括中美关系、东亚政治与安全等，曾长期在美国威斯康星大学史蒂文分校担任政治学教授，并曾在美国乔治・华盛顿大学西格尔亚洲研究中心、大西洋理事会、东西方中心和联合国裁军研究所等智库和研究机构从事研究工作。

“中美贸易谈判评估与未来发展建议”研讨会在上海市美国问题研究所召开

5 月 3 日至 4 日，中美双方在北京就经贸问题举行磋商。双方围绕共同关心的问题进行了坦诚、高效、富有建设性的讨论，并在一些重要问题上充分交换了意见，在有些领域达成了一些共识。

5 月 5 日上午，上海市美国问题研究所和上海社科院国际问题研究所联合举办了“中美贸易谈判评估与未来发展建议”研讨会。来自复旦大学、上海财经大学、上海国际问题研究院、上海社会科学院、上海发展研究基金会等单位的专家学者参加了会议。

与会专家围绕此次中美双方经贸磋商的共识与分歧，及其对两国关系未来发展走势的影响等问题进行了热烈讨论。

陕西师范大学白建才教授来上海市美国问题研究所作讲座

2018 年 6 月 11 日下午，陕西师范大学白建才教授来访上海市美国问题研究所，以“隐蔽行动：美国实现对外战略目标的第三种选择”为题在上海市美国问题研究所“NGO 沙龙”作讲座。白建才教授现为陕西师范大学历史文化学院教授，博士生导师，国家社科基金重大招标项目“美国非政府组织与东西方冷战研究”首席专家。

在讲座中，白建才教授从历史档案出发，围绕“隐蔽行动”概念及其战略的由来、冷战期间美国隐蔽行动战略的实施、美国隐蔽行动战略实施效果与特点三个方面，全面分析了美国隐蔽行动在冷战进程中发挥的重要作用。此外，白建才教授还就美苏对外行动的对比、历史档案的搜集整理以及当前美国 NGO 的涉华活动等问题与上海市美国问题研究所研究人员进行了深入交流。来自上海社科院、上海国际问题研究院和华东师范大学等机构的师生也参与了此次沙龙。

纽约长岛大学夏亚峰教授来上海市美国问题研究所作讲座

7月10日下午,纽约长岛大学夏亚峰教授来访上海市美国问题研究所,并以“从杜鲁门到特朗普:二战结束以来的美国总统与美国对华政策的演变”为主题作讲座。

夏亚峰教授长期从事冷战史研究,现任美国纽约长岛大学东亚史和外交史终身教授、华东师范大学冷战国际史研究中心兼职教授、华东师范大学—威尔逊中心冷战工作室主任、东师学者(东北师范大学)讲座教授。在讲座中,夏亚峰梳理了二战结束以来美国历届总统的个性特征、施政风格和对华政策,全面回顾了战后中美关系的发展历程,并就当前中美关系的热点问题和现场听众进行了热烈的互动。来自上海社联、上海财经大学、上海社科院以及上海市美国问题研究所的领导和专家学者参加了此次讲座。

上海市美国问题研究所与上海社科院联合举办“美国国土安全与外交战略”学术研讨会

2018 年 7 月 17 日上午，上海市美国问题研究所与上海社会科学院中国学所联合举办了主题为“美国国土安全与外交战略”的学术研讨会。台湾“中华国土安全研究协会”理事长汪毓玮教授作了题为“美国国土安全战略发展之探讨”的主旨发言。

来自复旦大学美国研究中心、上海国际问题研究院、上海社会科学院和上海市美国问题研究所的专家与学者，围绕当前特朗普政府的外交战略、全球反恐政策、网络安全战略，以及台海问题中的美国因素等问题展开了广泛而热烈的讨论。

上海市美国问题研究所与上海社科院国际所联合举办"'美墨加三边协议'的影响及中国应对"学术研讨会

2018年10月1日，美国、墨西哥和加拿大三国达成新的三方贸易协议，该协议将被称为"USMCA"。协议内包含所谓的"毒丸条款"，即如果三国中任何一个国家与一个"非市场经济国家"签署贸易协定，另外两个国家可以在6个月内自由退出这个三方协定，并达成双边贸易协定。

10月16日，上海市美国问题研究所与上海社会科学院国际问题研究所联合举办"'美墨加三边协议'的影响及中国应对"学术研讨会。研讨会由美国所常务所长胡华同志与上海社科院国际所所长王健研究员共同主持，来自复旦大学美国研究中心、上海财经大学、上海国际问题研究院、上海对外经贸大学、新华社上海分社等单位的专家学者参加了会议。

与会专家围绕刚刚达成的"美墨加三边协议"中的"毒丸"条款对中国的影响、中美经贸摩擦、我国的外贸情况、国内改革等议题展开了热烈的探讨。

上海市美国问题研究所与南京大学南海中心联合举办"南海问题与中美关系"研讨会

2018 年 10 月 26 日下午,上海市美国问题研究所与南京大学中国南海研究协同创新中心联合举办"南海问题与中美关系"研讨会。研讨会由美国所常务所长胡华与南海研究中心执行主任朱锋教授共同主持。来自南海研究中心、海军指挥学院、国防大学、新华社上海分社等单位的专家学者及我所研究人员参加了会议。

与会专家围绕当前南海形势以及其对中美两国和两军关系的影响进行了深入的探讨。

中美元首通话当天，上海市美国问题研究所举办“十字路口——中美关系”研讨会，沪上美国问题专家研讨如何促进中美关系健康稳定发展

11月1日，在习近平主席应约与美国总统特朗普通话当天，上海市美国问题研究所与上海社科院国际问题研究所联合举办“十字路口——中美关系”研讨会，来自上海市美国问题研究所、上海社科院、复旦大学、上海外国语大学、上海国际问题研究院、同济大学、上海世雄国际关系研究中心等沪上高校和科研机构的美国问题专家，围绕美国对华战略取向的深刻变化，聚焦中美贸易争端的互动态势，研讨如何促进中美关系健康稳定发展。

与会专家认为，在当前中美关系处于十字路口的关键时刻，要努力推进中美关系健康稳定发展，特别是要利用好在上海举办首届中国国际进口博览会的契机，充分发挥美国企业在促进中美关系中的积极作用。与此同时，要进一步厚植两国关系的社会基础，加强中美地方交流、民间交流和智库交流，在中美建交40周年来临之际推动中美关系“再出发”。

上海市美国问题研究所召开“美国中期选举后中美关系展望”研讨会

当地时间 11 月 7 日，美国中期选举结果陆续公布，民主党赢得国会众议院控制权，共和党维持参议院多数。在此背景下，弱分立的府会关系将会给步入新阶段的中美关系带来哪些新挑战、新机遇？

11 月 8 日下午，上海市美国问题研究所举办了主题为“美国中期选举后中美关系展望”研讨会。复旦大学美国研究中心副主任宋国友、上海发展研究基金会秘书长乔依德、上海社科院世界经济研究所研究员徐明棋、上海国际贸易中心战略研究院执行院长、上海对外经贸大学应用经济学特聘教授姚为群、新华社上海分社首席记者张建松、上海国际问题研究院世界经济研究所助理研究员薛磊，以及上海市美国问题研究所研究人员陈佳骏先后进行发言。

与会专家围绕中期选举结果、中美经贸摩擦和中美两国元首互动等议题进行了深入的探讨，上海市社会科学界联合会主席、上海社科院国家高端智库顾问王战对研讨会做了精彩点评。

上海市美国问题研究所举行上海与美国地方金融交流课题开题评审会

11 月 14 日上午，上海市美国问题研究所举行了上海与美国地方金融交流课题开题评审会。上海与美国地方金融交流课题属于本所“上海与美国地方交流研究”项目子课题之一，研究成果拟作为《沪风美雨百年潮——上海与美国地方百年交往史》系列丛书之金融卷出版。本书旨在梳理从 1843 年到 2010 年上海与美国地方在金融领域的交流、交往，展现沪美金融关系进程与脉络，为沪美金融关系下一步发展提供历史见解。

本课题负责人上海财经大学公共政策与治理研究院首席专家、副院长李超民教授首先介绍了本书的写作原则、目录框架、研究方法、基本史料等。来自复旦大学、上海财经大学、上海档案局、上海地方志办公室、民建上海市金融工委的学者与专家，就史料运用与选取、历史分期、研究应突出的主线等展开讨论，并提出见人见事，与口述史方法结合、增加近代史着墨等研究与写作建议。

李超民教授代表课题组感谢专家们提出的宝贵建议，并表态课题组将认真听取专家意见，进一步完善研究设计，尽最大努力做好此项目的研究。

上海市美国问题研究所召开“美墨加协定(USMCA)的影响及上海的应对”内部研讨会

当地时间9月30日美国、墨西哥和加拿大达成三方协定(USMCA),该协定新增了数字贸易、国有企业、中小企业、宏观政策与汇率等议题,体现出美国重建以美国为中心的北美区域价值链,推动关键制造业部门向美国逐步回归的意图。

11月20日上午,上海市美国问题研究所与上海财经大学公共政策与治理研究院联合举办“美墨加协定(USMCA)的影响及上海的应对”内部研讨会。

研讨会由美国所常务所长胡华与上海财经大学公共政策与治理研究院首席专家、副院长李超民共同主持,来自商务部国际贸易经济合作研究院、太和智库、复旦大学、上海财经大学、上海外国语大学、上海对外经贸大学、上海社科院新华社上海分社等单位的专家学者及上海市美国问题研究所研究人员参加了会议。

会议围绕“美墨加协定”,对世界多边贸易规则与治理的影响、如何利用上海自贸试验区建设应对国际经贸规则演变的新趋势、上海企业海外投资应注意的问题等议题展开了热烈讨论。

上海市美国问题研究所与上海国际问题研究院联合举办“G20 峰会后中美关系的走向”学术研讨会

当地时间 12 月 1 日晚，中国国家主席习近平应邀同美国总统特朗普在布宜诺斯艾利斯共进晚餐并举行会晤。这次会晤十分成功，达成了重要共识，为今后一个时期的中美关系指明了方向。

12 月 4 日上午，上海市美国问题研究所与上海国际问题研究院联合举办“G20 峰会后中美关系的走向”学术研讨会。来自上海国际问题研究院、复旦大学、同济大学、上海社科院、新华社上海分社等单位的专家学者及上海市美国问题研究所研究人员参加了会议。

与会专家围绕“G20 峰会后中美‘贸易战’的走向”和“中美关系未来走向”两大议题进行了深入的探讨。

科研成果

上海市美国问题研究所隆重推出“40 人看 40 年——纪念中美建交 40 周年系列访谈”

2019 年 1 月 1 日，中美两国将迎来建交 40 周年纪念日。40 年来，中美关系经历了风雨，能够始终保持向前发展，实属不易。在当前复杂多变的国际形势下，中美关系的未来仍然存在挑战。因此，回顾两国关系走向正常化的历史过程，突出两国建设互利共赢的合作伙伴关系的重要共识，显得尤为重要。

为此，上海市美国问题研究所和复旦大学美国研究中心联合澎湃新闻共同推出“40 人看 40 年——纪念中美建交 40 周年系列访谈”。经过历时一年的努力，在中美两地七个城市采访了 40 位中美两国政界、学界的杰出代表（双方各 20 人），试图梳理中美关系发展的经验与教训，同时分享推动两国合作交流的真知灼见。

40 年前，中美冲破障碍、跨越分歧、携手合作不仅改变了世界格局，也改变了无数中国人和美国人的命运轨迹和志向抱负。因此，将视线聚焦到一批中美风云变幻的亲历者、观察家以及中美友好合作的推动方、受益人。访谈对象不仅包括曾在一线参与中美外交活动的政府官员、智囊，也包括在业内广受尊敬的专家、学者。他们是：

中方

赵启正　国务院新闻办公室原主任
龙永图　外经贸部原副部长
陶文钊　中国社科院美国研究所研究员
周文重　原中国驻美大使
何伟文　中国人民大学重阳金融研究院高级研究员
王缉思　北京大学国际战略研究院院长
杨　毅　海军少将、国防大学战略研究所原所长
杨洁勉　上海国际问题研究院学术委员会主任
崔天凯　中国驻美大使
姚云竹　中国军事科学学会高级顾问
黄仁伟　上海社科院原副院长

何亚非　外交部原副部长
倪　峰　中国社科院美国研究所副所长
朱　锋　南京大学中国南海研究协同创新中心执行主任
吴心伯　上海市美国问题研究所所长
　　　　复旦大学国际问题研究院院长、美国研究中心主任
袁　鹏　中国现代国际关系研究院院长
陈东晓　上海国际问题研究院院长
达　巍　国际关系学院校长助理、国际战略与安全研究中心主任
宋国友　复旦大学美国研究中心副主任
刁大明　中国人民大学国家发展与战略研究院研究员

美方

卡　特　美国前总统
傅高义　哈佛大学教授
芮效俭　原美国驻华大使
约瑟夫·奈　哈佛大学肯尼迪政府学院原院长
李侃如　布鲁金斯学会资深研究员
杰弗里·贝德　布鲁金斯学会资深研究员
谢淑丽　加州大学圣地亚哥分校 21 世纪中国研究中心学术主任
布兰斯塔德　美国驻华大使
兰普顿　约翰·霍普金斯大学高级国际问题研究院中国研究项目主任
冯稼时　斯坦福大学教授
何汉理　弗吉尼亚大学教授
包道格　卡内基国际和平研究院研究副院长
季瑞达　上海美国商会会长、原美国驻沪总领事
陆伯彬　波士顿学院政治学教授
杜大伟　布鲁金斯学会约翰·桑顿中国中心资深研究员
韦德宁　乔治城大学美中全球议题对话项目执行主任
戴　博　伍德罗威尔逊国际学者中心基辛格中美关系研究所主任
韩　磊　清华—卡内基全球政策中心主任
荣大聂　荣鼎集团创始合伙人
葛小伟　俄克拉荷马大学美中问题研究所原主任

《合众存异:美国人的历史》

由上海市美国问题研究所与上海社会科学院出版社合作组织编译的《美国之路》系列丛书之一——《合众存异:美国人的历史》一书正式出版发行。

《合众存异:美国人的历史》将宏观历史场面与微观历史事件完美结合,重点描述了美国不同区域的不同社群如何塑造了美国的历史,通过考察个人、社区、国家来展示美国的族群、地理和经济多样性,同时对于这些多样性的展示无不指向一个更为重要的事实:尽管美国社会存在着多种多样的族群,但它们都对美国历史的发展产生了影响,美国之所以成为美国,也正是这些社群合众存异的结果。

本书作者为约翰·马克·法拉格(John Mack Faragher)、玛丽·乔·布尔(Mari Jo Buhle)、丹尼尔·切特罗姆(Daniel Czitrom)和苏珊·阿米蒂奇(Susan H. Armitage)。

《上海与美国地方交流年度大事记(2017)》

由上海市美国问题研究所主编的《上海与美国地方交流年度大事记(2017)》由上海远东出版社正式出版发行。

这是继“2016 年卷”出版后,对 2017 年度上海与美国地方政府及民间各方在各领域双向交往的热点、亮点和重要事件进行的梳理和汇编。本卷收录了沪美地方交流的各类事项共计 1 300 余件,所涉及的领域主要包括文化艺术、教育、社会科学、外事、科技、医疗卫生、经济与金融等。其中,学术交流和院校际之间涉及众多专业领域的教育合作,如同往年一样占据条目总数半成。

通过梳理,大致可以看出 2017 年沪美交流的一些主要特点:第一,沪美双方互动交流密度大,涉及领域非常广泛;第二,双方交流层次高,参与沪美交流的行为体比较广泛;第三,美国官方在推动交流方面表现积极,非政府组织的参与非常主动、活跃。

机关党建

JI GUAN DANG JIAN

机关建设

上海市社联举行“不忘初心，牢记使命，做新时代社联人”足迹寻访活动

1月10日，按照上海市委宣传部“不忘初心，牢记使命，贯彻落实党的十九大精神”学习实践活动部署，经上海市社联党组同意，机关党委和机关工会精心策划、共同组织的“不忘初心、牢记使命，做新时代社联人”——上海市社联成立60周年足迹寻访活动正式启动，这也拉开了2018年上海市社联成立60周年庆的序幕。

市社联党组成员、专职副主席、机关党委书记解超做了热情洋溢的动员讲话。他指出，一个甲子的时光里，市社联办公场所和重要活动场地虽然几经变换，不变的是市社联“繁荣发展哲学社会科学”的初心。此次寻访活动是一次体验式、团队式、竞技式的对市社联60周年发展脉络进行系统回溯的全新尝试，是社联人对历史的尊重、对当下的总结和对未来的期许。他最后强调，要“不忘初心，牢记使命！做新时代的社联人！和市社联一起迈向新时代！”市社联党组成员、专职副主席任小文为活动鸣响了动员令。

10个小组近50人的寻访队伍各自规划路线，以徒步加公共交通工具换乘的方式，用时5个小时，相继完成了对包括中共一大纪念地、中国社联左联活动旧址、茂名南路上海市社联成立发源地、中国特色哲学社会科学话语体系建设浦东论坛、中国创世神话上海交大论坛、社科会堂等十余处主线任务和随机任务的寻访。在寻访处中，社联人齐声地朗读历史，用“60”等造型为社联送上生日祝福。此次寻访活动共诞生一等奖一名，二等奖二名，三等奖三名。市社联机关党委领导为获奖队员颁奖并合影。

上海市社联召开 2017 年度党组民主生活会

2月1日,经上海市委组织部和市委宣传部同意,上海市社联召开 2017 年度党组民主生活会,市委宣传部副部长、市社联党组书记燕爽主持会议,党组成员解超、任小文出席会议。上海市第十八督导组与会指导点评,市委宣传部干部处、市社联机关党委及机关工会有关同志列席会议。

会前,市社联党组围绕今年民主生活会主题组织两次中心组专题学习,召开征求意见座谈会,开展谈话谈心,广泛征求社科界代表和机关干部的意见,认真进行班子和个人对照检查、查摆问题,为开好民主生活会打下坚实的基础。市社联党组民主生活会的准备工作也得到了督导组的帮助和指导。

会上,围绕民主生活会主题,燕爽首先代表市社联党组从六个方面重点对照查摆,共列举了 14 个具体问题并逐一进行原因分析,结合市社联中心工作提出六个方面共 17 条整改措施。随后,党组成员逐一进行对照检查,燕爽同志率先开展批评与自我批评,大家发言开门见山、直面问题,找出了存在的不足和差距,并结合自身实际认真分析原因,提出了今后的努力方向和改进措施。在批评与自我批评过程中,党组班子成员勇于点明问题,敢于担当责任,开诚布公地反省自身,热心中肯地帮助同志,会议气氛严肃而又热烈。

上海市第十八督导组组长陈雪强对市社联党组民主生活会进行了点评。他指出:市社联党组班子高度重视做好民主生活会会前准备工作,组织了两次专题学习研讨,为开好民主生活会打下良好的思想基础。广泛征求了社科界代表和机关干部意见,认真进行班子和个人对照查摆。民主生活会上,党组主要负责同志表率作用明显,班子成员之间批评与自我批评坦率诚恳,提意见举事例,直指问题不回避。班子对照检查材料质量高,查摆问题具体到位,分析原因深刻透彻,整改措施目标明确。这次民主生活会是一次高质量的民主生活会,达到了预期目的。陈雪强对民主生活会会后情况通报、抓好整改措施落实提出了要求。

燕爽同志最后表态,将围绕班子建设和中心工作,认真对照问题,制定整改措施,抓好落实。民主生活会情况要在学会党建会和机关干部一定范围内进行通报。

2 月 13 日,市社联机关召开民主生活会情况通报会,市社联党组成员、专职副主席解超向机关、刊业中心干部通报了民主生活会情况。

上海市社联机关党委赴奉贤南星村进行春节慰问活动

2月7日下午，上海市社联党组成员、专职副主席，机关党委书记解超同志带领机关党委、部分支部代表一行，到市社联结对帮扶对象奉贤区青村镇南星村开展春节慰问活动。在座谈交流过程中，双方回顾了三轮近十年结对帮扶工作，就南星村经济社会发展的现状及在落实党的十九大精神，实施乡村振兴战略背景下南星村的发展思路和举措进行了深入的讨论。南星村村委向市社联赠送锦旗“心系百姓办实事，结对帮扶促和谐”，感谢市社联多年来对南星村建设的支持与关心。双方领导为“社联科普活动园”揭牌，社联科普处为活动园宣传栏精心布置了党的十九大精神宣讲内容。解超同志还带领机关同志一起慰问了南星村困难村户，为他们送上节日慰问食品。

上海市社联机关召开离退休老同志迎新春团拜会

2月8日上午，上海市社会科学界联合会老同志迎新春团拜会在市社联本真堂举行，离退休老同志近50人参加，大家欢聚一堂，其乐融融，本真堂里洋溢着一派迎新春的喜庆气氛。

中共上海市委宣传部副部长、市社联党组书记燕爽同志出席团拜会，向离退休老同志汇报了市社联2017年工作情况和2018年工作思路。燕爽同志在发言中指出，2017年的市社联工作，在老同志们关心支持下取得了丰硕的成果，特别是年初成功召开了市社联第七次代表大会，完成了市社联换届工作，为各项工作顺利推进打下了扎实基础。2018年是市社联成立60周年，我们要把纪念市社联成立60周年和习近平加快构建中国特色哲学社会科学讲话2周年相结合，不忘初心、牢记使命、继续奋斗，不断推进中国特色哲学社会科学事业繁荣与发展。希望老同志们也参与到市社联60周年活动中来，继续关心支持市社联各项工作。燕爽同志还带领党组班子成员解超同志、任小文同志给老同志们拜年，送上诚挚的节日祝福，祝老同志们新春快乐，身体健康，万事如意！

团拜会上放映了纪念上海市社联成立60周年城市足迹寻访活动短片，邀请了中医专家作了穴位保健按摩讲座。会后，离退休党员和在职党员一起观看了电影《邹碧华》。

上海市社联组织党员干部观看电影《邹碧华》

2月8日中午，上海市社联机关党委组织在职党员及离退休近80位党员集体赴电影院观看电影《邹碧华》，学习时代英模人物的先进事迹。观影后，大家纷纷表示被邹碧华同志的事迹深深打动，表示要学习他不忘初心、牢记使命，坚守信念、敢于担当，鞠躬尽瘁、知行合一的精神，做忠于岗位、忠于道义，无愧时代与人民的共产党员。

上海市社联机关党委布置 2017 年度基层党组织组织生活会和民主评议党员工作

2 月 13 日上午，上海市社联召开党建专题工作会议，布置专题组织生活会和民主评议党员工作。会议由机关党委副书记应毓超同志主持，机关党委书记解超同志出席会议并讲话。会上，机关党委副书记厉强同志对 2017 年度基层党组织组织生活会和开展民主评议党员工作进行了布置，机关纪委委员王克梅同志传达了中组部关于处置不合格党员通知精神。市社联机关党委、机关纪委委员、各支部委员共 14 人出席会议。

上海市纪委驻市委宣传部纪检组到上海市社联走访调研

3月1日,上海市纪委驻市委宣传部纪检组组长杨永平同志一行走访上海市社联,就市社联落实党风廉政建设主体责任、监督责任,开展“四责协同”工作进行调研。市社联党组成员、专职副主席解超,党组成员、副巡视员、办公室主任莫剑平陪同走访和调研。市社联机关党委、机关纪委以及各处室、刊业中心负责人参加了调研座谈。

座谈会上,解超同志向驻部纪检组领导介绍了市社联基本情况和党风廉政建设工作情况,并代表党组向纪检组领导关心市社联党风廉政建设工作表示感谢。杨永平同志仔细听取汇报并不时与大家进行交流。他在讲话中对市社联党组加强党风廉政建设工作给予充分肯定,并就市社联党风廉政建设提出三点意见。一是坚持向下压实管党治党责任,全面领会、准确把握中央纪委、市纪委和宣传系统党建工作会议、纪检监察工作会议精神,切实履行好全面从严治党的主体责任和监督责任,结合市社联实际研究制定2018年党风廉政建设工作计划。二是毫不放松抓好廉政风险防控,以此为抓手加强内部管理、推进工作规范高效,要发挥市社联各级党组织在抓好廉政风险防控的主体作用,组织市社联各单位、各部门深化认识,继续做好加强风险点排摸和完善防控制度机制工作。三是努力提高纪检队伍业务能力。希望市社联针对机关纪委成立时间不长的实际,加强工作指导,加强业务学习培训,不断提高纪检干部履职能力,不断健全工作运行机制,增强监督实效,在深入推进市社联全面从严治党的各项工作中发挥应有的作用。解超同志表示,市社联将按照杨永平同志讲话中提出的要求,认真贯彻落实宣传系统纪检监察工作会议精神,推动市社联党风廉政建设的各项工作。

上海市社联组织全体党员开展“铭记建党历程，时刻不忘初心”主题党日活动

3 月 8 日，上海市社联机关党委组织全体党员开展“铭记建党历程，时刻不忘初心”主题党日活动，党组成员、副巡视员莫剑平带领全体党员重温入党誓言。

根据上海市社联“不忘初心、牢记使命，贯彻落实党的十九大精神”学习实践活动实施方案，机关党委组织党员和入党积极分子参观中共一大会址纪念馆和南湖革命纪念馆，了解中国共产党创建和奋斗的光辉历程。全体党员在中共一大会址纪念馆集体面对党旗，重温入党誓词。通过活动，党员同志们重走一大路，了解建党历程，重温入党誓词，学习感悟习近平总书记提出的“红船精神”，深刻体会“其作始也简，其将毕也必巨”，感受中国共产党从小到大，不断壮大，领导人民取得举世瞩目伟大成就的骄傲和自豪，更加坚定听党话、跟党走的理想信念。大家纷纷表示，要按照习近平总书记提出的“不忘初心、牢记使命、永远奋斗”的要求，不断增强四个意识，立足岗位，做一名合格的共产党员。

上海市社联机关、所属事业单位约 50 名党员及入党积极分子参加了活动。

上海市社联举行新闻及会议摄影技能培训讲座

3月23日，上海市社联机关党委、工会联合举行新闻及会议摄影技能培训讲座。本次讲座作为社联提高干部队伍素养系列讲座之一，旨在让各部门信息员进一步认识信息工作的重要性，掌握新媒体宣传工作技能，不断创新工作方法，努力提升信息报送工作水准。市社联党组成员、副巡视员莫剑平主持讲座并就机关信息工作提出要求。

讲座特邀上海市摄影家协会、上海华侨摄影协会会员，佳能(中国)特聘讲师丁介仁讲授新闻及会议中的摄影技巧。丁老师是一位拥有30多年摄影经验的资深摄影专家，他用自己在各种新闻活动中拍摄的作品为例，结合摄影器材使用技能，就新闻摄影如何展现人物、场景、内容等要素，为大家分享了多种实用创作技法。丁老师还现场点评了各部门信息员所拍摄的会务照片。来自市委宣传部，上海社科院，市作协及社联各部门、刊业中心、所属事业单位的约40位同志聆听了讲座。

上海市社联开展“不忘初心、牢记使命，贯彻落实党的十九大精神”主题系列活动

为深入学习、贯彻、落实习近平新时代中国特色社会主义思想和党的十九大精神，上海市社联机关党委近期根据年度党建工作部署，积极开展“不忘初心、牢记使命，贯彻落实党的十九大精神”学习实践活动。通过初心教育、使命教育、党性教育，引导广大党员自觉联系思想实际，不断坚定理想信念，不断加强共产党人“心学”修炼。

市社联机关党委根据市社联“不忘初心、牢记使命，贯彻落实党的十九大精神”学习实践活动实施方案，开展了系列活动。继 1 月启动“不忘初心、牢记使命，做新时代社联人”——上海市社联成立 60 周年足迹寻访活动，3 月开展“铭记建党历程，时刻不忘初心”主题党日活动，参观了中共一大会址纪念馆和南湖革命纪念馆，4 月 8 日，机关党委又组织开展了“从石库门到天安门”美术作品展参观学习活动。机关及所属事业单位全体在职党员、入党积极分子和党外群众代表近 40 人参加了活动。

青岛市社科联(院)到访上海市社联机关党委调研基层党建工作

4月26日,青岛市社科联(院)机关党总支专职副书记唐珊等一行6人到访上海市社联。市社联党组成员、副巡视员莫剑平及机关党委、社团党建办相关同志与青岛市社科联一行就基层党建工作进行了交流座谈。

会上,莫剑平介绍了上海市社联开展机关党建工作的基本情况。机关党委、社团党建办就上海市社联落实党建工作责任制,党建工作覆盖学术社团等特色亮点工作做了详细介绍,唐珊介绍了青岛市社科联(院)机关党建工作基本情况。双方还围绕如何使党建与社科工作有机结合,以党建促业务发展、以业务发展检验党建成效;科研单位如何强化政治引领,将党建活动融入学术活动;以及社团党建工作如何增强吸引力,体现实效性等进行了深入交流与研讨。

上海市社联召开机关及所属事业单位党支部书记例会

4 月 28 日，根据机关党建工作部署，上海市社联机关党委召开了机关及所属事业单位党支部书记例会。市社联党组成员、专职副主席、机关党委书记解超主持会议并讲话。党组成员、副巡视员莫剑平，以及机关党委委员、机关纪委委员、机关及所属事业单位在职党支部书记、副书记、支委全体参加了会议。

会上，解超宣读了《市社联党组分工》。解超指出：会议的主要内容是学习贯彻市委宣传部对今年系统党建工作和纪检工作的整体部署，并对市社联全年机关党建工作进行布置落实。要求各党支部要根据会上下发的《2018 年上海市社联机关党建工作要点》和《支部年度工作提示》，结合自身实际，把握重点，精准发力，做到规定动作不折不扣，自选动作突破创新，不断提升机关党建工作能力水平。

会上，莫剑平传达了市委宣传部 2018 年党的建设工作会议精神，以及宣传系统党建工作专题培训会议精神。机关党委副书记厉强传达了市委宣传部 2018 年纪检监察工作会议精神，以及宣传系统 2018 年纪检监察工作要点。机关党委副书记应毓超就 2018 年社联机关党建工作要点作提示、解读。

会上，学会管理处党支部、科普工作处党支部、美国问题研究所党支部、办公室党支部，以及组织人事处党支部还围绕 2017 年支部工作情况作了交流发言。

会议要求党支部严把 2018 年党建工作目标要求，进一步提升党建活动的高度、温度和深度，坚持将党建融入业务，用业务推动党建，有效发挥党支部的战斗堡垒和党员的先锋模范作用，不断推动社联各项工作取得新的进展。

近期因刊业中心党支部书记和科研组织处党支部副书记工作变动，经机关党委研究决定，对这两个党支部做届中调整：李梅同志任刊业中心党支部书记，俞厚未同志任科研组织处党支部副书记。

上海市社联机关党委组织机关及所属事业单位在职干部职工、离退休老同志代表赴上海市历史博物馆参观学习

5 月 30 日下午，上海市社联机关党委组织机关及所属事业单位在职干部职工、离退休老同志代表共 40 余人，走进位于黄浦区的上海市历史博物馆，开展“不忘初心、牢记使命”主题党日活动。

上海市社联老同志为社联成立 60 周年庆生

“春风秋雨，历经六十寒暑；春华秋实，书就甲子华章。”在上海市社联诞辰 60 周年之际，40 余位市社联老领导、老同志于 2018 年 5 月 30 日聚会市社联本真堂，回顾市社联 60 年光辉岁月，共叙市社联美好篇章。

市社联党组成员、专职副主席任小文对老同志回家表示热烈的欢迎，对老同志曾经为市社联做出的贡献表示感谢和敬意，他还向老同志介绍了市社联成立 60 周年系列活动情况。会上，老同志们观看了市社联成立 60 周年专题文献片。

会后，老同志观看市社联成立 60 周年图片展。市委宣传部副部长、市社联党组书记燕爽和党组领导解超、任小文与老同志合影留念。

上海市社联召开机关青年干部基层挂职锻炼座谈会

6 月 15 日，上海市社联召开机关青年干部基层挂职锻炼座谈会。市社联党组成员、副巡视员莫剑平出席并发言。

座谈会上，大家畅所欲言，气氛热烈，挂职青年同志交流了挂职体会，就市社联青年干部挂职工作谈了自己的建议。大家纷纷表示，挂职收获很多，了解了不同的工作内容，对自己锻炼很大。大家一致认为，安排青年干部挂职不同的单位或岗位，对青年成长是一个很好的载体和形式，希望可以不断推进这项工作，给大家更广阔的学习和锻炼空间。

会上，市社联机关党委副书记、组织人事处处长厉强还对基层挂职锻炼总结考核作了要求。

上海市社联召开纪念建党 97 周年暨“两优一先”表彰、社联成立 60 周年活动总结大会

6 月 29 日，上海市社联在复旦大学召开纪念中国共产党成立 97 周年暨社联“两优一先”表彰、市社联成立 60 周年活动总结大会。市委宣传部副部长、市社联党组书记燕爽出席大会并讲话。市社联党组成员、专职副主席解超主持会议，党组成员、专职副主席任小文，党组成员、副巡视员莫剑平与会。市社联机关及所属单位在职党员、民主党派和党外群众代表 40 余人参与了活动。

会议首先表彰了 2018 年市社联“两优一先”。市社联党组成员、副巡视员莫剑平代表党组宣读 2018 年社联“两优一先”表彰决定。王龙、王志娟、王虹、方宁、龙菲、杨琳、周奇、胡晨寰、胡赟、梁玉国十位同志获 2018 年市社联优秀共产党员称号，王克敏、厉强、李梅、应毓超、陶丽五位同志获 2018 年市社联优秀党务工作者称号，办公室、科研组织处、科普工作处获 2018 年市社联先进党支部称号。会上，市社联党组成员、专职副主席任小文代表党组对市社联成立 60 周年活动做了工作总结。

上海市社联开展消防安全知识培训

8月16日下午，上海市社联开展消防安全知识培训讲座，邀请市消防培训中心王敏翔老师主讲。市社联党组成员、专职副主席解超与市社联机关，所属事业单位，物业管理单位有关同志近50人参加了培训。市社联党组成员、专职副主席任小文主持讲座。

培训讲座结合典型的火灾案例，就火灾危害性、公共场所火灾防患排查、火场逃生自救知识、消防器材的使用等方面进行了深入浅出的讲解。通过培训，市社联干部职工对消防安全的重要性有了更深层次的理解，掌握了必要的紧急疏散及逃生自救方法，进一步强化了消防安全观念，筑牢了消防安全防线。

上海市社联开展老干部夏送清凉工作

为使社联老干部安心舒适地度过炎夏，上海市社联于近期开展了“为老干部夏送清凉”的工作。社联党组领导高度重视，百忙中顶着炎炎酷暑，登门走访慰问了部分社联离休老同志和老领导，转达了党组织对他们的感谢和慰问，并祝愿他们今后的离退休生活健康美满。市社联机关党委、组织人事处还走访了部分困难退休同志。

在走访慰问过程中，工作人员与老同志亲切交谈，向老同志报告了社联的近期重点工作，耐心细致了解他们的现状，聆听他们对于老干部工作的意见与建议，也向他们详细传达了 2018 年老干部工作改革情况及各项政策待遇的落实情况。

目前，本年度的社联“夏送清凉”工作已圆满落幕。老同志们不但对组织的关心表示了感谢，还对市社联以及社科界今后的发展表达了殷切的期望。

上海市纪委驻市委宣传部纪检组组长杨永平莅临上海市社联调研指导工作

8月29日，上海市纪委驻市委宣传部纪检组组长杨永平莅临上海市社联调研指导工作，上海市社联党组成员、专职副主席解超出席调研座谈会并向驻部纪检组汇报了市社联纪检工作近况。双方就廉政文化建设和“海上风情”微信公众号建设进行了深入研讨。

在讲话中，杨永平首先对市社联的纪检工作给予了充分肯定。他指出，积极推进“不敢腐、不能腐、不想腐”一体化系统机制建设是落实市纪委监委工作要求的重要内容，加强党员干部思想教育，加强廉政文化建设，是构建“不想腐”生态环境，一体化推进“不敢腐、不能腐、不想腐”长效机制重要抓手。驻部纪检组要和系统各单位紧密协作，发挥宣传文化资源优势，共同构建不想腐的生态环境，打造廉政文化宣传教育品牌。这方面，驻部纪检组创办的“海上风清”微信公众号是一个重要载体和平台。目前，在宣传系统各单位积极响应和支持下，“海上风清”微号与系统相关单位合作开辟了“艺家议廉”“名家说廉”“专家论廉”等栏目，前期推出的内容受到中纪委、市纪委高度重视以及市委宣传部、媒体单位大力支持，引起系统内外广泛关注，产生很好的社会反响。市社联是党和政府联系上海广大社会科学工作者的桥梁纽带，有着深厚的专家资源，希望能在这方面做出贡献。

解超表示，今天座谈会很有意义，杨永平组长围绕加强廉政文化和“三不一体”机制建设，特别是如何构建“不想腐”生态环境的讲话，为我们开展新时期党风廉政工作打开了工作思路。市社联一定积极响应驻部纪检组的要求，要站在推进“三不一体”长效机制和廉政文化建设的高度认真研究落实，为打造上海宣传系统廉政文化品牌建设出力。

会议还研究了由驻部纪检组主办、市社联承办的《中国共产党纪律处分条例》(2018年修订版)知识竞赛有关事项，并布置相关组织工作。

“深入学习新条例、严格执纪树新风”上海市宣传系统纪检监察干部学习新版《中国共产党纪律处分条例》知识竞赛成功举行

9 月 27 日下午，由上海市纪委监委驻市委宣传部纪检监察组主办、上海市社联承办的“深入学习新条例、严格执纪树新风”——宣传系统纪检监察干部学习新版《中国共产党纪律处分条例》知识竞赛决赛在文艺会堂举行。市委宣传部副部长燕爽出席活动并讲话，驻部纪检组组长杨永平代表赛事主办方、市社联专职副主席任小文代表承办单位致辞。市纪委监委有关部门领导，宣传系统各单位纪委书记、纪检监察干部以及特邀单位代表近 200 人出席观摩知识竞赛。

上海市社联组织退休老同志赴浙江嘉兴南湖开展“看改革成果、看经济发展、看社会进步”活动

10月24日，上海市社联组织退休老同志赴浙江嘉兴南湖开展“看改革成果、看经济发展、看社会进步”活动。大家首先取道南湖湖心亭，参观南湖红船、烟雨楼等革命遗迹；接下来前往南湖革命纪念馆重温建党90多年来的奋斗业绩和基本经验，重温革命先驱的丰功伟绩和革命领袖的谆谆教诲；下午漫游古运河畔的月河历史街区，感受传统与现代交织的江南水乡文化。

上海市社联一行参观“上海社科大师”陈从周百年诞辰致敬展

11 月 12 日，上海市委宣传部副部长、上海市社联党组书记燕爽，党组成员、专职副主席任小文，党组成员、副巡视员莫剑平陪同市社联老领导赴解放日报社观看“陈从周百年诞辰致敬展”。解放日报社党委书记李芸，总编辑陈颂清，党委副书记周智强，副总编马笑虹等领导陪同观展。

参观完展览，大家还参观了解放日报社历史展。市社联老领导秦绍德、林炳秋、施岳群、武克全、沈国明、桑玉成参加了活动。

上海市社联机关及所属单位集体参观陈从周百年诞辰致敬展

11月27日，值陈从周先生诞辰之际，上海市社联机关党委组织机关及所属单位干部职工集体参观展览。

展览大厅的布局充分体现了江南园林的建筑风格，丰富的展品反映了陈从周大师在古建筑、园林艺术以及诗画昆曲等方面的斐然成就，而其中大师与各界名流交往的书信、书画作品尤其引人注目。市社联一行仔细聆听讲解，认真观赏、揣摩每一件展品，在展室播放的大师宣传片前驻足观看，深切感受到陈从周先生的学术成就、学术贡献、在社会活动和社会交往中所发挥的重要影响力，以及他自身的人格魅力。

据策展人介绍，陈从周百年诞辰致敬展自2018年9月29日展出以来，受到社会广泛关注，各界参观人士络绎不绝，展览原定11月底结束，应各方要求决定展览延长至12月底。市社联机关党委年底将开展“走近大师　传承精神——寻访社科大师”活动，经与主办方商定，陈从周百年诞辰致敬展将作为活动重要寻访点。

市社联一行还参观了解放日报社历史展。

上海市社联老领导赴社科会堂查勘修缮项目现场施工情况

12 月 7 日，上海社联老领导林炳秋、武克全赴社科会堂查勘修缮项目现场施工情况，市社联党组成员、专职副主席任小文陪同介绍。

社科会堂修缮项目一直受到市社联领导的高度重视，老领导在施工现场讲述了社科会堂建造历史以及 20 年来在服务社科界中发挥的巨大作用，并对升级改造方案高度肯定，极大鼓舞了现场工作人员干劲。

上海市社联召开党组班子 2018 年度述职测评会

12 月 14 日，上海市社联召开党组班子和领导干部年度工作述职测评会。市委副秘书长燕爽代表上海市社联党组作 2018 年度工作述职及干部选拔任用情况报告。市社联党组成员、专职副主席解超、任小文，党组成员、副巡视员莫剑平同志分别作个人述职。市社联处级干部、机关党委、机关纪委及各党支部委员，机关工会、民主党派代表出席会议并参加民主测评。根据有关要求，会前组织人事处将年度干部工作有关统计情况及评议表发给相关人员先行了解。

上海市社联召开机关及所属事业单位党支部书记例会

12 月 19 日，上海市社联机关党委召开了机关及所属事业单位党支部书记例会。党组成员、副巡视员莫剑平主持会议并讲话。机关党委委员、机关及所属事业单位在职党支部书记、副书记、支委全体参加了会议。

会上，机关党委副书记厉强传达了《中国共产党支部工作条例（试行）》，以及市委组织部《关于严格落实“三会一课”制度的实施办法（试行）》等三个党的组织生活制度的文件通知，介绍了发展党员专项检查及支部规范化建设有关情况，布置了年度考核工作。机关党委副书记应毓超对 2018—2019 年度宣传系统基层党建课题调研申报工作作了动员。机关党委青年委员李梅介绍了机关党委正在筹备组织的“走近大师　传承精神”主题寻访活动有关情况。相关党支部交流了本年度支部党员发展工作情况。会上还对年底相关党建工作进行了布置。

工会工作

上海市社联一行赴上汽集团临港基地和上海海洋大学临港校区参观学习

4 月 18 日，上海市社联工会委员会组织全体会员赴上汽集团临港基地和上海海洋大学临港校区参观学习。市社联党组成员、专职副主席解超及 30 余名工会会员积极参与。本次活动是市社联纪念改革开放 40 周年系列活动之一，目的是为了拓宽市社联干部职工的视野，激励全体社员。

上海市社联工会组织“天生我才——第一届社联职工子女网上才艺大展”

6月1日，上海市社联工会推出了主题为“天生我才——第一届社联职工子女网上才艺大展”活动。三十多位职工的16周岁以下的子女，通过网络展示了各自的才艺。

上海社科界合唱团荣获首届全国合唱艺术节混声合唱比赛二等奖

9 月 7 日至 9 日，上海市社会科学界合唱团参加了由中国合唱协会主办的“华夏根·黄土情　陕西(神木)首届全国合唱艺术节”，这是该合唱团成立七年来首次在全国合唱赛事亮相。来自全国的 35 个中老年合唱团、1 600 多名合唱演员在神木大剧院同台竞唱，经过三场比赛及评委的严格评审，最终评选出本届合唱艺术节老年组混声合唱、老年组女声合唱、成人组混声合唱、优秀指挥等奖项，上海市社会科学界合唱团荣获老年组混声合唱二等奖。

上海市社联组织党员干部和工会会员赴中船江南长兴造船基地参观学习

10 月 31 日，上海市社联机关党委和工会委员会组织全体党员干部和工会会员赴中船江南长兴造船基地参观学习。市社联党组成员、专职副主席解超，党组成员、副巡视员莫剑平等 60 余位干部职工参与活动。

大 事 记

DA SHI JI

1月

1月7日下午，“多学科视野：蔡元培与中华民族伟大复兴”学术研讨会在蔡元培故居旁举行。研讨会由上海市社会科学界联合会和中共上海市静安区委宣传部主办，由静安区文化局、上海炎黄文化研究会、上海市历史学会、上海市哲学学会、上海市伦理学会、上海蔡元培故居陈列馆承办。市社联党组成员、专职副主席解超出席会议并致辞。上海炎黄文化研究会会长杨益萍主持会议。

1月10日，按照上海市委宣传部“不忘初心，牢记使命，贯彻落实党的十九大精神”学习实践活动部署，经上海市社联党组同意，机关党委和机关工会精心策划、共同组织的“不忘初心、牢记使命，做新时代社联人”——上海市社联成立60周年足迹寻访活动正式启动。

1月12日，上海市社联召开2017年年度处级领导干部述职大会。机关各处室和所属事业单位负责人分别进行了年度工作总结和个人述职，社联党组燕爽、解超、任小文和40余名干部群众参加述职大会。市委宣传部副部长、市社联党组书记燕爽代表党组对社联广大干部群众2017年的辛勤工作表示肯定和感谢，对新一年工作提出要求和期望。市社联党组成员、专职副主席解超主持会议。

1月15日，根据上海市纪委机关、市委组织部和市委宣传部的要求，为开好2017年度社联党组民主生活会，市社联分别召开本市社会科学工作者代表、机关处室及所属单位负责人征求意见座谈会，党组成员、专职副主席解超主持座谈会，广泛征求对党组及其成员在思想、组织、作风、纪律等方面的意见建议。

1月16日下午，“2017年度中国十大学术热点发布会暨面向新时代的中国学术研究展望论坛”在中国人民大学举行。此次发布会和论坛由《学术月刊》杂志社、《光明日报》理论部、中国人民大学书报资料中心共同主办。

1月29日，上海市美国问题研究所和上海社会科学院历史研究所联合召开“新时代下如何推进公共外交和民间外交：历史与实践”研讨会。与会专家分析了民间外交与公共外交、民间外交与城市外交以及民间交流与民间外交的关系，并就如何从历史和实践两方面总结经验，进一步推进民间外交和公共外交工作进行了热烈的讨论。

2月

2月1日，澳门大学社会科学与人文学院政府与行政学系王建伟教授访问上海市美国问题研究所，并围绕特朗普政府发布的首份《国家安全战略报告》及其可能对中美关系产生的影响作讲座。

2 月 1 日，经上海市委组织部和上海市委宣传部同意，上海市社联召开 2017 年度党组民主生活会，市委宣传部副部长、市社联党组书记燕爽主持会议，党组成员解超、任小文出席会议。市第十八督导组与会指导点评，市委宣传部干部处，社联机关党委、机关工会有关同志列席会议。

2 月 7 日，海南省社科联党组书记、主席钟业昌，副主席祁亚辉等一行 5 人到上海市社联进行调研交流。

2 月 7 日下午，上海市社联党组成员、专职副主席，机关党委书记解超同志带领机关党委、部分支部代表一行，到市社联结对帮扶对象奉贤区青村镇南星村开展春节慰问活动。

2 月 8 日上午，上海市社会科学界联合会老同志迎新春团拜会在市社联本真堂举行，离退休老同志近 50 人参加。

2 月 8 日中午，上海市社联机关党委组织在职党员及离退休近 80 位党员集体赴电影院观看电影《邹碧华》，学习时代英模人物的先进事迹。

2 月 9 日，上海市社联召开七届二次全委会暨 2018 年社科界迎春座谈会，近百位上海社科界专家学者与联建单位同志欢聚一堂，共同回顾 2017 年上海市社联工作情况，展望 2018 年社科事业发展面临的新机遇、新任务。市社联主席王战出席会议并致辞，市委宣传部副部长、市社联党组书记燕爽作工作报告，社联专职副主席解超、任小文主持会议。

2 月 13 日，上海市社联机关召开民主生活会情况通报会，市社联党组成员、专职副主席解超向机关、刊业中心干部通报了民主生活会情况。

2 月 13 日上午，上海市社联召开党建专题工作会议，布置专题组织生活会和民主评议党员工作。会议由机关党委副书记应毓超同志主持，机关党委书记解超同志出席会议并讲话。会上，机关党委副书记厉强同志对 2017 年度基层党组织组织生活会和开展民主评议党员工作进行了布置，机关纪委委员王克梅同志传达了中组部关于处置不合格党员通知精神。社联机关党委、机关纪委委员、各支部委员共 14 人出席会议。

2 月 23 日，上海市社联召开干部大会，宣布市委、市委宣传部干部任职通知。市委宣传部副部长、社联党组书记燕爽主持会议，社联党组成员、专职副主席解超、任小文，党组成员、副巡视员莫剑平，市委宣传部干部处处长成蔚等出席，机关及刊业中心全体干部参加会议。

会上，市委宣传部干部处处长成蔚同志宣读市委关于莫剑平同志任上海市社会科学界联合会副巡视员、市委宣传部关于莫剑平同志为社联党组成员的通知。会议还宣布了莫剑平同志兼任社联办公室(外事处)主任的通知。

2月23日，上海市社联召开2017年度先进表彰大会。市委宣传部副部长、市社联党组书记、专职副主席燕爽出席大会。党组成员、专职副主席解超主持会议，党组成员、专职副主席任小文宣读2017年度社联机关和刊业中心先进集体、优秀个人名单，党组成员、副巡视员莫剑平宣读优秀工作项目名单。

3月

3月1日，上海市纪委驻市委宣传部纪检组组长杨永平同志一行走访上海市社联，就上海市社联落实党风廉政建设主体责任、监督责任，开展“四责协同”工作进行调研。上海市社联党组成员、专职副主席解超，党组成员、副巡视员、办公室主任莫剑平陪同走访和调研。市社联机关党委、机关纪委以及各处室、刊业中心负责人参加了调研座谈。

3月2日，上海市社联举行2018年度学术团体负责人暨党建工作会议。来自市社联所属学会及民办社科研究机构的200余位负责人参加了会议。市委宣传部副部长、市社联党组书记、专职副主席燕爽出席会议并就新一年本市哲学社会科学学术团体的工作进行了部署。市社联党组成员、专职副主席解超主持会议，并传达了中央、市委相关文件精神。市社联党组成员、副巡视员莫剑平作学术团体2017年度工作总结和2018年度工作通报。

3月8日，上海市社联机关党委组织全体党员开展“铭记建党历程，时刻不忘初心”主题党日活动，党组成员、副巡视员莫剑平带领全体党员重温入党誓言。机关党委组织党员和入党积极分子参观中共一大会址纪念馆和南湖革命纪念馆，了解中国共产党创建和奋斗的光辉历程。市社联机关、所属事业单位约50名党员及入党积极分子参加了活动。

3月16日下午，《上海市志・科学分志・人文社会科学卷(1978—2010)》编纂办公室会议在上海市社联召开。

3月17日，由上海市社会科学界联合会、中共上海市委党校和上海市马克思主义研究会共同举办的上海市马克思主义研究季度论坛——“改革开放新指南:习近平新时代中国特色社会主义思想”研讨会召开。

3月23日，由上海市社联主办的“东方讲坛・思想点亮未来系列讲座”第三季首讲启动，本季由向明高级中学、上南中学、复兴高级中学等36家中学协办。

3月23日，上海市社联机关党委、工会联合举行新闻及会议摄影技能培训讲座。本次讲座作为社联提高干部队伍素养系列讲座之一，旨在让各部门信息员进一步认识信息工作的重要性，掌握新媒体宣传工作技能，不断创新工作方法，努力提升信息报送工作水准。市社联党组成员、副巡视员莫剑平主持讲座并就机关信息工作提出要求。讲座特邀上海市摄影家协会丁介仁讲授新闻及会议中的摄影技巧。

3月24日，复旦大学举行了"新时代中国特色社会主义政治经济学理论创新论坛暨我国著名马克思主义经济学家蒋学模先生百岁诞辰纪念研讨会"。中共上海市委宣传部副部长、市社联党组书记燕爽，南京大学原党委书记、全国综合性大学《资本论》研究会会长洪银兴，复旦大学党委副书记刘承功，上海市社联专职副主席任小文，上海市经济学会会长周振华，复旦大学经济学院教授张晖明等50余人与会。会上，举行了上海市哲学社会科学研究基地"复旦大学中国特色社会主义政治经济学研究中心"授牌仪式，以及上海市经济学会"政治经济学研究专业委员会"成立仪式。

3月27日，中国人民大学人文社会科学学术成果评价发布论坛暨学术评价与学科发展研讨会在中国人民大学召开。在会上发布的《2017年度复印报刊资料转载指数排名研究报告》和《复印报刊资料重要转载来源期刊（2017版）》中，《学术月刊》2017年被转载量在社科院、社科联主办的综合性学术期刊中蝉联第一，再次入选重要转载来源期刊，《探索与争鸣》也荣获了第六名的好成绩。

3月27日，中国社科院科研局副局长王子豪率调研组一行5人到访上海市社联，并围绕"繁荣发展新时代中国特色哲学社会科学"这一主题召开座谈会。

3月29日，上海市第十四届哲学社会科学优秀成果（2016—2017）评奖委员会会议在市社联召开。市社联专职副主席、市哲社评奖委员会秘书长解超主持会议并介绍了本届评奖条例的修订情况，市社联主席、市哲社评奖委员会副主任王战为多位委员颁发聘书，市社联科研处处长、市哲社评奖委员会办公室主任金红介绍本届评奖实施办法。多位委员就本届评奖实施办法作了深入讨论。市委宣传部副部长、市社联党组书记、市哲社评奖委员会副主任燕爽出席会议并讲话。

3月30日下午，上海市社联召开本市社科理论人才队伍建设专题研讨会。根据市委宣传部"优化完善人才培养集聚机制，打造上海文化人才品牌"的专项调研任务，由市社联牵头开展社科理论人才队伍建设调研。市教委人事处和本市主要社科单位科研管理、人事管理部门主要负责人20余人出席会议。与会专家们围绕上海社科理论人才队伍建设的现状与问题做了深入研讨，对市委宣传部、市社联在人才发掘、培养、选拔等方面工作提出了中肯的意见和建议。市社联党组成员、副巡视员莫剑平主持研讨会，市委宣传部干部处副处长卢东出席会议。

4 月

4 月 1 日，由上海市社会科学界联合会、上海世纪出版(集团)有限公司等单位提供指导，由上海人民出版社、格致出版社主办的“迈向卓越的全球城市：全球城市理论前沿与上海实践”高端研讨会，在上海中心大厦成功举行。

4 月 3 日上午，上海市第十四届哲学社会科学优秀成果(2016—2017)评奖申报工作会议在社联群言厅召开。上海市社联专职副主席、市哲社评奖委员会秘书长解超出席会议并讲话。本市 40 多家高校科研管理部门负责同志参加会议。本届评奖设学术贡献奖、中国特色社会主义理论奖、学科学术奖及决策咨询和社会服务奖四个奖项类别，评奖申报期自 2018 年 4 月 9 日至 5 月 9 日。

4 月 10 日，上海市社联前主席李储文同志追思会在社联举行。上海市社联专职副主席解超介绍了李储文同志生平事迹，上海市社联原主席秦绍德，李储文同志之女李松梅，市社联老领导林炳秋、潘世伟、桑玉成等在会上追忆与李老共事的难忘岁月，共同缅怀外交家、社会活动家、市社联前主席李储文同志，这位为党和国家作出杰出贡献的百岁老人。

4 月 11 日上午，上海市社联专职副主席解超一行到《大江南北》杂志社调研座谈，听取工作汇报，并与杂志社领导、老同志以及工作人员一起座谈。

4 月 14 日，以“保障劳动幸福，彰显社会主义精神”为主题的“第三届劳动人权马克思主义论坛——2018”关于劳动的哲学、伦理学及跨学科研究高端学术论坛召开，本次论坛由上海师范大学知识与价值科学研究所等单位共同主办。上海市社联专职副主席解超教授、《解放日报》社党委副书记周智强、上海师范大学副校长柯勤飞教授出席论坛开幕式并致辞，上海师范大学马克思主义学院院长周书俊教授主持论坛开幕式。

4 月 15 日，ECNU Review of Education(《华东师大教育评论》英文刊)在美国纽约隆重举办新刊全球发布会。这也是国内高校第一次为主办的英文学术期刊选择国际通行的形式在国际的舞台上亮相。

此次发布会吸引了来自美国哥伦比亚大学、斯坦福大学、联合国教育事务部门和微软教育等国际机构的一百多位学者、官员和有影响力的社会人士，并有来自世界各国的万余名教育研究学者也参加了此次全美教育研究学会年会。

4 月 18 日，上海市社联工会委员会组织全体会员赴上汽集团临港基地和上海海洋大学临港校区参观学习。市社联党组成员、专职副主席解超及 30 余名工会会员积极参与。

4 月 20 日，上海市社会科学界联合会、上海国际航运研究中心、上海市生产力学会联合举办“面向新时代的国际航运中心”高端论坛。

4 月 21 日，由上海市中国特色社会主义理论体系研究中心、上海市社会科学界联合会、华东政法大学主办，上海科学社会主义学会、华东政法大学马克思主义学院承办的“马克思、马克思主义与习近平新时代中国特色社会主义思想——纪念马克思诞辰 200 周年”学术研讨会在华东政法大学长宁校区召开。

4 月 21 日，由上海市社会科学界联合会、上海对外经贸大学联合主办，上海对外经贸大学贸易谈判学院承办的“新时代上海国际贸易发展实践”高端论坛，在上海对外经贸大学古北校区博观楼举行。

4 月 26 日，青岛市社科联(院)机关党总支专职副书记唐珊等一行 6 人到访上海市社联。市社联党组成员、副巡视员莫剑平及机关党委、社团党建办相关同志与青岛市社科联一行就基层党建工作进行了交流座谈。

4 月 28 日，上海市习近平新时代中国特色社会主义思想研究中心和上海社会科学院主办的“习近平新时代中国特色社会主义思想”理论内涵与逻辑构建研讨会在上海社科院举行。本次会议由上海社科院中国马克思主义研究所承办，《学术月刊》编辑部、《毛泽东邓小平理论研究》杂志社、《社会科学报》社协办。

5 月

5 月 4 日上午 10 时，纪念马克思诞辰 200 周年大会在人民大会堂举行。上海市社联党组成员、专职副主席解超，党组成员、副巡视员莫剑平及市社联各处室干部职工一同收看会议直播，认真聆听了习近平总书记在纪念大会上的重要讲话。

5 月 5 日上午，上海市美国问题研究所和上海社科院国际问题研究所联合举办了“中美贸易谈判评估与未来发展建议”研讨会。

5 月 7 日，上海市社联召开第七届委员会主席团第三次会议。市社联主席王战，市委宣传部副部长、市社联党组书记、专职副主席燕爽出席会议并讲话。会议由市社联专职副主席、秘书长解超主持，市社联专职副主席任小文作纪念习近平总书记“5・17”重要讲话两周年暨上海社联成立 60 周年系列活动的筹备情况、礼赞上海社科大师活动评选情况的专题报告，市社联党组成员、副巡视员莫剑平和市社联机关各处室、刊业中心负责人列席会议。

5 月 8 日上午，《上海市志・科学分志・人文社会科学卷(1978—2010)》“学术人物”

“学术成果”篇专家论证会召开。

5月13日，由上海市社会科学界联合会、上海财经大学人文学院联合主办的“文化差异与城市主体性”高端论坛在上海财经大学同新楼举办。

5月14日，“纪念习近平总书记‘5·17’重要讲话两周年暨上海社联成立60周年”会议在上海市社联隆重举行。市委常委、宣传部部长周慧琳出席会议并讲话。在此次会议上，市社联公布了首批“上海社科大师”人选名单，包括陈望道、孟宪承、贺绿汀、贾植芳、王元化、陆谷孙等在内的68位社会科学界已故著名学者当选。在成立60周年之际，上海市社联组织开展“礼赞上海社科大师”活动，向社科名家大师致敬。

5月16日，由上海市社会科学界联合会主办，《学术月刊》编辑部、《探索与争鸣》编辑部、上海社会科学院中国马克思主义研究所共同承办的“面向2050年的中国哲学社会科学”高峰论坛在上海社会科学院淮海中路总部举行。众多人文社会科学领域的著名学者、学术期刊界的专家编审、学术管理部门的管理者参加了本次论坛。

5月19日上午，中国浦东干部学院与上海市社会科学界联合会举办“教育强国”领导干部实践创新学术茶座。

5月21日，由上海市社会科学界联合会、上海申通地铁集团有限公司共同举办的“礼赞上海社科大师”地铁专列启动仪式在地铁9号线马当路站举行。

5月25日，第17届上海市社会科学普及活动周在中国金融信息中心开幕。上海市社会科学界联合会党组成员、专职副主席解超出席开幕式并致辞。开幕式上，市社联党组成员、副巡视员莫剑平为共产党宣言展示馆(陈望道旧居)、陈云纪念馆、中国“慰安妇”历史博物馆、上海大学溯园、中国金融信息中心等五家单位颁发“上海市社会科学普及示范基地”铜牌。开幕式由市社联科普处处长应毓超主持。

5月28日，上海市社联与商务委合作在地铁10号线上开通了“迎接中国国际进口博览会”地铁科普专列，向广大市民乘客宣传博览会的相关知识和信息。

5月29日，“东方讲坛·科技与人文的对话”系列讲座之“大数据与我们的生活”主题论坛在上海市北高新商务中心举行。本次论坛由上海市社会科学界联合会主办，上海市静安区国有资产监督管理委员会、上海市北高新(集团)有限公司和上海市大数据社会应用研究会联合协办。

5月30日，40余位上海市社联老领导、老同志聚会社联本真堂，回顾市社联60年光辉岁月，市社联党组成员、专职副主席任小文对老同志回家表示热烈的欢迎，对老同志曾经为社联做出的贡献表示感谢和敬意，他还向老同志介绍了社联成立 60 周年系列活动情况。会上，老同志们观看了市社联成立 60 周年专题文献片。

5 月 30 日下午，上海市社联机关党委组织机关及所属事业单位在职干部职工、离退休老同志代表共 40 余人，走进位于黄浦区的上海市历史博物馆，开展“不忘初心、牢记使命”主题党日活动。

6 月

6 月 1 日，上海市社联工会推出了主题为“天生我才——第一届社联职工子女网上才艺大展”活动。三十多位职工的 16 周岁以下的子女，通过网络展示了各自的才艺。

6 月 11 日下午，陕西师范大学白建才教授来访上海市美国问题研究所，以“隐蔽行动：美国实现对外战略目标的第三种选择”为题在“NGO 沙龙”作讲座。

6 月 14 日，辽宁省社科联党组书记、主席石坚一行 7 人到上海市社联进行调研与交流。

6 月 14 日，中华创世神话社科规划委托课题“古籍中的中华创世神话摘编”在上海政法学院举行研讨会。上海政法学院副校长姚建龙、上海市哲社规划办主任李安方、上海市社联专职副主席任小文出席研讨会并致辞。

6 月 15 日，经专家评审，上海市哲学社会科学学术话语体系建设办公室、上海市哲学社会科学规划办公室审核，33 项市哲学社会科学学术话语体系建设“改革开放 40 周年”研究系列项目获准结项。其中，“优秀”等级 4 项，“良好”等级 17 项，“合格”等级 12 项。

6 月 15 日，上海市社联召开机关青年干部基层挂职锻炼座谈会。市社联党组成员、副巡视员莫剑平出席并发言。会上，市社联机关党委副书记、组织人事处处长厉强还对基层挂职锻炼总结考核作了要求。

6 月 16 日，由上海市社会科学界联合会、上海交通大学科学史与科学文化研究院联合主办的“创新能力结构与上海科创中心建设”高端论坛，在上海交通大学闵行校区密西根楼举办。

6 月 21 日，中国创世神话产业开发学术研讨会在上海大学举行，上海市社联党组成员、专职副主席任小文出席会议并讲话。来自中国社科院、北京大学、复旦大学、华东师范大学、上海社科院、上海大学等20余所高校和科研机构的学者济济一堂，围绕论坛主题展开深入的学术探讨。

6月22日，由上海市社会科学界联合会、上海复旦规划建筑设计研究院联合主办的“新时代上海建设卓越全球城市的空间战略”高端论坛，在复旦大学逸夫科技楼召开。

6月27日，由上海市社联、上海市发展改革研究院、上海市经济学会和中国致公党上海市委参政议政委员会联合举办的“高质量发展与推进上海国际经济中心建设”高端论坛，在上海金融开放研究院成功举办。

6月27日，上海市国家保密局检查指导处处长曹家麟应邀来到社联，为市社联机关、事业单位党员干部，以及本市社科界各学术团体党工组有关同志作题为“增强党性意识做好保密工作”的辅导报告。市社联党组成员、专职副主席任小文主持会议，近200人出席了会议。

6月27日，上海市社联党组成员、专职副主席任小文带领学会管理处有关工作人员赴市社会团体管理局学习交流。市民政局副局长、市社团局局长蒋蕊以及市社团局登记处、社团处、民非处等相关处室负责人参加座谈。

6月29日，上海市社联和复旦大学共同举行揭牌仪式，《共产党宣言》展示馆（陈望道旧居）正式成为上海市社会科学普及示范基地。该馆位于复旦大学邯郸校区。揭牌仪式由市社联党组成员、副巡视员莫剑平主持，市社联专职副主席、秘书长解超，复旦大学副校长周亚明出席仪式并致辞。

6月29日，上海市社联在复旦大学召开纪念中国共产党成立97周年暨社联“两优一先”表彰、市社联成立60周年活动总结大会。上海市委宣传部副部长、市社联党组书记燕爽出席大会并讲话。市社联党组成员、专职副主席解超主持会议，党组成员、专职副主席任小文，党组成员、副巡视员莫剑平与会。市社联机关及所属单位在职党员、民主党派和党外群众代表40余人参与了活动。会议首先表彰了2018年市社联“两优一先”。市社联党组成员、副巡视员莫剑平代表党组宣读2018年社联“两优一先”表彰决定。

6月29日起，由上海市社会科学界联合会、解放日报·上观新闻联合制作的6集短视频“为什么是上海——探寻上海红色基因”将在上观新闻（App）“思想汇”栏目播出。

6月30日，由上海市习近平新时代中国特色社会主义思想研究中心、上海市社会科学界联合会和中共上海市委党校共同主办，上海市马克思主义研究会和中共上海市委党校马克思主义学院承办的“改革开放精神研究——马克思主义中国化理论品格研讨会”

召开。

7月

7月3日，中华创世神话课题组举办了“中华创世神话的传播、传承及其谱系”研讨会暨“神龙创世神话田野编、鲧禹创世神话田野编、中华创世神话图系”课题中期汇报会。上海市社联党组成员、专职副主席任小文出席会议并讲话。

7月10日下午，纽约长岛大学夏亚峰教授来访上海市美国问题研究所，并以“从杜鲁门到特朗普：二战结束以来的美国总统与美国对华政策的演变”为主题作讲座。

7月14日，上海交通大学神话学院举行上海市哲社规划重大委托课题“中华创世神话与玉文化”中期研讨会，会议由上海交通大学文学院院长杨庆存教授主持，上海交通大学党委副书记、上海交通大学神话学院院长顾锋和上海市社联党组成员、专职副主席任小文出席会议并讲话。

7月14日，学术月刊与兰州文理学院联合举行的第六届边疆中国论坛在兰州召开。本次论坛的主题是“边疆文明比较、知识话语与新边疆学”。

7月17日上午，上海市美国问题研究所与上海社会科学院中国学所联合举办了主题为“美国国土安全与外交战略”的学术研讨会。台湾“中华国土安全研究协会”理事长汪毓玮教授作了题为“美国国土安全战略发展之探讨”的主旨发言。

7月20日，为进一步促进中国价值论研究和对中国价值问题的研究，助力构建与价值论研究相关的哲学社会科学学术话语体系，由上海市社会科学界联合会资助，上海大学社会科学学部、上海大学哲学系、上海大学价值与社会研究中心主办的“中国改革开放40年价值论和价值问题研究”高层研讨会暨《价值论研究》首发仪式在上海大学举行。

7月20日，由全国哲学社会科学话语体系建设协调办公室与上海市委宣传部指导，中国浦东干部学院、中国社会科学院—上海市人民政府研究院、上海市社会科学界联合会共同主办，中国社科院当代中国马克思主义政治经济学创新智库、复旦大学经济学院协办的“中国哲学社会科学话语体系建设·浦东论坛”——“政治经济学学术话语体系建设·2018”在中国浦东干部学院召开。

7月29日，纪念教育改革开放40年研讨会暨《教育现代化的中国之路》丛书首发式在华东师范大学举行。本次会议以“教育改革：从哪里来，到哪里去”为主题，由华东师范大学与上海市社会科学界联合会共同举办。

8月

8月16日下午，上海市社联开展消防安全知识培训讲座，邀请市消防培训中心王敏翔老师主讲。市社联党组成员、专职副主席解超与市社联机关，所属事业单位，物业管理单位有关同志近50人参加了培训。市社联党组成员、专职副主席任小文主持讲座。

8月28日下午，《上海市志・科学分志・人文社会科学卷(1978—2010)》编纂办公室第三次办公会议在上海市社联召开。

8月29日，上海市纪委驻市委宣传部纪检组组长杨永平莅临我会调研指导工作，上海市社联党组成员、专职副主席解超出席调研座谈会并向驻部纪检组汇报了市社联纪检工作近况。双方就廉政文化建设和"海上风情"微信公众号建设进行了深入研讨。

8月30日，上海市社联方志办召开方志工作专家会议，邀请查建国对《上海市志・科学分志・人文社会科学卷(1978—2010)》中图片部分的编纂事宜进行了讨论。

8月31日，上海市社联召开2018年下半年度信息工作专题会议，总结上半年工作情况，部署下半年工作要点。会议特邀市委宣传部办公室陈沁同志就信息简报工作作专题辅导。陈沁同志结合实际工作，从信息的选题、定位及写作方法等方面和大家分享了多年从事信息简报工作的心得体会。市社联党组成员、副巡视员莫剑平出席会议并讲话，市社联各部门信息员及办公室相关工作人员与会。

8月31日，上海市社联召开安全生产工作会议，认真落实上海市安全生产委员会办公室《关于切实做好2018年中国国际进口博览会安全生产保障工作的通知》精神，统一思想认识，明确目标任务，落实社联安全生产工作责任，安排部署社联加强安全生产各项工作任务。市社联党组成员、副巡视员莫剑平出席会议并部署工作要求，市社联机关各处室、所属事业单位、社联物业管理处负责人参加会议。

9月

9月5日，由上海市社会科学界联合会主办的"能不忆江南"东方讲坛・文化江南系列讲座在青浦博物馆开讲。上海市社联党组成员、专职副主席解超，中共青浦区委常委、宣传部部长姜道荣出席并讲话。上海市社联科普处处长应毓超主持启动仪式。上海交通大学城市科学研究院院长刘士林教授作了《江南城市群的前世今生》的首场演讲。

9月7日至9日，上海市社会科学界合唱团参加了由中国合唱协会主办的"华夏根・黄土情陕西(神木)首届全国合唱艺术节"，荣获老年组混声合唱二等奖。

9 月 11 日，在由上海市社会科学界联合会主办的“能不忆江南”东方讲坛·文化江南系列讲座中，复旦大学历史系教授冯贤亮，讲述了“明代江南官绅家庭的生活”，全景式展现了明代江南的生活图。

9 月 15 日，由上海市社会科学界联合会、上海社会科学院世界经济研究所联合主办的“新时代中国金融开放与上海国际金融中心建设”高端论坛在上海社科院总部召开。

9 月 16 日，《探索与争鸣》杂志社和华东政法大学国际金融法律学院联合举办主题为“互联网金融创新与监管”的圆桌讨论会。上海市政府法制办副主任罗培新教授和青岛大学财富管理研究院和互联网金融研究院院长易宪容教授分别就“平台的社会责任”“当前中国金融科技监管的几个重大理论问题”展开主旨发言。

9 月 19 日至 20 日，上海市社联学会管理处举行互评交流会议，对学术团体申报的“优秀学会”“优秀民办社科研究机构”“学会特色活动”和“学会品牌活动”项目进行交流评选，所属学会、民办科研机构负责人 160 多人参加会议。

9 月 19 日至 20 日，2018 年全国社科联联席会议在甘肃敦煌召开。会议由甘肃省社科联承办，敦煌研究院、敦煌市委、市政府协办。甘肃省委常委、省委宣传部部长、省社科联主席陈青，敦煌研究院党委书记、院长王旭东出席会议并致辞，甘肃省社科联党组书记、副主席陈元龙主持大会开幕式和闭幕式。来自全国 30 个省、自治区、直辖市社科联代表 150 余人参加会议。上海社联党组成员、专职副主席任小文率团参加了会议，并在会上作交流发言。

9 月 19 日，上海市世界史学会、上海市俄罗斯东欧中亚学会、上海欧洲学会、上海宗教学会、上海社会科学院联合举办“从主权平等到合作共赢——国际秩序的演进与变革”学术研讨会。与会学者就如何构建合作共赢的新型国际关系，推动国际秩序朝更加公正合理的方向变革发展；如何更好地发挥中国的作用，贡献中国的智慧、方案与力量等议题展开讨论。

9 月 19 日，在由上海市社会科学界联合会主办的“能不忆江南”东方讲坛·文化江南系列讲座中，华东师范大学历史系教授陈江，讲述了“明代江南文人画家笔下的日常生活与精神世界”，全景式展现了明代江南的生活图。

9 月 21 日，上海生产力学会和上海大学管理学院举办的“中国经济高质量发展的路径与对策”研讨会于 2018 年在上海大学举行。会议由上海生产力学会秘书长顾其南主持，上海大学管理学院副院长镇璐教授致辞欢迎。

9月21日，上海市社联举行江南文化研究选题策划会。会议由市社联党组成员、专职副主席任小文主持，上海市委宣传部副部长、市社联党组书记燕爽，解放日报社党委副书记周智强等出席会议并讲话。

9月21日，在由上海市社会科学界联合会主办的“能不忆江南”东方讲坛·文化江南系列讲座中，华东师范大学中文系教授、江南文化与文学研究中心主任胡晓明以“重新发现江南——略谈江南文化精神”为题，阐释了刚健、深厚、温馨、灵秀的江南文化精神。

9月22日，在由上海市社会科学界联合会主办的“能不忆江南”东方讲坛·文化江南系列讲座中，上海师范大学中国近代社会研究中心教授徐茂明以“流动的江南——江南的空间与认知”为题，从江南的自然、行政、经济、文化来分析其历史内涵的演变过程，同时从认知方式来分析“江南”空间的主观性感受，由此可观照出“江南”空间变迁的历史原因。

9月25日，“东方讲坛·思想点亮未来”系列讲座第四季拉开序幕。上海市社会科学界联合会党组成员、专职副主席解超，黄浦区副区长李原出席。本季由上外附高双语学校、松江一中、上海交大附中等16家中学协办。

9月26日，由湖南省委宣传部、省社科联共同主办的“湖湘大学堂·名家讲坛”活动在长沙九所宾馆开讲。上海市社联主席王战应邀作题为“中国改革开放40年：回顾与展望”的主题报告。

9月26日，由上海市社会科学界联合会、上海市法学会联合主办的“深入推进司法体制综合配套改革若干疑难问题”研讨会在上海市第一中级人民法院召开。

9月26日，上海市社联召开专题会议，交流研讨如何进一步规范我会信息简报工作。市社联党组成员、专职副主席任小文主持会议并讲话，市社联各部门信息员及办公室相关工作人员与会。

9月26日至28日，全国社科联第十九次学会工作会议在河北省张家口市召开。会议由河北省社科联承办，张家口社科联协办。河北省社科联常务副主席曹保刚主持开幕式，张家口市委书记回建、河北省社科联第一副主席康振海等出席开幕式并致辞。全国各省、自治区、直辖市社科联代表150余人参加会议。

9月27日下午，由上海市纪委监委驻市委宣传部纪检监察组主办、上海市社联承办的“深入学习新条例、严格执纪树新风”——宣传系统纪检监察干部学习新《条例》知识竞赛决赛在文艺会堂举行。市委宣传部副部长燕爽出席活动并讲话，驻部纪检组组长杨永平代表赛事主办方、市社联专职副主席任小文代表承办单位致辞。市纪委监委有关部门领导,宣传系统各单位纪委书记、纪检监察干部以及特邀单位代表近 200 人出席观摩知识竞赛。

9 月 28 日,《上海市志 · 科学分志 · 人文社会科学卷(1978—2010)》"历史学"章专家评审会在上海市社联召开。

9 月 30 日,在由上海市社会科学界联合会主办的"能不忆江南"东方讲坛 · 文化江南系列讲座中,上海城建职业学院建筑装饰专业主任周培元教授与大家分享了江南园林之美:江南园林的艺术美学,核心是诗情画意,原则是因地制宜。

10 月

10 月 8 日,上海市社联召开全体干部大会,传达学习全国、上海市宣传思想工作会议精神。市社联机关、下属事业单位全体工作人员,市社联离退休老领导、离退休支部支委参加会议。燕爽书记传达了全国宣传思想工作会议上习近平总书记重要讲话精神,并对贯彻落实市宣传思想工作会议精神作了部署。解超副主席传达了上海市宣传思想工作会议上市委书记李强同志,市委常委、宣传部部长周慧琳同志的讲话精神。

10 月 11 日,在由上海市社会科学界联合会主办的"能不忆江南"东方讲坛 · 文化江南系列讲座中,上海市民俗文化学会会长仲富兰教授以"水清土润——江南民风民俗"为题,描绘了江南民众的生活风貌。

10 月 12 日,在由上海市社会科学界联合会主办的"能不忆江南"东方讲坛 · 文化江南系列讲座中,上海师范大学人文学院教授唐力行讲述了明清以来苏州和徽州之间的区域互动。

10 月 15 日,上海市委书记李强今天上午在上海市社会科学界联合会、上海社会科学院调研并主持召开智库专家代表座谈会。李强强调,智库建设事关国家大局、事关上海发展,要坚持以习近平新时代中国特色社会主义思想为指导,紧密结合上海实际,进一步发挥各类智库的重要作用,服务决策谋高见,着眼未来谋先见,针对问题提出建设性意见,努力为开创新时代上海工作新局面提供更加有力的理论支撑和智力支持。市委常委、宣传部部长周慧琳参加调研及座谈。座谈会上,市委宣传部汇报了上海新型智库建设情况。上海 WTO 事务咨询中心理事长王新奎、市社联主席王战、上海社科院院长张道根、上海全球城市研究院院长周振华、上海福卡经济预测研究所所长王德培、上海交通大学中国城市治理研究院特聘研究员陈宪、复旦大学美国研究中心副主任宋国友、华东政法大学人工智能与大数据指数研究院院长高奇琦等分别发言,结合国际国内形势分析,建言上海经济社会发展需要关注的问题及应对举措;围绕改革开放 40 周年实践,畅谈推动上海改革开放再出发的思考，并就市委、市政府当前工作提出了意见建议。

10 月 16 日，上海市社联召开所属学术团体党工组负责人会议，传达、学习上海市宣传思想工作会议精神。市社联所属学术团体党工组负责人 100 多人参加会议，市社联党组成员、专职副主席任小文出席会议并讲话。会上，市社联学会管理处处长王克梅传达了市委常委、宣传部部长周慧琳在上海市宣传思想工作会议上的总结讲话。市社联党组成员、专职副主席任小文传达市委书记李强在上海市宣传思想工作会议上的讲话精神。任小文还向与会的党工组负责人介绍了近期学会工作的主要内容。

10 月 16 日，广州市委宣传部副部长、市社科联党组书记、主席曾伟玉等一行到访上海市社联调研与交流，市委宣传部副部长、市社联党组书记燕爽会见曾伟玉一行并表示热烈欢迎，市社联党组成员、专职副主席解超、任小文，党组成员、副巡视员莫剑平参与会见。

10 月 16 日，上海市美国问题研究所与上海社会科学院国际问题研究所联合举办"'美墨加三边协议'的影响及中国应对"学术研讨会。与会专家围绕刚刚达成的"美墨加三边协议"中的"毒丸"条款对中国的影响、中美经贸摩擦、我国的外贸情况、国内改革等议题展开了热烈的探讨。

10 月 16 日，由上海市社会科学界联合会主办的"能不忆江南"东方讲坛 · 文化江南系列讲座，围绕江南城市、江南精神、江南经济社会等话题，为上海广大市民展开了一幅精致的人文地理长卷。其中，上海社会科学院研究员、近代上海史创新型学科首席专家周武为我们讲述了历史视域中上海与江南的关系。

10 月 17 日，上海市社联召开中华创世神话近期主要工作推进会，市社联党组成员、专职副主席任小文主持会议。来自"开天辟地——中华创世神话文艺创作与文化传播工程"上海市哲社规划重大委托课题单位的专家学者和课题出版单位的负责同志与会。

10 月 18 日，上海市江南文化研究工作推进会在上海市社联召开。市委宣传部副部长胡劲军，市委宣传部副部长、市社联党组书记燕爽出席会议并讲话。会议下发《关于推进本市江南文化研究工作的实施意见》，市社联专职副主席任小文对《实施意见》的主要内容进行了说明。本市相关高校分管领导、各区宣传部理论工作负责人、相关学会负责人、专家学者代表近百人出席会议。

10 月 18 日，上海市哲学社会科学规划办公室和上海市社会科学界联合会联合启动开展 2018 年度上海市哲学社会科学规划"江南文化研究"系列课题招标工作。该系列课题面向全市公开招标，旨在贯彻落实上海市委、市政府关于全力打响上海文化品牌的决策部署，集中上海市社会科学界学术力量，深入开展江南文化研究，努力推出一批高水平、标志性研究成果，努力打造江南文化研究高地，为打响上海文化品牌，推动江南文化研究在长三角协同一体发展中发挥重要作用。

10 月 19 日，上海市社联举行第十二届(2018 年)“学会学术活动月”开幕式暨首届会长论坛。本届活动月主题为“纪念改革开放 40 周年，构建中国特色哲学社会科学”。市社联主席王战致辞并宣布开幕，党组成员、专职副主席任小文主持开幕式和会长论坛，党组成员、副巡视员莫剑平出席开幕式。市社联所属各学术团体负责人和专家学者 200 多人参加会议。

本届“学会学术活动月”各项活动将于 10 月 20 日至 11 月 20 日举办。期间，市社联所属的 100 多家学术团体将联合有关高校、科研机构及党政机关等单位共同举办改革开放系列研讨会、学科研究、跨学会学术研讨和青年学者学术活动等各类学术交流活动 130 多项。

10 月 19 日至 **21 日**，由《学术月刊》杂志社、复旦大学新闻与传播研究中心主办，华中科技大学新闻与信息传播学院承办的“第六届传播视野下的中国研究论坛”在武汉华中科技大学举行。本次论坛以“媒介再思:传播技术与社会变迁”为主题，集中研讨了媒介与社会政治、经济、传播、观念的关系。来自中国大陆和中国香港、拥有各种学科背景的 20 余位学者全程参与。

10 月 20 日，为了深入探讨改革开放以来我国思想政治教育中的若干问题，推动当代大学生树立正确的价值观，上海市社联与上海政法学院联合举办的“改革开放 40 周年与大学生思想政治教育”学术论坛在上海政法学院召开。本次论坛聚焦于“改革开放 40 周年与大学生价值观的嬗变和引领”这一重要问题。

10 月 20 日，《学术月刊》编辑部联合华东政法大学政治学与公共管理学院、上海市政治学会、中国社会科学院《政治学研究》编辑部在华东政法大学松江校区举办了国家治理上海论坛 2018 年会议，本次会议的主题是“共同富裕的政治基础”。

10 月 21 日，华东师范大学国家话语生态研究中心、《华东师范大学学报(哲社版)》编辑部、《社会科学》杂志社、《当代修辞学》编辑部、《中国修辞》编辑部、《社会科学报》、上海市语文学会和中国修辞学会联合举办的“第二届国家话语生态研究高峰论坛”在上海召开。

10 月 22 日，第五届全国部分省区市社科联社会科学年鉴工作交流研讨会在乌鲁木齐市举行。来自全国 22 个省区市社科联的 80 余名代表参加了会议。上海市社联代表团一行在党组成员、副巡视员莫剑平带领下出席会议并作交流发言。

10月24日，上海市社联对口帮扶遵义市社科联合作交流工作座谈会在遵义召开。上海市社联党组成员、专职副主席解超出席座谈会，遵义市社科联主席、市委讲师团团长邓彦主持座谈会。

10月24日，上海市社联组织退休老同志赴浙江嘉兴南湖开展"看改革成果、看经济发展、看社会进步"活动。大家首先取道南湖湖心亭，参观南湖红船、烟雨楼等革命遗迹；接下来前往南湖革命纪念馆重温建党90多年来的奋斗业绩和基本经验，重温革命先驱的丰功伟绩和革命领袖的谆谆教诲；下午漫游古运河畔的月河历史街区，感受传统与现代交织的江南水乡文化。

10月24日下午，《上海市志·科学分志·人文社会科学卷(1978—2010)》"国际问题研究"章专家评审会召开。

10月26日下午，上海市美国问题研究所与南京大学中国南海研究协同创新中心联合举办"南海问题与中美关系"研讨会。

10月29日，在由上海市社会科学界联合会主办的"能不忆江南"东方讲坛·文化江南系列讲座中，复旦大学历史地理研究中心教授王振忠以"明清徽商与江南社会"为题，阐释了徽商对于明清江南的社会文化产生重要影响。

10月30日，由上海市社联与复旦大学联合主办，复旦大学中国研究院承办的"迈向中国社会科学新范式暨《东方学刊》创刊座谈会"在复旦大学举行。

10月31日，上海市社联机关党委和工会委员会组织全体党员干部和工会会员赴中船江南长兴造船基地参观学习。市社联党组成员、专职副主席解超，党组成员、副巡视员莫剑平等60余位干部职工参与活动。

11月

11月1日，上海市纪念改革开放40年研究丛书出版座谈会在上海市社联举行。会议由中共上海市委宣传部指导，上海市社会科学界联合会、上海市新闻出版局、上海世纪出版集团主办，上海人民出版社、上海市哲学社会科学学术话语体系建设办公室、上海市哲学社会科学规划办公室承办。市委常委、宣传部部长周慧琳出席会议并讲话。

11月1日，在习近平主席应约与美国总统特朗普通话当天，上海市美国问题研究所与上海社科院国际问题研究所联合举办"十字路口——中美关系"研讨会。

11月2日，由上海市社会科学界联合会与辽宁省社会科学界联合会共同主办，大连市社会科学界联合会与辽宁师范大学共同承办的“东北振兴与东北亚区域合作”学术论坛在大连召开。

11月5日，上海市社联主办的《学术月刊》《探索与争鸣》两本期刊顺利通过了国家社科基金资助学术期刊2018年度考核并获得专项资助，这是两本刊物连续三年获得专项经费资助。

11月8日上午，上海社会科学会堂修缮项目举行开工动员仪式。市社联党组成员、专职副主席任小文，党组成员、副巡视员莫剑平，上海建工四建集团有限公司副总裁高卫明，上海建筑设计研究院有限公司总建筑师姜世峰等出席仪式。本次修缮项目经市委宣传部批复同意实施，市财政下拨专项经费，修缮面积达3516平方米。修缮后的社科会堂有不同规格的会议室近10间，项目工作室4间，展陈区域近200平方米，满足开展社科普及讲座、社科成果评价、社科成果展示、学会会长讨论等20余项社科普及交流功能。修缮后的社科会堂将与社联本部和上图浦东馆的社联部分形成三位一体的工作架构，差异化定位、一体化管理。

11月8日下午，上海市美国问题研究所举办了主题为“美国中期选举后中美关系展望”的研讨会。与会专家围绕中期选举结果、中美经贸摩擦和中美两国元首互动等议题进行了深入的探讨，上海市社联主席、上海社科院国家高端智库顾问王战对研讨会做了精彩点评。

11月10日，由《学术月刊》杂志社、复旦大学法学院主办的“法律、社会与历史”学术研讨会在复旦大学法学院成功召开。来自中国社会科学院、北京大学、清华大学、中国人民大学、中国政法大学、中南财经政法大学、华东政法大学、上海交通大学、中山大学、中国海洋大学等十余所国内著名大学和科研机构，以及《新华文摘》《中国社会科学文摘》《高等学校文科学术文摘》等杂志社的五十余名专家学者出席了研讨会。

11月12日，上海市社联召开党组中心组学习扩大会议，传达学习习近平主席在首届中国国际进口博览会上的主旨演讲和在上海考察时的重要讲话精神。市社联党组书记燕爽同志主持传达学习，市社联主席王战，党组成员解超、任小文、莫剑平，老领导秦绍德、林炳秋、施岳群、武克全、沈国明、桑玉成出席。

11月12日，上海市委宣传部副部长、市社联党组书记燕爽，党组成员、专职副主席任小文，党组成员、副巡视员莫剑平陪同社联老领导赴解放日报观看“陈从周百年诞辰致敬展”。解放日报社党委书记李芸，总编辑陈颂清，党委副书记周智强，副总编马笑虹等领导陪同观展。

11 月 14 日上午，上海市美国问题研究所举行了上海与美国地方金融交流课题开题评审会。

11 月 14 日，上海市第十四届哲学社会科学优秀成果颁奖大会暨上海市社会科学界第十六届(2018)学术年会大会在上海展览中心隆重举行。市委常委、宣传部部长周慧琳出席开幕式并讲话。市委宣传部副部长、社联党组书记燕爽致开幕词。会议由社联专职副主席解超主持。开幕式上，市社联主席王战宣布上海市第十四届哲学社会科学优秀成果奖项。周慧琳部长为学术贡献奖获得者代表王邦佐、郑克鲁先生，以及特等奖获得者周振鹤教授颁奖。社联专职副主席任小文颁发上海市社联 2018 年度十大推介论文奖，市社联副巡视员莫剑平宣布本届学术年会优秀论文奖、优秀组织奖。王战、杨洁勉、周振鹤等学者先生做主题讲演。本届哲学社会科学优秀成果奖获奖代表。学术年会优秀论文作者代表、本市主要社科研究机构代表 300 余人参会。经专家评审、社会公示，并经评奖委员会审定，共评选出 607 项优秀成果(个人)获上海市第十四届哲学社会科学优秀成果奖，其中学术贡献奖 4 项，中国特色社会主义理论奖 125 项，学科学术奖 438 项，决策咨询和社会服务奖 40 项。

11 月 15 日，上海市社会科学界第十六届(2018 年)学术年会“改革开放 40 周年”系列主题论坛经济学科分论坛在上海社会科学院召开。分论坛主题为“改革开放 40 周年：经济发展与对外开放的经验、理论和展望”，由上海市社联、上海社会科学院世界经济研究所联合主办。

11 月 15 日，上海市社会科学界第十六届(2018 年)学术年会“改革开放 40 周年”系列主题论坛历史学科分论坛，在上海师范大学光启国际学者中心召开。分论坛主题为“改革开放 40 周年：当代中国史学 40 年”，由上海市社联、上海师范大学光启国际学者中心联合主办。

11 月 15 日，上海市社会科学界第十六届(2018 年)学术年会“改革开放 40 周年”系列主题论坛法学学科分论坛在华东政法大学交谊楼召开。分论坛主题为“改革开放 40 周年与中国法治发展”，由上海市社联、华东政法大学联合主办。

11 月 15 日，上海市社会科学界第十六届(2018 年)学术年会“改革开放 40 周年”系列主题论坛文学学科分论坛在复旦大学光华楼召开。分论坛主题为“改革开放 40 周年：文学与时代”，由上海市社联、复旦大学中国当代文学创作与研究中心、上海戏剧学院联合主办。

11 月 15 日，上海市社会科学界第十六届(2018 年)学术年会“改革开放 40 周年”系列主题论坛国际关系学科分论坛在复旦大学美国研究中心召开。分论坛主题为“改革开放

40 周年：中国与世界关系”，由上海市社联、复旦大学联合主办。

11 月 15 日，上海市社会科学界第十六届（2018 年）学术年会“改革开放 40 周年”系列主题论坛马克思主义学科分论坛在上海交通大学浩然科技大厦召开。分论坛主题为“改革开放 40 周年与新时代中国特色社会主义”，由上海市社联、上海交通大学马克思主义学院联合主办。

11 月 15 日，上海市社会科学界第十六届（2018 年）学术年会“改革开放 40 周年”系列主题论坛社会学科分论坛在上海大学宝山校区新乐乎楼召开。分论坛主题为“改革开放 40 周年与中国社会变迁”，由上海市社联、上海大学社会学院联合主办。

11 月 15 日，上海市社会科学界第十六届（2018 年）学术年会“改革开放 40 周年”系列主题论坛哲学学科分论坛在复旦大学光华楼召开。分论坛主题为“改革开放 40 周年：哲学社会科学创新”，由上海市社联、上海市哲学学会联合主办。

11 月 15 日，由上海市社联、上海市政治学会、中共上海市委党校政治学部联合主办的“改革开放 40 周年：政治学研究与中国政治”主题论坛，在中共上海市委党校海兴大厦召开。

11 月 15 日下午，《上海市志 · 科学分志 · 人文社会科学卷（1978—2010）》“中共党史党建研究”章专家评审会在上海市社联召开。

11 月 16 日，应山西省社科联，省文化旅游厅的邀请，上海市社联主席王战，专职副主席任小文组织有关专家赴山西开展“中国创世神话在山西——文化体验之旅专项课题调研”。在晋调研期间，山西省副省长张复明会见了调研组一行，并同市社联主席王战、专职副主席任小文及调研组专家，就开展“中国创世神话在山西——文化体验之旅专项课题调研”进行了探讨与交流。

11 月 17 日，上海市社会科学界第十六届（2018 年）学术年会“改革开放 40 周年”系列主题论坛上海改革开放分论坛在上海师范大学徐汇校区文科实验楼召开。分论坛主题为“改革开放 40 周年：上海改革开放——新时代新征程”，由上海市社联、上海市经济学会联合主办。

11 月 20 日上午，上海市美国问题研究所与上海财经大学公共政策与治理研究院联合举办“美墨加协定（USMCA）的影响及上海的应对”内部研讨会。会议围绕“美墨加协定”对世界多边贸易规则与治理的影响，如何利用上海自贸试验区建设应对国际经贸规则演变的新趋势，上海企业海外投资应注意的问题等议题展开了热烈讨论。

11月20日晚，由上海市社会科学界联合会主办的“纪念改革开放40周年暨第四届上海社会科学界合唱音乐会”在东方艺术中心音乐厅举行。

11月27日，值陈从周先生诞辰之际，上海市社联机关党委组织机关及所属单位干部职工集体参观“陈从周百年诞辰致敬展”展览。市社联一行还参观了解放日报历史展。

11月29日，“江南文化与新时代发展”主题论坛在上海国际会议中心举行。论坛由光明日报社和中共上海市委宣传部共同主办，上海社会科学院、上海市社会科学界联合会、光明网承办，来自长三角地区高校、社科院、学会等相关领域百余名专家学者参加会议。开幕式上，光明日报社总编辑张政、上海市委副秘书长燕爽先后致辞。文化部原部长、著名作家王蒙作特邀演讲。上海社会科学院院长张道根主持。

12月

12月3日，首届江南文脉论坛在无锡举行。本次论坛由光明日报社、江苏省委宣传部、无锡市委主办，以“文脉传承与精神家园”为主题，旨在从中华文化的大背景下，深入探讨江南文脉的传承与发展，揭示其所蕴含的人文底蕴、哲学智慧及其所构建的精神家园，展示其历史价值与当代意义。上海市社联专职副主席任小文出席论坛。

12月4日上午，上海市美国问题研究所与上海国际问题研究院联合举办“G20峰会后中美关系的走向”学术研讨会。与会专家围绕“G20峰会后中美‘贸易战’的走向”和“中美关系未来走向”两大议题进行了深入的探讨。

12月7日，由市社联推出的纪念上海改革开放40周年系列动画短片《40年，上海的变迁故事》在上海发布、上观新闻、澎湃新闻、新民、翱翔、今日头条和梨视频等平台同时播放，每日一集，共十集。发布首日，仅在新浪微博上的点击量即突破260万。全系列动画短片点击量超千万。

12月7日，上海市社联老领导林炳秋、武克全赴社科会堂查勘修缮项目现场施工情况，市社联党组成员、专职副主席任小文陪同介绍。

12月13日，在中美建交迎来40周年之际，由上海市美国问题研究所、复旦大学美国研究中心、上海市人民对外友好协会联合举办“纪念中美建交40周年”研讨会在《上海公报》签署地上海锦江饭店小礼堂举行。全国政协常委、上海市政协副主席周汉民，上海市社联专职副主席、秘书长解超，上海市人民政府外事办公室副巡视员景莹，美国驻沪总领事Mr.Sean Stein出席开幕式并致辞。

12 月 14 日，上海市社联召开党组班子和领导干部年度工作述职测评会。市委副秘书长、上海市社联党组书记燕爽代表党组作 2018 年度工作述职及干部选拔任用情况报告；市社联党组成员、专职副主席解超、任小文，党组成员、副巡视员莫剑平同志分别作个人述职；市社联处级干部、机关党委、机关纪委及各党支部委员，机关工会、民主党派代表出席会议并参加民主测评。根据有关要求，会前组织人事处将年度干部工作有关统计情况及评议表发给相关人员先行了解。

12 月 18 日上午 10 时，庆祝改革开放 40 周年大会在人民大会堂举行。上海市社联系统干部职工济济一堂，共同收听收看大会实况，学习聆听习近平总书记重要讲话。

12 月 18 日下午，上海社科界学习习近平总书记在庆祝改革开放 40 周年大会上的重要讲话精神座谈会在上海市社联召开。上海市社联专职副主席解超主持会议。

12 月 19 日，上海市社联机关党委召开了机关及所属事业单位党支部书记例会。党组成员、副巡视员莫剑平主持会议并讲话。机关党委委员、机关及所属事业单位在职党支部书记、副书记、支委全体参加了会议。

12 月 20 日上午，《探索与争鸣》2019 年选题咨询会在华东师范大学哲学系会议室成功举办。本次活动由《探索与争鸣》杂志社主办，华东师范大学哲学系承办。活动邀请来自华东师范大学、南京大学等高校的专家学者，就《探索与争鸣》2019 年的文章选题展开了热烈的讨论。

12 月 21 日至 22 日，由上海市社会科学界联合会与华东师范大学联合主办，上海图书馆、上海市群众艺术馆、上海市松江区文化馆、上海市金山区吕巷镇人民政府、《探索与争鸣》杂志社等单位协办，华东师范大学人文与社会科学研究院、中华优秀传统文化传承创新研究院、社会发展学院民俗学研究所等部门承办的第二届中华创世神话上海论坛暨中华创世神话现代传承与联盟构建学术研讨会在华东师范大学召开。论坛开幕式由华东师范大学人文与社会科学院院长吴瑞君教授主持。华东师范大学党委书记童世骏、上海市社联专职副主席任小文出席开幕式并致辞。

12 月 26 日下午，为了深入学习贯彻习近平总书记在庆祝改革开放 40 周年大会上的重要讲话精神，上海市庆祝改革开放 40 周年理论研讨会在市委党校举行。上海市委常委、宣传部部长周慧琳出席并讲话。市社联专职副主席解超、任小文，市社联党组成员、副巡视员莫剑平出席会议。

12 月 29 日，由上海市社联、国防大学政治学院、上海市马克思主义研究会、上海市习近平新时代中国特色社会主义思想研究中心联合举办的“学习贯彻习近平总书记庆祝改革开放40周年重要讲话精神暨新时代中国马克思主义研究”理论研讨会在国防大学政治学院召开。

12月29日，上海市社联召开上海市第十次哲学社会科学学术团体工作会议。中共上海市委宣传部副部长徐炯，上海市社联主席王战、专职副主席任小文和学术团体负责人约300人出席大会。2018年，市社联启动了三年一次的“三优一特”评选活动，对2015—2017年度各学术团体的工作进行梳理总结。经学会互评、专家与相关单位领导评审后，评选出优秀学会38个、优秀民办社科机构4个、学会特色活动43项、学会品牌活动10项以及优秀学会工作者133人。会上分别对获奖的学术团体和个人作了表彰。

12月29日至30日，由上海市社会科学界联合会、上海市哲学社会科学学术话语体系建设办公室指导，复旦大学经济学院主办，上海市经济学会政治经济学专业委员会、复旦大学中国特色社会主义政治经济学研究中心、《政治经济学报》编辑部协办的“中国政治经济学40人论坛·2018”于2018年在复旦大学召开。上海市委副秘书长燕爽出席会议，上海市社会科学界联合会专职副主席解超、复旦大学党委副书记刘承功，以及复旦大学经济学院院长张军教授出席会议并发表开幕致辞。

附　　录

FU LU

《学术月刊》2018年总目录

第 1 期

·特别推荐·

第 2 期

·“后合法性危机”时代的中国哲学史学科(笔谈)·

·综 述·

·访 谈·

第 3 期

·先锋·路径·诗人·无政府主义(专题讨论)·

·述　评·

第 4 期

·信仰传统与现代性·

·访 谈·

第 5 期

·信仰传统与现代性·

第 6 期

·访　谈·

第 7 期

·汉语哲学:可传达性及其限度·

第　8　期

第　9　期

第　10　期

第 11 期

·访 谈·

第 12 期

·综　述·

《探索与争鸣》2018 年总目录

第 1 期

第 2 期

第 3 期

第　4　期

第 5 期

第　6　期

第　7　期

第 8 期

第　9　期

第　10　期

第　11　期

第 12 期

《上海思想界》2018 年总目录

·专 题·

假想敌、怨怼与粉丝民族主义的动员机制……………………………………………… 刘海龙
中国式怨怼的历史渊源和话语逻辑 ……………………………………………… 成伯清
怨恨社会形态与“伦理退化症” ……………………………………………… 周志强

·图 版·

封二 新书推荐:《习近平讲故事》
封三 新书推荐:《像人类学家一样思考》

2018 年 5 月 (总第 59 期)

主编絮言 ……………………………………………………………………………… 许 明

·思想沙龙·

习近平新时代中国特色社会主义思想内涵与理论构建…… 方松华 沙海林 潘世伟 等

·专 稿·

2017 年度世界社会主义研究报告(下) ………………………………………… 徐觉哉

·专家视点·

略论我国哲学社会科学建设的几个基本问题
——纪念“真理标准讨论”40 周年 ……………………………………… 董德刚

·背景资料·

再塑意识形态(一) ……………………………………………………………… 郑永年

·学科评议·

2015—2016 年上海地区民商法学科发展评议 …………………………………… 韩 强

·图 版·

封二 新书推荐:《中国战争史》
封三 新书推荐:《中国财政制度史》

2018 年 6 月 (总第 60 期)

主编絮言 ……………………………………………………………………………… 许 明

·读者来稿·

·图　　版·

封二　新书推荐:《共产党人的必修课:〈共产党宣言〉十问》

封三　新书推荐:《马克思哲学要义》

2018 年 9 月（总第 63 期）

·思想沙龙·

·背景资料·

·读者来信·

·图　　版·

封二　新书推荐:《焦裕禄家风》

封三　新书推荐:《黑格尔的精神现象学》

2018 年 10—11 月（总第 64、65 期）

·思想沙龙·

·背景资料·

上海市社联所属学会一览表

序号	学会名称	成立日期	会　长	秘书长	地　址
1	哲学学会	1950.3	吴晓明	李家珉	淮海中路622弄7号(乙)
2	经济学会	1950.8	周振华	权　衡	淮海中路622弄7号(乙)
3	历史学会	1952.1	熊月之	章　清	淮海中路622弄7号(乙)
4	法学会	1952		毛坚平	昭化路490号
5	语文学会	1956.9	胡范铸	吴勇毅	复旦大学中文系
6	外文学会	1957.2	叶兴国	彭青龙	淮海中路622弄7号(乙)
7	教育学会	1957	尹后庆	苏　忱	淮海中路622弄7号(乙)
8	国际关系学会	1957.3	杨洁勉	方　晓	淮海中路622弄7号(乙)
9	会计学会	1979.7	夏大慰	钟剑伟	中山西路2230号1312室
10	科学社会主义学会	1979.7	解　超	吴解生	淮海中路622弄7号(乙)
11	财政学会	1979.8	宋依佳	孙建龙	肇嘉浜路800号2107室
12	马克思主义研究会	1979.9	王国平	周敬青	虹漕南路200号
13	社会学学会	1979.9	李友梅	刘玉照	上大路99号
14	逻辑学会	1979.11	冯　棉	邵强进	复旦大学哲学学院
15	世界经济学会	1979.11	张幼文	权　衡	淮海中路622弄7号(乙)
16	高等教育学会	1979.11	印　杰	董秀华	陕西北路500号3号楼
17	伦理学会	1980.1	陆晓禾	付长珍	丰庄路301弄41号602室
18	金融学会	1980.6	金鹏辉	黄　敏	陆家嘴东路181号
19	统计学会	1980.7	刘稚南	朱国众	四川中路220号806室
20	物流学会	1980.9	许国良	陈　震	北京东路255号502室
21	农村经济学会	1980.9	王东荣	刘　明	仙霞西路779号1号楼附2F
22	人口学会	1980.12	孙常敏	胡　琪	陕西南路122号7楼
23	美学学会	1981.1	祁志祥	刘旭光	凤庆路58弄38号602室

（续表）

序号	学会名称	成立日期	会　长	秘书长	地　　址
24	城市经济学会	1981.3	江绵康	袁　钢	宣化路300号北塔1503室
25	房产经济学会	1981.5	沈正超	忻一鸣	江西中路170号(福州大楼)3楼
26	家庭教育研究会	1981.6	王荣华	顾秀娟	天平路245号311室
27	政治学会	1981.10	桑玉成	程竹汝	市委党校教务处
28	新四军历史研究会	1981.10	刘苏闽	颜　宁	中山南二路777弄1号1503室
29	档案学会	1981.11	周蔚中	王春楣	仙霞路326号
30	中共党史学会	1981.12	忻　平	陈　挥	淮海中路622弄7号(乙)
31	农村金融学会	1981.12		庄　湧	徐家汇路599号1702室
32	邮电经济研究会	1981.12	张林德	杨锡高	南崇明路甲1号807室
33	宗教学会	1982.3	晏可佳	葛　壮	淮海中路622弄7号宗教所
34	婚姻家庭研究会	1982.5	葛影敏	黄　绮	天平路245号
35	辞书学会	1982.7	张　荣	王慧敏	陕西北路457号
36	管理教育学会	2007.9	赵晓康	苏宗伟	斜土路2601号嘉汇广场T1-20C
37	商业经济学会	1982.9	齐晓斋	陆志丰	新闸路945号311室
38	世界语协会	1982.11	周天豪	张　涵	淮海中路622弄7号(乙)
39	成本研究会	1982.11	陈亚民	傅永尧	中山南路315号406室
40	犯罪学学会	1983.2	何勤华	肖庆平	万航渡路1575号
41	人类学学会	1983.5	张海国	李　辉	邯郸路220号复旦大学遗传部
42	卫生经济学会	1983.6	衣承东	金春林	北京西路1400弄21号
43	人才研究会	1983.7	毛大立	张子良	高安路25号
44	钱币学会	1983.10	余文建	陈　勇	陆家浜路285号1407室
45	统一战线理论研究会	1983.12	王　珏	杨　春	天等路469号
46	华侨历史学会	1983.12	张　癸	华洁蓉	延安西路129号华侨大厦1011室
47	写作学会	1984.7	陈思和	周　勇	中山北路3663号华东师范大学理科大楼A座219室
48	渔业经济学会	1984.7	黄硕琳	陈文银	军工路318号综合楼201室
49	建设交通系统思想政治工作研究会	1984.8	许德明	杭财宝	斜土路1175号1005室
50	劳动和社会保障学会	1984.9	张剑萍	丁政祥	安远路45号1号楼4楼
51	保险学会	1984.9	张　渝	李立新	中山南路1228号8楼

(续表)

序号	学会名称	成立日期	会 长	秘书长	地 址
52	社会心理学学会	1984.5	崔丽娟	陈 校	外青松公路7989号
53	思想政治工作研究会	1984.12	董云虎	吴瑞虎	高安路17号401室
54	粮食经济研究会	1984.12	安 培	张志萍	张扬路88号滨江大厦1203室
55	监狱学会	1984.12	吴 琦	卢德利	长阳路111号4802室
56	经济法研究会	1985.1	乔宪志	赵卫忠	人民大道200号704室
57	比较文学研究会	1985.3	宋炳辉	陈晓兰	大连西路550号上外文学研究院
58	价格学会	1985.5	沈念东	程大选	四平路710号广益大厦8楼
59	审计学会	1985.5	田春华	黄琪舫	陆家浜路1388号9楼
60	编辑学会	1985.6	庄智象	高云松	打浦路433号荣科大厦17楼
61	秘书学会	1985.7	李 锐	赵建平	虹漕南路200号市委党校
62	行为科学学会	1985.8	余明阳	张新安	法华镇路535号1号楼112室
63	经济体制改革研究会	1985.10	浦再明	江健全	肇家浜路301号1912室
64	日本学会	1985.10	吴寄南	陈永明	上海师范大学教育学院
65	集体经济研究会	1985.11		苏雪明	周家嘴路786弄67号
66	国际贸易学会	1985.12	黄建忠	姚为群	古北路620号
67	固定资产投资建设研究会	1985.12	王志强	杜静安	人民路875号1605室
68	老年学学会	1985.12	左学金	孙鹏镖	巨鹿路892号2楼
69	服务经济研究会	1985.12	朱立新	邵建华	福州路107号320室
70	教师学研究会	1986.4	陈 军		陕西北路500号4号楼109室
71	研究生教育学会	1986.4	毛丽娟	束金龙	茶陵北路21号1号楼226室
72	基建优化研究会	1986.5	王洪卫	黄汉江	军工路516号476信箱
73	投资学会	1986.6	赵 欢	余 峰	陆家嘴环路900号
74	行政管理学会	1986.6	时光辉	钱明涛	高安路19号
75	语言文字工作者协会	1986.7	朱国华	张日培	陕西北路500号
76	妇女学学会	1986.8	徐 枫	潘卫红	天平路245号
77	生态经济学会	1986.10	周冯琦	刘新宇	淮海中路622弄7号526室
78	数量经济学会	1986.10	朱平芳	徐大丰	淮海中路622弄7号
79	市场监督管理学会	1986.11	陈学军	徐 上	肇嘉浜路301号2601室
80	青年运动史研究会	1986.12	褚 敏	黄洪基	西江湾路574号

（续表）

序号	学会名称	成立日期	会　长	秘书长	地　　址
81	古典文学学会	1987.2	谭　帆	奚彤云	瑞金二路 272 号
82	俄罗斯东欧中亚学会	1987.3	范　军	杨　烨	同济大学政治与国际关系学院
83	医学伦理学会	1987.3	杨　放	王　彤	世博村路 300 号 4 号楼 901 室
84	世界史学会	1987.3	向　荣	金福寿	复旦大学历史系
85	远距离高等教育学会	1987.3	陶正苏	刘冬暖	梅陇路 130 号八教 205 室
86	工人运动研究会	1987.5	陈周旺	邹卫民	中山东一路 14 号
87	宏观经济学会	1987.7	祝兆松	颜莹舫	威海路 128 号 702 室
88	蔬菜经济研究会	1987.5	朱为民	陈建林	华池路 58 弄 5 号 1203 室
89	总会计师工作研究会	1987.9	王　岚	应忠芳	陆家浜路 1054 号 14 楼
90	中山学社	1987.10	高小玫	廖大伟	陕西北路 128 号
91	工艺美术学会	1988.6	张心一	肖国梅	汾阳路 79 号
92	国际战略问题研究会	1988.9	杨洁勉	吴莼思	田林路 195 弄 15 号上海国际问题研究院
93	土地学会	1988.9		张用安	海伦路 306 弄 8 号
94	毛泽东思想研究会	1988.12	秦莉萍	李　亮	桂林路 100 号
95	民俗文化学会	1988.12	仲富兰	潘文焰	华东师大传播学院
96	股份制与证券研究会	1988.12	魏农建	韩华林	南京东路 61 号新黄浦金融大厦 1101 室
97	社会科学普及研究会	1989.1	周智强	应毓超	淮海中路 622 弄 7 号(乙)
98	新学科学会	1989.12	陈燮君	胡　江	人民大道 201 号上海博物馆
99	形势政策教育研究会	1989.12	谢中全	周志勤	淮海中路 622 弄 7 号(乙)
100	民防协会	1990.3	李国强	温德金	复兴中路 593 号民防大厦 2101 室
101	宋庆龄研究会	1991.5	薛　潮	黄亚平	姚虹路 680 号三楼
102	城市金融学会	1991.6		邹冬沪	浦东大道 9 号
103	台湾研究会	1991.12	严安林	倪永杰	永福路 251 号
104	市场学会	1991.12	陈信康	高维和	福州路 355 号 707 室
105	刑事侦察学学会	1992.2	郭建新	袁友根	中山北一路 803 号
106	供销合作经济研究会	1992.4	马晨辉	王伟星	大木桥路 247 弄 2 号 2 楼
107	欧洲学会	1992.5	徐明棋	杨海峰	威海路 233 号 803 室
108	商业会计学会	1992.8	吕　勇	朱健敏	新闸路 945 号 309B 室
109	地方史志学会	1992.9	王依群	黄晓明	斜土路 2567 号 A2 楼 5 楼

（续表）

序号	学会名称	成立日期	会　长	秘书长	地　　址
110	财务学会	1992.12	朱平芳	韩　清	中山北一路369号
111	终身教育研究会	1992.12	王伯军	芦　琦	大连路1541号1301室
112	国际商务法律研究会	1993.8	杨鹏飞	成　涛	陆家浜路1141号707室
113	地名学研究会	1993.9	满志敏	周春玉	北京西路99号
114	中西哲学与文化比较研究会	1993.11	杨国荣	刘梁剑	华东师大哲学系
115	太平洋区域经济发展研究会	1993.12	张安胜	毕宁博	上海交通大学国际与公共事务学院
116	现代企业经营管理研究会	1994.2	秦　健	黄鼎楼	江宁路838号富容大厦6楼C座
117	炎黄文化研究会	1994.4	杨益萍	潘为民	漕溪北路28号17楼C座
118	退休职工管理研究会	1994.5	刘培顺	刘　青	北京西路1068号9楼
119	中国特色社会主义理论体系研究会	1994.6	燕　爽	季桂保	高安路17号
120	演讲与口语传播研究会	1994.12	严三九	林　毅	华师大传播学院
121	民营经济研究会	1995.2	沃伟东	夏斯德	延安东路55号1808室
122	金融法制研究会	1995.3	沈国明	吴　弘	罗阳路388号
123	食文化研究会	1996.2	杨卫武	张文虎	福州路107号320室
124	社区发展研究会	1996.11	徐中振	张虎祥	淮海中路622弄7号(乙)
125	生产力学会	1997.3	真　虹	顾其南	浦东华开路50号213室
126	未来亚洲研究会	1998.1	叶　青	胡毓佳	田林路195弄15号
127	戒毒学会	1998.12	刘建华	蒋丰荣	吴淞路333号
128	美国学会	2000.1	黄仁伟	潘　锐	大连西路550号上外538信箱
129	年鉴学会	2002.6	生键红	王继杰	斜土路2567号A2楼5楼
130	法治研究会	2002.8	季卫东	王丽华	吴兴路225号
131	国资企业思想政治工作研究会	2004.3	肖文高	刘亦颖	凯旋北路1305号5007室
132	领导科学学会	2004.3	郭庆松	鞠立新	虹漕南路200号
133	信息学会	2004.4	许维胜	石宗宏	浦建路145号强生大厦1003室
134	信访学会	2006.5	王剑华	钱辰一	人民大道200号综合楼
135	延安精神研究会	2007.1	叶　骏	黄晞建	军工路334号

（续表）

序号	学会名称	成立日期	会长	秘书长	地址
136	人民政协理论研究会	2007.11	贝晓曦	侯永刚	北京西路860号
137	城市规划学会	2008.11	伍　江	曾林龙	铜仁路331号704室
138	东方青年学社	2008.12	李　琪	刘世军	康平路66号108室
139	知识青年历史文化研究会	2011.3	阮显忠	张　刚	宜昌路575号2207室
140	经济和信息化企业文化研究会	2011.4	周国雄	傅　敏	北京东路356号801室
141	文史资料研究会	2011.11	马建勋	王建华	北京西路860号
142	人大工作研究会	2012.4	姚明宝	许　萍	人民大道200号
143	公共事务管理研究会	2012.6	竺乾威	顾丽梅	邯郸路220号美国研究中心
144	思维科学研究会	2012.9	王晓峰	刘　晋	临港新城上海海事大学信息工程大楼219室
145	上海市税务学会	2012.9	许建斌	赵锁根	中山南路1088号
146	上海市国际税收研究会	2012.10	周振家	赵锁根	中山南路1088号
147	上海联合国研究会	2013.9	潘　光	张贵洪	吴兴路45号
148	上海市WTO法研究会	2013.11	张乃根	梁　咏	华山路1954号浩然高科技大厦1601—1603室
149	上海市信用研究会	2014.3	洪　玫	袁　象	沪松公路1399弄68号20层07室
150	上海市公共政策研究会	2016.5	胡　伟	罗　峰	虹漕南路200号
151	上海市城市管理行政执法研究会	2015.12	恽奇伟	徐剑平	铜仁路331号1705室
152	上海市司法鉴定理论研究会	2015.9	杜志淳	孙大明	万航渡路1575号格致楼103室
153	上海市大数据社会应用研究会	2017.9	杨　力	张学良	杨浦区纪念路8号3号楼201室
154	上海周易研究会	2017.10	周　山	黄凯峰	顺昌路622号5楼
155	上海市儒学研究会	2015.5	朱杰人	李耐儒	嘉定南大街183号
156	上海抗战与世界反法西斯战争研究会	2017.8	张　云	唐　磊	友谊路1号上海淞沪抗战纪念馆
157	上海市朝鲜半岛研究会	2017.11	徐　旭	郑继永	广延路140号新仪表楼307室
158	上海市改革创新与发展战略研究会	2017.11	李　琪	罗　峰	市委宣传部
159	上海市军民融合发展研究会	2018.4	谢亚洪	束　礼	虹口区海南路80号

上海市社联主管的民办社科机构一览表

序号	机构名称	批准登记日期	法人代表	负责人	联系人	地　址	邮政编码	电　话
1	上海环太国际战略研究中心	2000.7.15	郭隆隆	郭隆隆	郭隆隆	武定路 1135 弄 1 号楼 2103 室	200060	62768910
2	上海华夏社会发展研究院	2002.3.15	鲍宗豪	鲍宗豪	葛玉兰	浦建路 1288 弄 10 号 102 室	201204	50454702
3	上海东方研究院	2002.7.1	刘　吉	章建文	卞学范	衡山路 696 弄 2 号 301 室	200030	64455941
4	上海金融与法律研究院	2002.10.29	柳志伟	傅蔚刚	聂日明	民生路 1199 弄证大五道口广场 1 号楼 1902 室	200134	68545701
5	上海世界观察研究院	2003.4.1	刘　波	刘　波	邹梅玲	柳营路 305 号 15 楼	200072	66288697
6	上海社会经济文化发展研究中心	2004.7.2	尹继佐	尹继佐	张腾腾	淮海中路 622 弄 7 号 308 室	200020	63851711
7	上海管理科学研究院	2004.7.9	章建文	章建文	张孝平	中山西路 1610 号 725 室	200235	64866244
8	上海易居房地产研究院	2005.9.1	张永岳	张永岳	郭亦木	广延路 140 号	200072	56388686
9	上海知识产权研究所	2006.4.3	夏　邦	袁真富	高欣莹	陆家嘴路 958 号华能大厦 31 楼	200120	68865899
10	上海东亚研究所	1995.7.1	章念驰	张继波	沈铭远	汉中路 158 号 701 室	200070	63531746
12	上海实业综合研究院	2006.5.26	钱启东	钱启东	吴婷婷	淮海中路 98 号金钟广场 21 楼	200031	53828866×2266
13	上海国际金融研究中心	2005.2.1	李　俭	李　俭	裴　旸	新华路 543 号 1 号楼	200052	52540356
14	上海党建文化研究中心	2007.9.1	王瑞红	王瑞红	王瑞红	梅陇路 161 号 1 号楼 1010 室	200237	64768312

（续表）

序号	机构名称	批准登记日期	法人代表	负责人	联系人	地　址	邮政编码	电　话
15	上海东方法治文化研究中心	2009.5.20	周叶军	金国华	秦丹凤	华开路 50 号 208 室	200135	58218560
16	上海世纪后世博成果与发展研究中心	2010.12.18	漆启泰	漆启泰	漆启泰	华山路 690 号	200040	62487731
17	上海春秋发展战略研究院	2014.9	金仲伟	金仲伟	梁顺龙	番禺路 300 弄 3 号	200052	62802030
18	上海世雄国际关系研究中心	2018.1.5	倪世雄	倪世雄	倪世雄	杨浦区四平路 1779 号复旦科技园 2017 室	200433	

上海市社会科学界联合会2017年度达标学会名单

教育、文化类学会：

上海市教育学会
上海市高等教育学会
上海市研究生教育学会
上海市家庭教育研究会
上海市远距离高等教育学会
上海市教师学研究会
上海社会科学普及研究会
上海市编辑学会
上海市辞书学会
上海市演讲与口语传播研究会
上海市语文学会
上海市语言文字工作者协会
上海市外文学会
上海市世界语协会
上海市民俗文化学会
上海炎黄文化研究会
上海食文化研究会
上海市比较文学研究会
上海市古典文学学会
上海影视戏剧理论研究会

哲学、史学类学会：

上海市哲学学会
上海市美学学会
上海市伦理学会
上海市逻辑学会
上海中西哲学与文化比较研究会
上海市医学伦理学会

上海市世界史学会
上海市中共党史学会
上海市新四军暨华中抗日根据地历史研究会
上海中山学社
上海宋庆龄研究会
上海市地方史志学会
上海市档案学会
上海市年鉴学会
上海东方青年学社
上海市知识青年历史文化研究会
上海市文史资料研究会
上海市儒学研究会
上海周易研究会

政治、法律、社会、行政类学会：
上海市马克思主义研究会
上海市中国特色社会主义理论体系研究会
上海科学社会主义学会
上海市政治学会
上海市统一战线理论研究会
上海市思想政治工作研究会
上海市形势政策教育研究会
上海市领导科学学会
上海市信访学会
上海市社会心理学学会
上海市人民政协理论研究会
上海人大工作研究会
上海市法治研究会
上海金融法制研究会
上海市犯罪学学会
上海市监狱学会
上海市戒毒学会
上海市社会学学会
上海市社区发展研究会
上海人类学学会
上海市人口学会
上海市行政管理学会

上海市公共事务管理研究会
上海市司法鉴定理论研究会
上海城市管理行政执法研究会
上海市公共政策研究会

理论经济、综合经济、产业经济类学会：
上海市经济学会
上海市世界经济学会
上海生产力学会
上海市数量经济学会
上海市统计学会
上海市宏观经济学会
上海市价格学会
上海市市场监督管理学会
上海市劳动和社会保障学会
上海市市场学会
上海市集体经济研究会
上海市民营经济研究会
上海市国际贸易学会
上海市物流学会
上海市供销合作经济研究会
上海市土地学会
上海市城市经济学会
上海市房产经济学会
上海邮电经济研究会
上海市固定资产投资建设研究会
上海市生态经济学会
上海市农村经济学会
上海蔬菜经济研究会
上海市渔业经济研究会
上海市信息学会
上海市城市规划学会

金融、财税、会计审计、其他经济类学会：
上海市金融学会
上海城市金融学会
上海市钱币学会

上海市保险学会
上海股份制与证券研究会
上海市财政学会
上海市会计学会
上海市商业会计学会
上海市总会计师工作研究会
上海财务学会
上海市审计学会
上海市卫生经济学会
上海市行为科学学会
上海管理教育学会
上海现代企业经营管理研究会
上海市税务学会
上海市国际税收研究会
上海市信用研究会

国际问题、涉港澳台、其他类学会：
上海市国际关系学会
上海国际战略问题研究会
上海欧洲学会
上海市俄罗斯东欧中亚学会
上海市太平洋区域经济发展研究会
上海市日本学会
上海市美国学会
上海市台湾研究会
上海市民防协会
上海工艺美术学会
上海联合国研究会
上海市 WTO 法研究会
上海国际文化学会

上海市社会科学界第十六届(2018年)学术年会专场活动

纪念改革开放40年暨上海市社联60周年高端论坛

主办:上海市社会科学界联合会

举办日期	会议主题	承办单位
4月20日	面向新时代的国际航运中心发展	上海国际航运研究中心、上海生产力学会
4月21日	新时代上海国际贸易发展实践	上海对外经贸大学
5月13日	文化差异与城市本土性	上海财经大学人文学院
5月14日	面向2050的中国哲学社会科学	上海社会科学院中国马克思主义研究所、《学术月刊》杂志社
6月16日	高质量发展与推进上海国际经济中心建设	上海市发展改革研究院
6月16日	创新能力结构与上海科创中心建设	上海交通大学科学史与科学文化研究院
6月22日	新时代上海建设卓越全球城市的空间战略	复旦大学城市规划设计研究院
9月15日	新时代中国金融开放与上海国际金融中心建设	上海社会科学院世界经济研究所

纪念改革开放 40 年系列主题论坛

主办:上海市社会科学界联合会　　时间:2018 年 11 月 15 日

序号	会议主题	承办单位
1	马克思主义分论坛:改革开放四十周年与新时代中国特色社会主义	上海交通大学马克思主义学院
2	哲学学科分论坛:改革开放四十周年:哲学社会科学创新	上海市哲学学会
3	经济学科分论坛:改革开放四十周年:经济发展与对外开放的经验、理论和展望	上海社会科学院世界经济研究所
4	政治学科分论坛:改革开放四十周年:政治学研究与政治发展	上海市政治学会
5	法学学科分论坛:改革开放与中国法治发展	华东政法大学
6	社会学科分论坛:改革开放四十周年与中国社会变迁	上海大学社会学院
7	文学学科分论坛:改革开放四十周年:文学与时代	复旦大学中国当代文学创作与研究中心、上海戏剧学院
8	历史学科分论坛:改革开放四十周年:当代中国史学四十年名家谈	上海师范大学光启国际学者中心
9	国际关系学科分论坛:改革开放四十年:中国与世界关系	复旦大学
10	上海改革开放分论坛:改革开放四十年:上海改革开放——新时代、新征程	上海市经济学会、上海师范大学商学院

“星期五”学术茶座目录

场次	日　期	研讨主题
1	3月9日	全面准确理解我国社会主要矛盾转化的科学含义
2	3月16日	社会性别教育与高校思政教育同行研讨
3	3月23日	习近平新时代中国特色社会主义思想与当代中国领导科学的发展
4	3月30日	科举考试制度的历史实践与经验教训
5	4月13日	习近平新时代中国特色社会主义经济思想座谈
6	5月25日	新技术时代下的政党发展研讨
7	6月22日	新时代我国养老事业与服务产业的新发展座谈
8	6月29日	乡村振兴与农业转移人口市民化研讨
9	7月13日	南海法律战的回顾与前瞻
10	7月27日	全面依法治国与提升领导干部法治素养
11	8月3日	城市管理创新与城市更新规划对接路径探索
12	8月17日	改革开放与文化传承
13	8月31日	海派名家乔木的艺术成就与贡献
14	9月14日	如何理解社会科学研究中的时间
15	9月21日	新时代社会思潮与群众心态基本状况和新特征
16	10月12日	21世纪海上丝绸之路五周年的若干思考
17	10月19日	改革开放40年与领导科学理论的创新
18	10月19日	改革开放40年与上海社会进步
19	11月2日	教改视野下高校“依法治校”新问题研讨
20	11月16日	欧盟及其成员国对华政策的新动向
21	11月23日	太平天国史研究的新动向
22	11月30日	学习习近平总书记全面深化改革重要论述座谈
23	12月14日	老上海茶馆文化与江南文化

第 17 届上海市社会科学普及活动周活动一览

专项科普活动 1：咨询类

编号	举办单位	活动名称	时　间	地　　点
1	上海中医药大学附属光华医院	“不忘初心，为民服务”义务健康咨询活动	5 月 25 日 8:00	长宁路 780 号中山公园米兰广场
2	上海市语言文字工作者协会	“弘扬优秀传统文化，建设和谐语言生活”主题咨询活动	5 月 25 日 9:00	陕西北路 486 号
3	上海大学心理辅导中心	“我爱我”——“5.25”现场心理测试与心理咨询	5 月 25 日 11:00	上大路 99 号上海大学下沉式广场
4	上海东方法治文化研究中心	社区公益法律咨询活动	5 月 25 日 13:30	普陀区长寿邻里中心三楼、徐汇区田林十二村居委会、黄浦区黄家路 18 号 9 楼会议室
5	上海市老年学学会	“走进社区，走近老人”大型义务咨询服务活动	5 月 26 日 9:00	南京西路 1649 号静安公园主干道及广场（静安寺对面）
6	上海市气功研究所	“了解中华气功历史，体验中医养生文化”主题咨询活动	5 月 26 日 10:00	宛平南路 650 号三楼
7	上海市渔业经济研究会等	“慧吃，乐享生活”主题咨询活动	5 月 26 日 10:00	政化路 257 号五角场社区文化活动中心
8	上海市儿童医院	“关注儿童早期发展，关注儿童发育行为”主题咨询活动	5 月 26 日 10:00 5 月 27 日 10:00	北京西路 1400 弄 24 号 10 号楼大礼堂
9	上海市价格学会（协会）等	古玩艺术品义务鉴赏活动	5 月 26 日 13:00	福州路 542 号中福古玩城一楼中厅
10	上海市司法鉴定理论研究会	司法鉴定主题咨询活动	5 月 27 日 8:30	长宁路 780 号中山公园凝聚力工程博物馆前广场
11	上海工艺美术学会等	工艺美术作品鉴赏活动	5 月 29 日 9:00	打浦桥街道“丽蒙绿地”

（续表）

编号	举办单位	活动名称	时　间	地　点
12	静安区闸北中心医院	上海市非物质文化遗产——“石氏伤科”史料展览及咨询	5月29日 9:00	中华新路619号门诊3楼中医诊疗区域
13	上海市钱币学会等	人民币反假知识普及宣传	5月29日 9:00	博华路（近成山路）社区公园
14	上海市法治研究会等	“精美奉浦·德法共治”主题法治宣传活动	5月29日 10:00	环城东路891—921号易买得北广场
15	杨浦区精神卫生中心	“和谐心灵，健康生活”心理健康咨询活动	5月29日 11:30	军工路580号上海理工大学学生食堂
16	上海股份制与证券研究会	“股市投资新策略”主题咨询活动	5月29日 14:00	南京东路61号新黄浦金融大厦11楼
17	上海市市场监督管理学会等	市场监管法律法规知识普及进社区	5月29日 14:00	龙华东路600号五里桥社区文化活动中心
18	上海交通大学医学院附属瑞金医院	“生活与健康”主题咨询活动	5月30日 13:00	瑞金二路197号门诊一楼大厅
19	上海市会计学会	“财务报表分析与预警”主题咨询活动	5月30日 15:00	宛平路319号上海市税务局三楼大会议室
20	复旦大学附属儿科医院	儿童健康义诊活动	5月31日 12:15	万源路399号门诊大厅

专项科普活动 2：活动类

编号	举办单位	活动名称	时　间	地　点
1	上海市中共党史学会等	“红色印记”党团史教育校园行活动	5月25日—30日	徐浦小学、建襄小学、联建小学、三泉路小学、光启小学等
2	上海市法宣办等	“文明出行，安全有序”交规知识普及进村居	5月25日—31日	全市各村居法治宣传栏等
3	上海市教育学会	“合格家长在行动——科学育儿指导”立体化专题宣传周	5月25日—31日	遵义南路6号上海虹桥友谊商城、上海学前教育网、“上海科学育儿指导”微信公众号等
4	上海市法宣办等	“课外阅读，科普学法”——《东方法治文化百宝箱》进校园	5月25日—31日	全市各中职、中小学校图书馆
5	上海市老年学学会	“上海居家养老长期照护新作为”主题系列讲座	5月25日—31日	静安、普陀、浦东新区等部分社区、养老机构
6	崇明区司法局等	学法用法互动体验活动	5月25日—31日 每天14:00	盘西村长生1187号港西镇社区法治实践基地
7	上海市青少年活动中心等	“争当新时代好队员”——2018年“红色印记”上海市青少年绘画征集活动	5月25日—6月10日	汉中路188号上海市青少年活动中心中四楼414室
8	上海市金融学会等	“巴塞尔协议及其在中国的实践”主题论坛	5月25日 14:00	陆家嘴东路181号人民银行上海总部四楼多功能厅
9	上海外国语大学	“全球通史视野中的红海地区”主题论坛	5月26日 9:00	文翔路1550号上海外国语大学
10	上海大学海派文化研究中心等	“中外学生与沪有约”海派红色文化传习体验活动	5月26日 9:00	淮海中路567弄渔阳里
11	崇明区图书馆	“中华创世神话——嫦娥奔月”亲子故事会	5月26日 9:30	崇明大道7897号三楼会议室
12	上海中医药博物馆	端午传统民俗文化体验活动	5月26日 9:00	蔡伦路1200号上海中医药博物馆
13	上海中西哲学与文化比较研究会等	“纸艺识孝道，茶香习孝礼”——母亲节孝道茶会	5月26日 9:00	城银路517号浦江学堂
14	上海大学博物馆	“传承红色基因”——重走上大五卅路活动	5月26日 12:00	南京东路五卅运动烈士流血地纪念碑等
15	上海市市场学会等	纪念梅汝和先生百年诞辰营销管理论坛	5月26日 13:30	武东路100号上海财经大学商学院2楼报告厅
16	上海市领导科学学会等	“特大型城市治理与基层党组织组织力”主题论坛	5月26日 13:30	大渡河路1668号普陀区政府中心会场

（续表）

编号	举办单位	活动名称	时　间	地　点
17	崇明区图书馆	传统民俗文化体验活动	5月26日 13:30	崇明大道 7897 号三楼会议室
18	上海孙中山故居纪念馆	亲子篆刻："章"显伟人精神	5月26日 13:30	香山路7号
19	虹口区图书馆等	"萌宠和阅读空间"——《图书馆里的喵星人》新书推介分享会	5月26日 14:00	水电路1412号虹口区图书馆总馆三楼"采虹书房"
20	中华人民共和国名誉主席宋庆龄陵园管理处	"相约在宋庆龄的旗帜下"——忆伟人庆六一主题活动	5月27日 9:00	宋园路21号宋庆龄陵园
21	徐汇区图书馆	《余震》读书观影活动	5月27日 13:30	南丹东路80号北四楼学术报告厅
22	上海大世界传艺中心	手工技艺类非遗课堂体验活动	5月29日—31日 每天12:00	重庆南路308号黄浦区文化馆502、503
23	徐汇区康健街道社区卫生服务中心	"生命的意义"主题宣传教育活动	5月29日 9:00	桂林西街23号生活服务中心一楼大厅
24	上海市渔业经济研究会等	海洋文化体验活动	5月29日 9:00	沪城环路999号上海海洋大学水生生物科技馆、深渊科普体验基地等
25	上海市信用研究会等	"上海市大学生资助诚信教育指数"发布会	5月29日 9:30	淮海中路622弄7号乙上海社联一楼旭阳厅
26	上海市经济学会等	"新零售与消费心理特点"主题论坛	5月29日 12:00	共和新路1458号致远楼六楼报告厅
27	上海大学	"等风也等你"——上大"朗读者"交流会	5月29日 14:00	上大路99号上海大学J202方润华讲堂
28	黄浦区文化馆等	"哲学和物理学专家追问生命"——《大设计》读书会	5月29日 19:00	重庆南路308号黄浦区文化馆1F少山咖啡馆内
29	上海易居房地产研究院	《轨道国家、上盖经济——中国轨道交通地产开发发展报告》发布会	5月30日 13:30	广中路788号秋实楼1005会议室
30	上海社会科学普及研究会等	"水·环境·生活"主题对话活动	6月1日 14:00	海科路99号中科院上海高等研究院综合楼505室

专项科普活动 3：展览类

编号	举办单位	活动名称	时　间	地　　点
1	闵行区梅陇镇政府等	砥砺奋进——纪念改革开放40周年书法展	5月25日—27日	闵虹路166弄上海中庚集团城开中心
2	杨浦区法宣办等	宪法历史沿革社区展	5月25日—30日	殷行路850弄时代花园居委大厅
3	上海宋庆龄故居纪念馆	"宋庆龄在上海的足迹"主题展	5月25日—31日	古宜路125号上海市群众艺术馆
4	上海师范大学等	上海市大学生公益广告作品图片展	5月25日—31日	桂林路100号上海师范大学图书馆一楼
5	上海市新四军历史研究会	抗日英雄罗炳辉事迹图片展览	5月25日—31日	同普路1220号同普大厦三楼水墨丹青书画展室
6	上海市经济学会等	"新技术·新产业·新模式"——能源新经济进企业主题图片巡展	5月25日—31日	妙香路19号临港燃机、海徐路1181号外二电厂
7	黄浦区法宣办等	金融防骗普法知识进社区	5月25日—31日	黄浦区五里桥街道各居民区
8	上海党建文化研究中心	"激情燃烧的岁月"——中共党史上的优秀人才图片展览	5月25日—31日	普育西路105号上海公益新天地4号楼底楼大厅
9	陈云纪念馆	新的形，新的色——鲁迅书籍装帧艺术展	5月25日—6月初（周一闭馆）	练塘镇老朱枫公路3516号主馆地下临时展厅
10	崇明区法宣办等	法治大篷车进村居	5月25日—6月1日每天19:00	崇明区新河镇各村居
11	上海市长宁区文化局	"前世京生"——古都三代画家京韵创作作品展	5月25日—6月5日	仙霞路650号上海虹桥当代艺术馆二楼
12	上海炎黄文化研究会等	走进新时代——源于生活采风写生作品展	5月25日—6月8日	华江支路566号上海书画院展览厅
13	上海外国语大学等	"新时代·中国梦·我的故事"大学生主题演讲比赛	5月25日8:00	大连西路550号上海外国语大学虹口校区会堂
14	上海市民防协会等	"人防知识进校园"主题宣传展	5月25日13:00	茂名南路156号清华中学
15	上海市新四军历史研究会等	"上海城市的红色记忆"文艺巡演	5月25日13:30 5月29日9:30	新闸路1855号静安寺社区文化活动中心203礼堂 康定东路85号石门二路社区文化活动中心2楼礼堂
16	上海市城市经济学会等	"魅力传承留时光，文化引领再出发"城市更新与老城厢文化传承展	5月25日14:00	人民路845号上海古城墙遗址

（续表）

编号	举办单位	活动名称	时　间	地　点
17	上海市教师学研究会等	“青春飞扬”主题音乐会	5月25日 14:00	永兴路365号市北中学体育馆
18	上海市新四军历史研究会等	“东进，新征程”文艺演出	5月26日 14:30	梅川路1255号长征镇社区文化活动中心
19	宝山区高境镇政府等	《吃货一家乐》原创科普剧巡演活动	5月26日 14:00 5月27日 14:00	高境路371号高境镇文化中心七楼剧场
20	上海市新四军历史研究会等	“不忘初心，继续前进”纪念改革开放四十周年文艺巡演	5月26日 14:00 5月31日 14:00	南丹东路109号徐汇区文化馆 金群路28号金海文化艺术中心
21	上海市会计学会等	“人工智能时代会计会消失吗”主题辩论赛	5月28日 13:30	广中西路191号上海自动化仪表有限公司培训厅
22	上海市法治研究会等	“辩法之精，悟法之髓”法治辩论进课堂	5月28日 14:00	育林路55号中兴镇大公中学
23	静安区法宣办等	关于未来治理的探讨——法治电影沙龙活动	5月28日 14:00	北京西路1895艾米电影街
24	上海市演讲与口语传播研究会	“写中国字诵中国诗”青少年传统文化体验活动	5月29日 13:00	泾惠路123号洛川学校、长寿路596号同济二附中
25	上海市法治研究会等	“改革与文明共奋进”社区观影活动	5月29日 14:00	中华路990号5楼放映厅
26	东华大学等	影像文化艺术展	5月29日—31日	人民北路2999号东华大学大学生活动中心等
27	上海市会计学会	“会计工匠精神”主题演讲比赛	5月30日 13:00	重庆南路310号新电大厦16楼1610室
28	上海市新四军历史研究会等	“走进新时代，共创新未来”音乐剧	5月30日 13:30	新闸路1855号静安寺社区文化活动中心203礼堂
29	静安区法宣办等	禁毒宣传观影活动	5月30日 14:00	万航渡路661弄35号曹家渡社区文化活动中心
30	闵行区文联等	《心有泪千行》原创现代沪剧	5月31日 13:30	梅富路601号集心村文化课堂间
31	上海市信用研究会等	“资助育人，资助诚信”主题宣传进校园活动	6月6日 15:00	上海立信会计金融学院、复旦大学、上海交通大学等高校
32	上海音乐学院等	乐·理：古谱诗词与风雅中国	6月8日 12:05	银城中路501号上海中心大厦22楼金领驿站

科普讲座1：繁荣发展新时代哲学社会科学
——纪念上海市社会科学界联合会成立60周年系列讲座

编号	举办单位	题　　目	主讲人	时　　间	会场地址
1	上海立信会计金融学院等	中国共产党为什么诞生在上海	忻平（上海市中共党史学会会长、教授）	5月25日 13:30	上川路995号浦东校区行政楼一楼报告厅
2	上海市经济学会等	新时代中国经济转型升级	干春晖（上海市经济学会副会长、教授）	5月25日 14:00	胶州路300号一楼会议室
3	上海抗战与世界反法西斯战争研究会	抗日战争的中流砥柱	张云（上海抗战与世界反法西斯战争研究会会长、教授）	5月27日 13:30	友谊路1号淞沪抗战纪念馆一楼
4	上海周易研究会	周易与传统文化	周山（上海周易研究会会长、终身研究员）	5月27日 13:30	文昌路10号4F豫园商城海上梨园
5	上海市儒学研究会	历史上的朱子到底长什么样子	朱杰人（上海市儒学研究会会长、教授）	5月27日 14:00	城北路1818号上海金融谷我嘉书房
6	上海市世界语协会	世界语——民间交流的桥梁	汪敏豪（上海市世界语协会会长）	5月27日 15:00	大连西路550号上海外语音像出版社会议室
7	上海市社会心理学学会等	群体动力心理在社会中的表现及对策建议	李绪红（上海市社会心理学学会副会长、教授）	5月28日 13:30	乐都西路867—871号5号楼5310会议室
8	上海中西哲学与文化比较研究会	何为儒学——儒学的核心观念及其多向度展开	杨国荣（上海中西哲学与文化比较研究会会长、教授）	5月28日 18:00	东川路500号华东师范大学人文学院楼5303
9	上海宋庆龄研究会	孙中山与宋氏家族	吴景平（上海宋庆龄研究会副会长、教授）	5月29日 9:00	香山路7号上海孙中山故居纪念馆香山苑
10	上海市外文学会	文学经典与人文教育	查明建（上海市外文学会副会长、教授）	5月29日 9:00	文翔路1900号上海对外经贸大学信息楼311室
11	上海市社区发展研究会	社会治理的社会化与专业化	徐中振（上海市社区发展研究会会长、研究员）	5月29日 9:30	田林路140号越界创意园区20号楼15V单元
12	上海市医学伦理学会	叙事伦理视野下的急诊室故事	方秉华（上海市医学伦理学会副会长、主任医师）	5月29日 14:00	柳州路597号上海市第六人民医院教学楼演讲厅
13	上海市新四军历史研究会	军旗飞舞向大洋——人民海军走向世界	刘苏闽（上海市新四军历史研究会会长、海军少将）	5月29日 14:00	国定路400号复旦大学蔡冠深报告厅

（续表）

编号	举办单位	题 目	主讲人	时 间	会场地址
14	上海市民营经济研究会	中国特色商会的本质特征及内涵	季晓东（上海市民营经济研究会副会长、高级政工师）	5月29日 14:00	华山路899号2号楼1楼会议室
15	上海市文史资料研究会等	中国共产党早期在上海的革命活动	朱敏彦（上海市文史资料研究会会长、教授）	5月29日 14:00	柳林路118号淮海中路街道党建服务中心
16	上海股份制与证券研究会等	新时代中国证券市场发展新趋势	魏农建（上海股份制与证券研究会会长、教授）	5月29日 14:00	古北路620号上海对外经贸大学古北校区案例教室
17	上海市演讲与口语传播研究会等	智媒时代的口语传播	巩晓亮（上海市演讲与口语传播研究会副会长、副教授）	5月29日 15:00	东川路500号华东师范大学第一教学楼130室
18	上海影视戏剧理论研究会	武侠电影与中国侠文化	杨晓林（上海影视戏剧研究会副会长、副教授）	5月30日 13:30	曹安公路4800号同济大学诚楼C109
19	上海工艺美术学会	风雨60年情系中国梦——工艺美术匠心传承	张心一（上海工艺美术学会会长、高级工艺美术师）	5月30日 13:30	汾阳路79号上海工艺美术博物馆二楼培训室
20	上海市会计学会	VUCA时代的财务嬗变	孙铮（上海市会计学会副会长）	5月30日 13:30	恒丰路600号机电大厦三楼蓝宝石厅
21	上海社会科学普及研究会	汉字构造与中国人的世界观	周智强（上海社会科学普及研究会会长、高级编辑）	5月30日 14:00	平南路890号古美路街道办事处216会议室
22	上海国际战略问题研究会等	当前国际战略形势与中美关系	夏立平（上海国际战略问题研究会副会长、教授）	5月30日 14:00	四平路1239号同济大学逸夫楼二楼演讲厅
23	上海金融法制研究会	加强法制建设，防范金融风险	沈国明（上海金融法制研究会会长、研究员）	5月30日 14:00	淮海中路622弄7号乙上海社联六楼群言厅
24	上海市统一战线理论研究会	习近平新时代统一战线思想	王珏（中共上海市委统战部副部长、上海市统一战线理论研究会会长）	5月30日 14:00	天等路469号上海市社会主义学院三楼多功能厅
25	上海市民防协会等	上海超大城市公共安全管理如何"绣花"	宗传宏（上海市民防协会副会长、副研究员）	5月31日 9:00	怀德路399号平凉路街道文化中心
26	上海市固定资产投资建设研究会	改革开放四十年的中国城市化进程	丁健（上海市固定资产投资建设研究会副理事长、教授）	5月31日 13:30	凯旋路2050号上海市公用事业学校多功能会议厅

（续表）

编号	举办单位	题　目	主讲人	时　间	会场地址
27	上海市新四军历史研究会	新四军东进战略的重要意义	唐培吉（上海市中共党史学会名誉会长、教授）	5月31日 13:30	淮海中路622弄7号乙上海社联六楼群言厅
28	上海市哲学学会等	马克思主义与当代中国	吴晓明（上海市哲学学会会长、教授）	5月31日 14:00	梅陇路130号华东理工大学马克思主义学院一教309会议室
29	上海市政治学会	当代政治史研究的基本问题	陈明明（上海市政治学会副会长、教授）	5月31日 14:00	桂林路100号上海师范大学文科实验大楼806室
30	上海形势政策教育研究会	为实现强国梦提供宪法保障和制度优势	杨苏（上海形势政策教育研究会副会长、教授）	6月1日 14:00	江海路86号南桥镇政府二楼会议室
31	上海市历史学会等	晚清中国的技术进步及其对知识生产的影响	章清（上海市历史学会副会长、教授）	6月1日 15:00	香樟路429号长征中学
32	上海市商业会计学会	公司理财与价值增值	张鸣（上海市商业会计学会副会长、教授）	6月5日 13:30	上海期货交易所松林路300号二楼多功能厅
33	上海市领导科学学会	习近平领导思想与领袖人格风范	奚洁人（上海市领导科学学会会长、教授）	6月5日 14:00	陆家浜路918号
34	上海市社会学学会等	新时代中国社会治理新要求	李友梅（上海市社会学学会会长、教授）	6月6日 14:00	芷江西路151号四楼多功能厅
35	上海市伦理学会	不完全契约与利益相关者理论	陆晓禾（上海市伦理学会会长、教授）	6月6日 18:30	邯郸路220号光华西主楼511会议室
36	上海市民俗文化学会等	端午节图像与民众生活情怀	仲富兰（上海市民俗文化学会会长、教授）	6月8日 14:00	平凉路1730号3楼多功能厅
37	上海市知识青年历史文化研究会	中国知识青年上山下乡运动的历程	阮显忠（上海市知识青年历史文化研究会会长）	6月10日 13:30	宜昌路575号1号楼一楼阶梯教室

科普讲座2：新时代与上海新作为

编号	举办单位	题 目	主讲人	时 间	会场地址
1	上海市会计学会	个人所得税政策与实务要点	胡越川（上海市税务干部学院教授）	5月25日 9:00	武川路111号上海财大会计学院一楼106教室
2	上海市商业会计学会	绩效评价与战略管理	蔡亚华（上海财经大学副教授）	5月25日 9:30	武川路111号上海财经大学会计学院109报告厅
3	上海人大工作研究会	区块链的兴起与发展前景展望	沈逸（复旦大学网络空间治理研究中心主任、教授）	5月25日 9:30	华山路1226号上海人大工作研究会二楼多功能厅
4	上海市经济学会等	以习近平新时代中国特色社会主义经济思想指导上海创新发展	钟祥财（上海社会科学院研究员）	5月25日 13:30	物华路73号侨园集团大厦一楼会议室
5	上海市经济学会等	习近平新时代中国特色社会主义经济思想	陈承明（华东师范大学教授）	5月27日 13:30	中山北路3663号华东师范大学文史楼107教室
6	新江湾城司法所等	新宪法与我们	邓秀华（杨浦区优益调解中心律师）	5月28日 9:30	殷行路850弄53号时代花园居委会二楼会议室
7	上海市浦东新区会计学会	管理会计与全球财务共享平台搭建讲座	魏美钟（浙江大华技术股份有限公司副总裁兼财务总监）	5月29日 13:00	锦绣路2081号浦东外事服务学校实训楼2楼会议教室
8	松江区司法局等	优化营商环境，推进企业健康发展	金可可（华东政法大学教授）	5月28日 13:30	广富林路4855弄112号经济开发区管理委员会
9	上海市劳动和社会保障学会	上海人力资源管理面临的问题及破解思路	刘大卫（华东师范大学教授）	5月29日 13:30	岳阳路1号上海教育会堂4楼讲演厅
10	上海市土地学会	自然资源管理和乡村振兴战略解读	马佳（上海市土地学会学术青年委员会主任、副研究员）	5月29日 14:00	灵石路930号地质大厦12楼会议室
11	上海市总会计师工作研究会等	上海营改增最新政策解读	杜秋娟（上海市税务干部学院高级讲师）	5月30日 13:30	宛平路319号上海市财政局三楼大会议室
12	华东师范大学	新时代老年人心理发展与健康	吴仲庆（华东师范大学应用心理学高级工程师）	5月30日 13:30	中山北路3671弄186号华师大老年活动中心

（续表）

编号	举办单位	题　目	主讲人	时　间	会场地址
13	上海市经济学会等	长三角“三省一市”的企业融资成本现状与地区差异	武英涛（上海师范大学讲师）	5月30日 14:00	桂林路100号上海师范大学商学院508会议室
14	上海市形势政策教育研究会	从首届中国国际进口博览会看中国新一轮的改革开放	张海冰（上海国际问题研究院研究员）	5月31日 9:00	淮海中路622弄7号乙上海社联六楼群言厅
15	上海市商业会计学会	供应链与价值管理	潘飞（上海财经大学教授）	5月31日 9:30	新闸路1508号静安国际广场光大证券4楼大会议室
16	上海市形势政策教育研究会	供给侧结构性改革与上海发展	戴晓波（上海社会科学院研究员）	5月31日 13:00	南昌路59号科学会堂思南楼902会议室
17	上海虹房（集团）有限公司	中共十九届三中全会精神解读	陈荣武（中共上海市委党校四分校副教授）	6月5日 14:00	曲阳路1号4楼多功能厅
18	上海市会计学会	企业兼并、收购与重组的风险管理	李国范（上海新时达电气股份有限公司副总裁）	6月5日 14:30	上海期货交易所松林路300号二楼多功能厅
19	上海邮电经济研究会	上海城市宽带发展之路	张军（中国电信上海公司副总工程师）	6月6日 13:30	四川北路61号邮电俱乐部一楼议事厅

科普讲座3：文以载道：中华文化的思想与智慧

编号	举办单位	题　目	主讲人	时　间	会场地址
1	上海大学博物馆	传承红色基因——上海大学与五卅运动	胡申生（上海大学教授）	5月25日 10:00	上大路99号上海大学图书馆305会议室
2	上海炎黄文化研究会等	古代德育教育思想	张凤池（上海师范大学讲师）	5月26日 9:30	周市路69号周南社区中心
3	黄浦区东方美传统文化促进中心	智能时代与中国传统文化	蒋建平（上海电视台原《世界财经纵横》主编、高级编辑）	5月26日 13:30	文庙路215号上海文庙儒学署
4	静安区图书馆	蔡元培的多语教学与“兼容并包”的文化思想	邹振环（复旦大学教授）	5月26日 14:00	新闸路1708号海关楼二楼
5	上海市古典文学学会等	谈谈中国人的修养——从梁启超、曾国藩、王阳明上溯到孟子	刘海滨（上海古籍出版社副编审）	5月27日 9:00	仙霞路650号长宁文化艺术中心三楼多功能厅
6	上海市房产经济学会	百年回首——上海石库门里弄房屋沿变和保护	田汉雄（上海市房产经济学会高级经济师）	5月27日 9:15	淮海中路1555号上海图书馆4楼多功能厅
7	上海市世界语协会	20世纪20年代中国青年世界语运动	邓军（上海交通大学副教授）	5月27日 13:00	大连西路550号上海外语音像出版社会议室
8	上海市儒学研究会	章太炎偏执的主体性哲学	蔡志栋（上海师范大学副教授）	5月27日 14:00	东方路971号钱江大厦一楼北门新语英华博雅教育
9	上海市钱币学会等	近代上海金融与货币的变迁	徐宝明（中国工商银行上海分行银行博物馆副馆长、教授）	5月28日 9:00	陆家浜路1089号黄浦区老年大学讲课堂
10	上海孙中山故居纪念馆	实业计划，振兴中华	唐展翅（上海孙中山故居纪念馆宣教部副主任）	5月29日 14:00	香山路7号香山苑
11	上海市同济医院	中医角度谈运动中被忽视的要素	史坚鸣（上海市同济医院中医科副主任医师）	5月29日 14:00	新村路389号教学楼3号楼一楼学术报告厅
12	上海长宁文化艺术中心	伊斯兰教文明史	李伟建（上海国际问题研究院研究员）	6月3日 9:00	仙霞路650号3楼多功能厅
13	上海炎黄文化研究会等	生活的艺术——中华文化中的处事和社交智慧	胡申生（上海大学教授）	6月4日 13:00	慈善街69号

（续表）

编号	举办单位	题　　目	主讲人	时　　间	会场地址
14	奉贤区青少年活动中心	中国汉字在现代商标(标识)设计中的运用	金田则(奉贤区青少年活动中心高级副主任)	6月6日 13:30	解放西路209号3号楼三楼多功能厅
15	上海炎黄文化研究会等	中华君子的人格认同与家文化	王佩玲(原上海市教育人才交流服务中心一级教师)	6月6日 14:00	建设路28号瓦屑社区中心
16	上海长宁文化艺术中心	屈原何许人也——说端午节	郭时羽(中华书局主任编辑)	6月17日 9:00	仙霞路650号3楼多功能厅

科普讲座4：文学经典与艺术赏析

编号	举办单位	题　目	主讲人	时　间	会场地址
1	上海影视戏剧理论研究会	女性导演的叙事声音与人文关怀	孙晓虹（复旦大学讲师）	5月25日 10:00	邯郸路220号复旦大学H6408室
2	上海影视戏剧理论研究会	银幕上的红流：长征故事的影像记忆	李果（上海影视文献图书馆研究馆员）	5月25日 13:30	双单路1499号嘉定新城希望社区邻里中心
3	上海市古典文学学会等	古典诗词创作与鉴赏	戎默（上海古籍出版社编辑）	5月25日 14:00	蒙自路223号打浦桥社区文化活动中心三楼多功能厅
4	闵行区虹桥镇文体中心等	舞在红旗下	黄豆豆（上海歌舞团艺术总监、国家一级演员）	5月25日 14:00	万源路2800号虹桥文体中心剧场
5	徐汇区图书馆	典则俊雅——昆曲旦行赏析	甘春蔚（上海昆剧团国家二级演员）	5月26日 14:00	南丹东路80号北四楼学术报告厅
6	宝山区图书馆	文人情怀和不朽之作	叶辛（中国作家协会副主席）	5月26日 14:00	海江路600号4楼多功能厅
7	上海三山会馆管理处等	火花收藏与欣赏	赵铮（全国纸制品收藏联盟副秘书长）	5月27日 14:00	中山南路1551号三山会馆报告厅
8	上海影视戏剧理论研究会	中国战争片的叙事艺术与煽情艺术——以《战狼2》和《红海行动》为例	龚金平（复旦大学艺术教育中心副教授）	5月28日 15:30	邯郸路220号复旦大学6201教室
9	上海影视戏剧理论研究会	改革开放以来中国电视剧发展史	艾青（上海交通大学副教授）	5月29日 14:00	东川路800号上海交通大学东中院1-104教室
10	东华大学	独立制片电影的制作	高晓红（东华大学副教授）	5月29日 15:00	人民北路2999号东华大学松1109教室
11	东华大学影像文化艺术协会	弘——基于意向的思考	高晓红（东华大学副教授）	5月30日 13:00	人民北路2999号东华大学松1109教室
12	闵行区颛桥镇文体中心等	走进摄影	王杰（上海市摄影家协会副主席）	5月30日 14:00	伟业路199号万科邻里中心
13	上海炎黄文化研究会等	诗歌文化与诗歌朗诵	陆澄（上海市朗诵协会会长）	5月30日 14:00	瑞浦路478号桃园中心
14	上海炎黄文化研究会等	地方语言与戏剧	钱程（上海市曲艺家协会副主席、上海滑稽剧团国家一级演员）	6月6日 14:00	周东路266号文化活动中心二楼报告厅
15	上海长宁文化艺术中心	合唱艺术赏析	陶辛（上海音乐学院教授）	6月10日 9:00	仙霞路650号3楼多功能厅
16	上海炎黄文化研究会等	海派书画的鉴赏与书法教学	宣家鑫（上海市书法家协会副主席、一级美术师）	6月11日 14:00	周市路69号周南社区中心

科普讲座 5：心理健康与人生发展

编号	举办单位	题　目	主讲人	时　间	会场地址
1	静安区闸北中心医院	广场舞与膝关节的养护	黄凯（静安区闸北中心医院副主任医师）	5 月 25 日 9:00	芷江西路 153 号社区活动中心 4 楼多功能活动室
2	上海大学心理辅导中心等	心理健康与危机预防	朱一佳（上海大学讲师）	5 月 25 日 13:00	聚丰园路 88 号上海大学新世纪大学生村 13 幢二楼多功能厅
3	上海市同仁医院	青少年膳食营养	张静（上海市同仁医院营养科主任）	5 月 25 日 13:50	新渔路 340 号现代职业技术学校
4	上海市社会学学会等	礼仪与沟通技巧	黄慧珍（上海大学副教授）	5 月 25 日 14:00	安泽路 78 号彭浦新村 2 楼第五会议室
5	上海大学海派文化研究中心	我是上海人	Rose Oliver（上海大学讲师）	5 月 25 日 14:00	上大路 99 号上海大学 J 楼报告厅
6	上海抗战与世界反法西斯战争研究会	学习陶行知，乐做小陶子	韩茜（上海市行知实验中学政教副主任、大队辅导员）	5 月 26 日 13:30	友谊路 1 号淞沪抗战纪念馆一楼
7	上海市教育学会	爸爸陪你玩科学	诸君（浦东新区东方幼儿园园长）	5 月 28 日 9:30	遵义南路 6 号上海虹桥友谊商城 1 层
8	上海市演讲与口语传播研究会	提升语言传递的能量	王嘉钰（上海电影艺术学院讲师）	5 月 29 日 9:00	广灵一路 120 号广灵路小学
9	上海市心理卫生服务行业协会	保持良好心态，健康快乐生活	方芳（虹口区精神卫生中心副主任医师）	5 月 29 日 9:00	同心路 159 号 6 楼多功能厅
10	上海市心理卫生服务行业协会	情绪与压力管理	刘广明（上海市开放大学副教授）	5 月 29 日 13:30	东安路 8 号 4 楼劲松厅
11	上海食文化研究会等	合理烹饪及营养素关系	顾良伯（沪公共卫生中心营养师）	5 月 30 日 9:00	宛南五村 19 号枫林社区学校
12	上海市社会学学会等	歌唱与心理健康	张正风（上海大学副教授）	5 月 30 日 9:30	平型关路 1222 号大宁剧院
13	上海炎黄文化研究会等	我心中的共产党员——张瑞芳、秦怡、孙道临的故事	孙渝峰（上海电影译制厂译制导演）	6 月 19 日 14:00	周建路 98 号周欣社区中心

新媒体社科普及活动

序号	举办单位	活动名称	时　间	活动平台
1	上海市司法局等	2018上海市宪法知识微信有奖竞答	5月1日—31日	“法治上海”、“法星在线”微信公众号
2	上海市语言文字工作者协会等	魅力汉语网上语言文字知识竞赛	5月20日—31日	“上海市语言文字工作者协会”网站、微信公众号
3	上海中西哲学与文化比较研究会等	“两代大学生对话”&“优秀学者谈治学”新媒体笔谈周	5月25日—31日	“兰心哲学社”微信公众号
4	上海东方法治文化研究中心	爆笑普法短视频展播	5月25日—31日	“百姓大律师”微信公众号《洁蕙说法》栏目
5	上海金融法制研究会	“以案说金融风险防范”主题新媒体科普活动	5月25日—31日	“上海金融法制研究会”微信公众号
6	上海市儒学研究会	“哲学视野下的文化自信源流”主题新媒体宣传周	5月25日—31日	“上海儒学”、“沧浪国学社”微信公众号、“上海儒学”网站、“沧浪国学社”新浪微博
7	上海东方法治文化研究中心	婚姻家庭权益保护普法故事音频展播	5月25日—31日	“百姓大律师”微信公众号《洁蕙说法》栏目

场馆开放日

编号	举办单位	主　题	时　间	地　点
1	上海大学溯园	上海大学(1922—1927)与五卅运动	5月25日—31日	上大路99号上海大学溯园
2	中国"慰安妇"历史博物馆	日军"慰安妇"制度的新证据——中国"慰安妇"历史博物馆新藏品特展	5月25日—31日(周一闭馆)	桂林路81号上海师范大学文苑楼201
3	中共二大会址纪念馆等	中国革命的发祥地——"中国共产党早期在上海革命活动旧址寻踪"专题展	5月25日—31日(周一闭馆)	老成都北路7弄30号
4	上海中医药博物馆	闻香识药	5月25日—31日	蔡伦路1200号
5	上海儿童博物馆等	汉字	5月25日—31日	宋园路61号三楼特展区
6	崇明美术馆等	南北对话——当代国画名家作品展	5月25日—6月15日	崇明大道7897号
7	上海鲁迅纪念馆	从百草园走进一叶一花的世界	5月26日 9:30—15:30	甜爱路200号一楼活动厅
8	上海市档案局(馆)	城市记忆——上海近现代历史发展档案陈列	5月25日—12月底(周日闭馆)	中山东二路9号一层、二层展厅
9	陈云纪念馆	中国共产党人的杰出楷模周恩来	5月25日—6月3日(周一闭馆)	练塘镇老朱枫公路3516号主馆地下临时展厅

地铁科普专列

编号	举办单位	活动名称	时　间	地　点
1	上海市法宣办、普陀区法宣办、上海市法治研究会	“坚定宪法自信，增强宪法自觉”地铁科普专列	4月15日—7月15日	地铁7号线法治文化专列
2	上海市法宣办、徐汇区法宣办、上海市法治研究会	“宪法究竟离我们有多远”地铁科普长廊	5月1日—6月30日	地铁1号线漕宝路1号出口“上海市法治文化长廊”
3	上海市法治研究会、普陀区法宣办	“宪法发展历程”地铁科普图片展	5月1日—7月15日	地铁7号线新村路站“同心法苑”
4	上海市社联	“礼赞上海社科大师”地铁科普专列	5月11日—6月11日	地铁9号线
5	上海市社联、上海市商务委员会	“迎接中国国际进口博览会”地铁科普专列	5月23日—6月23日	地铁2号线
6	上海中医药大学附属龙华医院	“健康，让生活更美好”主题地铁咨询服务	5月25日 14:00—15:30	地铁4号线、7号线东安路站“健康文化区”

科普文艺展演

举办单位	主　题	时　间	地　点
上海市新四军历史研究会、老战士合唱团	“上海城市的红色记忆”文艺巡演	5月25日13:30 5月29日9:30	新闻路1855号静安寺社区文化活动中心203礼堂 康定东路85号石门二路社区文化活动中心2楼礼堂
上海市新四军历史研究会六师分会、东进小分队	“东进，新征程”文艺演出	5月26日14:30	梅川路1255号长征镇社区文化活动中心
上海市新四军历史研究会一师分会、江海歌舞团	“不忘初心，继续前进”纪念改革开放四十周年文艺巡演	5月26日14:00 5月31日14:00	南丹东路109号徐汇区文化馆 金群路28号金海文化艺术中心
上海市新四军历史研究会、新旅艺术团	“走进新时代，共创新未来”音乐剧	5月30日13:30	新闻路1855号静安寺社区文化活动中心203礼堂

东方讲坛

思想点亮未来系列讲座（第三季）

序号	举办单位	主 题	主讲人	时 间	地 点
1	上海市田林第二中学	法律是什么——从古希腊悲剧《安提戈涅》谈起	于明（华东政法大学副教授）	3月23日 15:40	钦州北路465号西南位育中学北校大礼堂
2	上海市新川中学	从四大发明看中国古代哲学	方旭东（华东师范大学教授）	3月26日 13:00	川沙镇新德西路196号阶梯教室
3	华东师范大学第一附属中学	苏东坡的诗词与人生境界	方笑一（华东师范大学思勉人文高等研究院副院长、教授）	3月26日 15:30	虹关路88号尚真楼A201
4	上海市西南位育中学	文学的力量	叶辛（中国作家协会副主席）	3月27日 15:40	宜山路671号大礼堂
5	上海外国语大学附属外国语学校	老庄的智慧——我们应当如何生活	周山（上海社会科学院研究员）	3月28日 15:15	中山北一路295号2号楼四楼多功能厅
6	华东师范大学第二附属中学	理性精神与现代中国——胡适说理	林牧茵（上海广播电视台电视新闻中心播音指导、主持人）	3月29日 15:00	晨晖路555号报告厅
7	上海市闵行区七宝第二中学	《西游记》影视与西游文化	杨晓林（同济大学电影研究所所长、编剧）	3月30日 13:15	七宝镇民主路26号六号楼阶梯教室
8	上海交通大学附属中学	汉字与中国式的叙事写意	许建平（上海交通大学教授）	3月30日 14:00	殷高路42号报告厅
9	同济大学第一附属中学	解“毒”《红楼梦》	王冉冉（华东师范大学副教授）	3月30日 14:00	国浩路100号学生活动中心
10	上海市复旦中学	“猜想”：孕育和超越科技的“人有智能”	顾晓鸣（复旦大学教授）	3月30日 15:00	华山路1626号四楼报告厅
11	上海市北虹高级中学	中国古诗词中的人生哲理	黄意明（上海戏剧学院教授）	3月30日 15:35	南浔路281号室内篮球馆
12	上海市向明初级中学	上海方言的前世今生	钱乃荣（上海大学教授）	4月8日 13:00	巨鹿路334号

（续表）

序号	举办单位	主　题	主讲人	时　间	地　点
13	上海市莘城学校	读史的效用、智慧与技艺	瞿骏（华东师范大学教授）	4月10日 12:30	普洱路158号莘城讲堂
14	上海培佳双语学校	50年代书信里的中国	张乐天（复旦大学教授）	4月10日 13:15	宜川路351弄70号小剧场
15	上海市文来中学	人的尺度	骆新（上海东方卫视首席记者、主持人）	4月11日 14:45	农南路22号七宝中学西阶梯教室
16	上海市建平中学	全球化时代，我们怎样跨文化交流	庄恩平（上海大学教授）	4月11日 15:00	崮山路517号思贤堂
17	上海市光明中学	上海建筑艺术赏析	钱宗灏（同济大学教授）	4月11日 15:35	西藏南路181号
18	华东师范大学第二附属中学紫竹校区	《红楼梦》中的教育——从宝玉挨打说开去	柳岳梅（上海财经大学副教授）	4月12日 15:30	紫凤路350号多功能厅
19	上海市上南中学	科技革命与人工智能发展	褚君浩（中国科学院院士、中科院上海技术物理研究所研究员）	4月13日 13:50	华绣路260号大礼堂
20	上海市田园高级中学	徐光启与中西文化交流	李天纲（复旦大学教授）	4月13日 15:00	田园路455号二楼小剧场
21	上海市徐汇中学	与青少年谈口才	王群（华东师范大学教授）	4月20日 12:30	虹桥路68号崇思楼小礼堂
22	上海市文来中学（高中部）	智能信息社会的天空更加明亮	汪镭（同济大学教授）	4月20日 13:50	虹莘路2166号四楼阶梯教室
23	上海市黄浦区教育学院附属中山学校	身行万里半天下——跟着苏轼游宋朝	李贵（上海财经大学中文系副主任、教授）	4月23日 10:15	鲁班路618号大礼堂
24	上海外国语大学附属双语学校	中国绘画的意趣和品位	孙乃树（华东师范大学教授）	4月27日 12:30	靖宇南路15号五楼礼堂B510
25	上海市七宝中学	中印两大文明交流的历史与现状	赵干城（上海国际问题研究院研究员）	4月27日 13:00	农南路22号西阶梯教室
26	上海市控江中学	科幻电影中的人工智能	江晓原（上海交通大学讲席教授）	4月27日 14:00	双阳路388号大礼堂
27	上海市澄衷初级中学	做人起步《弟子规》	余治平（上海社会科学院研究员）	4月27日 14:00	东长治路770号3号楼多功能教室
28	上海市浦东中学	崇简、尚贤与重规制——大唐气象的另一面	李磊（华东师范大学副教授）	4月27日 14:00	高科西路1105号锦春堂

（续表）

序号	举办单位	主　　题	主讲人	时　间	地　　点
29	上海市民办文绮中学	图腾与中国龙文化	朱子彦（上海大学教授）	4月27日 15:00	江川东路980号六楼报告厅
30	上海民办南模中学	青春我做主：怎样顺利度过青春期	陈默（上海市心理协会基础教育专业委员会秘书长）	5月2日 10:30	天钥桥路1118号多功能厅
31	上海市向明中学	大学精神与使命	童世骏（华东师范大学党委书记、教授）	5月11日 13:50	长乐路141号大礼堂
32	上海市南洋中学	中国现代文人的精神风貌	周立民（巴金故居常务副馆长、巴金研究会常务副会长）	5月11日 14:00	龙华中路200号植善堂
33	上海市进才中学北校	二十四节气中的中国智慧	陈勤建（华东师范大学终身教授）	5月16日 14:50	苗圃路555号
34	上海市复兴高级中学	从语言发现社会	胡范铸（华东师范大学教授）	5月18日 15:10	车站南路28号来歌堂
35	上海星河湾双语学校	中美关系的那些故事	刘统（上海交通大学教授）	5月29日 12:30	金都路2588号大礼堂

思想点亮未来系列讲座（第四季）

序号	举办单位	主题	主讲人	时间	地点
1	上海市民办立达中学	古典诗词与人生	周圣伟(华东师范大学副教授)	9月25日 13:30	黄浦区南车站路353号大同中学大礼堂
2	上海市松江一中	繁简相宜——从繁体字到简体字	田松青(上海书画出版社副总编辑)	9月28日 15:00	松江区松汇中路601号小剧场
3	上海外国语大学附属双语学校	孔子教你做人:快乐而有人品	章忠民(上海财经大学教授)	10月9日 12:45	杨浦区靖宇南路15号五楼礼堂B510
4	上海市文来中学	行走在唐诗的街道上	曹旭(上海市文史研究馆馆员、教授)	10月10日 12:50	闵行区农南路22号七宝中学西阶梯教室
5	上海市民办文绮中学	先秦诸子的思想	王进锋(华东师范大学副教授)	10月10日 15:00	闵行区江川东路980号6楼报告厅
6	上海交通大学附属中学	经典阅读的意义与方法	汪涌豪(复旦大学教授)	10月12日 15:00	宝山区殷高路42号报告厅
7	上海市嘉定区封浜高级中学	盗火的普罗米修斯?——留学生与近代中国的新陈代谢	唐小兵(华东师范大学副教授)	10月12日 15:00	嘉定区金耀路255号弘毅楼报告厅
8	上海市第五十二中学	大数据与我们的未来	杨力(上海交通大学教授)	10月12日 15:20	虹口区广灵二路122号笃行楼5楼会议室
9	上海市师资培训中心实验基地附属中学	立志与乐学	刘海滨(上海古籍出版社副编审)	10月15日 13:00	闵行区中春路4949号阶梯教室
10	上海市洛川学校	天生我材我善用——青少年成才之道漫谈	李占才(同济大学教授)	10月26日 13:00	普陀区泾惠路123号3楼多功能厅
11	上海市西南位育中学	迎接智能时代 弘扬奋斗精神	褚君浩(中国科学院院士、中科院上海技术物理研究所研究员)	11月13日 15:00	徐汇区宜山路671号2楼阶梯教室
12	上海市实验学校	人工智能与未来社会	高奇琦(华东政法大学人工智能与大数据指数研究院院长、教授)	11月23日 13:50	浦东新区东明路300号报告厅
13	上海市澄衷初级中学	智媒时代的口语传播	巩晓亮(上海市演讲与口语传播研究会副会长、副教授)	11月23日 13:50	虹口区东长治路770号3号楼多功能教室

（续表）

序号	举办单位	主 题	主讲人	时 间	地 点
14	上海市七宝中学	漫谈哲学与人文情怀	李家珉（上海市哲学学会副会长、教授）	11月23日 14:00	闵行区农南路22号教学楼西阶梯教室
15	华东师范大学第二附属中学附属初级中学	如何阅读史学经典：以《资治通鉴》为例	姜鹏（复旦大学副教授）	11月28日 16:00	闵行区紫凤路350号音乐厅
16	上海市田园高级中学	唐宋词与人生境界	韩立平（华东师范大学副教授）	12月14日 15:00	闵行区都莲路62号田园小剧场

“能不忆江南”文化江南系列讲座

序号	举办单位	主　题	主讲人	时　间	地　点
1	中共青浦区委宣传部	江南城市群的前世今生	刘士林（上海交通大学城市科学研究院院长、教授）	9月5日 14:00	青浦博物馆报告厅（青浦区华青南路1000号）
2	上海市陆家嘴金融贸易区综合党委	明代江南官绅家庭的生活与社会	冯贤亮（复旦大学历史系教授）	9月11日 18:30	中国金融信息中心滨江厅（浦东新区东园路18号2楼）
3	中共松江区委宣传部	明代江南文人画家笔下的日常生活与精神世界	陈江（华东师范大学历史系教授）	9月19日 14:00	钟书阁（松江区三新北路900弄泰晤士小镇930号2楼）
4	中共松江区委宣传部	重新发现江南——略谈江南文化精神	胡晓明（华东师范大学中文系教授）	9月21日 14:00	阡陌会馆（松江区中山中路492号）
5	中共虹口区委宣传部	流动的江南——江南的空间与认知	徐茂明（上海师范大学中国近代社会研究中心教授）	9月22日 14:00	海派文化中心景云厅（虹口区四川北路1468号1楼）
6	中共虹口区委宣传部	诗意的栖居——解读江南园林之美	周培元（上海城建职业学院建筑装饰专业主任、副教授）	9月30日 19:00	建投书局（虹口区公平路18号8栋嘉昱大厦1楼）
7	杨浦区文化局	水清土润——江南民风民俗	仲富兰（上海市民俗文化学会会长、教授）	10月11日 14:00	杨浦区图书馆新馆报告厅（杨浦区恒仁路128号2楼）
8	黄浦区老西门街道	明清以来苏州、徽州的区域互动与江南社会变迁	唐力行（上海师范大学人文学院教授）	10月12日 14:00	上海文庙明伦堂（黄浦区文庙路215号）
9	上海市陆家嘴金融贸易区综合党委	历史视域中的上海与江南	周武（上海社科院历史所研究员）	10月16日 18:30	银月集团大厦路演中心（浦东新区南洋泾路555号）
10	中共青浦区委宣传部	明清徽商与江南社会	王振忠（复旦大学历史地理研究中心教授）	10月29日 14:00	安麓酒店（青浦区朱家角镇珠湖路505号）

走进红色遵义系列讲座

时　　间	主　　题	主讲人
5月16日—20日	中国特色社会主义新时代	胡伟(中共上海市委党校马克思主义学院执行院长、教授)
7月16日—18日	不忘初心坚定信仰	李占才(同济大学马克思主义学院教授)
9月26日—28日	改革开放40周年:回顾与展望	张兆安(全国人大代表、上海社会科学院副院长、研究员)

新媒体科普产品

“为什么是上海——探寻上海红色基因”系列短视频

集数片名	播出平台
第一集:《理想火种》	上观新闻
第二集:《先锋摇篮》	
第三集:《红色起点》	
第四集:《电波密战》	
第五集:《聚合力量》	
第六集:《缝隙效应》	
说明:6 月 29 日起每天一集上线	

《40 年，上海的变迁故事》系列动画短片

集数片名	播出平台
① 浦东的传奇之变	人民网、今日头条、梨视频、上海发布、澎湃新闻、上观新闻、新民、翱翔等平台同时播放
② 洋山港诞生记	
③ 土地批租那些事儿	
④ 从“纺嫂”到“空嫂”的华丽转身	
⑤ 曾经的国礼“小飞乐”	
⑥ “三湾一弄”的故事	
⑦ 从芦苇荡成长起来的自贸区	
⑧ 黄浦江上“画彩虹”	
⑨ 世博会，点亮城市美好的未来	
⑩ 勇立潮头，让你更爱这座城	
说明：12 月 7 日起每日一集上线	

社会科学普及读物系列

风从海上来——近代上海经济的崛起之路

目录
序言
戴鞍钢　中心与辐射——近代上海与长三角及全国的经济关系
晁钢令　上海之魂是怎样炼成的——近代上海商业的繁荣与发展
吴景平　上海金融的百年历史变迁
邢建榕　汽笛声声:近代工业与上海城市发展
朱荫贵　舶通内外:上海轮船航运业的诞生和发展
冯筱才　从懋迁总汇到社会枢纽——上海总商会的历史经纬
(上海人民出版社　2018 年 11 月)

从历史看中国——中国历史十二讲

目录
序言
郭　泳　二里头遗址孕育的早期华夏文明
王进锋　商代的中外交流
黄爱梅　西周的政治遗产
陈雪良　春秋和春秋“四圣”
于　凯　战国——大变革的时代
马孟龙　秦汉时代存在纪念雕像吗?
于　凯　魏晋南北朝——“历史漩涡”中的世族与国家
孙英刚　佛教与隋唐文明
余　蔚　比“了解”更重要的事“理解”——解析《细讲宋史》
温海清　文天祥之死与元初南方政局
张海英　晚明时局与崇祯帝的悲剧
冯贤亮　清代帝国的政治与人生——从康熙、雍正到乾隆时代
(上海人民出版社　2018 年 5 月)

创业路上的变与不变

目录

2016年度

初创企业的创新发展之路/罗钥

专业人士创业要过的那些坎儿/付利军

移动互联网时代的创新与创业/钮钢

创业者容易忽略的七种“武器”/邓伟

创业路上的变与不变/李霞

大众点评那些年，从创业到创投/龙伟

早期产品低成本移动营销之道/杜鸿飞

上海市引进人才政策解读/徐珲

2017年度

摩拜，骑行改变城市未来/姚呈武

互联网+安全时代的创业/谈剑峰

创业，就是先开枪再“瞄准”/辛小蝶

如何抓住专项资金政策红利——国家扶持中小微企业政策体系指南解读与运用/张福奇

一个“创业疯女”的自白——一路走来，我的“足迹”/杨柳

开辟岗位创业的大时代/袁岳

从“梵谋”到“俺来也”一路走来——建立在企业文化价值基础上的快速拓宽后的团队管理/孙绍瑞

创业者：如何避免一个人孤独地领跑/张宁

（上海交通大学出版社　2018年2月）

图书在版编目(CIP)数据

上海社联年鉴.2019/上海市社会科学界联合会编
.—上海:上海人民出版社,2020
ISBN 978-7-208-16450-5

Ⅰ.①上… Ⅱ.①上… Ⅲ.①社会科学-联合会-上海-2019-年鉴 Ⅳ.①C262.51-54

中国版本图书馆CIP数据核字(2020)第073736号

责任编辑 王笑潇
封面设计 夏 芳

上海社联年鉴 2019
上海市社会科学界联合会 编

出　版 上海人民出版社
(200001 上海福建中路193号)
发　行 上海人民出版社发行中心
印　刷 浙江新华数码印务有限公司
开　本 787×1092 1/16
印　张 36.5
插　页 10
字　数 586,000
版　次 2020年9月第1版
印　次 2020年9月第1次印刷
ISBN 978-7-208-16450-5/Z·223
定　价 218.00元